Die Offenlegung der Prozessfinanzierung

Europäische Hochschulschriften Recht

European University Studies in Law
Publications Universitaires Européennes de Droit

Band/Volume 6847

Rebecca Leinen

Die Offenlegung der Prozessfinanzierung

Eine rechtsvergleichende Untersuchung des englischen Zivilprozessverfahrens und internationalen Handelsschiedsverfahrens

PETER LANG
Berlin · Bruxelles · Chennai · Lausanne · New York · Oxford

Bibliografische Information der Deutschen Nationalbibliothek
Die Deutsche Nationalbibliothek verzeichnet diese Publikation in der Deutschen Nationalbibliografie; detaillierte bibliografische Daten sind im Internet über http://dnb.d-nb.de abrufbar.

Zugl.: Trier, Univ., Diss., 2024

DE-385
ISSN 3052-8291 (Print)
ISSN 3052-8305 (eVersion)
ISBN 978-3-631-93114-1 (Print)
ISBN 978-3-631-93260-5 (E-PDF)
ISBN 978-3-631-94669-5 (E-PUB)
DOI 10.3726/b23410

Verlegt durch Peter Lang GmbH, Berlin (Deutschland)

info@peterlang.com - www.peterlang.com

Meinen Eltern

Inhaltsverzeichnis

Vorwort

Die vorliegende Arbeit wurde im Sommersemester 2024 vom Fachbereich Rechtswissenschaft der Universität Trier als Dissertation angenommen. Die Disputation fand am 3. Juni 2024 statt. Die Arbeit befindet sich auf dem Stand von Januar 2023.

Meinem Doktorvater Prof. Dr. Diederich Eckardt danke ich für die Betreuung der Arbeit und die wertvolle Erfahrung, die ich zunächst als studentische Hilfskraft und später als wissenschaftliche Mitarbeiterin am Lehrstuhl für Bürgerliches Recht und Zivilprozessrecht der Universität Trier sammeln durfte. Prof. Dr. Jens Kleinschmidt danke ich herzlich für die Erstellung des Zweitgutachtens.

Zu Dank bin ich auch dem Jesus College der Universität Oxford verpflichtet, das mir einen ertragreichen und schönen Forschungsaufenthalt ermöglicht und diese Arbeit durch ein Stipendium unterstützt hat.

Meinen Freunden Dr. Kristina Sirakova und Dr. Tobias Winkler danke ich für aufmunternde Gespräche.

Der größte Dank gilt meinen Eltern. Ihnen ist diese Arbeit gewidmet.

Berlin im März 2025 Rebecca Leinen

Abkürzungsverzeichnis

Abs.	Absatz
AC	Law Reports, Appeal Cases
a.F.	alte Fassung
AG	Aktiengesellschaft
ALF	Association of Litigation Funders of England & Wales
All ER	All England Law Reports
Arb Intl	Arbitration International
Art./Artt.	Artikel/Article/Articles
ASA Bull	ASA Bulletin
ATE	after-the-event
Aufl.	Auflage
Bd.	Band
BGB	Bürgerliches Gesetzbuch
BGE	Entscheidungen des Schweizerischen Bundesgerichts
BRAO	Bundesrechtsanwaltsordnung
BTE	before-the-event
bzw.	beziehungsweise
CA	Court of Appeal (England and Wales)
CAM	Milan Chamber of Arbitration
CAM-CCBC	Center for Arbitration and Mediation of the Chamber of Commerce Brazil-Canada
CAPJIA	Les cahiers de l'arbitrage/The Paris Journal of International Arbitration
CDR	Commercial Dispute Resolution
CFA	conditional fee agreement
Ch	Law Reports, Chancery Division

Ch D	Law Reports, Chancery Division
CIArb	Chartered Institute of Arbitrators
CIETAC	China International Economic and Trade Arbitration Commission
CJQ	Civil Justice Quarterly
CLJ	Cambridge Law Journal
CLR	High Court of Australia
Con LR	Construction Law Reports
Contemp Asia Arb J	Contemporary Asia Arbitration Journal
Corp	Corporation
Costs LR	Costs Law Reports
CPR	Civil Procedure Rules
d.	der
d.h.	das heißt
DAC	Departmental Advisory Committee on Arbitration Law
DBA	damages-based agreement
DePaul L Rev	DePaul Law Review
DIS	Deutsche Institution für Schiedsgerichtsbarkeit
Diss.	Dissertation
EGMR	Europäischer Gerichtshof für Menschenrechte
EMRK	Europäische Menschenrechtskonvention
et al.	et alii (und andere)
EWCA Civ	England and Wales Court of Appeal Civil Division
EWHC (Ch)	England and Wales High Court (Chancery Division)
EWHC (Comm)	England and Wales High Court (Commercial Division)

EWHC (QB)	England and Wales High Court (Queen's Bench Division)
EWHC (TCC)	England and Wales High Court (Technology and Construction Court)
f./ff.	folgend/e
FCA	Financial Conduct Authority
Fn.	Fußnote
FRCP	Federal Rules of Civil Procedure
GBP	Britische Pfund
gem.	gemäß
Geo LJ	Georgetown Law Journal
HKIAC	Hong Kong International Arbitration Centre
HL	House of Lords (jetzt: United Kingdom Supreme Court)
Hrsg.	Herausgeber
hrsg.	herausgegeben
i.V.m.	in Verbindung mit
IBA	International Bar Association
IBA Guidelines	IBA Guidelines on Conflicts of Interest in International Arbitration
ICC	International Chamber of Commerce
ICCA	International Council for Commercial Arbitration
ICDR	International Centre for Dispute Resolution
IESC	Supreme Court of Ireland
Inc	Incorporated
Intl Arb L Rev	International Arbitration Law Review
Intl Bus LJ	International Business Law Journal
J	Justice

J CIArb's	Arbitration: The International Journal of Arbitration, Mediation and Dispute Management (The Journal of the Chartered Institute of Arbitrators)
J Intl Arb	Journal of International Arbitration
Kap.	Kapitel
KB	Law Reports, King's Bench Division
LASPO	Legal Aid, Sentencing and Punishment of Offenders Act
LCIA	London Court of International Arbitration
LFA	Litigation Funding Agreement
lit.	littera (Buchstabe)
LJ	Lord Justice/Lady Justice
LLC	Limited Liability Company
Lloyd's Rep	Lloyd's Law Reports
Ltd	Limited
m.w.N.	mit weiteren Nachweisen
MINELA	Middle Income No Entitlement to Legal Aid
MR	Master of the Rolls
MV	Mustervertrag
n.F.	neue Fassung
No./Nos.	number/numbers
Nott LJ	Nottingham Law Journal
NYÜ	New Yorker Übereinkommen zur Anerkennung und Vollstreckung ausländischer Schiedssprüche von 1958
OUCLJ	Oxford University Commonwealth Law Journal
para./paras.	paragraph/paragraphs
PD	Practice Direction
Plc	Public limited company
Pty	Proprietary

Pvt	Private
QB	Law Reports, Queen's Bench Division
QBD	Law Reports, Queen's Bench Division
QC	Queen's Counsel
QMUL	Queen Mary University of London
R	Regina/Rex
Rn.	Randnummer
RVG	Rechtsanwaltsvergütungsgesetz
S.	Seite
SA	Société Anonyme
SCC	Arbitration Institute of the Stockholm Chamber of Commerce
SchiedsVZ	Zeitschrift für Schiedsverfahren
sec.	section
SI	Statutory Instrument
SIAC	Singapore International Arbitration Centre
TDM	Transnational Dispute Management
u.a.	und andere
UCLA L Rev	UCLA Law Review
UK	United Kingdom (Vereinigtes Königreich)
UKHL	United Kingdom House of Lords
UKPC	United Kingdom Privy Council
UN	United Nations (Vereinte Nationen)
UNCITRAL	United Nations Commission on International Trade Law
USA	United States of America (Vereinigte Staaten von Amerika)
USC	United States Code
v.	vom/von
v.	versus

Verf.	Verfasserin
vgl.	vergleiche
Vol.	Volume
Vorb.	Vorbemerkungen
WLR	Weekly Law Reports
z.B.	zum Beispiel
Ziff.	Ziffer
ZIP	Zeitschrift für Wirtschaftsrecht
ZPO	Zivilprozessordnung
zugl.	zugleich

Einleitung

A. Entwicklung der Prozessfinanzierung

Die gewerbliche Prozessfinanzierung ist eine relativ junge, jedoch zunehmend schneller wachsende Branche. Eine Vorreiterrolle auf diesem Gebiet nehmen Australien, Deutschland, England und Wales[1] sowie die Vereinigten Staaten von Amerika (USA) ein.[2] Die Foris AG betätigt sich seit 1998 als erster Prozessfinanzierer in Deutschland.[3] In Australien etablierte sich die Prozessfinanzierung seit 2000; in England und in den USA entwickelte sich die Prozessfinanzierung seit Mitte der 2000er Jahre.[4] Handelte es sich bei der gewerblichen Prozessfinanzierung zunächst um eine Marktnische, boomt die Branche seit Ende der 2000er Jahre.[5] Einführend sollen vier Gründe für das Wachstum der Prozessfinanzierungsbranche benannt werden.

Zunächst konzentrierten sich gewerbliche Prozessfinanzierer auf die Finanzierung von Gerichtsverfahren. Ab circa 2008 rückte zunehmend auch die Finanzierung von Schiedsverfahren in den Fokus, was zu einem starken

---

1 Die Territorien England und Wales des Vereinigten Königreichs haben grundsätzlich ein gemeinsames Rechtssystem und Gerichtswesen. Im Folgenden steht „England" stets für „England und Wales".

2 Vgl. *Bench Nieuwveld/Shannon Sahani*, Third-Party Funding in International Arbitration, S. 10; vgl. *v. Göler*, Third-Party Funding in International Arbitration, S. 75.

3 *Schumacher*, Prozessfinanzierung, Rn. 18; *Homberg*, Prozessfinanzierung, S. 27.

4 Vgl. *Bench Nieuwveld/Shannon Sahani*, Third-Party Funding in International Arbitration, S. 10 f.

5 *v. Göler*, Third-Party Funding in International Arbitration, S. 75; *Bench Nieuwveld/Shannon Sahani*, Third-Party Funding in International Arbitration, S. 11.

Anstieg des Marktvolumens führte.[6] Dieser Markt wächst weiterhin rasant. Es wird geschätzt, dass allein im Zeitraum von 2012 bis 2014 das Marktvolumen der Finanzierung von Schiedsverfahren um über 500 Prozent zugenommen hat.[7] Internationale Schiedsverfahren sind für Prozessfinanzierer aufgrund der teils sehr hohen Streitsummen und der erleichterten grenzüberschreitenden Vollstreckbarkeit von Schiedssprüchen besonders interessant.[8] Dabei ging es anfangs vorwiegend um die Finanzierung von internationalen Handelsschiedsverfahren. Zuletzt hat die Prozessfinanzierungsbranche ein starkes Interesse an der Finanzierung von Investor-Staat-Schiedsverfahren entwickelt.[9]

Zudem ist die Prozessfinanzierung längst nicht mehr nur ein Mittel, das für berechtigte Ansprüche den Zugang zu Gericht eröffnen soll, wo das Prozesskostenrisiko andernfalls durch eine prohibitive Wirkung einer faktischen Rechtszugangssperre gleichkäme. Unternehmen entscheiden sich zunehmend aus anderen Gründen für die Auslagerung des Prozesskostenrisikos, etwa um den Cashflow und die Bilanzen zu entlasten, weil bei der Übernahme des gesamten Kostenrisikos durch einen Prozessfinanzierer keine Rücklagen für etwaige Prozesskosten gebildet werden müssen.[10]

Das Wachstum der Prozessfinanzierungsbranche hängt auch mit der Finanz – und Wirtschaftskrise von 2008/2009 zusammen.[11] Hedgefonds, Banken und andere Finanzinvestoren suchten nach Anlagemöglichkeiten, die vom volatilen und unberechenbaren Finanzmarkt unabhängig waren, und entdeckten so die Prozessfinanzierungsbranche für sich.[12]

---

6 *v. Göler*, Third-Party Funding in International Arbitration, S. 75.

7 *v. Göler*, Third-Party Funding in International Arbitration, S. 75.

8 Siehe New Yorker Übereinkommen zur Anerkennung und Vollstreckung ausländischer Schiedssprüche von 1958 (NYÜ). Das Vollstreckungsrisiko spielt eine entscheidende Rolle bei der vorvertraglichen Prüfung der Rentabilität der Finanzierung.

9 *Bench Nieuwveld/Shannon Sahani*, Third-Party Funding in International Arbitration, S. 259.

10 *Bench Nieuwveld/Shannon Sahani*, Third-Party Funding in International Arbitration, S. 11; *Rogers*, Ethics in International Arbitration, Rn. 5.03.

11 *Bench Nieuwveld/Shannon Sahani*, Third-Party Funding in International Arbitration, S. 10; *Rogers*, Ethics in International Arbitration, Rn. 5.07.

12 *Bench Nieuwveld/Shannon Sahani*, Third-Party Funding in International Arbitration, S. 11.

Schließlich ist zu berücksichtigen, dass die Prozessfinanzierung in den Rechtsordnungen angelsächsischer Tradition bis in jüngster Zeit aufgrund der *common law doctrines of maintenance and champerty*, die eine finanzielle Unterstützung eines Verfahrens durch Dritte untersagten, unzulässig war.[13] In England führte eine Rechtsprechungsänderung Mitte der 2000er Jahre zur Anerkennung der grundsätzlichen Zulässigkeit der Prozessfinanzierung. Die Rechtsprechungsänderung wurzelte in dem Bestreben, den effektiven Zugang zu Gericht (*access to justice*) zu verbessern, nachdem der Zugang zur Prozesskostenhilfe seit den 1970er Jahren stetig beschränkt worden war.[14] Auch in anderen *common-law*-Rechtsordnungen wurde die Rechtsprechung zu den *doctrines of maintenance and champerty* gelockert und Prozessfinanzierungsvereinbarungen wurden für zulässig erklärt.[15] So ist die Prozessfinanzierung nach Rechtsprechungsänderungen heute etwa in Australien, Kanada, Neuseeland, Südafrika und den USA grundsätzlich zulässig.[16] Der treibende Beweggrund für die Zulassung der Prozessfinanzierung war dabei ähnlich wie in England das Streben nach einem verbesserten Zugang zu Gericht.[17] In *civil-law*-Rechtsordnungen ist die Fremdhilfe bei Prozessen zwar traditionell nicht verboten, jedoch bestanden vorübergehend auch Zweifel im Hinblick auf die grundsätzliche Zulässigkeit der Prozessfinanzierung.[18] Die zunehmende Legalisierung der Prozessfinanzierung in *common-law*-Rechtsordnungen ermöglichte erst das starke Wachstum der Prozessfinanzierungsbranche.

---

13 So ist etwa in Irland die Prozessfinanzierung noch heute aufgrund der *doctrines of maintenance and champerty* verboten, vgl. zuletzt die Entscheidung des *Supreme Court of Ireland* in *Persona Digital Telephony Ltd v. Minister for Public Enterprise* [2017] IESC 27; siehe dazu *Capper*, CJQ 37 (2018), 193, der das Verbot der Prozessfinanzierung in Irland im Hinblick auf die Entwicklungen in anderen *common-law*-Rechtsordnungen für nicht zeitgemäß hält. In Singapur und Hongkong ist die Prozessfinanzierung heute nur zur Finanzierung von Schiedsverfahren erlaubt; die Finanzierung von Gerichtsverfahren ist nach wie vor grundsätzlich verboten, siehe unten § 3 E I 1, 2.

14 Siehe unten § 4 B III.

15 *Mulheron*, CLJ 73 (2014), 570 (572 f.).

16 Siehe m.w.N. zur Rechtsprechung *Mulheron*, CLJ 73 (2014), 570 (572 f.); *Capper*, CJQ 37 (2018), 193 (200).

17 *Mulheron*, CLJ 73 (2014), 570 (572 f.).

18 In der Schweiz wurde die grundsätzliche Zulässigkeit der Prozessfinanzierung in BGE 131 I 223 geklärt, siehe hierzu *Schumacher*, Prozessfinanzierung, Rn. 239–244. Zur Zulässigkeit der Prozessfinanzierung in Deutschland siehe *Homberg*, Prozessfinanzierung, S. 142–198.

B. Ausgangspunkt der Untersuchung

Die Prozessfinanzierung wird in den meisten Rechtsordnungen nicht oder nur punktuell reguliert.[19] Eine interessante Sonderrolle kommt England zu. Seit 2011 gibt es in England eine freiwillige Selbstregulierung der Prozessfinanzierer durch einen Verhaltenskodex, den *Code of Conduct for Litigation Funders*.[20] Daneben werden die Grenzen der Zulässigkeit der Prozessfinanzierung punktuell durch die Rechtsprechung festgelegt, etwa der zulässige Einfluss des Prozessfinanzierers auf das Verfahren.[21] Eine Regulierung durch Gesetzesrecht existiert nicht. Im Jahr 2009 adressierte *Lord Justice Jackson* in seiner *Review of Civil Litigation Costs* die Frage der Regulierung der Prozessfinanzierung.[22] Er sprach schließlich eine Empfehlung zugunsten der Selbstregulierung in Form eines freiwilligen Verhaltenskodex für Prozessfinanzierer aus, weil es sich bei der Prozessfinanzierung um eine in der Entstehung befindlichen Branche handele, die noch keiner zwingenden Regulierung bedürfe. Zugleich ließ er aber die Notwendigkeit einer Regulierung durch Statuten zu einem späteren Zeitpunkt offen, falls die Branche wachsen werde.[23] Diese Empfehlung mündete 2011 in den *Code of Conduct for Litigation Funders* (ALF-Code), dessen Einhaltung durch die *Association of Litigation Funders* (ALF) überwacht wird. Der ALF-Code enthält Mindeststandards und Verhaltenspflichten für Prozessfinanzierer. Besonders hervorzuheben sind die Anforderungen an die adäquate Kapitalausstattung der Finanzierer, die Begrenzung des Rechts zur Kündigung des Prozessfinanzierungsvertrages durch den Finanzierer sowie die Bestimmungen zur Beschränkung der Einflussnahme des Finanzierers auf den Prozess oder auf den Abschluss eines Vergleichs. Der ALF-Code enthält keine Regelung, die zur Offenlegung der Prozessfinanzierung zu Beginn eines Verfahrens verpflichtet. Der ALF-Code regelte von 2011 bis 2018 nicht nur das Verhalten von Prozessfinanzierern bei der Finanzierung von staatlichen Prozessen, sondern auch bei der Finanzierung von Schiedsverfahren und anderen Formen der alternativen

---

19 *Sorabji*, The Crisis of Legal Aid and Alternative Solutions, S. 15 f.

20 Siehe unten § 4 C I.

21 Siehe unten § 4 B.

22 *Jackson*, Review of Civil Litigation Costs: Final Report, Kap. 11, Rn. 2.1.–2.12.

23 *Jackson*, Review of Civil Litigation Costs: Final Report, Kap. 11, Rn. 2.4, 2.12.

Streitbeilegung. Seit Januar 2018 beschränkt sich der Anwendungsbereich des ALF-Code auf die Finanzierung von staatlichen Prozessen.[24]

Die Prozessfinanzierungsbranche ist in England seit 2009 stetig gewachsen. Die Anwaltskanzlei *Reynolds Porter Chamberlain LLP* schätzt, dass das Finanzierungsvolumen der im Vereinigten Königreich tätigen Prozessfinanzierer zwischen 2010/2011 und 2020/2021 von knapp GBP 200 Millionen auf GBP 2,2 Milliarden gestiegen ist.[25] Angesichts des starken Wachstums der Prozessfinanzierungsbranche drängt sich die Frage auf, ob die zwingende Regulierung spezifischer Aspekte der Prozessfinanzierung in England nun erforderlich ist.

C. Zentrale Fragestellungen

In jüngster Zeit werden zunehmend Probleme sichtbar, die die fehlende bzw. lediglich punktuelle (Selbst-)Regulierung der Prozessfinanzierung mit sich bringt. Eines der meistdiskutierten Themen ist die Offenlegung der Prozessfinanzierung im Rahmen von Schiedsverfahren.[26] In Frage steht, ob überhaupt und wenn ja in welchem Umfang, zu welchem Zeitpunkt und wem gegenüber Prozessfinanzierungsverhältnisse offengelegt werden sollen. Im Kern geht es darum, ob die Identität des Prozessfinanzierers und ggf. sogar weitere Regelungen des Prozessfinanzierungsvertrages zu Beginn des Verfahrens gegenüber dem Schiedsgericht und der gegnerischen Partei angezeigt werden sollen. Hintergrund dieser Überlegungen ist in erster Linie das Bestreben, schiedsrichterliche Interessenkonflikte frühzeitig zu identifizieren und somit die Unabhängigkeit der Schiedsrichter zu wahren.[27] Die Problematik der schiedsrichterlichen Interessenkonflikte hängt mit der potentiellen Doppelfunktion („double hatting") von Anwälten als Parteivertreter und

---

24 Zur Entwicklung und zu den Regelungen des ALF-Code siehe unten § 4 C.

25 *Reynolds Porter Chamberlain LLP*, Litigation funders backing class action lawsuits as they put £2.2bn „war chests" to work (20. Juni 2022), https://www.rpc.co.uk/press-and-media/litigation-funders-backing-class-action-lawsuits-as-they-put-22bn-war-chests-to-work/ (Stand: 16.12.2022).

26 Vgl. nur *v. Göler*, Third-Party Funding in International Arbitration, S. 125–161, 276–292 und *ICCA-QMUL Task Force*, Report on Third-Party Funding, S. 81–115 für einen ersten Überblick zur Debatte.

27 *ICCA-QMUL Task Force*, Report on Third-Party Funding, S. 81–115.

Schiedsrichter in verschiedenen Verfahren zusammen. Die schiedsrichterliche Unabhängigkeit könnte beispielsweise bei Unterstützung einer Partei durch einen Prozessfinanzierer X gefährdet sein, wenn der Schiedsrichter parallel als Anwalt in einem anderen Verfahren tätig wird, bei dem wiederum der Prozessfinanzierer X involviert ist und das anwaltliche Honorar finanziert.[28]

Daneben kann die Einschaltung eines Prozessfinanzierers im Zusammenhang mit anderen prozessualen Fragestellungen in Schieds – und Zivilprozessverfahren relevant werden, insbesondere bei der Kostenentscheidung und der Sicherheitsleistung für die Prozesskosten.[29] Im Rahmen der Kostenentscheidung stellt sich etwa die Frage, ob die Erfolgsprämie des Prozessfinanzierers erstattungsfähig ist. Wird diese Frage bejaht, erhöht die Involvierung eines Prozessfinanzierers das Kostenrisiko für die gegnerische Partei. Diese hätte dann ein berechtigtes Interesse, frühzeitig von der Prozessfinanzierung Kenntnis zu erlangen.[30] Bei der Entscheidung über die Sicherheitsleistung für die Prozesskosten wird etwa erwogen, ob die Einschaltung eines Prozessfinanzierers ein Indiz für eine schlechte wirtschaftliche Situation des Klägers darstellt. Bejaht man dies, ist es für die Entscheidung über die Sicherheitsleistung für die Prozesskosten entscheidend, dass das (Schieds-)Gericht von der Prozessfinanzierung Kenntnis erlangt.[31]

Die verdeckte Prozessfinanzierung wirft im englischen Zivilprozess darüber hinaus besondere Fragestellungen im Zusammenhang mit der Kostenentscheidung und der Entscheidung über die Prozesskostensicherheit auf. Das englische Zivilprozessrecht kennt die Befugnis zum Erlass eines Kostenurteils sowie zur Anordnung einer Prozesskostensicherheit gegen einen Dritten.[32] Die Geltendmachung eines Kostenerstattungsanspruchs gegen den Prozessfinanzierer und die Beantragung der Sicherheitsleistung gegen den Prozessfinanzierer setzen zumindest die Kenntnis von der Einschaltung des Prozessfinanzierers voraus. Das englische Zivilprozessrecht kennt jedoch keine generelle Pflicht zur Offenlegung der Prozessfinanzierung. Denkbar

---

28 *v. Göler*, Third-Party Funding in International Arbitration, S. 253.

29 Der Begriff „Sicherheitsleistung für Prozesskosten“ soll in dieser Arbeit für die Sicherheitsleistung im Rahmen von Zivilverfahren und Schiedsverfahren benutzt werden.

30 Siehe unten § 3 B II 3 und § 4 D II 2.

31 Siehe unten § 3 C I und § 4 D 3 b).

32 Vgl. sec. 51(3) *Senior Courts Act* und CPR 25.14(2)(b). Siehe unten § 4 D I 2 a) und § 4 D I 3 c) bb).

ist, dass die verdeckte Prozessfinanzierung die Ausübung dieser Rechte vereitelt. Diese Arbeit wird die Rechtslage *de lege lata* untersuchen und Defizite im Zusammenhang mit der verdeckten Prozessfinanzierung aufzeigen. Es wird erörtert, ob die Einführung einer Pflicht zur Offenlegung der Prozessfinanzierung *de lege ferenda* zu empfehlen ist.[33]

Das Schiedsverfahrensrecht kannte bis in jüngster Zeit ebenfalls keine generelle Pflicht zur Offenlegung der Prozessfinanzierung zu Beginn eines Verfahrens. Schiedsgerichte ordneten zwar die Offenlegung der Existenz und Identität eines Prozessfinanzierers oder einzelner Bestimmungen des Prozessfinanzierungsvertrages zur Entscheidung von spezifischen prozessualen Fragen im Rahmen ihrer allgemeinen Befugnisse an.[34] Die Ausübung dieser Befugnisse setzt jedoch voraus, dass das Schiedsgericht oder der Prozessgegner der finanzierten Partei zumindest ahnt, dass diese durch einen Prozessfinanzierer unterstützt wird.

Jüngste Reformen im Schiedsverfahrensrecht begegnen diesem Problem nun mit der Einführung einer Pflicht zur Offenlegung der Existenz und Identität eines Prozessfinanzierers zu Beginn eines Schiedsverfahrens. Auf der Regelungsebene des nationalen Schiedsverfahrensrechts wurde eine solche systematische Pflicht zur Offenlegung der Prozessfinanzierung erstmals in Singapur und Hongkong implementiert. Diese Reformen des nationalen Schiedsverfahrensrechts stehen in beiden Rechtsordnungen im Zusammenhang mit der Legalisierung der Prozessfinanzierung von Schiedsverfahren im Jahr 2017.[35] Auf der Regelungsebene der Schiedsordnungen wurde in jüngster Zeit ebenfalls vereinzelt eine Pflicht zur Offenlegung der Existenz und Identität eines Prozessfinanzierers eingeführt. Diese Entwicklung begann 2017 mit einer Schiedsordnung, die speziell für das Investor-Staat-Schiedsverfahren geschaffen wurde.[36] Seitdem haben auch erste andere Schiedsordnungen eine

---

33 Siehe unten § 4 D I 2 b), § 4 D I 3 c) bb), § 4 D I 4.

34 *v. Göler*, Third-Party Funding in International Arbitration, S. 131 f.

35 Zu den Reformen in Singapur und Hongkong siehe unten § 3 E I.

36 Vgl. Art. 27.2 CIETAC Investment Arbitration Rules 2017; siehe *Hoffmann*, Prozessfinanzierung in Investitionsschiedsverfahren, S. 262–264. Die Pflicht zur Offenlegung der Prozessfinanzierung flankiert dabei ähnliche Offenlegungspflichten, die Eingang in neuere Investitionsschutz – und Freihandelsabkommen gefunden haben, siehe hierzu *Hoffmann*, Prozessfinanzierung in Investitionsschiedsverfahren, S. 248–259.

Pflicht zur Offenlegung der Existenz und Identität eines Prozessfinanzierers eingeführt.[37]

Gegen die systematische Offenlegung der Prozessfinanzierung wird insbesondere eingewandt, dass der Prozessgegner der finanzierten Partei die Anzeige der Prozessfinanzierung für missbräuchliche Prozesstaktiken nutzen könne, indem er etwa einen Antrag auf Anordnung einer Prozesskostensicherheit stellt, der primär der Verzögerung des Schiedsverfahrens dienen solle.[38] Der Prozessgegner der finanzierten Partei könne auch die Offenlegung einzelner Bestimmungen des Prozessfinanzierungsvertrages beantragen und sich dadurch ggf. einen taktischen Vorteil verschaffen.[39]

D. Gegenstand der Untersuchung

Diese Arbeit soll einen Beitrag zur Systematisierung der vielfältigen Fragen im Spannungsverhältnis zwischen verdeckter Prozessfinanzierung und einer generellen Pflicht zur Offenlegung eines Prozessfinanzierungsverhältnisses leisten und jüngste Reformen und Reformvorschläge vor diesem Hintergrund einordnen und bewerten. Es werden drei prozessuale Situationen untersucht, bei denen die Kenntnis von der Prozessfinanzierung von Relevanz sein kann: die Aufdeckung schiedsrichterlicher Interessenkonflikte, die Kostenentscheidung und die Entscheidung über die Sicherheitsleistung für die Prozesskosten. Die wissenschaftliche Auseinandersetzung mit der Problematik der verdeckten Prozessfinanzierung konzentriert sich bislang vorwiegend auf die Finanzierung von Schiedsverfahren.[40] Eine systematische Untersuchung der verdeckten Prozessfinanzierung im englischen Zivilprozessverfahren fehlt dagegen, obwohl die verdeckte Prozessfinanzierung den

---

37 Vgl. Art. 44 HKIAC-Schiedsordnung 2018 und Art. 11(7) ICC-Schiedsordnung 2021.

38 *v. Göler*, Third-Party Funding in International Arbitration, S. 155 f.

39 *v. Göler*, Third-Party Funding in International Arbitration, S. 155 f.

40 Siehe nur *v. Göler*, Third-Party Funding in International Arbitration, S. 125–161, 276–292; *ICCA-QMUL Task Force*, Report on Third-Party Funding, S. 81–115; speziell zum Investor-Staat-Schiedsverfahren siehe *Hoffmann*, Prozessfinanzierung in Investitionsschiedsverfahren, *passim*.

Erlass eines Kostenurteils oder die Anordnung einer Prozesskostensicherheit gegen den Prozessfinanzierer vereiteln könnte.[41] Die vorliegende Arbeit versucht, diese Lücke zu schließen. Die Untersuchung analysiert und vergleicht die Problematik der verdeckten Prozessfinanzierung im internationalen Handelsschiedsverfahrensrecht, im englischen Zivilprozessrecht und im englischen Schiedsverfahrensrecht. Die Offenlegung der Prozessfinanzierung in Investor-Staat-Schiedsverfahren ist nicht Gegenstand dieser Arbeit;[42] an einzelnen Stellen wird jedoch auf Parallelen bzw. Unterschiede zum Handelsschiedsverfahren eingegangen.

---

41 Die Befugnisse zum Erlass eines Kostenurteils gem. sec. 51(3) *Senior Courts Act* und zur Anordnung einer Prozesskostensicherheit gem. CPR 25.14(2)(b) gegen Dritte sind in rechtsvergleichender Hinsicht bemerkenswert. Im deutschen Zivilprozess gibt es keine entsprechenden Befugnisse des Gerichts gegenüber Dritten.

42 *Alexander Hoffmann* untersucht in seiner Saarbrücker Dissertation aus dem Jahr 2018 die Erforderlichkeit einer Pflicht zur Offenlegung der Prozessfinanzierung in Investor-Staat-Schiedsverfahren, *Hoffmann*, Prozessfinanzierung in Investitionsschiedsverfahren, *passim*.

Prozessfinanzierung und andere Formen der Verfahrensdrittfinanzierung

A. Begriffliche Grundlagen

Das Konzept der Prozessfinanzierung wird in den wenigsten Rechtsordnungen gesetzlich geregelt bzw. definiert.[43] Daher ist es nicht verwunderlich, dass der Begriff *Prozessfinanzierung* bzw. der englische Begriff *third-party funding* nicht einheitlich verwandt wird. Voraussetzung für die Aussagekraft der Analyse und Empfehlungen dieser Arbeit ist die Definition der Begriffe *Prozessfinanzierung* bzw. *third-party funding*. Dieser Abschnitt skizziert zunächst das Konzept der Prozessfinanzierung. Es folgt ein Überblick über verschiedene Begriffe, die im Themenkomplex der Verfahrensdrittfinanzierung verwandt werden. Im Anschluss wird eine Arbeitsdefinition für die Begriffe *Prozessfinanzierung* bzw. *third-party funding* für die vorliegende Arbeit festgelegt.

I. Konzept der Prozessfinanzierung im Überblick

Das typische Konzept der Prozessfinanzierung durch private Dritte gegen Erfolgsbeteiligung kann im Überblick wie folgt beschrieben werden: Eine rechtssuchende Person verfügt nicht über die benötigten finanziellen Mittel, um einen

---

[43] Zum deutschen Recht siehe *Homberg*, Prozessfinanzierung, S. 40; zum Schweizer Recht siehe *Schumacher*, Prozessfinanzierung, Rn. 14.

möglicherweise bestehenden vermögensrechtlichen Anspruch vor Gericht oder einem Schiedsgericht durchzusetzen, oder der Rechtssuchende ist aus den unterschiedlichsten Gründen nicht willens sein Vermögen zu diesem Zweck zu binden.[44] Er erfüllt auch nicht die Voraussetzungen für den Anspruch auf Prozesskostenhilfe oder entscheidet sich gegen deren Inanspruchnahme.[45] „Konventionelle" Alternativen der Finanzierung[46] durch Dritte wie die Rechtsschutzversicherung, das Darlehen oder das anwaltliche Erfolgshonorar sind entweder nicht für den Rechtssuchenden verfügbar oder mit Nachteilen verbunden.[47]

In dieser Situation kann die Prozessfinanzierung durch private Dritte gegen Erfolgsbeteiligung interessant werden. Ein Prozessfinanzierer kann das gesamte Kostenrisiko der Anspruchsverfolgung abdecken, indem er alle zur Rechtsverfolgung anfallenden Kosten vorfinanziert und im Fall des Unterliegens auch alle weiteren durch den Anspruchsinhaber zu tragenden Kosten übernimmt.[48] Im Fall des Obsiegens erhält der Prozessfinanzierer im Gegenzug einen vorher vereinbarten Anteil am erstrittenen Erlös.[49] Der Prozessfinanzierer übernimmt aber lediglich die Finanzierung und das Kostenrisiko für den Anspruchsinhaber, nicht hingegen seine anwaltliche Vertretung.[50]

II. Definition der Begriffe „Prozessfinanzierung" bzw. „third-party funding"

Der englische Begriff *third-party funding* soll im Rahmen dieser Studie als Äquivalent zum Begriff *Prozessfinanzierung* verstanden werden. Allerdings

---

44 *Schumacher*, Prozessfinanzierung, Rn. 14. Die Prozessfinanzierung kann der Auslagerung des Prozesskostenrisikos dienen, etwa um den Cashflow und die Bilanzen zu entlasten, da bei der Übernahme des Kostenrisikos durch einen Prozessfinanzierer keine Rücklagen für etwaige Prozesskosten gebildet werden müssen.

45 Vgl. *Schumacher*, Prozessfinanzierung, Rn. 14.

46 *Schumacher*, Prozessfinanzierung, Rn. 6.

47 *Schumacher*, Prozessfinanzierung, Rn. 14.

48 *Schumacher*, Prozessfinanzierung, Rn. 14 f. Zum Teil finanzieren Prozessfinanzierer lediglich einen bestimmten Aspekt oder Teilabschnitt eines Verfahrens. Es gibt beispielsweise Prozessfinanzierer, die sich auf die Finanzierung der Betreibung der Vollstreckung eines Gerichtsurteils oder Schiedsspruches oder auf die Finanzierung der Kosten für die Einschaltung eines Sachverständigen spezialisiert haben, *ICCA-QMUL Task Force*, Report on Third-Party Funding, S. 47.

49 *Schumacher*, Prozessfinanzierung, Rn. 14 f.; *Homberg*, Prozessfinanzierung, S. 2.

50 *Schumacher*, Prozessfinanzierung, Rn. 14 f.; *Homberg*, Prozessfinanzierung, S. 2.

wird der englische Begriff *third-party funding* nicht einheitlich verwandt. Selbst gewerbliche Prozessfinanzierer können sich nicht auf eine Definition des Begriffs einigen.[51] Im Folgenden sollen ein Überblick über verschiedene Definitionen von *third-party funding* gegeben und die wesentlichen Ursachen für die begriffliche Unschärfe identifiziert werden. Im Anschluss wird eine Arbeitsdefinition für die *Prozessfinanzierung* bzw. *third-party funding* festgelegt.

1. Verschiedene Definitionen von „third-party funding"

Die erste Unterscheidung kann zwischen der Nutzung des Begriffes *third-party funding* im engen und weiten Sinne getroffen werden. Wird der Begriff „third-party funding" im engen Sinne verwandt, ist die Prozessfinanzierung durch private Dritte gegen Erfolgsbeteiligung gemeint.[52] Wird der Begriff „third-party funding" im weiten Sinne benutzt, erfasst der Begriff auch andere Formen der Verfahrensdrittfinanzierung[53] wie das Darlehen, die Rechtsschutzversicherung oder das anwaltliche Erfolgshonorar.[54] Somit handelt es sich bei dem Begriff „third-party funding" im weiten Sinne um einen Oberbegriff, der zumindest mehrere, häufig auch alle denkbaren Formen der Verfahrensdrittfinanzierung erfasst und die Prozessfinanzierung durch private Dritte gegen Erfolgsbeteiligung einschließt.[55]

Zusätzliche Verwirrung wird durch die uneinheitliche Verwendung weiterer Begriffe im Themenfeld der Verfahrensdrittfinanzierung gestiftet. *Von Göler* benutzt beispielsweise den Begriff „litigation funding" für die Prozessfinanzierung im engen Sinne und den Begriff „third-party funding" für die Prozessfinanzierung im weiten Sinne.[56] Eine Studie von *Hodges, Peysner* und *Nurse* verwendet die Begriffe „litigation funding" und „third-party funding" im Vergleich zu *von Göler* spiegelverkehrt: „Litigation funding" steht für die Prozessfinanzierung im weiten Sinne und „third-party funding" für die Prozessfinanzierung im engen Sinne.[57] Andere Bezeichnungen für die Prozessfinanzierung im engen Sinne sind unter anderem: *third-party litigation*

---

51 *Rogers*, Ethics in International Arbitration, Rn. 5.21.
52 *Frignati*, Arb Intl 32 (2016), 505 (508).
53 *Hoffmann*, Prozessfinanzierung in Investitionsschiedsverfahren, S. 28.
54 *v. Göler*, Third-Party Funding in International Arbitration, S. 2 f.
55 *Hoffmann*, Prozessfinanzierung in Investitionsschiedsverfahren, S. 28.
56 *v. Göler*, Third-Party Funding in International Arbitration, S. 2.
57 *Hodges/Peysner/Nurse*, Litigation Funding, S. 10 f.

funding, litigation finance, commercial claim funding, outside investment in claims, after-the-event funding, litigation investment, private equity litigation funding und *alternative litigation finance*.[58] Diese Begriffe werden jedoch ebenfalls nicht exklusiv für die Prozessfinanzierung im engen Sinne benutzt.[59]

Eine zusätzliche Abgrenzung wird teilweise dahingehend vorgenommen, ob der Begriff „third-party funding" auch eine Finanzierung eines Prozesses *pro bono*, d.h. eine Finanzierung ohne direkte Gegenleistung für den Finanzierer in Form einer Beteiligung am Erlös, erfasst oder nicht.[60]

Der Begriff „Prozessfinanzierung" wird im Vergleich zum englischen „third-party funding" einheitlicher verwandt. Im deutschen Sprachgebrauch wird der Begriff in der Regel für die Prozessfinanzierung im engen Sinne benutzt und nicht als Oberbegriff für verschiedene Formen der Verfahrensdrittfinanzierung verstanden.[61] Trotz Bezeichnung als „Prozessfinanzierung" wird dabei keine begriffliche Unterscheidung zwischen der Finanzierung von Verfahren vor staatlichen Gerichten und der Finanzierung von Schiedsverfahren oder anderen Formen der außergerichtlichen Streitbeilegung vorgenommen.[62] Im Folgenden soll der Begriff „Prozessfinanzierung" bzw. „third-party funding" im Sinne der Prozessfinanzierung im engen Sinne verstanden werden.

2. Gründe für das Fehlen einer einheitlichen Definition von „third-party funding"

Das Fehlen einer einheitlichen Definition des Begriffes „third-party funding" hängt damit zusammen, dass die konkrete Ausgestaltung von Prozessfinanzierungsverhältnissen stark variiert.[63] So kann etwa der potentielle Einfluss des Prozessfinanzierers auf den Verlauf des Prozesses je nach Gestaltung des Vertrages sehr unterschiedlich sein.[64]

---

58 *v. Göler*, Third-Party Funding in International Arbitration, S. 3.

59 *v. Göler*, Third-Party Funding in International Arbitration, S. 3.

60 Vgl. z.B. die Definition von *third-party funding* bei *Mulheron*, CLJ 73 (2014), 570, die keine *pro-bono*-Finanzierung erfasst.

61 Vgl. *Homberg*, Prozessfinanzierung, S. 5 f.; *Schumacher*, Prozessfinanzierung, Rn. 5 f.

62 *Schumacher*, Prozessfinanzierung, Rn. 24.

63 *ICCA-QMUL Task Force*, Report on Third-Party Funding, S. 46 f.

64 *ICCA-QMUL Task Force*, Report on Third-Party Funding, S. 48.

In Abhängigkeit von der Gestaltung des Prozessfinanzierungsvertrages können die Grenzen zwischen der Prozessfinanzierung und anderen Formen der Verfahrensfinanzierung durch Dritte verschwimmen.[65] Stellt man beispielsweise auf die Funktion der Risikoüberwälzung ab, kann durch die Vereinbarung eines anwaltlichen Erfolgshonorars ein zumindest teilidentisches Ergebnis im Vergleich zur Prozessfinanzierung erzielt werden.[66] Durch die Vereinbarung eines reinen anwaltlichen Erfolgshonorars („no win, no fee")[67] wird zwar nicht das gesamte Kostenrisiko des Prozesses auf den Anwalt übertragen, weil der Anwalt im Fall des Unterliegens lediglich kein Honorar für seine Tätigkeit erhält, jedoch im Gegensatz zum Prozessfinanzierer in der Regel nicht für gegnerische Kosten sowie sonstige Auslagen aufkommt.[68] Dennoch kann in Rechtsordnungen, die im Prozesskostenrecht der sog. *American rule* folgen, wonach jede Partei stets ihre eigenen Kosten trägt, durch die Vereinbarung eines anwaltlichen Erfolgshonorars der größte Teil des Kostenrisikos abgedeckt werden.[69] In diesen Rechtssystemen kann das anwaltliche Erfolgshonorar daher im Hinblick auf die Überwälzung des Kostenrisikos eine mit der Prozessfinanzierung durchaus vergleichbare Wirkung haben, wenngleich der Risikoschutz durch die Prozessfinanzierung in der Regel noch etwas umfassender ist.[70] Allerdings trägt nicht jeder Prozessfinanzierer das gesamte Kostenrisiko, sodass pauschale Aussagen zum Umfang der Risikoüberwälzung nicht getroffen werden können. Schwierigkeiten birgt insbesondere auch die Unterscheidung zwischen der Prozessfinanzierung und Versicherungen in Form der „after-the-event insurance", weil sie sich in funktionaler Hinsicht sehr ähneln können.[71]

---

65 Vgl. *ICCA-QMUL Task Force*, Report on Third-Party Funding, S. 46.

66 Vgl. *Schumacher*, Prozessfinanzierung, Rn. 40.

67 Neben dem sog. reinen Erfolgshonorar („no win, no fee"), bei dem die Erfolgsprämie das ganze Honorar des Anwalts ausmacht, gibt es beispielsweise auch die Vereinbarung eines Erfolgshonorars in Form einer zusätzlichen erfolgsabhängigen Prämie („no win, less fee"), vgl. *Schumacher*, Prozessfinanzierung, Rn. 39.

68 *Schumacher*, Prozessfinanzierung, Rn. 39 f.

69 *Schumacher*, Prozessfinanzierung, Rn. 40.

70 *Schumacher*, Prozessfinanzierung, Rn. 40.

71 *ICCA-QMUL Task Force*, Report on Third-Party Funding, S. 47. Siehe hierzu näher unten § 2 B III 1 b).

3. Arbeitsdefinition von „Prozessfinanzierung" bzw. „third-party funding"

Im Rahmen dieser Arbeit sollen die Begriffe „Prozessfinanzierung" bzw. „third-party funding" im Sinne der Prozessfinanzierung im engen Sinne verstanden werden. Erfolgt die Prozessfinanzierung ohne unmittelbare Gegenleistung für den Prozessfinanzierer, wird dieser Umstand durch die Bezeichnung Prozessfinanzierung *pro bono* kenntlich gemacht. Diese Vorgehensweise schließt die Untersuchung anderer Formen der Verfahrensdrittfinanzierung und den Vergleich der Prozessfinanzierung hiermit nicht aus. Wenn die verdeckte Nutzung anderer Formen der Verfahrensdrittfinanzierung zu ähnlichen Problemen führt wie die verdeckte Prozessfinanzierung, ist eine Erstreckung etwaiger Empfehlungen bzw. Regulierungsvorschläge auf andere Formen der Verfahrensdrittfinanzierung zu erwägen. Eine strikte Trennung der Ebene der Definitionsbestimmung und der Ebene der Regulierungsvorschläge ist jedoch in methodischer Hinsicht vorzugswürdig.

B. Verschiedene Formen der Verfahrensdrittfinanzierung

Im Folgenden wird ein Überblick über verschiedene Formen der Verfahrensdrittfinanzierung gegeben und eine Abgrenzung zur Prozessfinanzierung vorgenommen.

I. Vorbemerkung: Verteilung des Kostenrisikos und Kostentragungsregel

In funktionaler Hinsicht wird bei der Prozessfinanzierung das Führen eines Verfahrens ohne Kostenrisiko angestrebt.[72] Auch andere Formen der Verfahrensdrittfinanzierung dienen zumindest der Überwälzung eines Teils des Kostenrisikos. Das Kostenrisiko besteht dabei zunächst in den Kosten der eigentlichen Rechtsverfolgung, also den gerichtlichen und außergerichtlichen Kosten (sog. direktes Kostenrisiko).[73] Neben den monetären Aufwendungen im Rahmen der Rechtsverfolgung bestehen weitere Risiken, insbesondere das

---

[72] *Schumacher*, Prozessfinanzierung, Rn. 41.

[73] *Schumacher*, Prozessfinanzierung, Rn. 34.

Risiko des Anspruchsverlustes, von Gewinneinbußen oder einer Beeinträchtigung der Beziehungen zwischen den Verfahrensbeteiligten (sog. indirektes Kostenrisiko).[74] Der Begriff Kostenrisiko bzw. Prozesskostenrisiko wird im Folgenden im Sinne des direkten Kostenrisikos verwendet.

Grundlegend für die Beurteilung des Prozesskostenrisikos ist die Kostentragungsregel des anwendbaren Prozessrechts. Grundsätzlich ist das Unterliegensprinzip bzw. die sog. *English rule of costs* (auch: „costs follow the event principle" oder „costs shifting principle")[75] von der sog. *American rule of costs* zu unterscheiden. Bei Geltung des Unterliegensprinzips wie etwa in England oder Deutschland wird die (voll) unterliegende Partei nicht nur zur Tragung aller Gerichtskosten, sondern grundsätzlich auch zur vollen Kostenerstattung der Prozesskosten des Gegners verpflichtet.[76] Bei Geltung der *American rule* trägt zwar ebenfalls nur der Unterlegene die Gerichtskosten, aber jede Partei grundsätzlich ihre eigenen außergerichtlichen Prozesskosten – unabhängig vom Ausgang des Verfahrens.[77] Die *American rule* gilt grundsätzlich in den *federal courts* sowie in den *state courts*[78] in den USA.[79] Der Wortlaut des FRCP 54(d)(1) scheint zwar auf den ersten Blick eine Erstattungsfähigkeit von Prozesskosten vorzusehen; die praktisch wichtigen Anwaltsgebühren werden hiervon jedoch ausdrücklich ausgenommen.[80] Lediglich einige eher unbedeutende Kostenposten werden dem Grundsatz nach der unterliegenden Partei auferlegt.[81] Faktisch besteht daher kein nennenswertes Risiko, im Fall

---

74 *Schumacher*, Prozessfinanzierung, Rn. 34.

75 *Zuckerman* u.a., Civil Procedure (2021), Rn. 28.4.

76 Vgl. § 91 Abs. 1 ZPO zum deutschen Kostenrecht; vgl. CPR 44.2(2) zum englischen Kostenrecht: „If the court decides to make an order about costs – (a) the general rule is that the unsuccessful party will be ordered to pay the costs of the successful party; but (b) the court may make a different order."

77 Vgl. FRCP 54(d)(1) i.V.m. 28 USC § 1920.

78 Der Bundesstaat Alaska sieht eine Ausnahme von der *American rule* in *rule* 82 *Alaska Civil Rules* vor; demnach muss die unterliegende Partei auch angemessene Anwaltsgebühren der obsiegenden Partei tragen.

79 *Breyer*, Kostenorientierte Steuerung des Zivilprozesses, S. 108 f. Siehe *Breyer*, Kostenorientierte Steuerung des Zivilprozesses, S. 108–118 für eine systematische Darstellung der Ausnahmen von der *American rule*.

80 Vgl. FRCP 54(d)(1): „[...] costs other than attorney's fees shall be allowed as of course to the prevailing party [...]".

81 Die erstattungsfähigen Kostenposten sind in 28 USC § 1920 abschließend aufgezählt.

des Unterliegens die Prozesskosten des Gegners tragen zu müssen.[82] In den allermeisten Rechtsordnungen gilt das Unterliegensprinzip im Zivilprozess.[83] Lediglich einige wenige Rechtsordnungen kennen eine abgeschwächte Form der *American rule* im Kostenrecht.[84]

II. Anwaltliche Erfolgshonorare

Im angelsächsischen Rechtsraum ist das anwaltliche Erfolgshonorar heute weit verbreitet, und in den USA stellt es die praktisch relevanteste Form der Verfahrensdrittfinanzierung dar.[85] In Deutschland ist die Vereinbarung eines anwaltlichen Erfolgshonorars gem. § 49b Abs. 2 S. 1 BRAO grundsätzlich verboten. Seit dem 1. Juli 2008 ist die Vereinbarung eines anwaltlichen Erfolgshonorars gem. § 49b Abs. 2 S. 1 BRAO i.V.m. § 4a Abs. 1 S. 1 RVG a.F. ausnahmsweise zulässig, wenn der Auftraggeber aufgrund seiner wirtschaftlichen Verhältnisse ohne die Vereinbarung eines Erfolgshonorars von der Rechtsverfolgung abgehalten würde. Wegen der strengen Voraussetzungen des § 4a Abs. 1 S. 1 RVG a.F. ist das anwaltliche Erfolgshonorar in Deutschland bislang kaum von praktischer Relevanz gewesen.[86] Zum 1. Oktober 2021 wurde die Zulässigkeit von anwaltlichen Erfolgshonoraren erweitert. Die Vereinbarung eines anwaltlichen Erfolgshonorars ist nun zudem für die

---

82 *Breyer*, Kostenorientierte Steuerung des Zivilprozesses, S. 108 f.

83 *Hodges/Vogenauer/Tulibacka*, in: Hodges/Vogenauer/Tulibacka (Hrsg.), The Costs and Funding of Civil Litigation, S. 3 (78 f.): *Hodges/Vogenauer/Tulibacka* erklären das Festhalten an der *American rule* in den USA damit, dass die *American rule* Anreize für die Durchsetzung von Rechtsnormen durch private Rechtsverfolgung setzt („private enforcement of law"), da das Haftungsrisiko für gegnerische Kosten entfällt. Teilweise ermöglichen einzelne *statutes* – als Ausnahme von der *American rule* – sogar ein „one way cost shifting" zulasten des Beklagten, um die Rolle des Klägers als „private attorney general" im Hinblick auf die Abschreckung vor künftigen Rechtsverletzungen zu stärken.

84 *Hodges/Vogenauer/Tulibacka*, in: Hodges/Vogenauer/Tulibacka (Hrsg.), The Costs and Funding of Civil Litigation, S. 3 (17): *Hodges/Vogenauer/Tulibacka* führen China, Russland, Japan, Taiwan und Frankreich als Beispiele (nicht abschließend) für eine abgeschwächte Form der *American rule* an.

85 Vgl. *Bench Nieuwveld/Shannon Sahani*, Third-Party Funding in International Arbitration, S. 131; vgl. *Schumacher*, Prozessfinanzierung, Rn. 39.

86 *Siebert-Reimer*, Der Anspruch auf Erstattung der Kosten der Prozessfinanzierung, S. 70 f.

Durchsetzung einer Geldforderung bis zu einer Höhe von 2.000 Euro sowie für eine außergerichtliche Inkassodienstleistung des Rechtsanwalts zulässig, vgl. § 49 Abs. 2 S. 1 BRAO i.V.m. § 4a Abs. 1 S. 1 Nr. 1 und 2 n.F. Auch die anwaltliche Prozessfinanzierung ist nun in eng eingegrenzten Fällen zulässig. Anwälten bleibt es aber gem. § 49b Abs. 2 S. 2 BRAO bei der Vereinbarung eines anwaltlichen Erfolgshonorars grundsätzlich verboten, sich zur Tragung von Gerichtskosten, Verwaltungskosten oder Kosten anderer Beteiligter zu verpflichten. Ein erheblicher Teil des Prozesskostenrisikos verbleibt daher trotz der Vereinbarung eines anwaltlichen Erfolgshonorars beim Rechtssuchenden. Seit dem 1. Oktober 2021 ist die anwaltliche Prozessfinanzierung jedoch erlaubt, soweit in der Angelegenheit ein Erfolgshonorar für eine außergerichtliche Inkassodienstleistung des Rechtsanwalts vereinbart wurde, vgl. § 49b Abs. 2 S. 2 BRAO n.F. Die strengen Zulässigkeitsvoraussetzungen und die nur eingeschränkte Geeignetheit zur Verlagerung des Prozesskostenrisikos erklären die geringe Verbreitung des anwaltlichen Erfolgshonorars in Deutschland.[87] Es bleibt abzuwarten, ob die jüngsten Liberalisierungen im Bereich des anwaltlichen Erfolgshonorars und der anwaltlichen Prozessfinanzierung zu einem durchgreifenden Wandel führen werden.

Auch in anderen Rechtsordnungen Kontinentaleuropas ist das anwaltliche Erfolgshonorar entweder verboten oder nur stark eingeschränkt zulässig.[88] Im *common law* waren anwaltliche Erfolgshonorare ursprünglich wegen eines Verstoßes gegen die *doctrines of maintenance and champerty* verboten.[89] In England und einigen anderen *common-law*-Rechtsordnungen wie etwa Kanada oder Südafrika wurde die Vereinbarung eines anwaltlichen Erfolgshonorars per Gesetz als systematische Ausnahme der Verbote der *maintenance* und *champerty* innerhalb eines bestimmten Gestaltungsspielraumes schließlich für zulässig erklärt.[90]

---

87 *Siebert-Reimer*, Der Anspruch auf Erstattung der Kosten der Prozessfinanzierung, S. 70 f.

88 *Schumacher*, Prozessfinanzierung, Rn. 39; *Hoffmann*, Prozessfinanzierung in Investitionsschiedsverfahren, S. 64; vgl. *Hodges/Vogenauer/Tulibacka*, in: Hodges/Vogenauer/Tulibacka (Hrsg.), The Costs and Funding of Civil Litigation, S. 3 (132 f.) für eine Übersicht zur Zulässigkeit von anwaltlichen Erfolgshonoraren in verschiedenen Rechtsordnungen.

89 *Sorabji*, The Crisis of Legal Aid and Alternative Solutions, S. 9.

90 *Sorabji*, The Crisis of Legal Aid and Alternative Solutions, S. 9.

Bei der Vereinbarung eines anwaltlichen Erfolgshonorars wird die Vergütung ganz oder teilweise vom Ausgang der Rechtsverfolgung abhängig gemacht.[91] Bei der Vereinbarung eines sog. reinen Erfolgshonorars („no win, no fee") wird die gesamte Vergütung vom Ausgang des Verfahrens abhängig gemacht.[92] Eine andere Variante des anwaltlichen Erfolgshonorars ist die Vereinbarung einer lediglich zusätzlichen Erfolgsprämie als Ergänzung zur bedingungslos vereinbarten Vergütung („no win, less fee").[93] Grundsätzlich kann das Erfolgshonorar in einem Anteil am erzielten Erlös (*pactum de quota litis*) bestehen – sofern die Rechtsordnung diese Form des Erfolgshonorars zulässt – oder in einer auf andere Weise ausgestalteten Erhöhung der dem Anwalt zufließenden Gegenleitung.[94] Die denkbaren Varianten sind vielfältig; die jeweiligen Rechtsordnungen setzen dem Gestaltungsspielraum jedoch zum Teil Grenzen – dies gilt insbesondere im Hinblick auf die Vereinbarung einer quotalen Beteiligung.[95] Im Folgenden soll im Überblick auf US-amerikanische *contingency fees*, englische *conditional fees* und die anwaltliche Tätigkeit *pro bono* eingegangen werden.

1. *Contingency fees*

Seit dem 19. Jahrhundert sind *contingency fees* in den USA zulässig, wobei sie sich in der Praxis erst im Laufe des 20. Jahrhunderts etablierten.[96] Bei der typischen Ausgestaltung eines *contingency fee agreement* in Form des „no win, no fee" *agreement* ist die gesamte Vergütung des Rechtsanwalts vom Ausgang der Rechtssache abhängig.[97] Im Fall des Unterliegens erhält der Rechtsanwalt kein Honorar für seine Tätigkeit.[98] Im Erfolgsfall erhält der Anwalt dagegen in der Regel einen vorher mit dem Mandanten vereinbarten

---

91 *Hoffmann*, Prozessfinanzierung in Investitionsschiedsverfahren, S. 62; *Schumacher*, Prozessfinanzierung, Rn. 39.

92 *Schumacher*, Prozessfinanzierung, Rn. 39.

93 *Schumacher*, Prozessfinanzierung, Rn. 39.

94 *Schumacher*, Prozessfinanzierung, Rn. 39.

95 Vgl. *Hodges/Vogenauer/Tulibacka*, in: Hodges/Vogenauer/Tulibacka (Hrsg.), The Costs and Funding of Civil Litigation, S. 3 (132 f.).

96 *Sorabji*, The Crisis of Legal Aid and Alternative Solutions, S. 5.

97 *Sorabji*, The Crisis of Legal Aid and Alternative Solutions, S. 5.

98 *v. Göler*, Third-Party Funding in International Arbitration, S. 52; *Sorabji*, The Crisis of Legal Aid and Alternative Solutions, S. 5.

Anteil am erstrittenen Erlös (*quota litis*).[99] In den USA liegt der vereinbarte Anteil des Rechtsanwalts im Fall eines Vergleichs für gewöhnlich bei einem Drittel des Erlöses und bei Obsiegen vor Gericht bei 40 bis 50 Prozent der erstrittenen Summe.[100] Das Tätigwerden aufgrund eines *contingency fee agreement* ist für den Anwalt in der Regel lediglich bei Vertretung des Klägers in einer auf Schadensersatz gerichteten Klage lukrativ.[101] Dem Beklagten steht der Abschluss eines *contingency fee agreement* in der Praxis regelmäßig nicht offen.[102]

Durch die Vereinbarung von *contingency fees* wird ein Teil des Prozesskostenrisikos vom Mandanten auf den Anwalt übertragen, weil der Anwalt im Fall des Unterliegens kein Honorar für seine Tätigkeit erhält.[103] Üblicherweise übernimmt der Anwalt in den USA auch andere Kosten des laufenden Verfahrens wie etwa Gerichtskosten oder Auslagen für Sachverständige, die er ebenfalls nur im Erfolgsfall aus dem erstrittenen Erlös zurückerstattet bekommt.[104] Für gegnerische Kosten kommt der Rechtsanwalt jedoch nicht auf. Allerdings droht dem Mandanten in den USA wegen der Geltung der *American rule* grundsätzlich auch keine Haftung für gegnerische Kosten.[105]

2. *Conditional fees*

In England sind Vereinbarungen über *contingency fees* in Form der *quota litis* als sog. *damages-based agreements* (DBAs) zulässig.[106] Seit 2013 sind diese in fast

---

99 *Hoffmann*, Prozessfinanzierung in Investitionsschiedsverfahren, S. 63; *v. Göler*, Third-Party Funding in International Arbitration, S. 52.

100 *Hensler*, in: Hodges/Vogenauer/Tulibacka (Hrsg.), The Costs and Funding of Civil Litigation, S. 535 (540).

101 *Hoffmann*, Prozessfinanzierung in Investitionsschiedsverfahren, S. 63.

102 *Siebert-Reimer*, Der Anspruch auf Erstattung der Kosten der Prozessfinanzierung, S. 73 f.

103 *Schumacher*, Prozessfinanzierung, Rn. 39.

104 *Hoffmann*, Prozessfinanzierung in Investitionsschiedsverfahren, S. 63; *Breyer*, Kostenorientierte Steuerung des Zivilprozesses, S. 5. In Deutschland ist es gem. § 49b Abs. 2 S. 2 BRAO bei der Vereinbarung eines anwaltlichen Erfolgshonorars verboten, sich zur Tragung von Gerichtskosten, Verwaltungskosten oder Kosten anderer Beteiligter zu verpflichten.

105 *Schumacher*, Prozessfinanzierung, Rn. 40.

106 Vgl. sec. 58AA *Courts and Legal Services Act* 1990.

allen zivilrechtlichen Streitigkeiten erlaubt,[107] allerdings werden die DBAs in der Praxis bislang kaum genutzt.[108] Dies ist darauf zurückzuführen, dass große Unsicherheit in Bezug auf die rechtmäßige Ausgestaltung eines DBAs besteht.[109]

Seit 1999 sind Erfolgshonorare in Form von *conditional fees* in allen zivilrechtlichen Streitigkeiten mit Ausnahme von bestimmten Familiensachen zugelassen.[110] *Conditional fees* unterscheiden sich von *contingency fees* im Hinblick auf ihre Vergütungsstruktur. Der Erfolgsbonus (*uplift*) des Anwalts besteht nicht wie bei *contingency fees* aus einem Anteil an der erstrittenen Summe, sondern bemisst sich als prozentuale Erhöhung eines vereinbarten Grundhonorars.[111] Der Erfolgsbonus darf höchstens 100 Prozent des vereinbarten Grundhonorars betragen.[112] Es kann vereinbart werden, dass der Anwalt für seine Tätigkeit unabhängig vom Ausgang des Verfahrens ein Grundhonorar erhält, das im Vergleich zu seinem regulären Honorar in der Regel reduziert ist.[113] Es ist aber auch die Vereinbarung eines „no win, no fee“ *agreement* möglich, bei dem der Anwalt im Unterliegensfall auch auf das Grundhonorar verzichtet. In England ist es – im Gegensatz zu den USA – unüblich, dass der Anwalt die eigentlichen Kosten des Verfahrens wie etwa Gerichtskosten oder Auslagen für Sachverständige im Rahmen des *conditional fee agreement* übernimmt.[114] Diesbezüglich verbleibt das Kostenrisiko

---

107 Die Ausweitung des Anwendungsbereiches erfolgte durch sec. 45 *Legal Aid, Sentencing and Punishment of Offenders Act* 2012. DBAs sind nun in allen Verfahren erlaubt, in denen auch CFAs zulässig sind, vgl. sec. 58AA(4)(a)(aa) *Courts and Legal Services Act* 1990.

108 So (im Jahr 2019) *Ministry of Justice*, Post-Implementation Review of Part 2 of the Legal Aid, Sentencing and Punishment of Offenders Act 2012 (LASPO), Civil litigation funding and costs, Rn. 116.

109 *Ministry of Justice*, Post-Implementation Review of Part 2 of the Legal Aid, Sentencing and Punishment of Offenders Act 2012 (LASPO), Civil litigation funding and costs, Rn. 116.

110 Sec. 58 und 58A *Courts and Legal Services Act* 1990. 1995 wurden CFAs eingeführt, vgl. *Conditional Fee Agreements Order* 1995 (SI 1995/1674) und *Conditional Fee Agreements Regulations* (1995 (SI 1995/1675). Vor dem Inkrafttreten des sec. 27 *Access to Justice Act* 1999 war die Zulässigkeit der CFAs jedoch auf wenige Verfahren begrenzt.

111 Vgl. sec. 58(4)(b) *Courts and Legal Services Act* 1990.

112 Vgl. sec. 58(4)(c) *Courts and Legal Services Act* 1990 i.V.m. rule 3 *Conditional Fee Agreements Order* 2013 (SI 2013/698).

113 v. *Göler*, Third-Party Funding in International Arbitration, S. 52.

114 *Breyer*, Kostenorientierte Steuerung des Zivilprozesses, S. 190 f.

daher in der Regel beim Mandanten. Schließlich trägt der Mandant auch das Haftungsrisiko für gegnerische Kosten.

3. *Pro-bono*-Tätigkeit des Rechtsanwalts

Bei der anwaltlichen Vertretung *pro bono* erhält der Rechtsanwalt für seine Tätigkeit unabhängig vom Ausgang des Verfahrens kein Honorar.[115] Eine Erstattung seiner Kosten ist lediglich denkbar, wenn die gegnerische Partei unterliegt und nach dem anwendbaren Kostenrecht die unterliegende Partei die außergerichtlichen Kosten des Gegners trägt (*English rule*).[116] Die *pro-bono*-Tätigkeit des Rechtsanwalts kann als Form der Verfahrensdrittfinanzierung eingeordnet werden, da die finanzielle Last der Anwaltskosten vollständig vom Mandanten auf seinen Anwalt übertragen wird.[117]

III. Versicherungen

Im Folgenden sollen verschiedene Arten von prozessbezogenen Versicherungsprodukten dargestellt werden.

1. Rechtsschutzversicherungen

Bei Rechtsschutzversicherungen ist zwischen der *before-the-event insurance* (BTE-Versicherung) und der *after-the-event insurance* (ATE-Versicherung) zu unterscheiden.

a) Before-the-event insurance (BTE-Versicherung)

Bei der BTE-Versicherung werden Streitigkeiten im Rahmen eines bestimmten Lebensbereiches versichert, die ihren Ursprung in einem Ereignis nach Abschluss des Versicherungsvertrages finden.[118] Bei der BTE-Rechtsschutzversicherung zahlt der Versicherungsnehmer in der Regel eine jährliche Versicherungsprämie, und der Versicherer übernimmt im Fall einer rechtlichen

---

115 *Bench Nieuwveld/Shannon Sahani*, Third-Party Funding in International Arbitration, S. 4.

116 *Bench Nieuwveld/Shannon Sahani*, Third-Party Funding in International Arbitration, S. 4; *Hoffmann*, Prozessfinanzierung in Investitionsschiedsverfahren, S. 65.

117 *Bench Nieuwveld/Shannon Sahani*, Third-Party Funding in International Arbitration, S. 4 f.; *Hoffmann*, Prozessfinanzierung in Investitionsschiedsverfahren, S. 65.

118 *v. Göler*, Third-Party Funding in International Arbitration, S. 53

Auseinandersetzung gerichtliche und außergerichtliche Kosten im vertraglich vereinbarten Umfang.[119] Eine BTE-Versicherung stellt daher einen vorsorglichen Transfer des Prozesskostenrisikos für noch ungewisse Rechtstreitigkeiten dar.[120] Dies steht im Gegensatz zur Prozessfinanzierung, bei der die Risikoübertragung für die Durchsetzung eines bestimmten Anspruches erfolgt.[121] Ein wesentlicher Unterschied zwischen Prozessfinanzierung und der BTE-Versicherung liegt in der jeweiligen Vergütungsstruktur. Die unbedingt zu entrichtenden Versicherungsprämien stehen im Gegensatz zu der quotalen Beteiligung von Prozessfinanzierern am Erlös, die nur im Erfolgsfall geschuldet ist.[122]

Im internationalen Vergleich sticht die große Verbreitung der BTE-Rechtsschutzversicherung in Deutschland heraus. 43 Prozent der Bevölkerung verfügen über eine Rechtsschutzversicherung.[123] Die Verbreitung der Rechtsschutzversicherung in Deutschland wird dadurch begünstigt, dass die Kosten des Verfahrens wegen der gesetzlichen Regelsätze des RVG vorhersehbar sind.[124] Dabei ist entscheidend, dass der prozessuale Kostenerstattungsanspruch des Obsiegenden gem. § 91 Abs. 1 S. 1 ZPO i.V.m. § 91 Abs. 2 S. 1 ZPO lediglich die gesetzlichen Gebühren und Auslagen des Rechtsanwalts der obsiegenden Partei erfasst und nicht etwa ein darüber hinaus vereinbartes Honorar.[125] Durch die große Verbreitung der Rechtsschutzversicherung können die Versicherungsprämien niedrig gehalten werden.[126]

---

[119] *v. Göler*, Third-Party Funding in International Arbitration, S. 53; *Hoffmann*, Prozessfinanzierung in Investitionsschiedsverfahren, S. 68.

[120] *Schumacher*, Prozessfinanzierung, Rn. 42.

[121] *Schumacher*, Prozessfinanzierung, Rn. 42.

[122] *v. Göler*, Third-Party Funding in International Arbitration, S. 68, *Schumacher*, Prozessfinanzierung, Rn. 43.

[123] *Hess/Hübner*, in: Hodges/Vogenauer/Tulibacka (Hrsg.), The Costs and Funding of Civil Litigation, S. 349 (357).

[124] *Hodges/Vogenauer/Tulibacka*, in: Hodges/Vogenauer/Tulibacka (Hrsg.), The Costs and Funding of Civil Litigation, S. 3 (21).

[125] *Hodges/Vogenauer/Tulibacka*, in: Hodges/Vogenauer/Tulibacka (Hrsg.), The Costs and Funding of Civil Litigation, S. 3 (21). Theoretisch ist zwar eine Erstattung dieser Kosten im Rahmen des materiell-rechtlichen Kostenerstattungsanspruches denkbar. Allerdings wird dies praktisch kaum möglich sein, da der Anspruchsberechtigte in aller Regel nur eine Anwaltsvergütung in Höhe der gesetzlich festgelegten Gebühren im Sinne von §§ 249 ff. BGB für erforderlich halten darf, *Breyer*, Kostenorientierte Steuerung des Zivilprozesses, S. 93 m.w.N.

[126] *Hodges/Vogenauer/Tulibacka*, in: Hodges/Vogenauer/Tulibacka (Hrsg.), The Costs and Funding of Civil Litigation, S. 3 (21).

b) After-the-event insurance (ATE-Versicherung)

Bei der ATE-Versicherung wird eine Streitigkeit versichert, die ihren Ursprung in einem Ereignis vor Abschluss des Versicherungsvertrages findet.[127] Es geht um die Überwälzung des Prozesskostenrisikos für eine konkrete Streitigkeit.

Die Rechtsschutzversicherung in Form der ATE-Versicherung ist vor allem in England verbreitet;[128] zum Teil ist sie auch in anderen Staaten des Commonwealth verfügbar.[129] In England hat sich der Markt für ATE-Rechtsschutzversicherungen seit 2000 entwickelt.[130] Die starke Nachfrage nach ATE-Rechtsschutzversicherungen war auch durch eine Besonderheit des englischen Kostenerstattungsrechts zwischen 2000 und 2013 bedingt; der Obsiegende konnte die Prämie der ATE-Versicherung im Rahmen des Kostenerstattungsanspruchs von der Gegenseite geltend machen.[131] Die Erstattungsfähigkeit der Prämien der ATE-Versicherung wurde jedoch im Zuge der *Jackson Reforms* im Jahr 2013 wieder abgeschafft.[132] Seitdem ist der Markt der ATE-Versicherungen in England wieder etwas geschrumpft; insbesondere bei Klagen mit geringen Streitwerten wird häufig von dem Abschluss einer ATE-Versicherung abgesehen, da der potentiell zu erstreitende Erlös nach Abzug der Versicherungsprämie zu gering erscheint.[133]

ATE-Versicherer stellen den Versicherungsnehmer in aller Regel von der Haftung für gegnerische Kosten frei.[134] Darüber hinaus wird teilweise auch die Übernahme der eigenen Prozesskosten des Versicherungsnehmers vereinbart.[135] Der Versicherungsnehmer verpflichtet sich zur Zahlung einer Versicherungsprämie, die sich in der Regel zwischen 30 und 50 Prozent der

---

[127] *v. Göler*, Third-Party Funding in International Arbitration, S. 53.

[128] *v. Göler*, Third-Party Funding in International Arbitration, S. 54.

[129] *Bench Nieuwveld/Shannon Sahani*, Third-Party Funding in International Arbitration, S. 103; *Rowles-Davies*, Third Party Litigation Funding, Rn. 6.15.

[130] *Rowles-Davies*, Third Party Litigation Funding, Rn. 6.16.

[131] Vgl. sec. 29 *Access to Justice Act* 1999.

[132] Vgl. sec. 58C(1) *Courts and Legal Services Act* in der Fassung des sec. 46(1) *Legal Aid, Sentencing and Punishment of Offenders Act* 2012. In eng eingegrenzten Fällen wurde die Erstattungsfähigkeit vorläufig beibehalten, siehe hierzu White Book 2022, Bd. 2, Rn. 7A–1.

[133] *Rowles-Davies*, Third Party Litigation Funding, Rn. 6.16

[134] *v. Göler*, Third-Party Funding in International Arbitration, S. 53; *Hoffmann*, Prozessfinanzierung in Investitionsschiedsverfahren, S. 70.

[135] *v. Göler*, Third-Party Funding in International Arbitration, S. 53; *Hoffmann*, Prozessfinanzierung in Investitionsschiedsverfahren, S. 70.

versicherten Prozesskosten bewegt – in Abhängigkeit von dem Ergebnis der Risikoanalyse und dem Umfang des Versicherungsschutzes.[136] Die Höhe der Prämie kann auch dynamisch an den Prozessverlauf geknüpft werden; so kann eine reduzierte Prämie für den Fall vereinbart werden, dass der Rechtsstreit durch einen außergerichtlichen Vergleich beigelegt wird.[137] Da bei ATE-Versicherungen das Kostenrisiko für einen konkret bevorstehenden Prozess übergewälzt wird, sind die Versicherungsprämien entsprechend hoch.

Um die Attraktivität der ATE-Versicherung trotz hoher Prämien zu gewährleisten, werden unterschiedliche Zahlungsmodalitäten im Hinblick auf die Fälligkeit der Versicherungsprämien angeboten.[138] Die Prämie muss nicht etwa zwangsläufig bei Abschluss des Vertrages oder jedenfalls vor Beginn des Prozesses geleistet werden, sondern kann auch gestaffelt oder erst bei Abschluss des Prozesses fällig werden.[139] Die Versicherungsunternehmen bieten darüber hinaus teils auch die Vereinbarung einer erfolgsbedingten Prämie an.[140] Die Zahlung der Versicherungsprämie wird – wie bei einem anwaltlichen Erfolgshonorar – an den erfolgreichen Ausgang des Verfahrens geknüpft.[141] Im Fall des Unterliegens ist der Versicherungsnehmer dagegen nicht zur Zahlung der Prämie verpflichtet; der Versicherer trägt dennoch die eigenen und die gegnerischen Prozesskosten im vereinbarten Umfang.[142] Durch die Vereinbarung einer erfolgsbedingten Prämie kann eine vollkommene Überwälzung des Kostenrisikos auf den Versicherer erreicht werden. Im Hinblick auf die Funktion der Risikovermeidung kann daher ein mit der Prozessfinanzierung vergleichbares Ergebnis erzielt werden. Hervorzuheben

---

136 *v. Göler*, Third-Party Funding in International Arbitration, S. 53; *Hoffmann*, Prozessfinanzierung in Investitionsschiedsverfahren, S. 70; *Bench Nieuwveld/Shannon Sahani*, Third-Party Funding in International Arbitration, S. 102 f. schätzt die marktübliche Höhe der Prämien auf 20 % bis 40 % der Summe der versicherten Prozesskosten.

137 Vgl. *Bench Nieuwveld/Shannon Sahani*, Third-Party Funding in International Arbitration, S. 102 f.

138 *Hoffmann*, Prozessfinanzierung in Investitionsschiedsverfahren, S. 70.

139 *Hoffmann*, Prozessfinanzierung in Investitionsschiedsverfahren, S. 70; *v. Göler*, Third-Party Funding in International Arbitration, S. 53.

140 *v. Göler*, Third-Party Funding in International Arbitration, S. 53; *Breyer*, Kostenorientierte Steuerung des Zivilprozesses, S. 191.

141 *v. Göler*, Third-Party Funding in International Arbitration, S. 53; *Bench Nieuwveld/Shannon Sahani*, Third-Party Funding in International Arbitration, S. 103.

142 *v. Göler*, Third-Party Funding in International Arbitration, S. 53; *Bench Nieuwveld/Shannon Sahani*, Third-Party Funding in International Arbitration, S. 103.

ist, dass dieses Ergebnis nur für den Fall der „erfolgsabhängigen ATE-Rechtsschutzversicherung“[143] („fully deferred ATE policy“[144]) gilt. Die Versicherungsprämien sind dem Risiko entsprechend bei der „erfolgsabhängigen ATE-Rechtsschutzversicherung“ höher, sodass Prämien von 50 bis 80 Prozent der Summe der versicherten Prozesskosten durchaus marktüblich sind.[145] Bei den anderen Zahlungsvarianten der ATE-Versicherungsmodelle muss die Prämie in jedem Fall gezahlt werden, lediglich die Fälligkeit wird teils an einen späteren Zeitpunkt geknüpft. Die Versicherungsprämie kann in England auch nicht mehr im Rahmen des Kostenerstattungsanspruchs von der unterliegenden Gegenseite geltend gemacht werden, wie dies zwischen 2000 und 2013 möglich war.[146]

ATE-Versicherer führen vor Vertragsabschluss eine umfassende Fall – und Risikoanalyse durch; dies ähnelt der von Prozessfinanzierern durchgeführten Prüfung.[147] Dabei wird in der Regel eine Erfolgswahrscheinlichkeit von mindestens 60 Prozent vorausgesetzt.[148]

2. Haftpflichtversicherungen

Bei der Haftpflichtversicherung werden Streitigkeiten im Rahmen eines bestimmten Lebensbereiches versichert, die ihren Ursprung in einem Ereignis nach Abschluss des Versicherungsvertrages finden.[149] Bei einer Haftpflichtversicherung handelt es sich daher um eine BTE-Versicherung.[150] Der Versicherungsnehmer verpflichtet sich zur Zahlung einer Prämie. Der Haftpflichtversicherer übernimmt die Kosten der Abwehr von Drittansprüchen.[151] Haftpflichtversicherer verpflichten sich zudem zur Befriedigung von berech-

---

143 *Hoffmann*, Prozessfinanzierung in Investitionsschiedsverfahren, S. 71.

144 *Bench Nieuwveld/Shannon Sahani*, Third-Party Funding in International Arbitration, S. 103.

145 *Bench Nieuwveld/Shannon Sahani*, Third-Party Funding in International Arbitration, S. 103 in Fn. 11.

146 Siehe hierzu unten § 4 D II 2 b) bb).

147 Vgl. *Hoffmann*, Prozessfinanzierung in Investitionsschiedsverfahren, S. 70.

148 *Bench Nieuwveld/Shannon Sahani*, Third-Party Funding in International Arbitration, S. 102.

149 *Hoffmann*, Prozessfinanzierung in Investitionsschiedsverfahren, S. 72.

150 *Hoffmann*, Prozessfinanzierung in Investitionsschiedsverfahren, S. 72.

151 *v. Göler*, Third-Party Funding in International Arbitration, S. 54; *Hoffmann*, Prozessfinanzierung in Investitionsschiedsverfahren, S. 71.

tigten Drittansprüchen.[152] In dieser Hinsicht ist der Versicherungsschutz umfassender als bei Rechtsschutzversicherungen.[153]

Entschädigt der Haftpflichtversicherer den Versicherungsnehmer für einen durch die Versicherung gedeckten Schaden, geht ein etwaiger Anspruch des Versicherungsnehmers gegen den Schadensverursacher auf den Haftpflichtversicherer per Gesetz oder Vertrag über.[154] Der Versicherer kann diesen Anspruch dann in eigenem Namen gegen den Schadensverursacher geltend machen.[155]

IV. Darlehen

Zur Finanzierung eines (Schieds-)Verfahrens kann auch ein Darlehen aufgenommen werden. Das Darlehen ist inklusive vereinbarter Zinsen unabhängig vom Verfahrensausgang zurückzuzahlen.[156] Daher verbleibt das Prozesskostenrisiko vollständig beim Rechtssuchenden.[157] Es findet im Gegensatz zur Prozessfinanzierung und zum anwaltlichen Erfolgshonorar keinerlei Risikoübertragung statt. Zugleich hat der Darlehensgeber auch keine Kontroll – oder Mitspracherechte im Hinblick auf das Verfahren.[158] Dem Darlehensgeber steht im Gegensatz zur Prozessfinanzierung oder dem anwaltlichen Erfolgshonorar auch keine Beteiligung am Erlös im Erfolgsfall zu.[159]

V. Factoring

Das Factoring soll der Vollständigkeit halber im Zusammenhang mit der Verfahrensdrittfinanzierung erwähnt werden, weil es zur Eintreibung offener

---

152 *Hoffmann*, Prozessfinanzierung in Investitionsschiedsverfahren, S. 71; *v. Göler*, Third-Party Funding in International Arbitration, S. 54.

153 *Hoffmann*, Prozessfinanzierung in Investitionsschiedsverfahren, S. 71 f.

154 *v. Göler*, Third-Party Funding in International Arbitration, S. 54.

155 *v. Göler*, Third-Party Funding in International Arbitration, S. 54.

156 *Bench Nieuwveld/Shannon Sahani*, Third-Party Funding in International Arbitration, S. 6; *Schumacher*, Prozessfinanzierung, Rn. 38.

157 *Schumacher*, Prozessfinanzierung, Rn. 38.

158 *Hoffmann*, Prozessfinanzierung in Investitionsschiedsverfahren, S. 81; *Bench Nieuwveld/Shannon Sahani*, Third-Party Funding in International Arbitration, S. 6.

159 *Schumacher*, Prozessfinanzierung, Rn. 38.

Forderungen genutzt wird.[160] Es handelt sich dabei jedoch nicht um eine Form der Verfahrensdrittfinanzierung, da beim Factoring die Forderung an den Dritten endgültig abgetreten wird und dieser sie dann im eigenen Namen einklagen kann.[161] Die verschiedenen Formen der Verfahrensdrittfinanzierung haben gemein, dass der ursprüngliche Anspruchsinhaber den Anspruch geltend macht, auch wenn dies unter Rückgriff auf externe Finanzierungsmittel erfolgt.[162] Bei der Prozessfinanzierung wird die Forderung nicht endgültig auf den Prozessfinanzierer übertragen, sondern lediglich zu Sicherungszwecken abgetreten.[163] Da beim Factoring das komplette Risiko der Eintreibung der Forderung beim neuen Forderungsgläubiger liegt, erhält der ursprüngliche Anspruchsinhaber in aller Regel einen unter dem Nennwert der Forderung liegenden Kaufpreis für seine Forderung.[164]

VI. Prozesskostenhilfe

Die Prozesskostenhilfe unterscheidet sich von allen anderen Formen der Verfahrensdrittfinanzierung dadurch, dass die Prozesskostenhilfe eine Finanzierungshilfe des Staates ist.[165] Alle anderen Formen der Verfahrensdrittfinanzierung werden im Gegensatz dazu von privaten Dritten zur Verfügung gestellt.[166] Fast alle Rechtsordnungen kennen eine Form der Prozesskostenhilfe, die jedoch in ihrer konkreten Ausgestaltung signifikante Unterschiede aufweisen können.[167] Die Prozesskostenhilfe soll den effektiven Zugang zu Gericht für jeden Rechtssuchenden unabhängig von

---

160 *Schumacher*, Prozessfinanzierung, Rn. 56.

161 *Schumacher*, Prozessfinanzierung, Rn. 56; *v. Göler*, Third-Party Funding in International Arbitration, S. 57.

162 *v. Göler*, Third-Party Funding in International Arbitration, S. 57; *Hoffmann*, Prozessfinanzierung in Investitionsschiedsverfahren, S. 83.

163 *Schumacher*, Prozessfinanzierung, Rn. 56.

164 *v. Göler*, Third-Party Funding in International Arbitration, S. 57; *Hoffmann*, Prozessfinanzierung in Investitionsschiedsverfahren, S. 82 f.

165 *v. Göler*, Third-Party Funding in International Arbitration, S. 57; *Schumacher*, Prozessfinanzierung, Rn. 48.

166 *v. Göler*, Third-Party Funding in International Arbitration, S. 57.

167 *Hodges/Vogenauer/Tulibacka*, in: Hodges/Vogenauer/Tulibacka (Hrsg.), The Costs and Funding of Civil Litigation, S. 3 (22 f.) mit einem Überblick zu den grundsätzlichen Varianten der Ausgestaltung von Prozesskostenhilfe in verschiedenen Rechtsordnungen.

seinen finanziellen Mitteln gewährleisten, wozu auch ein Mindestmaß an finanzieller Waffengleichheit zwischen den Parteien gehört.[168] Durch die Prozesskostenhilfe soll vermieden werden, dass die Kosten der Rechtsdurchsetzung eine prohibitive Wirkung für den Rechtssuchenden entfalten. Bei der Prozesskostenhilfe handelt es sich gewissermaßen um „verfahrensbezogenes Sozialrecht".[169]

Die Voraussetzungen der Gewährung der Prozesskostenhilfe unterscheiden sich deutlich von anderen Formen der Verfahrensdrittfinanzierung. In fast allen Rechtsordnungen wird der Zugang zur Prozesskostenhilfe zunächst von der Mittellosigkeit des Rechtssuchenden abhängig gemacht, weil öffentliche Mittel begrenzt sind und nicht in Anspruch genommen werden sollen, wenn der Betroffene das Verfahren selbst finanzieren kann.[170] Dies steht im Gegensatz zu allen anderen Formen der Verfahrensdrittfinanzierung. Für den Zugang zur Prozesskostenhilfe werden neben dem Kriterium der Mittellosigkeit in aller Regel gewisse Anforderungen an die Erfolgsaussichten gestellt.[171] Die Anforderungen an die Erfolgsaussichten bei der Prozesskostenhilfe sind im Vergleich zur Prozessfinanzierung jedoch deutlich geringer.[172] Es soll lediglich eine missbräuchliche Inanspruchnahme öffentlicher Ressourcen vermieden werden.[173] Kein Kriterium für die Gewährung der Prozesskostenhilfe ist dagegen die Rentabilität der Rechtsverfolgung.[174] Dies steht im Gegensatz zur Prozessfinanzierung und zum anwaltlichen Erfolgshonorar. Schließlich steht die Prozesskostenhilfe in der Praxis fast nur natürlichen Personen

---

[168] *Schumacher*, Prozessfinanzierung, Rn. 48.

[169] *Schumacher*, Prozessfinanzierung, Rn. 48.

[170] *Hodges/Vogenauer/Tulibacka*, in: Hodges/Vogenauer/Tulibacka (Hrsg.), The Costs and Funding of Civil Litigation, S. 3 (23); *Schumacher*, Prozessfinanzierung, Rn. 50; vgl. zum Kriterium der Bedürftigkeit in Deutschland § 114 Abs. 1 S. 1 ZPO.

[171] *Hodges/Vogenauer/Tulibacka*, in: Hodges/Vogenauer/Tulibacka (Hrsg.), The Costs and Funding of Civil Litigation, S. 3 (23). In Deutschland setzt § 114 Abs. 1 S. 1 ZPO voraus, dass die beabsichtigte Rechtsverfolgung oder Rechtsverteidigung „hinreichende Aussicht auf Erfolg" bietet und nicht mutwillig erscheint.

[172] *Schumacher*, Prozessfinanzierung, Rn. 51.

[173] *Hodges/Vogenauer/Tulibacka*, in: Hodges/Vogenauer/Tulibacka (Hrsg.), The Costs and Funding of Civil Litigation, S. 3 (23).

[174] *Schumacher*, Prozessfinanzierung, Rn. 51.

offen.[175] Juristische Personen können sie nur in Ausnahmefällen beantragen.[176] Die Prozesskostenhilfe ist zudem auf staatliche Verfahren beschränkt. Für Schiedsverfahren ist sie in der Regel nicht verfügbar.[177]

Die Vermeidung von Prozesskostenrisiken kann bei der Prozesskostenhilfe nur sehr eingeschränkt erreicht werden.[178] In Rechtsordnungen, die dem Unterliegensprinzip folgen, ist für die Frage der Risikovermeidung entscheidend, ob die gegnerischen Kosten im Fall des Unterliegens von der Prozesskostenhilfe erfasst werden.[179] Zudem gibt es vielfach Rückzahlungspflichten für die gewährte Prozesskostenhilfe; in diesem Fall hat die Kostenbefreiung lediglich einen einstweiligen Charakter.[180]

C. Die Prozessfinanzierung

Die inhaltliche Ausgestaltung eines Prozessfinanzierungsvertrages kann erheblich variieren und wird insbesondere durch die Gegebenheiten der finanzierten Streitigkeit und die finanziellen Bedürfnisse der unterstützten Partei beeinflusst.[181] Diese Arbeit konzentriert sich auf die Darstellung der typischen Elemente von Prozessfinanzierungsverhältnissen.

Die Hauptfunktionen der Prozessfinanzierung sind die Finanzierungsfunktion und die Verlagerung des Prozesskostenrisikos.[182] Ein Prozessfinan-

---

175 *Schumacher*, Prozessfinanzierung, Rn. 49; *v. Göler*, Third-Party Funding in International Arbitration, S. 57 f.

176 In Deutschland kann einer juristischen Person oder parteifähigen Vereinigung die Prozesskostenhilfe nur gewährt werden, wenn die Kosten weder von ihr noch von den am Gegenstand des Rechtsstreits wirtschaftlich Beteiligten aufgebracht werden können und wenn die Unterlassung der Rechtsverfolgung oder Rechtsverteidigung allgemeinen Interessen zuwiderlaufen würde, § 116 S. 1 Nr. 2 ZPO.

177 Vgl. *v. Göler*, Third-Party Funding in International Arbitration, S. 57

178 *Schumacher*, Prozessfinanzierung, Rn. 52.

179 *Hodges/Vogenauer/Tulibacka*, in: Hodges/Vogenauer/Tulibacka (Hrsg.), The Costs and Funding of Civil Litigation, S. 3 (22). In Deutschland hat die Bewilligung der Prozesskostenhilfe keinen Einfluss auf den Kostenerstattungsanspruch des Gegners, vgl. § 123 ZPO i.V.m. § 91 Abs. 1 ZPO.

180 In Deutschland besteht grundsätzlich eine Rückzahlungspflicht, vgl. § 122 I Nr. 1 ZPO.

181 *Hoffmann*, Prozessfinanzierung in Investitionsschiedsverfahren, S. 36.

182 *Siebert-Reimer*, Der Anspruch auf Erstattung der Kosten der Prozessfinanzierung, S. 79–82.

zierer kann das gesamte Kostenrisiko der Anspruchsverfolgung übernehmen, indem er zum einen alle zur Rechtsverfolgung anfallenden Kosten vorfinanziert und zum anderen im Fall der erfolglosen Rechtsverfolgung auch alle weiteren durch den Anspruchsinhaber zu tragenden Kosten übernimmt.[183] Im Fall des Obsiegens erhält der Prozessfinanzierer im Gegenzug einen vorher vereinbarten Anteil am erstrittenen Erlös.[184]

Durch die Einschaltung eines Prozessfinanzierers entsteht ein Beziehungsdreieck zwischen Anspruchsinhaber, Anwalt und Prozessfinanzierer. Dabei sind zwei Vertragsverhältnisse zu unterscheiden: der Prozessfinanzierungsvertrag zwischen Anspruchsinhaber und Prozessfinanzierer und das Mandatsverhältnis zwischen Anspruchsinhaber und Anwalt.[185] Es besteht grundsätzlich kein vertragliches Verhältnis zwischen Prozessfinanzierer und Anwalt.[186] Im Folgenden sollen zunächst der Zugang zur Prozessfinanzierung und das Verfahren bis zum Abschluss des Prozessfinanzierungsvertrages beleuchtet werden. Im Anschluss werden die Hauptpflichten sowie weitere zentrale Regelungen eines Prozessfinanzierungsvertrages dargestellt.

I. Zugang zur Prozessfinanzierung

Der Abschluss eines Prozessfinanzierungsvertrages steht potentiellen Klägern und Beklagten nicht gleichermaßen offen.[187] Prozessfinanzierer sind grundsätzlich nur an der Finanzierung von solchen Ansprüchen interessiert, die auf Geldleistung oder ein geldwertes Recht gerichtet sind oder in anderer Weise eine Beteiligung am Prozessergebnis ermöglichen.[188] In der Regel kann daher nur der Kläger auf die Prozessfinanzierung zurückgreifen.[189] Für den Beklagten kommt die Nutzung der Prozessfinanzierung nur ausnahms-

---

183 *Schumacher*, Prozessfinanzierung, Rn. 14 f.

184 *Schumacher*, Prozessfinanzierung, Rn. 14 f.; *Homberg*, Prozessfinanzierung, S. 2.

185 *Bench Nieuwveld/Shannon Sahani*, Third-Party Funding in International Arbitration, S. 7 f.

186 *Bench Nieuwveld/Shannon Sahani*, Third-Party Funding in International Arbitration, S. 8.

187 *Homberg*, Prozessfinanzierung, S. 13 f.

188 *Homberg*, Prozessfinanzierung, S. 13 f.: *Siebert-Reimer*, Der Anspruch auf Erstattung der Kosten der Prozessfinanzierung, S. 73 f.

189 *Siebert-Reimer*, Der Anspruch auf Erstattung der Kosten der Prozessfinanzierung, S. 73 f.

weise in Betracht, wenn er etwa im Rahmen einer Widerklage Ansprüche geltend macht, die eine Beteiligung am Prozessergebnis erlauben.[190] Andernfalls muss der Beklagte die Gegenleistung für die Prozessfinanzierung im Erfolgsfall aus eigenen Mitteln erbringen.[191] Dies ist zwar theoretisch möglich, kommt in der Praxis jedoch sehr selten vor.[192] So kann der Beklagte dem Prozessfinanzierer ein Vielfaches des investierten Kapitals im Erfolgsfall versprechen.[193] Alternativ kann sich die Vergütung des Prozessfinanzierers an der Differenz orientieren, die zwischen der eingeklagten Forderung und dem Betrag besteht, die dem Kläger letztendlich zugesprochen wird.[194] Der Prozessfinanzierer erhält nach diesem Berechnungsmodell eine vorher vereinbarte Quote des Differenzbetrages.[195] Der Zugang zur Prozessfinanzierung für Kläger wird durch einen Mindeststreitwert der finanzierten Ansprüche begrenzt.[196] Gewerbliche Prozessfinanzierer verlangen teilweise Mindeststreitwerte von 200.000 bis 500.000 Euro.[197] Bei jeder Prozessfinanzierung entstehen Fixkosten, wie etwa für die eingehende Prüfung von Finanzierungsanfragen.[198] Bei höheren Streitwerten steigt daher die Rentabilität der Prozessfinanzierung, weil das Prozessrisiko nicht proportional zum Streitwert steigt.[199]

---

[190] *Siebert-Reimer*, Der Anspruch auf Erstattung der Kosten der Prozessfinanzierung, S. 73 f.
[191] *Hoffmann*, Prozessfinanzierung in Investitionsschiedsverfahren, S. 32.
[192] *Hoffmann*, Prozessfinanzierung in Investitionsschiedsverfahren, S. 32; *v. Göler*, Third-Party Funding in International Arbitration, S. 49.
[193] *Hoffmann*, Prozessfinanzierung in Investitionsschiedsverfahren, S. 32; *v. Göler*, Third-Party Funding in International Arbitration, S. 49.
[194] *Hoffmann*, Prozessfinanzierung in Investitionsschiedsverfahren, S. 32; *v. Göler*, Third-Party Funding in International Arbitration, S. 49.
[195] *Hoffmann*, Prozessfinanzierung in Investitionsschiedsverfahren, S. 32; *v. Göler*, Third-Party Funding in International Arbitration, S. 49.
[196] *Homberg*, Prozessfinanzierung, S. 15.
[197] *Homberg*, Prozessfinanzierung, S. 15.
[198] *Homberg*, Prozessfinanzierung, S. 15.
[199] *Homberg*, Prozessfinanzierung, S. 15.

II. Verfahren bis zum Abschluss des Prozessfinanzierungsvertrages

Vor dem Abschluss des Prozessfinanzierungsvertrages wird jede Finanzierungsanfrage eingehend geprüft.[200] Das Ergebnis der Prüfung dient der Bewertung der Rentabilität der Anspruchsverfolgung.[201] Die Prüfung durch interne und/oder externe Experten umfasst sämtliche Aspekte, die die Chancen und Risiken der Anspruchsdurchsetzung betreffen.[202] Dazu gehören insbesondere die Höhe der geltend gemachten Ansprüche, die Erfolgsaussichten der Klage, die voraussichtlich anfallenden Verfahrenskosten, die zu erwartende Verfahrensdauer und die Vollstreckungsaussichten.[203] Der Anspruchsinhaber stellt dem Prozessfinanzierer alle vorhandenen Informationen und Unterlagen zur Verfügung.[204] Der Prozessfinanzierer und die zur Prüfung eingesetzten Experten verpflichten sich, diese Informationen vertraulich zu behandeln.[205] Die Prüfung der Finanzierungsanfrage erfolgt zunächst summarisch.[206] Der Prozessfinanzierer trifft auf dieser Grundlage die Entscheidung, ob und zu welchen Konditionen er dem Anspruchsinhaber einen Finanzierungsvertrag unterbreiten möchte.[207] Bewertet der Prozessfinanzierer die Finanzierungsanfrage positiv, schickt er dem Anspruchsinhaber den Entwurf eines Finanzierungsvertrags.[208] Dabei handelt es sich nicht um ein bindendes Angebot, sondern um eine *invitatio ad offerendum*.[209] Der Anspruchsinhaber kann dann auf Grundlage des unterbreiteten Vertragsentwurfs das Angebot zum

---

200 *Schumacher*, Prozessfinanzierung, Rn. 148; *Hoffmann*, Prozessfinanzierung in Investitionsschiedsverfahren, S. 50.

201 *Hoffmann*, Prozessfinanzierung in Investitionsschiedsverfahren, S. 50.

202 *Hoffmann*, Prozessfinanzierung in Investitionsschiedsverfahren, S. 51; *Schumacher*, Prozessfinanzierung, Rn. 148.

203 *Hoffmann*, Prozessfinanzierung in Investitionsschiedsverfahren, S. 50 f.; vgl. hierzu näher *v. Göler*, Third-Party Funding in International Arbitration, S. 18–23.

204 *Hoffmann*, Prozessfinanzierung in Investitionsschiedsverfahren, S. 50.

205 *Homberg*, Prozessfinanzierung, S. 17.

206 *Schumacher*, Prozessfinanzierung, Rn. 148; *Homberg*, Prozessfinanzierung, S. 17.

207 *Schumacher*, Prozessfinanzierung, Rn. 148; *Smith/Wesolowski*: in Bench Nieuwveld/Shannon Sahani, Third-Party Funding in International Arbitration, 21 (38).

208 *Homberg*, Prozessfinanzierung, S. 19.

209 *Schumacher*, Prozessfinanzierung, Rn. 148.

Vertragsschluss abgeben, das für einen bestimmten Zeitraum bindend ist.[210] Der Prozessfinanzierer nimmt nun eine eingehende zweite Prüfung vor, bei der die Erfolgsaussichten der Klage und die Rentabilität der Prozessfinanzierung abschließend bewertet werden.[211] Kommt der Prozessfinanzierer auch bei dieser zweiten Prüfung zu einem positiven Ergebnis, kann er das Angebot des Anspruchsinhabers annehmen.[212] Lehnt der Prozessfinanzierer das Angebot nach dieser intensiven Zweitprüfung ab, entstehen dennoch keine Kosten für den Anspruchsinhaber.[213] Die Bindung des Anspruchsinhabers während der eingehenderen zweiten Prüfung soll einen vergeblichen Prüfungsaufwand verhindern, der durch gleichzeitige Finanzierungsanfragen bei verschiedenen Prozessfinanzierern entstehen könnte.[214]

III. Hauptpflichten des Prozessfinanzierers

Der Prozessfinanzierer verpflichtet sich, die Kosten einer bestimmten Anspruchsverfolgung vorzuschießen und das Kostenrisiko der Rechtsverfolgung zu übernehmen.[215] Im Erfolgsfall muss der Kläger dem Prozessfinanzierer die angefallenen Kosten der Anspruchsverfolgung zurückerstatten.[216] Unterliegt der Kläger oder erweist sich die titulierte Forderung wegen fehlender Bonität als uneinbringlich, trägt der Prozessfinanzierer die Kosten auch endgültig.[217]

Art und Umfang der vom Prozessfinanzierer übernommenen Kosten werden in den Verträgen unterschiedlich ausgestaltet.[218] Typischerweise verpflichtet sich der Prozessfinanzierer zur Tragung sämtlicher Kosten, die im

---

210 *Schumacher*, Prozessfinanzierung, Rn. 148; Vgl. MV-LEGIAL, Präambel: „Innerhalb der ersten drei Wochen ab Zugang des Angebots bei der LEGIAL ist der Widerruf ausgeschlossen."

211 *Homberg*, Prozessfinanzierung, S. 19; *Schumacher*, Prozessfinanzierung, Rn. 148.

212 *Schumacher*, Prozessfinanzierung, Rn. 148.

213 *Homberg*, Prozessfinanzierung, S. 20.

214 *Homberg*, Prozessfinanzierung, S. 19; *Schumacher*, Prozessfinanzierung, Rn. 148.

215 *Schumacher*, Prozessfinanzierung, Rn. 132; *Siebert-Reimer*, Der Anspruch auf Erstattung der Kosten der Prozessfinanzierung, S. 76.

216 *Hoffmann*, Prozessfinanzierung in Investitionsschiedsverfahren, S. 37.

217 *Siebert-Reimer*, Der Anspruch auf Erstattung der Kosten der Prozessfinanzierung, S. 76; *Hoffmann*, Prozessfinanzierung in Investitionsschiedsverfahren, S. 37.

218 *Schumacher*, Prozessfinanzierung, Rn. 132.

Rahmen einer wirtschaftlich vernünftigen Anspruchsverfolgung entstehen.[219] Dazu zählen insbesondere die Gerichtskosten, die Kosten der anwaltlichen Vertretung und die Kosten der Beweisaufnahme.[220] Bei der Rechtsverfolgung im Rahmen eines Schiedsverfahrens übernimmt der Prozessfinanzierer typischerweise auch die Verwaltungsgebühren der Schiedsinstitution sowie die Honorare und Auslagen der Schiedsrichter.[221]

Hinsichtlich der Übernahme der Anwaltskosten bestehen im internationalen Vergleich Unterschiede: Verträge zur Finanzierung von Verfahren vor deutschen Gerichten sehen typischerweise vor, dass der Prozessfinanzierer die Anwaltskosten nur im Rahmen der Gebührensätze des RVG übernimmt.[222] Dabei wird häufig vereinbart, dass der Prozessfinanzierer eine zusätzliche 1,0-Gebühr als Ausgleich für den Mehraufwand zahlt, der dem Rechtsanwalt durch die Involvierung eines Prozessfinanzierers entstanden ist.[223] Die Erstattung durch den Prozessfinanzierer setzt jedoch voraus, dass der Kläger mit seinem Rechtsanwalt eine solche zusätzliche Gebühr besonders vereinbart hat.[224] Wird der Finanzierungsvertrag zur Anspruchsverfolgung vor ausländischen Gerichten oder Schiedsgerichten abgeschlossen, wird in der Regel eine bestimmte Obergrenze für die Übernahme anwaltlicher Honorare durch den Prozessfinanzierer vereinbart.[225] Der Prozessfinanzierer wird dabei in regelmäßigen Abständen über die bereits entstandenen Honoraransprüche informiert.[226]

---

[219] *Homberg*, Prozessfinanzierung, S. 21; *Hoffmann*, Prozessfinanzierung in Investitionsschiedsverfahren, S. 38.

[220] *Homberg*, Prozessfinanzierung, S. 21; *Siebert-Reimer*, Der Anspruch auf Erstattung der Kosten der Prozessfinanzierung, S. 76.

[221] *Hoffmann*, Prozessfinanzierung in Investitionsschiedsverfahren, S. 39.

[222] *Hoffmann*, Prozessfinanzierung in Investitionsschiedsverfahren, S. 39; *Siebert-Reimer*, Der Anspruch auf Erstattung der Kosten der Prozessfinanzierung, S. 76; vgl. MV-LEGIAL, § 3 Ziff. 2.

[223] *Siebert-Reimer*, Der Anspruch auf Erstattung der Kosten der Prozessfinanzierung, S. 76; *Hoffmann*, Prozessfinanzierung in Investitionsschiedsverfahren, S. 39 f.; *Schumacher*, Prozessfinanzierung, Rn. 132; vgl. MV-LEGIAL, § 3 Ziff. 4.

[224] *Hoffmann*, Prozessfinanzierung in Investitionsschiedsverfahren, S. 40; *Siebert-Reimer*, Der Anspruch auf Erstattung der Kosten der Prozessfinanzierung, S. 76; vgl. MV-LEGIAL, § 3 Ziff. 4.

[225] *Hoffmann*, Prozessfinanzierung in Investitionsschiedsverfahren, S. 40.

[226] *Hoffmann*, Prozessfinanzierung in Investitionsschiedsverfahren, S. 40.

Ob Prozessfinanzierer sich auch zur Übernahme der gegnerischen Prozesskosten verpflichten, kann nicht pauschal beantwortet werden.[227] Die Bereitschaft zur Übernahme gegnerischer Prozesskosten hängt davon ab, wie hoch das Haftungsrisiko für gegnerische Prozesskosten ist.[228] In Deutschland ist die Erstattungsfähigkeit der anwaltlichen Gebühren im Rahmen des Kostenerstattungsanspruchs auf die gesetzlichen Gebühren beschränkt.[229] Das Haftungsrisiko hinsichtlich gegnerischer Prozesskosten bewegt sich daher in einem klar begrenzten Rahmen.[230] Verträge zur Finanzierung von Verfahren vor deutschen Gerichten verpflichten den Prozessfinanzierer deshalb in der Regel auch zur Übernahme der gegnerischen Prozesskosten, wenn und soweit diese bei Unterliegen der finanzierten Partei auferlegt werden.[231] In England ist das Haftungsrisiko hinsichtlich gegnerischer Prozesskosten ungewisser, weil die Erstattungsfähigkeit von anwaltlichen Honoraren im Rahmen des Kostenerstattungsanspruchs keiner Deckelung durch eine Gebührenordnung unterliegt.[232] Dort ist es daher üblich, dass die Haftung für gegnerische Prozesskosten durch den Abschluss einer ATE-Versicherung abgedeckt wird.[233] Dabei kann der Abschluss der ATE-Versicherung zugleich zum Leistungsumfang des Prozessfinanzierers gehören.[234] Der Prozessfinanzierungsvertrag kann allerdings auch vorsehen, dass sich der Anspruchsinhaber zum Abschluss der ATE-Versicherung verpflichtet und der Prozessfinanzierer seine Haftung für gegnerische Prozesskosten explizit ausschließt.[235]

Wird im Prozessfinanzierungsvertrag eine Obergrenze für das finanzielle Engagement des Prozessfinanzierers vereinbart, führt das Erreichen der Kostenobergrenze nicht automatisch zur Beendigung der Prozessfinanzierung.[236]

---

227 *Hoffmann*, Prozessfinanzierung in Investitionsschiedsverfahren, S. 41.

228 *Hoffmann*, Prozessfinanzierung in Investitionsschiedsverfahren, S. 41.

229 *Hoffmann*, Prozessfinanzierung in Investitionsschiedsverfahren, S. 41.

230 *Hoffmann*, Prozessfinanzierung in Investitionsschiedsverfahren, S. 41.

231 *Siebert-Reimer*, Der Anspruch auf Erstattung der Kosten der Prozessfinanzierung, S. 76; *Hoffmann*, Prozessfinanzierung in Investitionsschiedsverfahren, S. 41; vgl. MV-LEGIAL, § 3 Ziff. 2.

232 Vgl. *Altenkirch*, Die Sicherheitsleistung für die Prozesskosten, S. 7; *Zuckerman* u.a., Civil Procedure (2021), Rn. 28.4.

233 *Rowles-Davies*, Third Party Litigation Funding, Rn. 6.13.

234 *Smith/Wesolowski*: in Bench Nieuwveld/Shannon Sahani, Third-Party Funding in International Arbitration, 21 (33).

235 Vgl. *Rowles-Davies*, Third Party Litigation Funding, Rn. 5.105; Musterbeispiel LFA Therium, Ziff. 8.1 und 8.2.

236 *Hoffmann*, Prozessfinanzierung in Investitionsschiedsverfahren, S. 38.

Von dem finanziellen Risiko des Prozessfinanzierers hängt die Höhe seiner Erfolgsbeteiligung ab.[237] Bei Erreichen der ursprünglich festgelegten Kostenobergrenze wird daher über zusätzliche finanzielle Leistungen des Prozessfinanzierers und die Höhe der Erfolgsbeteiligung neu verhandelt.[238]

IV. Hauptpflichten des Anspruchsinhabers

Der Anspruchsinhaber verpflichtet sich gegenüber dem Prozessfinanzierer zur risikobewussten und sparsamen Anspruchsverfolgung.[239] Der Anspruchsinhaber führt das Verfahren in eigenem Namen und wird dabei in der Regel anwaltlich vertreten.[240] Bei erfolgreicher Anspruchsdurchsetzung hat der Anspruchsinhaber dem Prozessfinanzierer einen vertraglich vereinbarten Erfolgsanteil auszuzahlen.[241] Zur Festlegung der Höhe der Erfolgsbeteiligung sind zwei Modelle verbreitet.[242]

Die Erfolgsbeteiligung wird teilweise als Vielfaches der zur Finanzierung des Verfahrens investierten Summe festgesetzt.[243] Der Multiplikator hängt dabei insbesondere von den Erfolgsaussichten und der prognostizierten Dauer des Verfahrens ab.[244] Für die Finanzierung eines Zivilprozesses oder Handelsschiedsverfahrens verlangt der Prozessfinanzierer typischerweise das Dreifache der investierten Summe als Erfolgsbeteiligung, wenn die erwartete Verfahrensdauer zwischen einem und drei Jahren liegt.[245]

---

[237] *Hoffmann*, Prozessfinanzierung in Investitionsschiedsverfahren, S. 38.

[238] *Hoffmann*, Prozessfinanzierung in Investitionsschiedsverfahren, S. 38; *Smith/Wesolowski*: in Bench Nieuwveld/Shannon Sahani, Third-Party Funding in International Arbitration, 21 (32).

[239] *Schumacher*, Prozessfinanzierung, Rn. 133; *Homberg*, Prozessfinanzierung, S. 23; vgl. MV-LEGIAL, § 7 Ziff. 1.

[240] *Schumacher*, Prozessfinanzierung, Rn. 133; *Homberg*, Prozessfinanzierung, S. 23

[241] *Siebert-Reimer*, Der Anspruch auf Erstattung der Kosten der Prozessfinanzierung, S. 77; *Schumacher*, Prozessfinanzierung, Rn. 133.

[242] *Hoffmann*, Prozessfinanzierung in Investitionsschiedsverfahren, S. 43.

[243] *Hoffmann*, Prozessfinanzierung in Investitionsschiedsverfahren, S. 43.

[244] *Smith/Wesolowski*: in Bench Nieuwveld/Shannon Sahani, Third-Party Funding in International Arbitration, 21 (33).

[245] *Smith/Wesolowski*: in Bench Nieuwveld/Shannon Sahani, Third-Party Funding in International Arbitration, 21 (33); *v. Göler*, Third-Party Funding in International Arbitration, S. 30 f.

Die Erfolgsbeteiligung besteht häufig aber auch in einem quotalen Anteil am erstrittenen Nettoerlös.[246] Im Erfolgsfall hat der Prozessfinanzierer zunächst einen Anspruch auf Rückerstattung der vorfinanzierten Rechtsverfolgungskosten.[247] Der verbleibende Erlös wird zwischen Prozessfinanzierer und Anspruchsinhaber nach der vertraglich festgelegten Quote aufgeteilt.[248] Die Erfolgsbeteiligung des Prozessfinanzierers liegt bei dieser Variante typischerweise zwischen 20 und 40 Prozent des erstrittenen Nettoerlöses.[249] Dabei ist die Staffelung der Erlösbeteiligung in Abhängigkeit von der Höhe des erzielten Erlöses üblich.[250] Der Mustervertrag der LEGIAL AG sieht beispielsweise vor, dass dem Prozessfinanzierer 30 Prozent von einem Betrag von bis zu 500.000 Euro zustehen und 20 Prozent aus dem über 500.000 Euro hinausgehenden Betrag.[251]

Teilweise werden auch Kombinationen der beiden Berechnungsmethoden vereinbart: Der Prozessfinanzierer kann sich etwa ausbedingen, dass er seine Erfolgsbeteiligung alternativ als Vielfaches des investierten Kapitals oder als prozentualen Anteil am erstrittenen Erlös verlangen kann, je nachdem welche Summe höher ausfällt.[252] Eine andere Variante ist die Vereinbarung einer Mindestbeteiligung als Vielfaches des investierten Kapitals, die durch eine zusätzliche prozentuale Beteiligung am erstrittenen Erlös aufgestockt wird.[253]

V. Weitere zentrale Regelungen

Im Folgenden werden weitere zentrale Regelungen von Prozessfinanzierungsverträgen dargestellt.

---

[246] *Hoffmann*, Prozessfinanzierung in Investitionsschiedsverfahren, S. 43; vgl. MV-LEGIAL, § 5 Ziff. 3.

[247] *Hoffmann*, Prozessfinanzierung in Investitionsschiedsverfahren, S. 43; vgl. MV-LEGIAL, § 5 Ziff. 2.

[248] *Hoffmann*, Prozessfinanzierung in Investitionsschiedsverfahren, S. 43; vgl. MV-LEGIAL, § 5 Ziff. 2.

[249] *v. Göler*, Third-Party Funding in International Arbitration, S. 30 f.

[250] *Hoffmann*, Prozessfinanzierung in Investitionsschiedsverfahren, S. 43; vgl. MV-LEGIAL, § 5 Ziff. 3.

[251] MV-LEGIAL, § 5 Ziff. 3.

[252] *v. Göler*, Third-Party Funding in International Arbitration, S. 30 f.

[253] *Hoffmann*, Prozessfinanzierung in Investitionsschiedsverfahren, S. 44.

1. Sicherungsmittel

Zentraler Bestandteil von Prozessfinanzierungsverträgen sind die Regelungen zur Sicherung der potentiellen Forderungen des Prozessfinanzierers gegen den Anspruchsinhaber. Für die Sicherung der Ansprüche auf Erlösbeteiligung haben sich zwei Modelle etabliert: die Sicherungszession und die Einräumung eines Sicherungsrechts am Erlös.[254]

Finanzierungsverträge deutscher Anbieter sehen vor, dass der Anspruchsinhaber die streitigen Ansprüche, etwaige Ersatzansprüche sowie sämtliche Ansprüche auf Prozesskostenerstattung sicherungshalber an den Prozessfinanzierer abtritt.[255] Es handelt sich dabei um eine stille Zession, weil die Abtretung weder dem Gericht noch dem Beklagten angezeigt wird.[256] Der Zedent erhält im Gegenzug eine Einziehungsermächtigung und soll die Ansprüche treuhänderisch durchsetzen.[257] Die Ansprüche werden daher im Rahmen einer gewillkürten Prozessstandschaft geltend gemacht.[258] Zahlungen sollen dabei regelmäßig zu Händen des Rechtsanwalts des Klägers erfolgen.[259]

Finanzierungsverträge englischer Anbieter sehen keine Sicherungsabtretung der streitigen Ansprüche an den Prozessfinanzierer vor.[260] Dem Prozessfinanzierer wird zur Sicherung seiner potentiellen Forderungen stattdessen ein Sicherungsrecht am Erlös eingeräumt.[261] Bei einer Sicherungsabtretung bestünde das Risiko, dass der Prozessfinanzierungsvertrag aufgrund eines Verstoßes gegen die *doctrines of maintenance and champerty* unwirksam wäre.[262]

---

[254] *Hoffmann*, Prozessfinanzierung in Investitionsschiedsverfahren, S. 44.

[255] *Schumacher*, Prozessfinanzierung, Rn. 141; *Hoffmann*, Prozessfinanzierung in Investitionsschiedsverfahren, S. 44; vgl. MV-LEGIAL, § 6 Ziff. 1.

[256] *Homberg*, Prozessfinanzierung, S. 23; *Hoffmann*, Prozessfinanzierung in Investitionsschiedsverfahren, S. 44; vgl. MV-LEGIAL, § 6 Ziff. 2.

[257] *Schumacher*, Prozessfinanzierung, Rn.141; *Homberg*, Prozessfinanzierung, S. 23; vgl. MV-LEGIAL, § 6 Ziff. 2.

[258] *Homberg*, Prozessfinanzierung, S. 23.

[259] *Hoffmann*, Prozessfinanzierung in Investitionsschiedsverfahren, S. 44; vgl. MV-LEGIAL, § 6 Ziff. 2.

[260] *Hoffmann*, Prozessfinanzierung in Investitionsschiedsverfahren, S. 45; *v. Göler*, Third-Party Funding in International Arbitration, S. 32.

[261] *Hoffmann*, Prozessfinanzierung in Investitionsschiedsverfahren, S. 45; *v. Göler*, Third-Party Funding in International Arbitration, S. 32.

[262] *v. Göler*, Third-Party Funding in International Arbitration, S. 32.

2. Informationspflichten

Der Anspruchsinhaber hat den Prozessfinanzierer in der Regel umfassend und fortlaufend über den Stand und die Entwicklung der Anspruchsdurchsetzung zu informieren.[263]Der Anspruchsinhaber entbindet zu diesem Zweck seinen Rechtsanwalt von der Schweigepflicht gegenüber dem Prozessfinanzierer und weist ihn zur Übermittlung von Informationen und wesentlichen Prozessunterlagen an.[264]

3. Geheimhaltung des Prozessfinanzierungsverhältnisses

Finanzierungsverträge enthalten üblicherweise eine Verpflichtung beider Parteien, den Abschluss und den Inhalt des Vertrages geheim zu halten.[265] Bestehen und Inhalt des Finanzierungsvertrages dürfen grundsätzlich nur mit vorheriger Zustimmung des Vertragspartners offengelegt werden.[266] Ausnahmen von der Geheimhaltungspflicht bestehen üblicherweise gegenüber dem Rechtsanwalt des Anspruchsinhabers, etwaigen Refinanzierungspartnern des Prozessfinanzierers und den im Rahmen der Finanzierungsprüfung eingesetzten Dritten (z.B. Rechtsanwälte, Steuerberater, Wirtschaftsprüfer und Sachverständige).[267] Teilweise wird auch vereinbart, dass die Pflicht zur Geheimhaltung entfällt, wenn und soweit eine rechtliche Pflicht zur Offenlegung der Prozessfinanzierung besteht.[268] Eine rechtliche Pflicht zur Offenlegung kann sich beispielsweise ergeben, wenn bei der Finanzierung eines Schiedsverfahrens der Verdacht eines Interessenkonflikts zwischen Schiedsrichter und Prozessfinanzierer besteht.[269]

Hinter der Geheimhaltungspflicht steht die Befürchtung, dass sich die Offenlegung der Prozessfinanzierung nachteilig auf den Prozess auswirken

---

[263] *Schumacher*, Prozessfinanzierung, Rn. 134; vgl. MV-LEGIAL, § 7 Ziff. 3.

[264] *Schumacher*, Prozessfinanzierung, Rn. 134; *Hoffmann*, Prozessfinanzierung in Investitionsschiedsverfahren, S. 52; vgl. MV-LEGIAL, § 7 Ziff. 3 d).

[265] *Hoffmann*, Prozessfinanzierung in Investitionsschiedsverfahren, S. 47; vgl. MV-OMNI BRIDGEWAY, § 11; MV-LEGIAL, § 11; Musterbeispiel LFA Therium, Ziff. 14.

[266] *Schumacher*, Prozessfinanzierung, Rn. 143; vgl. MV-OMNI BRIDGEWAY, § 11; MV-LEGIAL, § 11; Musterbeispiel LFA Therium, Ziff. 14.

[267] Vgl. MV-LEGIAL, § 11 Ziff. 2; Musterbeispiel LFA Therium, Ziff. 14.1

[268] *Hoffmann*, Prozessfinanzierung in Investitionsschiedsverfahren, S. 47 f.; vgl. Musterbeispiel LFA Therium, Ziff. 14.1.2.

[269] *Hoffmann*, Prozessfinanzierung in Investitionsschiedsverfahren, S. 47 f.

könnte.[270] Es soll der Eindruck vermieden werden, dass der Anspruchsinhaber den Prozessfinanzierer aufgrund seiner finanziellen Schwäche eingeschaltet hat.[271] Handelt es sich bei dem Anspruchsinhaber oder dem Prozessfinanzierer um eine börsennotierte Gesellschaft, dient die Geheimhaltung der Prozessfinanzierung auch der Verhinderung der Weitergabe von Insidertatsachen.[272] Teilweise wird die Prozessfinanzierung jedoch von dem Anspruchsinhaber im Einverständnis mit dem Prozessfinanzierer offengelegt, um finanzielle Stärke zu demonstrieren.[273] Zudem kann die Unterstützung durch einen gewerblichen Prozessfinanzierer dem Prozessgegner gute Erfolgsaussichten suggerieren, weil der Prozessfinanzierer sich nach eingehender Prüfung der Erfolgsaussichten für die Finanzierung entschieden hat.[274]

4. Zustimmungserfordernisse

Die Prozessführung obliegt dem Anspruchsinhaber und seinem Anwalt.[275] Prozessfinanzierungsverträge räumen dem Prozessfinanzierer jedoch Mitspracherechte bei wichtigen Verfahrensschritten und bei anderen strategischen Entscheidungen ein.[276] Dadurch kann der Prozessfinanzierer einen indirekten Einfluss auf die Prozessführung ausüben und sein Interesse an einer effizienten Anspruchsdurchsetzung schützen.[277] Der Anspruchsinhaber muss in der Regel für alle kostenerhöhenden Maßnahmen die vorherige Zustimmung des Prozessfinanzierers einholen.[278] Daneben wird die vorherige Zustimmung des Prozessfinanzierers bei grundlegenden Verfahrensschritten verlangt wie etwa dem Klageverzicht, der Einlegung eines Rechtsmittels, der Rücknahme der Klage oder eines Rechtsmittels, der Klageanerkennung oder der Entscheidung über die Annahme oder den Widerruf eines Vergleichs.[279] Unterbleibt bei zustimmungsbedürftigen Handlungen die erforderliche Abstimmung

---

270 Vgl. MV-LEGIAL, § 11 Ziff. 1.
271 *Schumacher*, Prozessfinanzierung, Rn. 143.
272 *Schumacher*, Prozessfinanzierung, Rn. 143; vgl. MV-LEGIAL, § 11 Ziff. 1.
273 *Schumacher*, Prozessfinanzierung, Rn. 143.
274 *Schumacher*, Prozessfinanzierung, Rn. 143.
275 *Schumacher*, Prozessfinanzierung, Rn. 135.
276 *Hoffmann*, Prozessfinanzierung in Investitionsschiedsverfahren, S. 52.
277 *Hoffmann*, Prozessfinanzierung in Investitionsschiedsverfahren, S. 52; *Schumacher*, Prozessfinanzierung, Rn. 135.
278 *Schumacher*, Prozessfinanzierung, Rn. 136; vgl. MV-LEGIAL, § 7 Ziff. 4).
279 *Schumacher*, Prozessfinanzierung, Rn. 136; vgl. MV-LEGIAL, § 7 Ziff. 4).

mit dem Prozessfinanzierer, ist der Prozessfinanzierer nicht zur Zahlung der entstandenen Kosten verpflichtet.[280] Teilweise wird dem Prozessfinanzierer auch das Recht zur Kündigung des Vertrages eingeräumt.[281]

5. Kündigungsrechte

Im Folgenden sollen typische Kündigungsrechte des Prozessfinanzierers und des Anspruchsinhabers näher beleuchtet werden.

a) Kündigungsrechte des Prozessfinanzierers

Die Finanzierungszusage des Prozessfinanzierers basiert auf dem Ergebnis einer umfassenden Prüfung der Chancen und Risiken der Anspruchsdurchsetzung.[282] Finanzierungsverträge räumen dem Prozessfinanzierer deshalb in aller Regel das Recht zur Kündigung für den Fall ein, dass sich die dem Vertrag zugrundeliegende Sach – oder Rechtslage nachteilig verändert hat.[283] Der Mustervertrag der LEGIAL AG zählt die folgenden Fälle nachteiliger Umstandsveränderungen exemplarisch auf: „Gerichts- oder Behördenentscheidungen, mit denen die streitigen Ansprüche ganz oder teilweise abgelehnt werden; gerichtliche Hinweise mit nachteiligem Inhalt für die Erfolgsaussichten; für die LEGIAL neue Tatsachen; neue Rechtsprechung; Gesetzesänderungen; Wegfall von Beweismöglichkeiten; wesentliche Verschlechterung der Vermögensverhältnisse des Anspruchsgegners; eine nachteilig verlaufene Beweisaufnahme; die Weigerung des Anspruchsinhabers das finanzierte Verfahren einzuleiten oder weiterzubetreiben.“[284] Der Prozessfinanzierer muss auch im Fall einer Kündigung die Kosten übernehmen, die bis zur Kündigung angefallen sind.[285] Führt der Anspruchsinhaber das Verfahren auf eigenes Risiko jedoch erfolgreich fort, muss er dem Prozessfinanzierer

---

[280] *Schumacher*, Prozessfinanzierung, Rn. 137; vgl. MV-LEGIAL, § 7 Ziff. 5 a) und b).

[281] Vgl. MV-LEGIAL, § 7 Ziff. 5 b). Siehe dazu sogleich.

[282] *Schumacher*, Prozessfinanzierung, Rn. 144.

[283] *Schumacher*, Prozessfinanzierung, Rn. 144; vgl. MV-LEGIAL, § 9 Ziff. 1; MV-OMNI BRIDGEWAY, § 8.1.

[284] MV-LEGIAL, § 9 Ziff. 1; weitgehend mit ähnlichem Inhalt auch MV-OMNI BRIDGEWAY, § 8.1.

[285] *Schumacher*, Prozessfinanzierung, Rn. 144; vgl. MV-LEGIAL, § 9 Ziff. 3.

die bis zur Kündigung übernommenen Kosten aus dem erstrittenen Erlös zurückerstatten.[286]

Teilweise wird dem Prozessfinanzierer das Recht zur Kündigung im Zusammenhang mit bestimmten Pflichtverletzungen durch den Anspruchsinhaber eingeräumt.[287] Zu diesen Pflichten gehören die Verpflichtung zur richtigen und vollständigen Angabe aller den Anspruch betreffenden Tatsachen, die Pflicht zur risikobewussten und sparsamen Prozessführung, die Pflicht zur Prozessförderung, die Pflicht zur Information des Prozessfinanzierers über den aktuellen Verfahrensstand und die Verpflichtung zur Einholung der vorherigen Zustimmung des Prozessfinanzierers für bestimmte Verfahrensschritte.[288] Kündigt der Prozessfinanzierer den Vertrag wegen einer Verletzung der vorgenannten Pflichten, kann er typischerweise die Rückzahlung der verauslagten Kosten vom Anspruchsinhaber zurückverlangen.[289]

Daneben wird dem Prozessfinanzierer regelmäßig ein Kündigungsrecht im Zusammenhang mit einem Vergleichsvorschlag eingeräumt.[290] Der Anspruchsinhaber ist nur mit Zustimmung des Prozessfinanzierers zum Abschluss eines Vergleichs über die streitigen Ansprüche berechtigt.[291] Ergibt sich eine Vergleichsmöglichkeit und empfiehlt der Prozessfinanzierer den Abschluss eines Vergleichs, ist der Anspruchsinhaber zwar nicht gezwungen dieser Empfehlung Folge zu leisten.[292] Lehnt der Anspruchsinhaber aber den Abschluss des Vergleichs ab, kann der Prozessfinanzierer den Finanzierungsvertrag kündigen.[293] Der Prozessfinanzierer ist dann so zu stellen, wie er beim Abschluss des empfohlenen Vergleichs stehen würde.[294] Der Anspruchsinhaber muss dem Prozessfinanzierer die übernommenen Kosten zurückerstatten

286 *Schumacher*, Prozessfinanzierung, Rn. 144; vgl. MV-LEGIAL, § 9 Ziff. 3.
287 *Hoffmann*, Prozessfinanzierung in Investitionsschiedsverfahren, S. 46; *Schumacher*, Prozessfinanzierung, Rn. 146.
288 Vgl. MV-LEGIAL, § 7 Ziff. 5 und 6.
289 *Hoffmann*, Prozessfinanzierung in Investitionsschiedsverfahren, S. 46; Vgl. MV-LEGIAL, § 7 Ziff. 5 a).
290 *Schumacher*, Prozessfinanzierung, Rn. 145.
291 Vgl. MV-LEGIAL, § 8; MV-OMNI BRIDGEWAY, § 9.2.
292 *Schumacher*, Prozessfinanzierung, Rn. 145; vgl. MV-LEGIAL, § 8.
293 Vgl. MV-LEGIAL, § 8; MV-OMNI BRIDGEWAY, § 9.2.
294 Vgl. MV-LEGIAL, § 8; MV-OMNI BRIDGEWAY, § 9.2.

und eine (hypothetische) Erlösbeteiligung nach Maßgabe des empfohlenen Vergleichs auszahlen.[295]

b) *Kündigungsrechte des Anspruchsinhabers*

Teilweise wird auch dem Anspruchsinhaber ein Recht zur Kündigung im Zusammenhang mit einer Vergleichsmöglichkeit eingeräumt. Dies betrifft den Fall, dass nur der Anspruchsinhaber den Vergleich abschließen will.[296] Kündigt der Anspruchsinhaber den Vertrag, weil der Prozessfinanzierer die Zustimmung zum Vergleichsabschluss verweigert, kann der Prozessfinanzierer den Rechtsstreit auf eigenes Risiko und zum eigenen Vorteil weiterführen.[297] Zur Vermeidung der Offenlegung der Prozessfinanzierung kann der Prozessfinanzierer sogar verlangen, dass der Anspruchsinhaber den Prozess weiterführt.[298] Der Prozessfinanzierer muss den Anspruchsinhaber in diesem Fall jedoch von sämtlichen Kostenrisiken freistellen; die Erlöse der Prozessführung stehen dann allerdings auch alleinig dem Prozessfinanzierer zu.[299] Bei Kündigung des Vertrages wird das Prozessfinanzierungsverhältnis abgerechnet, d. h. der Prozessfinanzierer muss den Anspruchsinhaber so stellen, wie er beim Abschluss des angestrebten Vergleichs stehen würde.[300]

Die Kündigung des Finanzierungsvertrages durch den Anspruchsinhaber wird in der Regel aus wichtigem Grund zugelassen.[301] Eine Konkretisierung des „wichtigen Grundes" fehlt zumeist.[302] Die Verbesserung der Erfolgsaussichten hinsichtlich der Durchsetzung der streitigen Ansprüche oder der finanziellen Situation des Anspruchsinhabers sollen jedoch ausdrücklich keinen solchen wichtigen Grund darstellen.[303] Je nach Vertragsgestaltung wird der Anspruchsinhaber bei der Kündigung aus wichtigem Grund zur Rückzahlung aller vom Finanzierer erhaltenen Gelder verpflichtet.[304]

---

295 *Schumacher*, Prozessfinanzierung, Rn. 145.
296 *Schumacher*, Prozessfinanzierung, Rn. 145; vgl. MV-OMNI BRIDGEWAY, § 9.2.
297 Vgl. MV-OMNI BRIDGEWAY, § 9.3.
298 Vgl. MV-OMNI BRIDGEWAY, § 9.3.
299 Vgl. MV-OMNI BRIDGEWAY, § 9.3.
300 *Schumacher*, Prozessfinanzierung, Rn. 145; vgl. MV-OMNI BRIDGEWAY, § 9.2.
301 *Hoffmann*, Prozessfinanzierung in Investitionsschiedsverfahren, S. 46; vgl. MV-LEGIAL, § 10 Ziff. 1; MV-OMNI BRIDGEWAY, § 10.
302 *Schumacher*, Prozessfinanzierung, Rn. 147.
303 Vgl. MV-LEGIAL, § 10 Ziff. 1; MV-OMNI BRIDGEWAY, § 10.
304 *Schumacher*, Prozessfinanzierung, Rn. 147; vgl. MV-LEGIAL, § 10 Ziff. 2.

Die verdeckte Prozessfinanzierung im internationalen Handelsschiedsverfahren

Dieses Kapitel analysiert die verdeckte Prozessfinanzierung im internationalen Handelsschiedsverfahren. Es sind grundsätzlich drei prozessuale Situationen denkbar, in denen die Kenntnis von der Prozessfinanzierung für das Schiedsgericht bzw. den Prozessgegner relevant sein könnte: im Rahmen der Kostenentscheidung, bei der Anordnung der Prozesskostensicherheit und zur frühzeitigen Aufdeckung von schiedsrichterlichen Interessenkonflikten. Im Folgenden soll zunächst im Kontext der jeweiligen prozessualen Situation untersucht werden, ob und in welchem Umfang die Offenlegung der Prozessfinanzierung zu Beginn des Schiedsverfahrens für notwendig erachtet wird. Es folgt eine Auseinandersetzung mit jüngsten Reformen, Reformvorschlägen und rechtspolitischen Überlegungen in der Literatur, die die Offenlegung der Prozessfinanzierung betreffen. In jüngster Zeit sind Reformen implementiert bzw. Reformvorschläge unterbreitet worden, die zur Offenlegung der Existenz und Identität eines Prozessfinanzierers zu Beginn des Schiedsverfahrens verpflichten. Dabei sind zwei Regelungsebenen zu unterscheiden: die Regelungsebene der nationalen Schiedsgesetze und die Regelungsebene der Schiedsordnungen. Die verschiedenen Reformen und Reformvorschläge werden analysiert und auf ihre Eignung zur Lösung der zuvor dargestellten Probleme der verdeckten Prozessfinanzierung bewertet.

A. Vorbemerkung: Freiwillige Offenlegung der Prozessfinanzierung

Der Untersuchung der verdeckten Prozessfinanzierung muss die Bemerkung vorangestellt werden, dass die finanzierte Partei teilweise die Existenz und Identität des Prozessfinanzierers freiwillig offenlegt.[305] Für die freiwillige Offenlegung der Prozessfinanzierung können sowohl im Zivilverfahren als auch im Schiedsverfahren prozesstaktische Erwägungen sprechen.[306] Wenn ein renommierter Prozessfinanzierer hinter einer Prozesspartei – in der Regel dem Kläger – steht, signalisiert das dem Beklagten, dass der Prozessfinanzierer die Finanzierung des Verfahrens nach eingehender Prüfung der Erfolgsaussichten der Klage für lohnend hält.[307] Ohne Kenntnis der konkreten Vertragsbedingungen kann zwar nicht zwingend auf gute Erfolgsaussichten der Klage geschlossen werden. Theoretisch ist denkbar, dass der Prozessfinanzierer auch eine Klage mit schlechten Erfolgsaussichten finanziell unterstützt und im Gegenzug für das eingegangene Risiko eine besonders hohe Erfolgsquote erhält. Bei gewerblichen Prozessfinanzierern ist es jedoch in der Regel üblich, dass eine Finanzierung erst ab geschätzten Gewinnaussichten von 60 bis 70 Prozent erfolgt.[308] Neben dem Hinweis auf gute Erfolgsaussichten ist die Unterstützung durch einen gewerblichen Prozessfinanzierer auch ein Zeichen von finanzieller Stärke und Ausdauer bei der Führung des Verfahrens.[309] Diese Aspekte kann sich der Kläger bei Vergleichsverhandlungen unter Umständen zunutze machen, wenn er die Unterstützung durch Prozessfinanzierer offenlegt.[310] Auch wenn prozesstaktische Erwägungen im Einzelfall für die freiwillige Offenlegung der Prozessfinanzierung sprechen können, besteht traditionell keine Pflicht, die Prozessfinanzierung oder andere Formen der Verfahrensdrittfinanzierung zu Beginn des Verfahrens

---

305 *v. Göler*, Third-Party Funding in International Arbitration, S. 127.

306 *Hodges/Peysner/Nurse*, Litigation Funding, S. 78, 105; *v. Göler*, Third-Party Funding in International Arbitration, S. 127.

307 *v. Göler*, Third-Party Funding in International Arbitration, S. 127; *Hodges/Peysner/Nurse*, Litigation Funding, S. 78.

308 *v. Göler*, Third-Party Funding in International Arbitration, S. 25.

309 *v. Göler*, Third-Party Funding in International Arbitration, S. 127.

310 *Hodges/Peysner/Nurse*, Litigation Funding, S. 105; *v. Göler*, Third-Party Funding in International Arbitration, S. 95, 127.

offenzulegen.[311] Diese Arbeit widmet sich der Analyse der verdeckten Prozessfinanzierung im Zusammenhang mit der Aufdeckung von schiedsrichterlichen Interessenkonflikten, der Kostenentscheidung und der Anordnung der Prozesskostensicherheit.

B. Kostenentscheidung und verdeckte Prozessfinanzierung

Im Folgenden soll der Frage nachgegangen werden, ob die Involvierung eines Prozessfinanzierers Auswirkungen auf die Kostentscheidung im internationalen Handelsschiedsverfahren haben kann. Denkbar sind grundsätzlich drei Konstellationen, in denen die Existenz des Prozessfinanzierers bei der Kostenentscheidung eine Rolle spielen kann. Erstens stellt sich die Frage, ob die obsiegende finanzierte Partei die fremdfinanzierten Verfahrenskosten geltend machen kann. Zweitens ist fraglich, ob die Erfolgsprämie des Prozessfinanzierers im Rahmen des prozessualen Kostenerstattungsanpruchs erstattungsfähig ist. Drittens wird untersucht, ob eine Kostenentscheidung gegen den Prozessfinanzierer selbst ergehen kann. Hat die Existenz des Prozessfinanzierers Relevanz für die Kostenentscheidung, stellt sich in einem zweiten Schritt die Frage, ob die Offenlegung der Prozessfinanzierung zu Beginn des Verfahrens *de lege ferenda* zu befürworten ist.

I. Grundlagen zur Kostenentscheidung im Handelsschiedsverfahren

Zunächst sollen die Grundlagen der Kostenentscheidung im internationalen Handelsschiedsverfahrensrecht vorangestellt werden.[312]

---

[311] *v. Göler*, Third-Party Funding in International Arbitration, S. 126; zu den jüngsten Reformen in Singapur und Hongkong siehe unten § 3 E I.

[312] Zu der Kostenentscheidung in Investor-Staat-Schiedsverfahren siehe *Finizio/Galvin*, Liber Amicorum Shaughnessy (2019), 115 (125 ff.): Die Praxis der Schiedsgerichte zeigt in jüngerer Zeit eine verstärkte Durchbrechung der traditionellen Anwendung der *American Rule* in Investor-Staat-Schiedsverfahren.

1. Kosten im Schiedsverfahren

Eine Studie der ICC zu der Kostenentscheidung im internationalen Handelsschiedsverfahren aus dem Jahr 2015 kommt zu dem Ergebnis, dass die Parteikosten in ICC-Schiedsverfahren im Schnitt 83 Prozent der Gesamtkosten ausmachen. Zu den Parteikosten zählen hierbei die Kosten für die rechtliche Vertretung, die Kosten für Sachverständige, die Reisekosten und sonstige Auslagen für Zeugen. Die Honorare, Reisekosten und sonstige Auslagen für die Mitglieder des Schiedsgerichts belaufen sich im Schnitt auf 15 Prozent der Gesamtkosten. Die Verwaltungsgebühr der Schiedsinstitution beträgt durchschnittlich 2 Prozent der gesamten Kosten des Schiedsverfahrens.[313]

2. Geltung des Unterliegensprinzips im Handelsschiedsverfahren?

Das Bestehen eines Kostenerstattungsanspruchs setzt die Geltung des Unterliegensprinzips (auch: „costs follow the event" bzw. *English Rule*) voraus. Bei Anwendbarkeit der *American Rule* gibt es dagegen keinen Kostenerstattungsanspruch der obsiegenden Partei. Jede Partei trägt demnach stets ihre Parteikosten. Die Kosten des Schiedsgerichts und Verwaltungsgebühren der Schiedsinstitution werden hälftig geteilt. Im Folgenden soll daher die Kostenverteilung in den nationalen Schiedsgesetzen, in den Schiedsordnungen sowie die Kostenverteilung in der Praxis der Schiedsgerichte im Überblick dargestellt werden.

a) Kostenverteilung in den nationalen Schiedsgesetzen

Nur wenige nationale Schiedsgesetze treffen eine Aussage zur Kostenverteilung.[314] Das UNCITRAL-Modellgesetz, das vielen nationalen Schiedsgesetzen teilweise oder im Ganzen als Vorbild dient, trifft weder in seiner ursprünglichen Fassung von 1985 noch in der überarbeiteten Version von 2006 eine Entscheidung zugunsten der *English Rule* oder der *American Rule*.[315] Die Verfasser des UNCITRAL-Modellgesetzes waren der Ansicht, dass diese

313 Dieser Berechnung liegt eine Untersuchung von 221 ICC-Schiedssprüchen ab dem Jahr 2012 zugrunde, *ICC Commission*, Decisions on Costs in International Arbitration (2015), Rn. 2.

314 *Altenkirch*, Die Sicherheitsleistung für die Prozesskosten, S. 198.

315 *Altenkirch*, Die Sicherheitsleistung für die Prozesskosten, S. 198.

Entscheidung den nationalen Gesetzgebern überlassen werden sollte.[316] Nur wenige nationale Schiedsgesetze treffen jedoch eine Entscheidung zur Kostenverteilung.[317] So enthält das Schweizerische Schiedsverfahrensrecht in Kapitel 12 des Bundesgesetzes über das Internationale Privatrecht keine Regelung zur Kostenverteilung. Eine Kostenregelung und grundsätzliche Befürwortung des Unterliegensprinzips findet sich dagegen im englischen und deutschen Schiedsverfahrensrecht. *Section* 61(2) *Arbitration Act* 1996 lautet: „Unless the parties otherwise agree, the tribunal shall award costs on the general principle that costs should follow the event except where it appears to the tribunal that in the circumstances this is not appropriate in relation to the whole or part of the costs." Der englische *Arbitration Act* trifft damit eine eindeutige Entscheidung für die grundsätzliche Geltung des Unterliegensprinzips. § 1057 Abs. 1 S. 2 ZPO befürwortet ebenfalls die grundsätzliche Geltung des Unterliegensprinzips, wobei dem Schiedsgericht ein größerer Ermessensspielraum zur Berücksichtigung anderer Umstände eingeräumt wird: „Hierbei entscheidet das Schiedsgericht nach pflichtgemäßem Ermessen unter Berücksichtigung der Umstände des Einzelfalles, insbesondere des Ausgangs des Verfahrens." In den USA enthält der *Federal Arbitration Act* keine Vorschriften zu den Kosten des Verfahrens. Die Bundesstaaten verfügen jedoch teilweise über Gesetze, die die Kostenverteilung in Schiedsverfahren regeln. *Section* 7513 *New York Civil Procedure Rules* sieht folgende Kostenverteilung vor: „Unless otherwise provided in the agreement to arbitrate, the arbitrators' expenses and fees, together with other expenses, not including attorney's fees, incurred in the conduct of the arbitration, shall be paid as provided in the award." Demnach trägt jede Partei unabhängig vom Ausgang des Verfahrens ihre Anwaltsgebühren, denn diese sind von vornherein von der Kostenentscheidung ausgenommen. Die Anwaltsgebühren machen aber in aller Regel den größten Teil der Gesamtkosten aus. Der Bundesstaat New York entscheidet sich somit für die Geltung der *American Rule* im Schiedsverfahren. Der Bundesstaat Kalifornien stellt dagegen die Kostenverteilung in das freie Ermessen des Schiedsgerichts. *Section* 1297.318(a) *California Civil Procedure Code* sieht vor, dass „[u]nless otherwise agreed by the parties, the

316 *UNCITRAL*, Report of the Working Group on International Contract Practices on the Work of its Third Session, UN Doc. A/CN.9/216, Rn. 99.
317 *Altenkirch*, Die Sicherheitsleistung für die Prozesskosten, S. 198.

costs of an arbitration shall be at the discretion of the arbitral tribunal". Zu den erstattungsfähigen Kosten zählen dabei gem. *section* 1297.318(b)(2) *California Civil Procedure Code* ausdrücklich auch die Anwaltsgebühren („[l] egal fees and expenses").

Abschließend ist festzuhalten, dass die meisten nationalen Schiedsgesetze keine Regelung der Kostenverteilung zugunsten der *English Rule* oder der *American Rule* enthalten. Auch bei einer grundsätzlichen Positionierung für oder gegen das Unterliegensprinzip wird der Parteiautonomie und dem Ermessen der Schiedsrichter in den oben genannten Schiedsgesetzen stets Raum gewährt.[318] Die Parteiautonomie kann durch eine individuelle Vereinbarung zur Kostenregelung in der Schiedsvereinbarung oder durch einen Verweis auf eine institutionelle Schiedsordnung ausgeübt werden, wobei letzteres die Regel ist.[319] Daher ist die Kostenverteilung in den Schiedsordnungen von besonderem Interesse.

b) Kostenverteilung in den Schiedsordnungen

Alle Schiedsordnungen enthalten zumindest eine Aussage zur Kostenentscheidung. Es gibt grundsätzlich zwei Ansätze in den wichtigsten Schiedsordnungen: Erstens, die Kostenentscheidung wird in das freie Ermessen des Schiedsgerichts gestellt und zweitens, die Kostenregelung geht vom Unterliegensprinzip als Ausgangspunkt der Kostentscheidung aus, von dem das Schiedsgericht allerdings im Rahmen seines Ermessens abweichen kann.

Die ICC-Schiedsordnung 2021 gehört zur ersten Kategorie der Schiedsordnungen, die keine Positionierung für oder gegen das Unterliegensprinzip enthalten. Die Kostenverteilung wird vollkommen in das Ermessen des Schiedsgerichts gestellt; es existiert auch keine Richtlinie, nach welchen Grundsätzen das Ermessen ausgeübt werden soll.[320] Allerdings wird zumindest

---

318 Eine seltene zwingende Vorschrift zur Kostenverteilung enthält sec. 60 des englischen *Arbitration Act*: „An agreement which has the effect that a party is to pay the whole or part of the costs of the arbitration in any event is only valid if made after the dispute in question has arisen." Hiernach ist eine vertragliche Verpflichtung einer Partei zur teilweisen oder vollen Kostentragung unabhängig vom Ausgang des Verfahrens unwirksam, wenn diese Vereinbarung vor Entstehung des Rechtsstreits getroffen wurde.

319 *Finizio/Galvin*, Liber Amicorum Shaughnessy (2019), 115 (120 f.).

320 Art. 38(4) ICC-Schiedsordnung 2021: „The final award shall fix the costs of the arbitration and decide which of the parties shall bear them or in what proportion they shall be borne by the parties."

exemplarisch das Verhalten der Parteien hinsichtlich der zügigen und kosteneffizienten Durchführung des Schiedsverfahrens als berücksichtigungsfähiges Kriterium genannt.[321] Ähnliche Kostenregelungen, die das Ermessen des Schiedsgerichts bei der Kostenentscheidung nicht oder nur unwesentlich begrenzen, enthalten die ICDR-Schiedsordnung 2021,[322] die SIAC-Schiedsordnung 2016[323] und die HKIAC-Schiedsordnung 2018.[324] Die SCC-Schiedsordnung 2017[325] und die DIS-Schiedsordnung 2018 können ebenfalls dieser ersten Kategorie zugeordnet werden, auch wenn sie den Ausgang des Verfahrens ausdrücklich als berücksichtigungsfähiges Kriterium im Rahmen der Ermessensausübung benennen.[326] Erwähnenswert ist schließlich, dass die

---

321 Art. 38(5) ICC-Schiedsordnung 2021: „In making decisions as to costs, the arbitral tribunal may take into account such circumstances as it considers relevant, including the extent to which each party has conducted the arbitration in an expeditious and cost-effective manner."

322 Art. 37 ICDR-Schiedsordnung 2021: „The arbitral tribunal shall fix the costs of arbitration in its award(s). The tribunal may allocate such costs among the parties if it determines that allocation is reasonable, taking into account the circumstances of the case."

323 Rule 37 SIAC-Schiedsordnung 2016: „The Tribunal shall have the authority to order in its Award that all or part of the legal or other costs of a party be paid by another party."

324 Art. 34(3) HKIAC-Schiedsordnung 2018: „The arbitral tribunal may apportion all or part of the costs of the arbitration referred to in Article 34.1 between the parties if it determines that apportionment is reasonable, taking into account the circumstances of the case."

325 Art. 49(6) SCC-Schiedsordnung 2017: „Unless otherwise agreed by the parties, the Arbitral Tribunal shall, at the request of a party, apportion the Costs of the Arbitration between the parties, having regard to the outcome of the case, each party's contribution to the efficiency and expeditiousness of the arbitration and any other relevant circumstances."

326 Art. 33(3) DIS-Schiedsordnung 2018: „Die Kostenentscheidungen trifft das Schiedsgericht nach seinem Ermessen. Es berücksichtigt dabei sämtliche Umstände des Falles, die es als maßgeblich erachtet. Insbesondere kann es den Ausgang des Verfahrens und die Effizienz der Verfahrensführung durch die Parteien berücksichtigen." In der Kostenregelung des § 35(2) DIS-Schiedsordnung 1998 stellte das Unterliegensprinzip noch den Ausgangspunkt der Ermessensentscheidung dar: „Grundsätzlich hat die unterliegende Partei die Kosten des schiedsrichterlichen Verfahrens zu tragen. Das Schiedsgericht kann unter Berücksichtigung der Umstände des Falles, insbesondere wenn jede Partei teils obsiegt, teils unterliegt, die Kosten gegeneinander aufheben oder verhältnismäßig teilen."

HKIAC-Schiedsordnung 2018 ausdrücklich festlegt, dass bei der Ermessensentscheidung u.a. „any third party funding" berücksichtigungsfähig ist.[327] Allerdings enthält auch diese Vorschrift keine näheren Vorgaben dazu, wie der Rückgriff einer Partei auf „third party funding" im Rahmen der Kostenentscheidung berücksichtigt werden soll.

Die zweite Kategorie der Schiedsordnungen geht bei der Kostenregelung grundsätzlich vom Unterliegensprinzip aus; das Schiedsgericht kann jedoch bei der Ermessensausübung hiervon abweichen. Hierzu gehören die UNCITRAL-Schiedsordnung 2013,[328] die LCIA-Schiedsordnung 2020[329] und die CIETAC-Schiedsordnung 2015.[330] Auch bei diesem Ansatz werden teilweise

---

[327] Art. 34(4) HKIAC-Schiedsordnung 2018: „The arbitral tribunal may take into account any third party funding arrangement in determining all or part of the costs of the arbitration referred to in Article 34.1."

[328] Art. 42(1) UNCITRAL-Schiedsordnung 2013: „The costs of the arbitration shall in principle be borne by the unsuccessful party or parties. However, the arbitral tribunal may apportion each of such costs between the parties if it determines that apportionment is reasonable, taking into account the circumstances of the case." Dagegen enthielt Art. 40(1) und (2) UNCITRAL-Schiedsordnung 1976 noch eine differenzierte Kostenregel, die zwischen den Kosten des Schiedsgerichts und den Anwaltskosten unterschied. Für erstere galt grundsätzlich das Unterliegensprinzip, während letztere nach freiem Ermessen des Schiedsgerichts zwischen den Parteien verteilt werden konnten.

[329] Art. 28(4) LCIA-Schiedsordnung 2020: „The Arbitral Tribunal shall make its decisions on both Arbitration Costs and Legal Costs on the general principle that costs should reflect the parties' relative success and failure in the award or arbitration or under different issues, except where it appears to the Arbitral Tribunal that in the circumstances the application of such a general principle would be inappropriate under the Arbitration Agreement or otherwise. The Arbitral Tribunal may also take into account the conduct of the parties and that of their authorised representatives in the arbitration, including any cooperation in facilitating the proceedings as to time and cost and any non-cooperation resulting in undue delay and unnecessary expense. Any decision on costs by the Arbitral Tribunal shall be made with reasons in the order or award containing such decision (unless it is a Consent Award)."

[330] Art. 52(2) CIETAC-Schiedsordnung 2015: „The arbitral tribunal has the power to decide in the arbitral award, having regard to the circumstances of the case, that the losing party shall compensate the winning party for the expenses reasonably incurred by it in pursuing the case. In deciding whether or not the winning party's expenses incurred in pursuing the case are reasonable, the arbitral tribunal shall take into consideration various factors such as the outcome and complexity of the case, the workload of the winning party and/or its representative(s), the amount in dispute, etc."

einige berücksichtigungsfähige Kriterien im Rahmen der Ermessensausübung explizit angeführt, wobei die Aufzählung in keinem Fall abschließend ist. So hebt die LCIA-Schiedsordnung 2020 das Verhalten der Parteien und ihrer Vertreter hinsichtlich der zügigen und kosteneffizienten Durchführung des Schiedsverfahrens hervor, während die CIETAC-Schiedsordnung 2015 die Komplexität des Falles, die Arbeitsbelastung der obsiegenden Partei und ihrer Vertreter sowie den Streitwert des Verfahrens exemplarisch anführt.

Eine differenzierende Kostenregel, die zwischen den vorgestellten Ansätzen verortet werden kann, findet sich in der Schweizerischen Schiedsordnung 2012. Art. 40(1) und (2) der Schweizerischen Schiedsordnung unterscheiden zwischen den Kosten des Schiedsverfahrens einerseits und den Kosten für rechtliche Vertretung und rechtlichen Beistand andererseits. Während die Kosten des Schiedsverfahrens grundsätzlich der unterliegenden Partei auferlegt werden sollen, können die Kosten für rechtliche Vertretung und rechtlichen Beistand nach freiem Ermessen verteilt werden. Diese Kostentragungsregel lehnt sich an Art. 40(1) und (2) der UNCITRAL-Schiedsordnung 1976 an, die eine solche Differenzierung vorsahen.

c) *Kostenverteilung in der Schiedspraxis*

Ein ICC-Report von 2015 zeigte, dass die Mehrheit der Schiedsgerichte das Unterliegensprinzip als Ausgangspunkt ihrer Ermessensausübung anwendeten. Diese Beobachtung schließt auch die Kostenentscheidungen ein, die unter Anwendung einer Schiedsordnung ohne Präferenz für das Unterliegensprinzip zustande kamen.[331] Der ICC-Report kam zu dem Ergebnis, dass die Mehrzahl der untersuchten ICC-Schiedssprüche, 91 Prozent der HKIAC-Schiedssprüche, die Mehrzahl der ICDR-Schiedssprüche, 90 Prozent der SIAC-Schiedssprüche und die Mehrzahl der SCC-Schiedssprüche diesem Ansatz folgten, obwohl diese Schiedsordnungen die Kostenverteilung in das freie Ermessen des Schiedsgerichts stellen.[332] Wenig überraschend ist dagegen, dass die Schiedssprüche unter Anwendung der DIS-Schiedsordnung 1998, der LCIA-Schiedsordnung und der UNCITRAL-Schiedsordnung das Unterliegensprinzip berücksichtigen, weil diese Schiedsordnungen sich

---

[331] *ICC Commission*, Decisions on Costs in International Arbitration (2015), Rn. 13.

[332] *ICC Commission*, Decisions on Costs in International Arbitration (2015), Appendix A, S. 28 ff.

ausdrücklich zum Unterliegensprinzip bekennen.[333] Allerdings enthält die DIS-Schiedsordnung seit der jüngsten Überarbeitung von 2018 keine eindeutige Positionierung für das Unterliegensprinzip mehr.[334] Dies war bei der dem ICC-Report zugrunde liegenden DIS-Schiedsordnung 1998 noch der Fall.[335]

Die Untersuchung zeigt jedoch auch, dass das Unterliegensprinzip tatsächlich lediglich den Ausgangspunkt darstellt und die Schiedsgerichte von dem eingeräumten weiten Ermessen Gebrauch machen. Bei der Ermessensausübung wurden neben dem Verhältnis von Obsiegen/Unterliegen der Parteien insbesondere folgende Kriterien berücksichtigt: die Angemessenheit der geltend gemachten Kosten und das generelle Verhalten der Parteien während des Schiedsverfahrens, insbesondere das Verhalten hinsichtlich der zügigen und kosteneffizienten Durchführung des Schiedsverfahrens.[336] Der ICC-Report macht deutlich, dass ein Schiedsgericht bei der Ermessensausübung durchaus auch das missbräuchliche Verhalten einer Partei zum alleinigen Kriterium der Kostenentscheidung machen kann.[337]

Eine Untersuchung der SCC aus dem Jahr 2016 bestätigte die Ergebnisse des ICC-Reports. Der SCC-Report untersuchte die Kostenverteilung in 80 SCC-Schiedsverfahren zwischen 2007 und 2014. Auch hier zeigte sich, dass die Schiedsgerichte bei der Ermessensausübung mehrheitlich zunächst vom Unterliegensprinzip ausgingen und im Anschluss daran weitere Kriterien bei der Kostenentscheidung einbezogen, obwohl die SCC-Schiedsordnung die Kostenscheidung in das freie Ermessen des Gerichts stellte.[338] Die berücksichtigten Kriterien umfassten insbesondere die Angemessenheit der geltend gemachten Kosten und das generelle Verhalten der Parteien während des Schiedsverfahrens, insbesondere das Verhalten hinsichtlich der zügigen Durchführung des Schiedsverfahrens.[339] Diese Kriterien haben

---

[333] *ICC Commission*, Decisions on Costs in International Arbitration (2015), Appendix A, S. 28 ff.

[334] Vgl. oben Fn. 326.

[335] Vgl. § 35(2) DIS-Schiedsordnung 1998.

[336] *ICC Commission*, Decisions on Costs in International Arbitration (2015), Appendix A, S. 23 ff.

[337] *ICC Commission*, Decisions on Costs in International Arbitration (2015), Rn. 78.

[338] *SCC*, Costs of Arbitration and Appointment of Costs under the SCC Rules (2016), S. 10 ff.

[339] *SCC*, Costs of Arbitration and Appointment of Costs under the SCC Rules (2016), S. 18 ff.

bei der Überarbeitung der SCC-Schiedsordnung 2017 ihren Niederschlag gefunden. Art. 49(6) SCC-Schiedsordnung 2017 nennt den Ausgang des Verfahrens und das Verhalten der Parteien hinsichtlich der effizienten und zügigen Durchführung des Verfahrens nunmehr explizit als berücksichtigungsfähige Kriterien.

d) Fazit

Nur wenige nationale Schiedsgesetze enthalten eine Aussage zur Kostenverteilung. Auch bei einer grundsätzlichen Positionierung für oder gegen das Unterliegensprinzip wird dem Schiedsgericht bei der Kostenentscheidung Ermessen eingeräumt. Die Vorschriften zur Kostenverteilung sind darüber hinaus in aller Regel nicht zwingend und berücksichtigen vorrangig eine Vereinbarung der Parteien zur Kostenverteilung. Die Parteiautonomie wird regelmäßig durch einen Verweis auf eine institutionelle Schiedsordnung ausgeübt. In den wichtigsten Schiedsordnungen finden sich grundsätzlich zwei Ansätze zur Kostenverteilung. Eine wachsende Zahl von Schiedsordnungen stellt die Kostenentscheidung in das freie Ermessen des Schiedsgerichts. Dagegen stellt das Unterliegensprinzip in der UNCITRAL-Schiedsordnung, der LCIA-Schiedsordnung und der CIETAC-Schiedsordnung den Ausgangspunkt der Kostenentscheidung dar, von dem das Gericht jedoch im Rahmen seines Ermessens abweichen kann. Bei beiden Ansätzen werden teilweise berücksichtigungsfähige Kriterien exemplarisch in den Vorschriften zur Kostenverteilung angeführt. Jüngste Untersuchungen der ICC und SCC zur Kostenverteilung in der Praxis zeigen, dass die Mehrheit der Schiedsgerichte das Unterliegensprinzip als Ausgangspunkt ihrer Ermessensausübung anwenden. Diese Beobachtung schließt auch die Kostenentscheidungen ein, die unter Anwendung einer Schiedsordnung ohne Präferenz für das Unterliegensprinzip zustande kamen. Daneben berücksichtigten die Schiedsgerichte insbesondere das Verhalten der Parteien während des Schiedsverfahrens im Allgemeinen und das Verhalten hinsichtlich der zügigen und kosteneffizienten Durchführung des Schiedsverfahrens im Konkreten. Die Berücksichtigung des Verhaltens der Parteien in der Praxis spiegelt sich wiederum in den jüngsten Überarbeitungen der Schiedsordnungen wider, die verstärkt dazu übergehen, das Verhalten der Parteien ausdrücklich als berücksichtigungsfähiges Kriterium zu benennen. Insgesamt kann festgestellt werden, dass den Schiedsgerichten ein weiter Ermessensspielraum bei der Kostenentscheidung verbleibt. Dieser Umstand dient zwar der Einzelfallgerechtigkeit, er führt allerdings auch zu Rechtsunsicherheit, denn dadurch sind Kostenentscheidungen in Handelsschiedsverfahren weniger vorhersehbar.

II. Kostenerstattungsanspruch der fremdfinanzierten Partei

Bei grundsätzlichem Bestehen eines Kostenerstattungsanspruchs einer Partei stellt sich die Frage der Erstattungsfähigkeit einzelner Kostenposten. Der Kostenbegriff des Art. 40(2) UNCITRAL-Schiedsordnung 2013 gibt einen guten Überblick über die einzelnen Kostenposten eines *ad-hoc*-Schiedsverfahrens. Im Folgenden soll untersucht werden, ob die Existenz eines Prozessfinanzierers Einfluss auf die Kostenentscheidung hat. Erstens stellt sich die Frage, ob die obsiegende finanzierte Partei die fremdfinanzierten Verfahrenskosten geltend machen kann. Zweitens ist fraglich, ob die Erfolgsprämie des Prozessfinanzierers im Rahmen des prozessualen Kostenerstattungsanspruchs erstattungsfähig ist. Drittens wird untersucht, ob eine Kostenentscheidung gegen den Prozessfinanzierer selbst ergehen kann. Falls die Existenz eines Prozessfinanzierers für die Kostenentscheidung relevant ist, stellt sich in einem zweiten Schritt die Frage, ob die frühzeitige Offenlegung der Prozessfinanzierung *de lege ferenda* notwendig ist.

1. Erstattungsfähige Kostenposten

Art. 40(2) der UNCITRAL-Schiedsordnung 2013 benennt die erstattungsfähigen Kosten eines *ad-hoc*-Schiedsverfahrens nach der UNCITRAL-Schiedsordnung:

> The term „costs“ includes only:
>
> (a) The fees of the arbitral tribunal [...];
> (b) The reasonable travel and other expenses incurred by the arbitrators;
> (c) The reasonable costs of expert advice and of other assistance required by the arbitral tribunal;
> (d) The reasonable travel and other expenses of witnesses to the extent such expenses are approved by the arbitral tribunal;
> (e) The legal and other costs incurred by the parties in relation to the arbitration to the extent that the arbitral tribunal determines that the amount of such costs is reasonable;
> (f) Any fees and expenses of the appointing authority as well as the fees and expenses of the Secretary-General of the PCA.

Bei einem institutionellen Schiedsverfahren fallen anstatt etwaiger Kosten gem. Art. 40(2)(f) UNCITRAL-Schiedsordnung Verwaltungsgebühren für die Administration des Schiedsverfahrens an.

Im Fokus der folgenden Untersuchung stehen die Verfahrenskosten und Auslagen gem. Art. 40(2)(e) UNCITRAL-Schiedsordnung, weil die Existenz eines Prozessfinanzierers verschiedene Fragen im Zusammenhang mit der Erstattungsfähigkeit solcher Kosten der Parteien aufwirft. Die Erstattungsfähigkeit der Verfahrenskosten und Auslagen setzt voraus, dass diese Kosten den Parteien im Zusammenhang mit dem Schiedsverfahren entstanden sind („costs incurred by the parties in relation to the arbitration") und in ihrer Höhe angemessen sind („that the amount of such costs is reasonable"). Ob die Höhe der geltend gemachten Kosten angemessen ist, ist vom Schiedsgericht zu beurteilen („the arbitral tribunal determines that the amount of such costs is reasonable").

2. Erstattungsfähigkeit fremdfinanzierter Verfahrenskosten?

Bei der typischen Form der gewerblichen Prozessfinanzierung übernimmt der Prozessfinanzierer die Verfahrenskosten. Bei Obsiegen der unterstützten Partei erhält der Prozessfinanzierer einen vorab vereinbarten Anteil am erstrittenen Erlös oder ein vorab vereinbartes Vielfaches des vom Prozessfinanzierer eingesetzten Kapitals. Bei Unterliegen der unterstützten Partei besteht dagegen keine Verpflichtung zur Rückzahlung der übernommenen Verfahrenskosten. Es stellt sich die Frage, ob die fremdfinanzierten Verfahrenskosten *der Partei* im Zusammenhang mit dem Schiedsverfahren *entstanden* sind, obwohl der Prozessfinanzierer diese Kosten übernommen hat.[340] Denn Voraussetzung der Erstattungsfähigkeit der Kosten ist gem. Art. 40(2)(e) UNCITRAL-Schiedsordnung 2013, dass die Kosten *den Parteien* im Zusammenhang mit dem Schiedsverfahren *entstanden* sind („costs incurred by the parties in relation to the arbitration"). Diese Voraussetzung findet sich auch in anderen Schiedsordnungen in einem ähnlichen Wortlaut wieder.[341]

---

[340] Vgl. *v. Göler*, Third-Party Funding in International Arbitration, S. 379; vgl. *ICCA-QMUL Task Force*, Report on Third-Party Funding, S. 155.

[341] Vgl. Art. 38(1) ICC-Schiedsordnung 2021: „the reasonable legal and other costs incurred by the parties for the arbitration"; Art. 28(3) LCIA-Schiedsordnung 2020: „legal or other expenses incurred by a party"; Art. 50 SCC-Schiedsordnung 2017: „reasonable costs incurred by another party"; Art. 52(2) CIETAC-Schiedsordnung 2015: „the losing

Die Erstattungsfähigkeit wird bei der typischen Situation der gewerblichen Prozessfinanzierung allgemein bejaht.[342] In dem ICC-Schiedsverfahren No. 7006 befasste sich das Schiedsgericht in einem *obiter dictum* mit der Frage, ob die Verfahrenskosten des Beklagten erstattungsfähig gewesen wären, wenn der Beklagte obsiegt hätte. Die Anwaltskosten des Beklagten wurden teilweise durch einen Versicherer getragen. Die im Verfahren anwendbare ICC-Schiedsordnung 1988 sah ebenso wie die aktuelle Fassung der ICC-Schiedsordnung vor, dass die Kosten der Partei entstanden sein müssen.[343] Entscheidend für die Bejahung der hypothetischen Erstattungsfähigkeit der Anwaltskosten des Beklagten durch das ICC-Schiedsgericht waren zwei Gründe: Zum einen hatte der Beklagte und nicht der Versicherer den Anwalt mandatiert und sich zur Zahlung des Anwaltshonorars verpflichtet. Zum anderen war der Beklagte auch im Erfolgsfall gegenüber dem Versicherer zur Rückzahlung der verauslagten Kosten verpflichtet. Die Kosten seien, so das Schiedsgericht, daher dem Beklagten im Sinne der ICC-Schiedsordnung entstanden, auch wenn der Versicherer die Anwaltskosten des Beklagten bezahlt habe.[344]

Diese Auffassung wird in der Literatur geteilt und auf die Situation der Prozessfinanzierung übertragen. Für die Erstattungsfähigkeit fremdfinanzierter Verfahrenskosten wird vorausgesetzt, dass die Partei sich gegenüber dem Anwalt zur Zahlung des anwaltlichen Honorars verpflichtet hat und dass im Erfolgsfall zur Rückzahlung der durch den Prozessfinanzierer getragenen Verfahrenskosten verpflichtet ist. Dann seien die Kosten im Erfolgsfall der Partei auch entstanden. Die Frage der Erstattungsfähigkeit der fremdfinanzierten Kosten wird nur bei Obsiegen der fremdfinanzierten Partei praktisch relevant. Unerheblich ist daher, dass im Unterliegensfall der Prozessfinanzierer die Verfahrenskosten endgültig trägt.[345]

---

party shall compensate the winning party for the expenses reasonably incurred by it in pursuing the case".

342 *v. Göler*, Third-Party Funding in International Arbitration, S. 383–386; *ICCA-QMUL Task Force*, Report on Third-Party Funding, S. 155 f.; *Hoffmann*, Prozessfinanzierung in Investitionsschiedsverfahren, S. 178–180.

343 Art. 20(2) ICC-Schiedsordnung 1988: „the normal legal costs incurred by the parties".

344 *Supplier v. First distributor, Second distributor*, ICC Case No. 7006, Final Award 1992, zitiert nach *v. Göler*, Third-Party Funding in International Arbitration, S. 381.

345 *v. Göler*, Third-Party Funding in International Arbitration, S. 383–386; *ICCA-QMUL Task Force*, Report on Third-Party Funding, S. 155 f.; *Hoffmann*, Prozessfinanzierung in Investitionsschiedsverfahren, S. 178–180.

Diese Voraussetzungen sind in der typischen Situation der gewerblichen Prozessfinanzierung in aller Regel erfüllt. Prozessfinanzierungsverträge sehen regelmäßig vor, dass die finanzierte Partei dem Prozessfinanzierer die übernommenen Verfahrenskosten im Erfolgsfall aus dem erstrittenen Erlös zurückzahlen muss. Darüber hinaus erhält der Prozessfinanzierer eine Erfolgsprämie.[346] Die finanzierte Partei bleibt trotz Prozessfinanzierung gegenüber dem Anwalt zur Zahlung des anwaltlichen Honorars verpflichtet, auch wenn der Prozessfinanzierer die Kosten des Verfahrens aufgrund der Prozessfinanzierungsvereinbarung mit der finanzierten Partei übernimmt. Im Erfolgsfall werden die Verfahrenskosten durch den Prozessfinanzierer nur verauslagt und sind daher der Partei selbst entstanden.[347]

Die Erstattungsfähigkeit der Verfahrenskosten wurden in dem Investor-Staat-Schiedsverfahren *Quasar de Valores v. The Russian Federation* mit dem Hinweis auf die Fremdfinanzierung abgelehnt, weil die Verfahrenskosten der überwiegend obsiegenden spanischen Investoren von dem Finanzierer übernommen wurden, ohne dass eine Rückzahlungsverpflichtung im Erfolgsfall bestand.[348] In *Quasar de Valores v. The Russian Federation* bestand das Interesse des Finanzierers *Group Menatep Limited* darin, eine günstige „Präzedenzwirkung" für das eigene parallele Investor-Staat-Schiedsverfahren gegen Russland herzustellen, das auf einem vergleichbaren Sachverhalt beruhte und ähnliche rechtliche Fragen aufwarf.[349] Bei der strategischen Verfahrensfinanzierung, bei der der Finanzierer eine Partei ohne jegliche finanzielle Gegenleistung im Erfolgsfall unterstützt, handelt sich jedoch nicht

346 *ICCA-QMUL Task Force*, Report on Third-Party Funding, S. 155; *Hoffmann*, Prozessfinanzierung in Investitionsschiedsverfahren, S. 179.

347 *Hoffmann*, Prozessfinanzierung in Investitionsschiedsverfahren, S. 179.

348 *Quasar de Valores SICAV SA et al. v. The Russian Federation*, SCC Case No. 24/2007, Award v. 20. Juli 2012, Rn. 223: „The usual arguments about the recoverability of costs where a party's representation in a case has been financed by a third party are inapposite here, because such third-party financing is typically part of a legally enforceable bargain under which the prevailing party in the arbitration has given up something in return for that support. Here, it is conceded that there is no legal duty on the part of the Claimants to hand over any recovery on account of costs to Menatep."

349 *v. Göler*, Third-Party Funding in International Arbitration, S. 383; *Hoffmann*, Prozessfinanzierung in Investitionsschiedsverfahren, S. 173 f.

um gewerbliche Prozessfinanzierung.[350] Die Ablehnung der Erstattungsfähigkeit der Verfahrenskosten des Investors in *Quasar de Valores v. The Russian Federation* ist nachvollziehbar und mit den von der Literatur geforderten Kriterien zur Erstattungsfähigkeit fremdfinanzierter Verfahrenskosten zu vereinbaren, denn es fehlte gerade an der erforderlichen Rückzahlungsverpflichtung im Erfolgsfalle. Daher sind dem obsiegenden Investor auch keine Verfahrenskosten entstanden.

3. Erstattungsfähigkeit der Erfolgsprämie des Prozessfinanzierers?

Obsiegt die fremdfinanzierte Partei, ist fraglich, ob auch die Kosten für die Erfolgsprämie des Prozessfinanzierers erstattungsfähig sind. Wird die grundsätzliche Erstattungsfähigkeit bejaht, stellt sich in einem zweiten Schritt die Frage, ob die Offenlegung der Prozessfinanzierung zu Beginn des Verfahrens notwendig ist. Denn dann hätte die unterlegene Gegenseite ein gesteigertes Interesse, frühzeitig über das erhöhte Kostenrisiko in Kenntnis gesetzt zu werden. Diese Frage stellt sich nicht nur im Zusammenhang mit der Erfolgsprämie des Prozessfinanzierers, sondern auch im Zusammenhang mit anwaltlichen Erfolgshonoraren.[351]

Die Erstattungsfähigkeit der Verfahrenskosten und Auslagen der Parteien setzt gem. Art. 40(2)(e) UNCITRAL-Schiedsordnung 2013 grundsätzlich voraus, dass diese Kosten den Parteien im Zusammenhang mit dem Schiedsverfahren entstanden sind und in ihrer Höhe angemessen sind („[t]he legal and other costs incurred by the parties in relation to the arbitration to the extent that the arbitral tribunal determines that the amount of such costs is reasonable"). Einige Schiedsordnungen verwenden einen ähnlichen Wortlaut. Art. 38(1) ICC-Schiedsordnung 2021 spricht von „reasonable legal and other costs incurred by the parties for the arbitration." Art. 52(2) CIETAC-Schiedsordnung 2015 sieht vor, dass „the losing party shall compensate the winning party for the expenses reasonably incurred by it in pursuing the case."

Nach diesen Vorschriften wird somit vorausgesetzt, dass ein hinreichend enger Zusammenhang zwischen der Führung des Schiedsverfahrens und

---

[350] *v. Göler*, Third-Party Funding in International Arbitration, S. 383, 386; *Hoffmann*, Prozessfinanzierung in Investitionsschiedsverfahren, S. 174 f.

[351] *ICCA-QMUL Task Force*, Report on Third-Party Funding, S. 159 f.

den geltend gemachten Kosten besteht und dass die Kostenhöhe angemessen ist.[352] Allerdings wird wohl auch ohne die ausdrückliche Voraussetzung, dass die Kosten im Zusammenhang mit dem Schiedsverfahren entstanden sein müssen, ein hinreichend enger Zusammenhang zwischen der Führung des Schiedsverfahrens und den geltend gemachten Kostenposten zu fordern sein. Zum Teil wird diese Forderung auf die Begründung gestützt, dass es sich hierbei um eine Selbstverständlichkeit handele, die keiner ausdrücklichen Regelung bedürfe.[353] Teilweise wird dieser Zusammenhang auch als beweisrechtlicher Aspekt qualifiziert.[354]

a) Abgrenzung zum materiell-rechtlichen Kostenerstattungsanspruch

Zur Klarstellung sei an dieser Stelle darauf hingewiesen, dass es bei der folgenden Untersuchung um die Erstattungsfähigkeit der Erfolgsprämie im Rahmen des prozessualen Kostenerstattungsanspruchs geht. In Abhängigkeit von den Umständen des konkreten Sachverhalts ist daneben auch denkbar, dass die Kosten für die Erfolgsprämie bzw. das anwaltliche Erfolgshonorar im Rahmen eines materiell-rechtlichen Kostenerstattungsanspruchs ersetzt werden. Allerdings wird es bei dem typischen Fall der gewerblichen Prozessfinanzierung oder dem anwaltlichen Erfolgshonorar in der Regel an dem für den Schadensersatz erforderlichen Ursachenzusammenhang und der Vorhersehbarkeit fehlen.[355] Die fremdfinanzierte Partei müsste für die Geltendmachung im Rahmen des Schadensersatzanspruchs dann unter anderem nachweisen, dass eine vertragliche Pflichtverletzung der Gegenseite ihr praktisch keine Alternative zum Rückgriff auf die Verfahrensdrittfinanzierung zum Zwecke der Durchführung des Schiedsverfahrens ließ.[356] Dies müsste zudem auch für den Prozessgegner vorhersehbar gewesen sein.[357] Die konkreten Anforderungen hängen zwar von dem auf den Vertrag anwendbaren Recht ab, jedoch kann festgestellt werden, dass die Voraussetzungen im Hinblick auf den erforderlichen Ursachenzusammenhang und die Vorhersehbarkeit nur in

---

[352] *v. Göler*, Third-Party Funding in International Arbitration, S. 388.
[353] *Bühler*, ASA Bull 22 (2004), 249 (270).
[354] *Waincymer*, Procedure and Evidence in International Arbitration, S. 1236.
[355] *v. Göler*, Third-Party Funding in International Arbitration, S. 414 f; *ICCA-QMUL Task Force*, Report on Third-Party Funding, S. 157.
[356] *v. Göler*, Third-Party Funding in International Arbitration, S. 414 f.
[357] *v. Göler*, Third-Party Funding in International Arbitration, S. 415.

Ausnahmefällen bei der gewerblichen Prozessfinanzierung erfüllt sind.[358] Die folgende Untersuchung beschränkt sich daher auf die Erstattungsfähigkeit der Erfolgsprämie im Rahmen des prozessualen Kostenerstattungsanspruchs.

b) Praxis der Schiedsgerichte

Die Praxis der Schiedsgerichte lässt keinen Rückschluss auf die Erstattungsfähigkeit der Erfolgsprämie des Prozessfinanzierers bzw. des anwaltlichen Erfolgshonorars zu. Eine Untersuchung der ICC aus dem Jahr 2015 zur Kostenentscheidung der Schiedsgerichte stellte fest, dass sich nur wenige Schiedssprüche mit der Erstattungsfähigkeit von anwaltlichen Erfolgshonoraren beschäftigten. Aus diesen Schiedssprüchen könnten auch keine allgemeinen Folgerungen gezogen werden, da es hierzu an einer repräsentativen Anzahl an Schiedssprüchen fehle und die wenigen vorhandenen Schiedssprüche zu einem unterschiedlichen Ergebnis kämen.[359] Einzelheiten zu der Begründung dieser Entscheidungen enthält der Report nicht. Der ICC-Report führt auch ein LCIA-Schiedsverfahren an, in dem das Schiedsgericht die Erstattungsfähigkeit eines anwaltlichen Erfolgshonorars mit der Begründung ablehnte, dass es sich bei der Vereinbarung eines anwaltlichen Erfolgshonorars um eine Angelegenheit zwischen Anwalt und Mandant handele.[360] An einer Stelle erwähnt der ICC-Report, dass der Prozessgegner einer fremdfinanzierten Partei damit rechnen müsse, dass ihm die Kosten für eine Erfolgsprämie bzw. ein Erfolgshonorar auferlegt würden.[361] Allerdings ist diese Feststellung keinesfalls als Befürwortung der Erstattungsfähigkeit zu verstehen. Der ICC-Report gibt damit nur die Praxis der Schiedsgerichte

---

[358] *v. Göler*, Third-Party Funding in International Arbitration, S. 414 f.; *ICCA-QMUL Task Force*, Report on Third-Party Funding, S. 157; näher zu den Voraussetzungen der Erstattungsfähigkeit der Erfolgsprämie im Rahmen des materiell-rechtlichen Kostenerstattungsanspruchs siehe *Singh*, Finanzielle Auslagerung und Absicherung von Risiken im Handelsschiedsverfahren, S. 193–206.

[359] *ICC Commission*, Decisions on Costs in International Arbitration (2015), Rn. 17, Appendix A, S. 26.

[360] *ICC Commission*, Decisions on Costs in International Arbitration (2015), Appendix A, S. 31.

[361] *ICC Commission*, Decisions on Costs in International Arbitration (2015), Rn. 93: „Tribunals have from time to time dealt with this when assessing the reasonableness of costs in general, sometimes including the success fee in the allocation of costs and sometimes not, depending on their view of the case as a whole.“

wieder, um die Parteien des Schiedsverfahrens über die Kostenentscheidung der Schiedsgerichte in Kenntnis zu setzen.[362]

c) Eine Auffassung: Erfolgsprämie des Prozessfinanzierers ist erstattungsfähig

Vereinzelt wird die Auffassung vertreten, dass anwaltliche Erfolgshonorare grundsätzlich erstattungsfähig seien, wenn das anwendbare Recht am Sitz des Schiedsgerichts anwaltliche Erfolgshonorare gestatte.[363] Diese Auffassung wird zwar ausdrücklich nur im Zusammenhang mit der Erstattungsfähigkeit von anwaltlichen Erfolgshonoraren geäußert. Der Gedanke ließe sich jedoch auf die Erfolgsprämie des Prozessfinanzierers übertragen.

d) Gegenauffassung: Erfolgsprämie des Prozessfinanzierers ist nicht erstattungsfähig

Die überwiegende Auffassung lehnt die Erstattungsfähigkeit von anwaltlichen Erfolgshonoraren bzw. von Erfolgsprämien des Prozessfinanzierers ab.[364] Dabei wird jedoch lediglich die Erstattungsfähigkeit der erfolgsbedingten Vergütung als solcher abgelehnt. Zulässig soll nach dieser Ansicht trotz Vereinbarung eines anwaltlichen Erfolgshonorars sein, die erstattungsfähigen Anwaltskosten alternativ auf Basis eines angemessenen Stundenhonorars zu berechnen.[365] Die generelle Ablehnung der Erstattungsfähigkeit von

---

362 *ICC Commission*, Decisions on Costs in International Arbitration (2015), S. 1: „The considerations contained in this Report are intended to inform users of arbitration how tribunals may allocate costs in accordance with the parties' agreement and/or any applicable rules or law. However, they should not be regarded as affecting a tribunal's discretion to allocate costs [...] This Report does not endorse any particular approach to decisions on costs. Nor does it establish guidelines or checklists."

363 *Pigott/Giaquinto*, J CIArb's 66 (2000), 264 (266 f.).

364 *v. Göler*, Third-Party Funding in International Arbitration, S. 395–398; *Hoffmann*, Prozessfinanzierung in Investitionsschiedsverfahren, S. 180–183; *Wehrli*, ASA Bull 26 (2008), 241 (253 f.); *Hanotiau*, in: Derains/Kreindler (Hrsg.), Evaluation of Damages in International Arbitration (2006), 213 (219); *Waincymer*, Procedure and Evidence in International Arbitration, S. 1246; *Bühler*, ASA Bull 22 (2004), 249 (272 in Fn. 122); *Kühn/van Oeveren*, J Intl Arb 35 (2018), 307 (308 f.); *Bartsch*, SchiedsVZ 2021, 12 (19, 22); so im Ergebnis auch *Singh* mit Verweis auf den materiell-rechtlichen Kostenerstattungsanspruch, *Singh*, Finanzielle Auslagerung und Absicherung von Risiken im Handelsschiedsverfahren, S. 193, 205–207.

365 *v. Göler*, Third-Party Funding in International Arbitration, S. 393 f., 396–398.

anwaltlichem Erfolgshonorar bzw. der Erfolgsprämie des Prozessfinanzierers wird auf den fehlenden hinreichenden Zusammenhang dieser Kostenposten mit dem Schiedsverfahren gestützt. Die erfolgsbedingte Vergütung werde nicht als Gegenleistung für die konkrete Führung des Schiedsverfahrens gezahlt, sondern für die Übernahme des Kosten – bzw. Investitionsrisikos. Daher sei der Zusammenhang mit dem Schiedsverfahren nur mittelbarer Natur.[366] Neben dem fehlenden unmittelbaren Zusammenhang zwischen den erfolgsbedingten Kosten und dem Schiedsverfahren wird vorgebracht, dass die generelle Erstattungsfähigkeit von anwaltlichem Erfolgshonorar bzw. der Erfolgsprämie des Prozessfinanzierers zu einer unangemessenen Kostenbelastung des Prozessgegners führen würde. Es sei nicht zu rechtfertigen, dass der unterlegene Prozessgegner aufgrund der Verfahrensdrittfinanzierung einem höheren Kostenrisiko ausgesetzt sei.[367]

e) Vermittelnde Auffassung

Nach einer vermittelnden Auffassung soll die Erstattung der Erfolgsprämie unter strengen Voraussetzungen angeordnet werden können, wenn der Wortlaut der anwendbaren Schiedsordnung und des anwendbaren Schiedsverfahrensrechts dies nicht von vornherein ausschließt.[368] Die Frage der Erstattung der Erfolgsprämie solle grundsätzlich in das Ermessen des Schiedsgerichts gestellt werden. Als maßgebliche Kriterien für die Ausübung des Ermessens werden jedoch drei Voraussetzungen genannt: Erstens müsse der Prozessgegner der finanzierten Partei die Mittellosigkeit der finanzierten Partei verursacht haben, zweitens dürfe die finanzierte Partei praktisch keine Alternative zum Rückgriff auf die Verfahrensdrittfinanzierung gehabt haben

---

[366] *v. Göler*, Third-Party Funding in International Arbitration, S. 385 f.; *Hoffmann*, Prozessfinanzierung in Investitionsschiedsverfahren, S. 181 f., *Hanotiau*, in: Derains/Kreindler (Hrsg.), Evaluation of Damages in International Arbitration (2006), 213 (219).

[367] *v. Göler*, Third-Party Funding in International Arbitration, S. 394 f., *Hoffmann*, Prozessfinanzierung in Investitionsschiedsverfahren, S. 183.

[368] *ICCA-QMUL Task Force*, Report on Third-Party Funding, S. 158 f. Es wird teilweise die Auffassung vertreten, dass es schwierig sei, die Erstattungsfähigkeit der Erfolgsprämie mit dem Wortlaut „necessary costs“ statt „reasonable costs“ zu vereinbaren; vgl. *Waincymer*, Procedure and Evidence in International Arbitration, S. 1242. So spricht etwa das deutsche Schiedsverfahrensrecht in § 1057 Abs. 1 S. 1 ZPO von den „den Parteien erwachsenen zur zweckentsprechenden Rechtsverfolgung notwendigen Kosten“.

und drittens müsse der Prozessgegner der fremdfinanzierten Partei von der Nutzung der Verfahrensdrittfinanzierung Kenntnis gehabt haben.[369] Diese Kriterien werden dabei im Rahmen der Prüfung der Angemessenheit der Kosten verortet; die meisten Schiedsordnungen setzen für die Erstattungsfähigkeit der Verfahrenskosten ausdrücklich voraus, dass die entstandenen Kosten angemessen sind.[370] Nach dieser Auffassung handelt es sich nicht um angemessene Kosten, wenn eine Partei die Verfahrensdrittfinanzierung nicht wegen ihrer Mittellosigkeit, sondern lediglich zur Auslagerung des Prozesskostenrisikos nutzt.[371]

In der Sache *Essar Oilfield Services Ltd v. Norscot Rig Management Pvt Ltd*[372] hat ein Schiedsgericht bei einem Sachverhalt, der den strengen Voraussetzungen der vermittelnden Auffassung genügte, die Erstattungsfähigkeit der Erfolgsprämie des Prozessfinanzierers bejaht. Der Sache *Essar* lag ein Schiedsverfahren nach der ICC-Schiedsordnung mit Sitz in London zugrunde. Der Schiedskläger *Norscot* wurde durch einen Prozessfinanzierer mit einer Summe von GBP 647.000 unterstützt. Im Gegenzug schuldete *Norscot* dem Prozessfinanzierer im Erfolgsfall entweder 300 Prozent der Finanzierungssumme oder 35 Prozent der erstrittenen Summe, je nachdem welcher Betrag höher ausfiele. *Norscot* obsiegte und beantragte daraufhin, dem Beklagen die Kosten für das Schiedsverfahren aufzuerlegen. *Norscot* beantragte dabei insbesondere auch die Erstattung der Erfolgsprämie in Höhe von GBP 1,94 Millionen.[373] Der Einzelschiedsrichter bejahte die Erstattungsfähigkeit der Erfolgsprämie in voller Höhe. Er stützte sich dabei auf den Wortlaut von *section* 59(1)(c) *Arbitration Act*, der dem Schiedsrichter i.V.m. *section* 61(2) *Arbitration Act* die Befugnis verleiht, der unterlegenen Partei „the legal or other costs to the parties" aufzuerlegen. Auch der vorliegend anwendbare Art. 31(1) ICC-Schiedsordnung ermögliche die Auferlegung der „reasonable legal and other

369 *ICCA-QMUL Task Force*, Report on Third-Party Funding, S. 158.
370 *ICCA-QMUL Task Force*, Report on Third-Party Funding, S. 158.
371 *ICCA-QMUL Task Force*, Report on Third-Party Funding, S. 158.
372 *Essar Oilfield Services Ltd v. Norscot Rig Management Pvt Ltd* [2016] EWHC 2361 (Comm), [2016] 2 Lloyd's Rep 481.
373 *Essar Oilfield Services Ltd v. Norscot Rig Management Pvt Ltd* [2016] EWHC 2361 (Comm), [2016] 2 Lloyd's Rep 481, Rn. 5.

costs incurred by the parties".[374] Der Schiedsrichter kam zu dem Schluss, dass der Wortlaut „other costs" die Kosten für die Erfolgsprämie grundsätzlich umfasse.[375] Nach der Bejahung der grundsätzlichen Befugnis zur Auferlegung der Erfolgsprämie, widmete sich der Schiedsrichter der Frage, ob es im vorliegenden Fall angemessen sei, das Ermessen in diesem Sinne auszuüben. Der Schiedsrichter bejahte die Angemessenheit der Erstattungsfähigkeit der Erfolgsprämie aufgrund der spezifischen Umstände des Falles. Der Schiedsrichter charakterisierte den Fall als einen „Kampf zwischen David und Goliath", wobei dem Kläger *Norscot* faktisch keine Alternative zur Erhebung der Schiedsklage blieb.[376] Im Vorfeld und auch während des Schiedsverfahrens habe der Beklagte *Essar* versucht, den Schiedskläger finanziell zu ruinieren, indem er zum einen geschuldete Zahlungen in Höhe von GBP 12 Millionen zurückhielt und zum anderen schwere und ungerechtfertigte Betrugsvorwürfe in die Welt setzte. *Norscot* habe sich daraufhin gezwungen gesehen, ein Schiedsverfahren einzuleiten, und habe hierzu die Unterstützung durch einen Prozessfinanzierer benötigt. Die vereinbarte Erfolgsprämie habe einer marktgerechten Rate entsprochen.[377] Der Schiedsrichter stellte darüber hinaus fest, dass es für den Beklagten *Essar* offensichtlich („blindingly obvious") gewesen sein müsse, dass der Schiedskläger die Kosten des Schiedsverfahrens nur mit der Unterstützung eines Prozessfinanzierers stemmen konnte, weil der Kläger sich in einer finanziell schlechten Lage befand, die in erheblichem Maße auf das Verhalten des Beklagten zurückzuführen sei. Der Beklagte habe wahrscheinlich gehofft, dass gerade dieses finanzielle Ungleichgewicht dazu führen würde, dass der Kläger seine Ansprüche nicht geltend mache.[378] Daher sei die Erstattungsfähigkeit der Erfolgsprämie zu bejahen.

Nach Erlass des Schiedsspruchs beantragte der Schiedsbeklagte *Essar* vor dem *High Court* die Teilaufhebung des Schiedsspruchs bezüglich der

---

[374] In der ICC-Schiedsordnung von 2021 findet sich die entsprechende Regelung ohne Änderung des relevanten Wortlautes in Art. 38(1).

[375] *Essar Oilfield Services Ltd v. Norscot Rig Management Pvt Ltd* [2016] EWHC 2361 (Comm), [2016] 2 Lloyd's Rep 481, Rn. 20, 31.

[376] *Essar Oilfield Services Ltd v. Norscot Rig Management Pvt Ltd* [2016] EWHC 2361 (Comm), [2016] 2 Lloyd's Rep 481, Rn. 21, 34.

[377] *Essar Oilfield Services Ltd v. Norscot Rig Management Pvt Ltd* [2016] EWHC 2361 (Comm), [2016] 2 Lloyd's Rep 481, Rn. 22.

[378] *Essar Oilfield Services Ltd v. Norscot Rig Management Pvt Ltd* [2016] EWHC 2361 (Comm), [2016] 2 Lloyd's Rep 481, Rn. 23.

Auferlegung der Erstattung der Erfolgsprämie gem. *section* 68 *Arbitration Act*. Der *High Court* bestätigte die Entscheidung des Schiedsgerichts und bejahte die Erstattungsfähigkeit der Erfolgsprämie erstmals als „other costs" gem. *section* 59(1)(c) *Arbitration Act*.[379] Im Rahmen der Anfechtungsklage[380] gem. *section* 68 *Arbitration Act* äußerte sich der *High Court* jedoch lediglich in einem *obiter dictum* zur Erstattungsfähigkeit der Erfolgsprämie. Der *High Court* entschied nämlich, dass eine eventuelle fehlerhafte Auslegung des Begriffs „other costs" durch das Schiedsgericht keinen Anfechtungsgrund gem. *section* 68(2)(b) *Arbitration Act* darstelle, weil ein bloßer Rechtsfehler keine Überschreitung der schiedsrichterlichen Befugnisse (*excess of power*) bedeute.[381] Es ist noch nicht klar, ob es sich bei der *Essar*-Rechtsprechung des *High Court* um einen Einzelfall oder eine Entwicklung hin zur generellen Erstattungsfähigkeit der Erfolgsprämie handelt.[382] Daher ist offen, ob sich das Schiedsgericht und der *High Court* in *Essar* die vermittelnde Auffassung zu eigen gemacht haben oder ob sie eine Erstattungsfähigkeit der Erfolgsprämie auch bei einem weniger missbräuchlichen Verhalten des Prozessgegners der fremdfinanzierten Partei bejahen würden. Es kann jedenfalls festgehalten werden, dass die vermittelnde Auffassung die Erstattungsfähigkeit der Erfolgsprämie bei dem Sachverhalt in *Essar* ebenfalls annehmen würde.

f) Stellungnahme

Die Argumente gegen die Erstattungsfähigkeit der Erfolgsprämie des Prozessfinanzierers überzeugen grundsätzlich. Im Fall der typischen gewerblichen Prozessfinanzierung fehlt es an einem hinreichend engen Zusammenhang zwischen den Kosten für die Erfolgsprämie und der Führung des Schiedsverfahrens, weil die Erfolgsprämie als Gegenleistung für die Übernahme des Kosten – bzw. Investitionsrisikos gezahlt wird. Die finanzierte Partei – in der Regel der Kläger – entscheidet sich für die Prozessfinanzierung, um trotz Mittellosigkeit den Rechtsstreit führen zu können oder um das

---

379 *Essar Oilfield Services Ltd v. Norscot Rig Management Pvt Ltd* [2016] EWHC 2361 (Comm), [2016] 2 Lloyd's Rep 481, Rn. 53–58.

380 Vgl. *Andrews/Landbrecht*, Schiedsverfahren und Mediation in England, Rn. 507, die die Rechtsbehelfe nach sec. 67 und sec. 68 *Arbitration Act* (im Englischen als *challenge* bezeichnet) mit Anfechtung bzw. Anfechtungsklage übersetzen.

381 Vgl. hierzu ausführlich unten § 4 D II 2 a).

382 Vgl. hierzu ausführlich unten § 4 D II 2 b).

Prozesskostenrisiko auszulagern. Es ist im Ergebnis auch unangemessen, den unterlegenen Beklagten mit den Kosten für die Erfolgsprämie zu belasten. Denn die Entscheidung für die Nutzung der Prozessfinanzierung liegt außerhalb seines Einflussbereiches. Ob der Beklagte einem erhöhten Kostenrisiko ausgesetzt wird, hinge ansonsten von der finanziellen Situation des Klägers bzw. von der Entscheidung zur Nutzung einer bestimmten Form der Verfahrensdrittfinanzierung zur Auslagerung des Prozesskostenrisikos ab. Diese Verlagerung der Haftung für das erhöhte Kostenrisiko ist in aller Regel nicht sachgerecht, weil die zusätzlichen Kosten für die Erfolgsprämie auf einer freiwilligen Entscheidung des Klägers beruhen. Die Erstattungsfähigkeit der Erfolgsprämie ist bei der typischen Situation der gewerblichen Prozessfinanzierung in aller Regel abzulehnen.

Dagegen überzeugen die Argumente des fehlenden hinreichenden Zusammenhangs und der unangemessenen Verlagerung des erhöhten Haftungsrisikos nicht, wenn der Beklagte die Mittellosigkeit des Klägers verursacht hat und dem Kläger praktisch keine Alternative zum Rückgriff auf die Verfahrensdrittfinanzierung blieb. Der erforderliche Zusammenhang zwischen den Kosten für die Erfolgsprämie und der Führung des Schiedsverfahrens kann bejaht werden, wenn der Beklagte die Vermögenslosigkeit des Klägers verursacht hat und der Rückgriff auf die Verfahrensdrittfinanzierung hierdurch praktisch alternativlos wird. In diesem Fall scheint die Belastung mit dem Kostenrisiko der Erfolgsprämie auch gerechtfertigt, wenn diese der Höhe nach angemessen ist. Insofern ist der vermittelnden Auffassung zuzustimmen, die in diesem eng eingegrenzten Fall die Erstattungsfähigkeit der Erfolgsprämie bejaht. Allerdings ist einzuräumen, dass die vermittelnde Auffassung zur Erstattungsfähigkeit der Erfolgsprämie im Rahmen des prozessualen Kostenerstattungsanspruchs im Ergebnis den Anforderungen an einen materiell-rechtlichen Kostenerstattungsanspruch sehr nahekommt.

Die vermittelnde Auffassung fordert zugleich zu Recht, dass die Erstattungsfähigkeit der Erfolgsprämie von der frühzeitigen Offenlegung der Prozessfinanzierung abhängt.[383] Die Erstattungsfähigkeit der Erfolgsprämie führt zu einer erheblichen Verlagerung des Kostenrisikos zwischen den Parteien. Der Prozessgegner der finanzierten Partei muss zumindest grundsätzlich über

---

[383] *ICCA-QMUL Task Force*, Report on Third-Party Funding, S. 159.

dieses Risiko zu Beginn des Verfahrens in Kenntnis gesetzt werden.[384] Bei späterer Mitteilung kommt eine Erstattungsfähigkeit der Erfolgsprämie nur im Verhältnis zum Verfahrensstadium im Mitteilungszeitpunkt in Betracht.[385] Allerdings ist nicht klar, ob nach der vermittelnden Auffassung die Offenlegung einzelner Vertragsbedingungen zur Einschätzung des konkreten Prozesskostenrisikos gefordert wird.[386] Eine Pflicht zur Offenlegung der Höhe der Erfolgsprämie ist allerdings abzulehnen, weil diese einen Rückschluss auf die geschätzten Erfolgsaussichten zulässt und dem Prozessgegner der finanzierten Partei einen erheblichen taktischen Vorteil verschaffen würde.

Angesichts der Ablehnung der Erstattungsfähigkeit der Erfolgsprämie und des anwaltlichen Erfolgshonorars durch die ganz überwiegende Auffassung sollte bei der Vereinbarung eines anwaltlichen Erfolgshonorars jedoch stets auf eine Dokumentation des Zeitaufwands geachtet werden, um bei Ablehnung der Erstattungsfähigkeit des anwaltlichen Erfolgshonorars die Anwaltskosten zumindest im Rahmen einer Abrechnung auf Stundenhonorarbasis gegenüber dem unterlegenen Prozessgegner geltend machen zu können.[387]

III. Kostenerstattungsanspruch gegen den Prozessfinanzierer?

Obsiegt der Prozessgegner der fremdfinanzierten Partei, stellt sich die Frage, ob ein Kostenerstattungsanspruch auch gegen den Prozessfinanzierer selbst bestehen kann. In diesem Fall wäre die Kenntnis der Existenz und Identität des Prozessfinanzierers Voraussetzung für die Geltendmachung eines Kostenerstattungsanspruchs gegen den Prozessfinanzierer.

Im Schiedsverfahren fehlt es bei der typischen Konstellation der gewerblichen Prozessfinanzierung schon an der Zuständigkeit des Schiedsgerichts zum Erlass eines Schiedsspruchs gegen einen Dritten.[388] Das Schiedsverfahren

---

[384] *ICCA-QMUL Task Force*, Report on Third-Party Funding, S. 159.

[385] *ICCA-QMUL Task Force*, Report on Third-Party Funding, S. 159.

[386] Vgl. *ICCA-QMUL Task Force*, Report on Third-Party Funding, S. 159.

[387] *Savola*, Scandinavian Studies in Law (2017), 275 (283 f.).

[388] *ICCA-QMUL Task Force*, Report on Third-Party Funding, S. 161. Im englischen Zivilprozess hat das Gericht die Befugnis, ein Kostenurteil gegen einen Dritten zu erlassen, siehe hierzu unten § 4 D I 2 a).

beruht auf der Parteiautonomie.[389] Staatlichen Gerichten wird die Zuständigkeit durch Parteivereinbarung entzogen. Dritte können nur in eng eingegrenzten Fällen durch eine Schiedsvereinbarung gebunden werden.[390] Eine solche Bindungswirkung scheidet jedenfalls bei der gewerblichen Prozessfinanzierung aus, weil der Prozessfinanzierer weder eine Rolle beim Abschluss der Schiedsvereinbarung spielt noch in einer gesellschaftsrechtlichen Beziehung zur finanzierten Partei steht.[391] Da der Prozessfinanzierer nicht der Zuständigkeit des Schiedsgerichts unterliegt, kann das Schiedsgericht dem Prozessfinanzierer auch keine Kosten auferlegen.[392]

IV. Fazit

Die Involvierung eines Prozessfinanzierers hat in der Regel keine Relevanz für die Kostenentscheidung in internationalen Handelsschiedsverfahren. Bei der typischen Situation der gewerblichen Prozessfinanzierung sind die fremdfinanzierten Verfahrenskosten grundsätzlich erstattungsfähig. Die Kosten für die Erfolgsprämie des Prozessfinanzierers sind dagegen nicht erstattungsfähig. Es fehlt in aller Regel an einem hinreichend engen Zusammenhang zwischen der Führung des Schiedsverfahrens und den Kosten für die Erfolgsprämie, weil diese Kosten keine Gegenleistung für die konkrete Führung des Schiedsverfahrens darstellen, sondern für die Übernahme des Kosten – bzw. Investitionsrisikos gezahlt werden. Es ist darüber hinaus auch unangemessen, den unterlegenen Beklagten mit den Kosten für die Erfolgsprämie zu belasten, weil die zusätzlichen Kosten für die Erfolgsprämie in aller Regel auf einer freiwilligen Entscheidung des Klägers zur Nutzung der Prozessfinanzierung beruhen. Schließlich fehlt dem Schiedsgericht auch die Zuständigkeit, um dem Prozessfinanzierer Kosten aufzuerlegen. Da die Einschaltung eines Prozessfinanzierers in der Regel keinen Einfluss auf die

---

389 *Blackaby/Partasides/Redfern/Hunter*, Redfern and Hunter on International Arbitration, Rn. 2.42.

390 Siehe hierzu näher *v. Göler*, Third-Party Funding in International Arbitration, S. 209–225, 419 f.

391 *ICCA-QMUL Task Force*, Report on Third-Party Funding, S. 161 f.

392 *v. Göler*, Third-Party Funding in International Arbitration, S. 224 f.; *ICCA-QMUL Task Force*, Report on Third-Party Funding, S. 161 f.; *Singh*, Finanzielle Auslagerung und Absicherung von Risiken im Handelsschiedsverfahren, S. 218 f.; *Bartsch*, SchiedsVZ 2021, 12 (20 f.).

Kostenentscheidung in internationalen Handelsschiedsverfahren hat, ist die systematische Offenlegung der Prozessfinanzierung aus Gründen der Kostenentscheidung *de lege ferenda* nicht notwendig.

C. Prozesskostensicherheit und verdeckte Prozessfinanzierung

Im Folgenden soll untersucht werden, ob die Involvierung eines Prozessfinanzierers Auswirkungen auf die Entscheidung über die Anordnung der Prozesskostensicherheit im internationalen Handelsschiedsverfahren hat. Die Prozesskostensicherheit dient der Sicherung des Kostenerstattungsanspruchs des Beklagten gegen den Kläger. In diesem Zusammenhang stellt sich insbesondere die Frage, ob die Nutzung der Prozessfinanzierung die Vermögenslosigkeit des Schiedsklägers indiziert. Hat die Einschaltung eines Prozessfinanzierers besondere Relevanz für die Entscheidung über die Anordnung der Prozesskostensicherheit, stellt sich in einem zweiten Schritt die Frage, ob die Offenlegung der Prozessfinanzierung zu Beginn des Verfahrens *de lege ferenda* zu befürworten ist. Im Anschluss wird erörtert, ob das Schiedsgericht auch den Prozessfinanzierer selbst zu der Leistung einer Kostensicherheit verpflichten kann.

I. Prozesskostensicherheit gegen den Schiedskläger

1. Interessenkonflikt: Zugang des Klägers zu den Schiedsgerichten und Sicherung des Kostenerstattungsanspruchs des Beklagten

Die Prozesskostensicherheit dient auch im Schiedsverfahren der Sicherung des Kostenerstattungsanspruchs des Beklagten.[393] Der Beklagte soll davor geschützt werden, sich gegen eine unbegründete Schiedsklage eines vermögenslosen Klägers wehren zu müssen und anschließend die Kosten für das Schiedsverfahren nicht erstattet zu bekommen.[394] Dies ergibt sich aus dem Gebot der Gleichbehandlung bzw. der fairen Behandlung der Parteien,

---

[393] *Blackaby/Partasides/Redfern/Hunter*, Redfern and Hunter on International Arbitration, Rn. 5.35.

[394] *v. Göler*, Third-Party Funding in International Arbitration, S. 333.

welches in den nationalen Schiedsgesetzen und den Schiedsordnungen seinen Niederschlag findet.[395] Der Grundsatz der Gleichbehandlung bzw. der fairen Behandlung der Parteien könnte verletzt sein, wenn das Schiedsgericht die Anordnung einer Kostensicherheit ablehnt, obwohl der Beklagte seinen potentiellen Kostenerstattungsanspruch wegen der Vermögenslosigkeit des Klägers nicht vollstrecken können wird.[396] Der Kläger könnte hingegen seinen potentiellen Kostenerstattungsanspruch gegen den Beklagten vollstrecken, was zu einer Ungleichbehandlung der Parteien führen würde.[397] Dagegen spricht auch nicht der Umstand, dass der Kläger bei Vermögenslosigkeit des Beklagten ebenfalls riskiert, seine Kosten nicht erstattet zu bekommen. Im Gegensatz zum Beklagten hat der Kläger die Wahl, ob er das Schiedsverfahren einleitet. Der Kläger kann die Erfolgsaussichten der Vollstreckung einschließlich eines Kostenerstattungsanspruchs prüfen und entscheiden, ob er einen Rechtsstreit gegen einen möglicherweise insolventen Beklagten führen will und damit im Zweifel „gutes Geld dem schlechten hinterherwerfen möchte".[398]

Allerdings stellt die Pflicht zur Leistung einer Prozesskostensicherheit eine erhebliche Belastung für den Kläger dar und beschränkt seinen effektiven Zugang zu den Schiedsgerichten („access to arbitral justice").[399] Für einen finanzschwachen Kläger kann die Pflicht zur Leistung einer Prozesskostensicherheit eine unüberwindbare Hürde für die Durchsetzung seiner Ansprüche bedeuten. Die Anordnung einer Prozesskostensicherheit hat das Potential, eine Klage im Keim zu ersticken und den Zugang des Klägers zu den Schiedsgerichten zu verletzen.[400] Diese widerstreitenden Interessen muss das Schiedsgericht bei der Entscheidung über die Anordnung einer Prozesskostensicherheit in Ausgleich bringen.

---

395 Vgl. zum Gleichbehandlungsgebot Art. 18 UNCITRAL-Modellgesetz 2006, § 1042 Abs. 1 S. 1 ZPO, Art. 17(1) UNCITRAL-Schiedsordnung 2013 und zum Fairnessgebot Art. 22(4) ICC-Schiedsordnung 2021 und Art. 14(1)(i) LCIA-Schiedsordnung 2020.

396 *Altenkirch*, Die Sicherheitsleistung für die Prozesskosten, S. 210.

397 *Altenkirch*, Die Sicherheitsleistung für die Prozesskosten, S. 210.

398 *Altenkirch*, Die Sicherheitsleistung für die Prozesskosten, S. 10.

399 *v. Göler*, Third-Party Funding in International Arbitration, S. 333.

400 Vgl. *Chartered Institute of Arbitrators*, Practice Guideline 5: Guideline on Security for Costs – 2016, S. 11.

2. Befugnis des Schiedsgerichts zur Anordnung der Prozesskostensicherheit

Nur wenige Schiedsverfahrensrechte und Schiedsordnungen sehen eine ausdrückliche Befugnis des Schiedsgerichts vor, eine Prozesskostensicherheit vom Schiedskläger zu verlangen. So regeln etwa Art. 38(3) des englischen *Arbitration Act* 1996 und Art. 25(2) der LCIA-Schiedsordnung 2020 die Befugnis des Schiedsgerichts zur Anordnung einer Prozesskostensicherheit gegen den Schiedskläger.[401] Es handelt sich bei dieser Befugnis um eine ausschließliche Zuständigkeit des Schiedsgerichts.[402] Eine ausdrückliche Ermächtigung findet sich auch in *section* 56(1)(a) *Hong Kong Arbitration Ordinance* 2011, *section* 12(1)(a) und (4) *Singapore International Arbitration Act* 2012, *rule* 27(j) SIAC-Schiedsordnung 2016 und Art. 24 HKIAC-Schiedsordnung 2018. Diese Vorschriften enthalten jedoch keine Regelung der Voraussetzungen der Anordnung der Prozesskostensicherheit. Die Entscheidung über den Antrag auf Erlass einer Prozesskostensicherheit gegen den Schiedskläger wird deshalb in das Ermessen des Schiedsgerichts gestellt.

Fehlt eine ausdrückliche Befugnis zur Anordnung der Prozesskostensicherheit, kann die Befugnis zur Anordnung einer Prozesskostensicherheit nach mittlerweile ganz überwiegender Auffassung auf eine Ermächtigung des Schiedsgerichts zum Erlass einer einstweiligen Verfügung gestützt werden.[403] Art. 28(1) ICC-Schiedsordnung 2021 lautet: „[T]he arbitral tribunal may, at the request of a party, order any interim or conservatory measure it deems appropriate." Die meisten nationalen Schiedsverfahrensrechte und Schiedsordnungen enthalten eine solche allgemeine und weitreichende Ermächtigung zum Erlass einer einstweiligen Verfügung (*interim measure*) bzw. vorläufigen Maßnahme (*conservatory measure*), die das Schiedsgericht für

---

[401] Art. 25(2) LCIA-Schiedsordnung 2020 lautet: „The Arbitral Tribunal shall have the power upon the application of a party, after giving all other parties a reasonable opportunity to respond to such application, to order any claiming, counterclaiming or cross-claiming party to provide or procure security for Legal Costs and Arbitration Costs by way of deposit of a bank guarantee or in any other manner and upon such terms as the Arbitral Tribunal considers appropriate in the circumstances."

[402] *Saville*, Arb Intl 13 (1997), 275 (306).

[403] Siehe hierzu *Altenkirch*, Die Sicherheitsleistung für die Prozesskosten, S. 213 m.w.N.

notwendig oder angemessen erachtet.[404] Dabei handelt es sich zumeist um eine parallele Zuständigkeit von Schiedsgericht und staatlichem Gericht zur Anordnung einer einstweiligen Verfügung, wobei die staatlichen Gerichte von dieser Ermächtigung – soweit ersichtlich – in aller Regel keinen Gebrauch machen.[405]

3. Voraussetzungen zur Anordnung der Prozesskostensicherheit

Die Voraussetzungen für die Anordnung einer Prozesskostensicherheit im Handelsschiedsverfahren hängen von dem anwendbaren Schiedsverfahrensrecht und der anwendbaren Schiedsordnung ab.[406] Daher gibt es keine allgemeingültigen Kriterien für die Anordnung einer Prozesskostensicherheit. Im Folgenden sollen die Voraussetzungen der Prozesskostensicherheit im Handelsschiedsverfahren unter Berücksichtigung verschiedener Ansätze dargestellt werden.

a) Traditionelle Unterschiede zwischen common-law- und civil-law-Rechtsordnungen

Die Befugnis des Schiedsgerichts zur Anordnung einer Prozesskostensicherheit wird bei Schiedsgerichten mit Sitz in England und anderen *common-law*-Staaten traditionell anerkannt und zum Teil sogar ausdrücklich geregelt.[407]

---

[404] Vgl. beispielsweise Art. 17(2)(c) UNCITRAL-Modellgesetz 2006, § 1041 Abs. 1 ZPO, Art. 183 Abs. 1 des Schweizerischen Bundesgesetzes über das Internationale Privatrecht, Art. 26(2)(c) UNCITRAL-Schiedsordnung 2013, Art. 25(1) DIS-Schiedsordnung 2018, Art. 29(1) Schweizerische Schiedsordnung 2021.

[405] Siehe hierzu näher *Altenkirch*, Die Sicherheitsleistung für die Prozesskosten, S. 226–228. Beispiele für die Regelung einer parallelen Zuständigkeit der staatlichen Gerichte zum Erlass einer einstweiligen Verfügung finden sich in Art. 17J UNCITRAL-Modellgesetz 2006, Art. 26(9) UNCITRAL-Schiedsordnung 2013 und Art. 25(3) DIS-Schiedsordnung 2018. Dagegen besteht nach italienischem und griechischem Schiedsverfahrensrecht eine ausschließliche Zuständigkeit der staatlichen Gerichte zum Erlass von einstweiligen Verfügungen, *Altenkirch*, Die Sicherheitsleistung für die Prozesskosten, S. 226.

[406] Vgl. *Born*, International Commercial Arbitration, S. 2679–2682.

[407] *Born*, International Commercial Arbitration, S. 2679. Eine ausdrückliche Ermächtigung findet sich beispielsweise in Art. 38(3) *English Arbitration Act* 1996, Art. 25(2) LCIA-Schiedsordnung 2020, sec. 56(1)(a) *Hong Kong Arbitration Ordinance* 2011, sec. 12(1)(a) und (4) *Singapore International Arbitration Act* 2012, rule 27(j) SIAC-Schiedsordnung 2016 und Art. 24 HKIAC-Schiedsordnung 2018.

Section 38(3) des englischen *Arbitration Act* und Art. 25(2) der LCIA-Schiedsordnung 2020 treffen keine Aussage zu den Voraussetzungen der Anordnung der Prozesskostensicherheit. Daher steht dem Schiedsgericht hinsichtlich der Verpflichtung des Schiedsklägers zur Leistung einer Kostensicherheit ein Ermessen zu. Die Anordnung der Prozesskostensicherheit soll nach einhelliger Ansicht in Praxis und Literatur grundsätzlich möglich sein, wenn die Vollstreckung des Kostenerstattungsanspruchs des Beklagten gefährdet ist.[408] Der Kläger wird in diesem Fall nur ausnahmsweise als schutzbedürftiger als der Beklagte angesehen, wenn er auch die Prozesskostensicherheit nicht bezahlen kann.[409] Dazu gehört auch der Nachweis, dass es den am Prozess wirtschaftlich Beteiligten nicht zugemutet werden kann, für die Leistung der Kostensicherheit aufzukommen.[410] Zu den am Prozess wirtschaftlich Beteiligten gehören insbesondere auch die Prozessfinanzierer, weil sie unmittelbar am Prozesserfolg partizipieren.[411]

Demgegenüber übten Schiedsgerichte mit Sitz in *civil-law*-Rechtsordnungen traditionell eine große Zurückhaltung im Hinblick auf die Annahme der Befugnis des Schiedsgerichts zur Anordnung der Prozesskostensicherheit und die Bejahung ihrer Voraussetzungen der.[412] Mittlerweile wird die grundsätzliche Befugnis des Schiedsgerichts zur Anordnung der Prozesskostensicherheit als einstweilige Verfügung auch von Schiedsgerichten in *civil-law*-Rechtsordnungen ganz überwiegend anerkannt.[413] Dennoch wird die Leistung einer Prozesskostensicherheit mit Blick auf die Erschwerung des Zugangs zu den Schiedsgerichten nur zurückhaltend angeordnet.[414]

Der Erlass einer einstweiligen Verfügung setzt einen Verfügungsanspruch und einen Verfügungsgrund voraus.[415] Gem. Art. 17A(b)

---

408 *Altenkirch*, Die Sicherheitsleistung für die Prozesskosten, S. 234; *Brawn/Fenn*, Intl Arb L Rev 6 (2003), 191 (194); *Shakleton*, Intl Arb L Rev 5 (2002), 206 (214).

409 *Altenkirch*, Die Sicherheitsleistung für die Prozesskosten, S. 234 f., 244 f.

410 *Altenkirch*, Die Sicherheitsleistung für die Prozesskosten, S. 264; *Brawn/Fenn*, Intl Arb L Rev 6 (2003), 191 (195).

411 *Altenkirch*, Die Sicherheitsleistung für die Prozesskosten, S. 265.

412 *Born*, International Commercial Arbitration, S. 2679 f.

413 *Born*, International Commercial Arbitration, S. 2680; siehe hierzu *Altenkirch*, Die Sicherheitsleistung für die Prozesskosten, S. 213 m.w.N

414 *Born*, International Commercial Arbitration, S. 2680.

415 Vgl. Art. 17A(1)(a) und (b) UNCITRAL-Modellgesetz 2006 und Art. 26(3)(a) und (b) UNCITRAL-Schiedsordnung 2013.

UNCITRAL-Modellgesetz besteht ein Verfügungsanspruch, wenn eine hinreichende Möglichkeit gegeben ist, dass der Antragsteller obsiegt („There is a reasonable possibility that the requesting party will succeed on the merits of the claim"). Bei dem Antrag auf Anordnung einer Prozesskostensicherheit ist der zu sichernde Verfügungsanspruch der Kostenerstattungsanspruch des Beklagten. Der Kostenerstattungsanspruch des Beklagten besteht unter der aufschiebenden Bedingung, dass die Schiedsklage abgewiesen wird und bei der Kostenentscheidung das Unterliegensprinzip angewandt wird.[416]

Gem. Art. 17A(1)(a) UNCITRAL-Modellgesetz besteht ein Verfügungsgrund, wenn dem Antragsteller ein irreparabler Schaden droht und dieser Schaden wesentlich größer ist als der dem Antragsgegner durch den Erlass der einstweiligen Verfügung drohende Schaden („Harm not adequately reparable by an award of damages is likely to result if the measure is not ordered, and such harm substantially outweighs the harm that is likely to result to the party against whom the measure is directed if the measure is granted"). Bei dem Antrag zur Anordnung einer Prozesskostensicherheit gegen den Schiedskläger besteht der drohende irreparable Schaden darin, dass der Beklagte seinen Kostenerstattungsanspruch nicht vollstrecken können wird. Im Rahmen der Interessenabwägung wird das Interesse des Schiedsklägers am ungehinderten Zugang zu den Schiedsgerichten gegen das Interesse des Beklagten an der Sicherung des Kostenerstattungsanspruchs abgewogen.[417] Nach der überwiegenden Praxis der Schiedsgerichte soll das Interesse des Beklagten nur in außergewöhnlichen Fällen überwiegen. Es soll demnach nicht wie im englischen Schiedsverfahrensrecht ausreichen, dass die Vollstreckung des Kostenerstattungsanspruchs gefährdet ist.[418] Dies wird mit dem Argument begründet, dass jeder grundsätzlich das Insolvenzrisiko seines Vertragspartners trage.[419] Ein außergewöhnlicher

---

416 *Altenkirch*, Die Sicherheitsleistung für die Prozesskosten, S. 216.

417 *Altenkirch*, Die Sicherheitsleistung für die Prozesskosten, S. 232 f.

418 Vgl. die Entscheidung v. 19.12.2003 im ICC-Schiedsverfahren 12542 mit Sitz in Genf, ASA Bull 23 (2005), 685 (699): „[I]t is doubtful that the claimant's insolvency will *per se* suffice, as a matter of Swiss law, in order for security for costs to be granted." Siehe auch *Altenkirch*, Die Sicherheitsleistung für die Prozesskosten, S. 232 f. m.w.N. zur Rechtsprechung.

419 *Altenkirch*, Die Sicherheitsleistung für die Prozesskosten, S. 234.

Fall soll insbesondere vorliegen, wenn sich die finanziellen Verhältnisse des Klägers zwischen dem Abschluss der Schiedsvereinbarung und der Erhebung der Schiedsklage erheblich verschlechtert haben.[420] Dieses Kriterium beruhe auf dem Umstand, dass die Parteien eines Schiedsverfahrens sich bewusst für diese Form der Streitbeilegung entschieden hätten. Ein Beklagter, der eine Schiedsvereinbarung mit einem bereits mittellosen Kläger geschlossen habe, solle keine Prozesskostensicherheit beantragen können.[421] Ein weiteres anerkanntes Beispiel für ein überwiegendes Beklagteninteresse stellt die Abtretung des Klageanspruchs an einen insolventen Kläger oder die Veräußerung von Vermögenswerten dar, um die Vollstreckung des Kostenerstattungsanspruchs zu vereiteln.[422] In diesen Fällen beruhe die Gefährdung des Kostenerstattungsanspruchs nicht auf dem normalen Insolvenzrisiko. Das Interesse des Beklagten sei dann höher einzustufen als das Interesse des Klägers an dem ungehinderten Zugang zu den Schiedsgerichten.[423]

Ungeachtet der Unterschiedlichkeit der Kriterien, die in Abhängigkeit von dem anwendbaren Schiedsverfahrensrecht und der anwendbaren Schiedsordnung an die Anordnung einer Prozesskostensicherheit gestellt werden, wird in jedem Fall zumindest vorausgesetzt, dass die Vollstreckung des Kostenerstattungsanspruchs des Beklagten gefährdet ist.

b) Guideline on Security for Costs des Chartered Institute of Arbitrators

Das *Chartered Institute of Arbitrators* hat im Jahr 2016 einen Bericht veröffentlicht, der die aktuellen *Best Practices* bei der Entscheidung über die Prozesskostensicherheit im internationalen Handelsschiedsverfahren widerspiegelt.[424] Gem. Art. 1(2) der *Guideline on Security for Costs* soll das Schiedsgericht folgende Kriterien bei der Entscheidung über die Anordnung einer Prozesskostensicherheit berücksichtigen:

---

420 *Altenkirch*, Die Sicherheitsleistung für die Prozesskosten, S. 233.

421 *v. Göler*, Third-Party Funding in International Arbitration, S. 344.

422 *Altenkirch*, Die Sicherheitsleistung für die Prozesskosten, S. 233; *B. Berger*, ASA Bull 28 (2010), 7 (12 f.).

423 *Altenkirch*, Die Sicherheitsleistung für die Prozesskosten, S. 233 f.

424 *Chartered Institute of Arbitrators*, Practice Guideline 5: Guideline on Security for Costs – 2016, S. 1.

Article 1 – General principles
[...]
2. When deciding whether to make an order for security for costs, arbitrators should take into account the following matters:
   i) the prospects of success of the claim(s) and defence(s) [...]
   ii) the claimant's ability to satisfy an adverse costs award and the availability of the claimant's assets for enforcement of an adverse costs award [...]; and
   iii) whether it is fair in all of the circumstances to require one party to provide security for the other party's costs [...]
3. This list is not exhaustive and arbitrators should also take into account any other additional considerations they may consider relevant to the particular situation of the parties and the circumstances of the arbitration.[425]

Gem. Art. 1(2)(i) der *Guideline on Security for Costs* soll das Schiedsgericht bei der Entscheidung über die Anordnung der Prozesskostensicherheit die Erfolgsaussichten der Klage und Verteidigung berücksichtigen. Allerdings ist dabei große Zurückhaltung geboten. Es darf keine ausführliche Einschätzung der Erfolgsaussichten der Hauptsache erfolgen. Es ist lediglich zu prüfen, ob die Klage offensichtlich begründet oder unbegründet ist.[426] Voraussetzung der Anordnung der Prozesskostensicherheit ist, dass zumindest die Möglichkeit besteht, dass die Verteidigung des Beklagten Erfolg haben wird. Ansonsten bedarf es auch keiner Sicherung des Kostenerstattungsanspruchs des Beklagten. Eine ausführliche Auseinandersetzung mit den Erfolgsaussichten der Hauptsache birgt dagegen die Gefahr, dass die Schiedsrichter sich wegen Befangenheit in der Sache angreifbar machen könnten.[427]

Gem. Art. 1(2)(ii) der *Guideline on Security for Costs* soll das Schiedsgericht die Fähigkeit des Klägers zur Befriedigung des Kostenschiedsspruchs und die Vollstreckungschancen unter Berücksichtigung der Belegenheit des Vermögens prüfen. Das Schiedsgericht muss zu der Überzeugung gelangen, dass die Vollstreckung des Kostenerstattungsanspruchs ernsthaft gefährdet ist.[428] Allerdings ist die Mittellosigkeit des Klägers eine notwendige, jedoch nicht

---

425 *Chartered Institute of Arbitrators*, Practice Guideline 5: Guideline on Security for Costs – 2016, S. 3.

426 *Chartered Institute of Arbitrators*, Practice Guideline 5: Guideline on Security for Costs – 2016, S. 5 f.

427 *Chartered Institute of Arbitrators*, Practice Guideline 5: Guideline on Security for Costs – 2016, S. 6.

428 *Chartered Institute of Arbitrators*, Practice Guideline 5: Guideline on Security for Costs – 2016, S. 7.

hinreichende Voraussetzung für die Anordnung einer Kostensicherheit.[429] Zudem kann auch bei der ernsthaften Gefährdung des Kostenerstattungsanspruchs wegen der Vermögenslosigkeit des Klägers der Antrag auf Anordnung der Kostensicherheit abgelehnt werden, wenn die Mittellosigkeit des Klägers bereits bei Abschluss der Schiedsvereinbarung drohte.[430]

Gem. Art. 1(2)(iii) der *Guideline on Security for Costs* soll das Schiedsgericht schließlich das Interesse des Schiedsklägers am ungehinderten Zugang zu den Schiedsgerichten gegen das Interesse des Beklagten an der Sicherung des Kostenerstattungsanspruchs unter Berücksichtigung sämtlicher Umstände des Einzelfalles abwägen.[431]

Die *Guideline on Security for Costs* des *Chartered Institute of Arbitrators* wurde bei der letzten Überarbeitung der SCC-Schiedsordnung im Jahr 2017 berücksichtigt. Art. 38(1) SCC-Schiedsordnung 2017 ermächtigt das Schiedsgericht ausdrücklich zur Anordnung der Prozesskostensicherheit.[432] Allerdings steht diese Befugnis unter dem Vorbehalt, dass das Schiedsgericht nur unter außergewöhnlichen Umständen („exceptional circumstances") zur Anordnung der Prozesskostensicherheit berechtigt ist. Art. 38(2) SCC-Schiedsordnung regelt die Voraussetzungen der Anordnung der Prozesskostensicherheit in enger Anlehnung an den Wortlaut der *Guideline on Security for Costs* des *Chartered Institute of Arbitrators*. Die SCC-Schiedsordnung 2017 ist damit die erste Schiedsordnung, die sich zu den Voraussetzungen der Anordnung der Prozesskostensicherheit explizit äußert. Die ausdrückliche Begrenzung der Befugnis zur Anordnung der Prozesskostensicherheit auf außergewöhnliche Umstände zeigt, dass die bloße Gefährdung der Vollstreckung des Kostenerstattungsanspruchs wegen Mittellosigkeit des Klägers nicht ausreicht.[433] Die Mehrzahl der Schiedsgerichte ordnet die Prozesskostensicherheit nur bei

---

[429] *Chartered Institute of Arbitrators*, Practice Guideline 5: Guideline on Security for Costs – 2016, S. 7.

[430] *Chartered Institute of Arbitrators*, Practice Guideline 5: Guideline on Security for Costs – 2016, S. 7.

[431] *Chartered Institute of Arbitrators*, Practice Guideline 5: Guideline on Security for Costs – 2016, S. 9–12.

[432] Die älteren Versionen der SCC-Schiedsordnung enthielten keine ausdrückliche Befugnis des Schiedsgerichts zur Anordnung der Prozesskostensicherheit, siehe hierzu näher *Sidklev*, Liber Amicorum Shaughnessy (2019), 437 (439 f.).

[433] Siehe hierzu näher *Sidklev*, Liber Amicorum Shaughnessy (2019), 437 (440 f.).

Vorliegen von außergewöhnlichen Umständen an.[434] Auch die Anmerkungen zur *Guideline on Security for Costs* des *Chartered Institute of Arbitrators* machen deutlich, dass die Mittellosigkeit des Klägers eine notwendige, jedoch nicht hinreichende Voraussetzung für die Anordnung einer Prozesskostensicherheit ist. Die ausdrückliche Regelung dieses Kriteriums in der SCC-Schiedsordnung 2017 ist im Hinblick auf eine erhöhte Rechtssicherheit zu begrüßen.

4. Art und Höhe der Sicherheitsleistung

Die Sicherheitsleistung für die Prozesskosten erfolgt in der Regel durch Hinterlegung eines Geldbetrages oder durch Bürgschaft.[435] Der Geldbetrag wird auf einem Treuhandkonto hinterlegt, das vom Schiedsgericht oder der Schiedsinstitution eingerichtet wird.[436] Die Höhe der Sicherheitsleistung wird durch Schätzung des potentiellen Kostenerstattungsanspruchs des Beklagten ermittelt.[437] Entscheidend ist dabei die Schätzung der voraussichtlichen Ausgaben des Beklagten sowie die Schätzung der notwendigen Kosten für das Verfahren, weil nur die notwendigen Kosten erstattungsfähig sind.[438]

5. Wird die Vermögenslosigkeit des Klägers durch die Prozessfinanzierung indiziert?

Auch wenn die konkreten Voraussetzungen der Anordnung einer Prozesskostensicherheit im Handelsschiedsverfahren von dem anwendbaren Schiedsverfahrensrecht und der anwendbaren Schiedsordnung abhängen, wird stets zumindest gefordert, dass die Vollstreckung des potentiellen Kostenerstattungsanspruchs des Beklagten gefährdet sein muss.[439] Der Kostenerstattungsanspruch ist bei Vermögenslosigkeit des Klägers gefährdet. Der Beklagte muss beweisen, dass eine überwiegende Wahrscheinlichkeit für die Vermögenslosigkeit des Klägers spricht.[440] Es ist umstritten, ob die Nutzung der Prozessfinanzierung die Vermögenslosigkeit des Klägers indiziert. Wird dies bejaht, stellt sich in einem zweiten Schritt die Frage, ob die Offenle-

---

434 Siehe oben § 3 C I 3 a).
435 *Altenkirch*, Die Sicherheitsleistung für die Prozesskosten, S. 270.
436 *Altenkirch*, Die Sicherheitsleistung für die Prozesskosten, S. 270.
437 *Altenkirch*, Die Sicherheitsleistung für die Prozesskosten, S. 271.
438 *Altenkirch*, Die Sicherheitsleistung für die Prozesskosten, S. 271.
439 Siehe oben § 3 C I 3 a).
440 *Altenkirch*, Die Sicherheitsleistung für die Prozesskosten, S. 252 f.

gung der Prozessfinanzierung zu Beginn des Verfahrens *de lege ferenda* zu befürworten ist.

a) Eine Auffassung: Vermögenslosigkeit wird durch die Prozessfinanzierung indiziert

Teilweise wird vertreten, dass der Rückgriff des Schiedsklägers auf die Prozessfinanzierung seine Vermögenslosigkeit indiziert.[441] Dahinter steht die Überlegung, dass in der Regel nur mittellose Kläger die Prozessfinanzierung nutzten, weil solvente Kläger nicht auf die Prozessfinanzierung angewiesen seien.[442] Im Rahmen des Investor-Staat-Schiedsverfahrens *RSM Production Corporation v. Saint Lucia* ging ein Schiedsrichter in seiner zustimmenden Stellungnahme zu der Mehrheitsentscheidung sogar so weit, dass bereits die bloße Nutzung der Prozessfinanzierung zu einer widerlegbaren Vermutung der Vermögenslosigkeit des Schiedsklägers führen solle.[443] Die Mehrheitsentscheidung stützte sich bei der Anordnung der Prozesskostensicherheit jedoch auf den Umstand, dass der klagende Investor in anderen Schiedsverfahren wiederholt Kostenentscheidungen missachtet habe.[444]

---

441 *Born*, International Commercial Arbitration, S. 2680 f.: „Where a party appears to lack assets to satisfy a final costs award, but is pursuing claims in an arbitration with the funding of a third party, then a *prima facie* case for security for costs often exists."

442 Vgl. *ICCA-QMUL Task Force*, Report on Third-Party Funding, S. 170.

443 *RSM Production Corporation v. Saint Lucia*, ICSID Case No. ARB/12/10, Decision on Saint Lucia's Request for Security for Costs v. 13. August 2014, Assenting reasons of *Gavan Griffith*, Rn. 18: „My determinative proposition is that once it appears that there is third party funding of an investor's claim, the onus is cast on the claimant to disclose all relevant factors and to make a case why security for costs orders should not be made."

444 *RSM Production Corporation v. Saint Lucia*, ICSID Case No. ARB/12/10, Decision on Saint Lucia's Request for Security for Costs v. 13. August 2014, Rn. 77–82. Es handelt sich dabei um den ersten bekannten Fall der Anordnung einer Prozesskostensicherheit in einem Investor-Staat-Schiedsverfahren. Zur Prozesskostensicherheit in Investor-Staat-Schiedsverfahren siehe *Markert*, Contemp Asia Arb J 11 (2018), 217; spezifisch zur Prozesskostensicherheit in ICSID-Verfahren siehe *Polasek/Salinas Quero*, Liber Amicorum Shaughnessy (2019), 387.

b) Gegenauffassung: Vermögenslosigkeit wird nicht durch die Prozessfinanzierung indiziert

Die überwiegende Auffassung lehnt es jedoch ab, allein in der Nutzung der Prozessfinanzierung ein Indiz oder gar eine widerlegbare Vermutung für die Vermögenslosigkeit des Schiedsklägers zu sehen.[445] Die Prozessfinanzierung werde nicht hauptsächlich von mittellosen Klägern, sondern regelmäßig von solventen Klägern genutzt, die zur Auslagerung des Prozesskostenrisikos und zur Aufrechterhaltung des Cashflows auf die Prozessfinanzierung zurückgriffen.[446] Die Nutzung der Prozessfinanzierung sei für viele Kläger ein Mittel der Wahl und keine Notwendigkeit.[447] Darüber hinaus werden Bedenken geäußert, dass der Beklagte einen Antrag auf Anordnung einer Prozesskostensicherheit in missbräuchlicher Weise zur Verzögerung des Schiedsverfahrens einsetzen könnte, wenn die bloße Nutzung der Prozessfinanzierung stets die Vermögenslosigkeit des Klägers indiziere.[448]

c) Stellungnahme

Die Argumente der überwiegenden Auffassung überzeugen. Die Prozessfinanzierung wird zunehmend von finanzkräftigen Parteien genutzt, um Prozessrisiken auszulagern und eine Bindung von Kapital zum Zwecke der Prozessführung zu vermeiden. Aus diesem Grund kann aus der bloßen Tatsache, dass ein Kläger von einem Prozessfinanzierer unterstützt wird, noch nicht auf seine Mittellosigkeit geschlossen werden. Zunächst muss der Beklagte beweisen, dass eine überwiegende Wahrscheinlichkeit für die Vermögenslosigkeit des Klägers spricht.[449] Hat der Beklagte eine überwiegende Wahrscheinlichkeit für die Vermögenslosigkeit des Klägers nachgewiesen,

---

[445] *v. Göler*, Third-Party Funding in International Arbitration, S. 341; *ICCA-QMUL Task Force*, Report on Third-Party Funding, S. 171, 180; *Hoffmann*, Prozessfinanzierung in Investitionsschiedsverfahren, S. 207; *Fellas*, Liber Amicorum Shaughnessy (2019), 107 (114); *Singh*, Finanzielle Auslagerung und Absicherung von Risiken im Handelsschiedsverfahren, S. 227.

[446] *v. Göler*, Third-Party Funding in International Arbitration, S. 341 f.; *ICCA-QMUL Task Force*, Report on Third-Party Funding, S. 171, 180; *Hoffmann*, Prozessfinanzierung in Investitionsschiedsverfahren, S. 207; *Fellas*, Liber Amicorum Shaughnessy (2019), 107 (114).

[447] *ICCA-QMUL Task Force*, Report on Third-Party Funding, S. 180.

[448] *ICCA-QMUL Task Force*, Report on Third-Party Funding, S. 171.

[449] *Altenkirch*, Die Sicherheitsleistung für die Prozesskosten, S. 252 f.

können die konkreten Bedingungen des Prozessfinanzierungsvertrages für die Entscheidung des Schiedsgerichts über die Anordnung der Prozesskostensicherheit relevant werden. In Abhängigkeit von den konkreten Bedingungen des Prozessfinanzierungsvertrages kann der Kläger dann gegebenenfalls nachweisen, dass der Prozessfinanzierer bzw. eine im Zusammenhang mit der Prozessfinanzierung abgeschlossene ATE-Versicherung für die gegnerischen Prozesskosten aufkommt. Das Schiedsgericht kann zu dem Ergebnis gelangen, dass die Vollstreckung des Kostenerstattungsanspruchs des Beklagten nicht gefährdet ist, weil der Prozessfinanzierer bzw. der ATE-Versicherer sich gegenüber dem Kläger vertraglich zur Übernahme der gegnerischen Prozesskosten verpflichtet hat. Die Bedeutung der konkreten Bestimmungen des Prozessfinanzierungsvertrages für die Anordnung der Prozesskostensicherheit soll an späterer Stelle im Einzelnen erörtert werden.[450]

6. Abschluss des Prozessfinanzierungsvertrages als erhebliche Verschlechterung der finanziellen Situation des Klägers?

Vielfach wird die Gefährdung des Kostenerstattungsanspruchs aufgrund der Vermögenslosigkeit des Klägers als notwendige, aber nicht hinreichende Voraussetzung für die Anordnung einer Prozesskostensicherheit gesehen. Eine Kostensicherheit soll demnach nur in außergewöhnlichen Fällen angeordnet werden. Ein außergewöhnlicher Fall soll insbesondere vorliegen, wenn sich die finanziellen Verhältnisse des Klägers zwischen dem Abschluss der Schiedsvereinbarung und der Erhebung der Schiedsklage erheblich verschlechtert haben.[451] In diesem Zusammenhang stellt sich die Frage, ob der Abschluss eines Prozessfinanzierungsvertrages bereits eine solche nachträgliche erhebliche Verschlechterung der finanziellen Situation des Klägers indiziert.[452] Hier kann nichts anderes gelten als bei der Frage, ob die Vermögenslosigkeit des Klägers durch die Prozessfinanzierung indiziert wird. Wenn die Nutzung der Prozessfinanzierung als solche kein Indiz für die Vermögenslosigkeit des Klägers ist, kann hierdurch auch keine nachträgliche Verschlechterung der Vermögensverhältnisse des Klägers indiziert werden.[453]

---

450 Siehe unten § 3 C I 8.

451 Siehe oben § 3 C I 3 a).

452 *v. Göler*, Third-Party Funding in International Arbitration, S. 344.

453 *v. Göler*, Third-Party Funding in International Arbitration, S. 344 f.

7. Rechtfertigt die Prozessfinanzierung die Anordnung der Prozesskostensicherheit aufgrund allgemeiner Fairnesserwägungen („broad fairness test")?

a) *ICC-Schiedsverfahren X v. Y and Z*

In dem ICC-Schiedsverfahren *X v. Y and Z* stützte das Schiedsgericht die Anordnung der Prozesskostensicherheit auf allgemeine Fairnesserwägungen im Zusammenhang mit der Prozessfinanzierung.[454] Der Kläger verfügte über keine nennenswerten Vermögenswerte und wurde durch einen Prozessfinanzierer unterstützt. Das Schiedsgericht entschied, dass der Abschluss des Prozessfinanzierungsvertrages eine elementare Änderung der Umstände („fundamental change of circumstances") auf Seiten des Klägers darstelle, die die Anordnung einer Prozesskostensicherheit rechtfertige.[455] Das Gericht stützte sich dabei auf die konkreten Bedingungen des Prozessfinanzierungsvertrages. Entscheidend war, dass der Prozessfinanzierer sich nicht zur Übernahme gegnerischer Prozesskosten verpflichtet hatte und das Prozessfinanzierungsverhältnis ohnehin jederzeit nach freiem Ermessen beenden konnte („is effectively empowered to terminate the Agreement at any time, entirely at its discretion").[456] Die konkreten Bedingungen des Prozessfinanzierungsvertrages waren zum Gegenstand des Schiedsverfahrens geworden, weil der Kläger dem

---

[454] *X v. Y and Z*, ICC Case, Procedural Order v. 3. August 2012, *Pinsolle*, CAPJIA 2013, 399.

[455] *X v. Y and Z*, ICC Case, Procedural Order v. 3. August 2012, *Pinsolle*, CAPJIA 2013, 399 (Rn. 33, 41).

[456] *X v. Y and Z*, ICC Case, Procedural Order v. 3. August 2012, *Pinsolle*, CAPJIA 2013, 399 (Rn. 38–43). Der Prozessfinanzierungsvertrag sah ein Kündigungsrecht nach Maßgabe des ALF-Code 2011 vor. Demnach durfte der Prozessfinanzierer den Vertrag kündigen, wenn er nachvollziehbare Gründe hatte von den Erfolgschancen der finanzierten Partei nicht länger überzeugt zu sein, vgl. *X v. Y and Z*, ICC Case, Procedural Order v. 3. August 2012, *Pinsolle*, CAPJIA 2013, 399 (Rn. 38). Die Einschätzung des Schiedsgerichts, dass das Kündigungsrecht des Prozessfinanzierers jederzeit nach freiem Ermessen bestanden habe, kann nicht geteilt werden, weil nach dem ALF-Code 2011 der Streit über das Vorliegen des Kündigungsgrundes durch einen unabhängigen *Queen's Counsel* beigelegt werden musste, siehe *v. Göler*, Third-Party Funding in International Arbitration, S. 348.

Beklagten versehentlich das Dokument mit dem Prozessfinanzierungsvertrag zugesandt hatte.[457]

Hervorzuheben ist, dass die Feststellung der elementaren Änderung der Umstände sich nicht auf eine nachträgliche erhebliche Verschlechterung der finanziellen Situation des Klägers bezieht, weil der Kläger bereits zum Abschluss der Schiedsvereinbarung über keine nennenswerten Vermögenswerte verfügte.[458] Das Schiedsgericht nahm das Kriterium der elementaren Änderung der Umstände stattdessen zum Anlass, allgemeine Fairnesserwägungen im Zusammenhang mit der Prozessfinanzierung vorzunehmen. Es sei nicht gerecht, dass der vermögenslose Kläger durch die Prozessfinanzierung erst zur Führung des Schiedsverfahrens befähigt werde, jedoch wegen seiner Vermögenslosigkeit bei Klageabweisung nicht die gegnerischen Prozesskosten zahlen könne.[459] Dabei sei ganz entscheidend, dass der Prozessfinanzierer sich nicht zur Übernahme der Haftung für gegnerische Prozesskosten verpflichtet habe und den Prozessfinanzierungsvertrag nach Auffassung des Schiedsgerichts ohnehin nach freiem Ermessen jederzeit kündigen könne.[460] Eine derartige Ausgestaltung des Prozessfinanzierungsvertrages erlaube es dem Prozessfinanzierer am Erfolg des Prozesses zu partizipieren, ohne im Unterliegensfall das Haftungsrisiko für gegnerische Prozesskosten übernehmen zu müssen.[461]

---

457 *X v. Y and Z*, ICC Case, Procedural Order v. 3. August 2012, *Pinsolle*, CAPJIA 2013, 399 (Rn. 35).

458 *X v. Y and Z*, ICC Case, Procedural Order v. 3. August 2012, *Pinsolle*, CAPJIA 2013, 399 (Rn. 32).

459 *X v. Y and Z*, ICC Case, Procedural Order v. 3. August 2012, *Pinsolle*, CAPJIA 2013, 399 (Rn. 36–43). Zustimmend *Pinsolle*, CAPJIA 2013, 399 ff.: „Il nous semble que *cette situation asymétrique*, lorsqu'elle est établie de manière claire, *est susceptible de justifier à elle seule l'octroi d'une garantie pour les coûts d'arbitrage*. En effet, en l'absence d'une telle garantie, la demanderesse pourra, en cas d'insuccès, s'abriter le moment venu derrière son impécuniosité pour refuser de payer les frais, alors qu'elle aura pu faire prospérer sa réclamation grâce aux fonds du tiers. *La partie demanderesse bénéficierait ainsi des meilleurs des deux monde, ce qui ne semble pas une situation souhaitable.*" (Hervorhebung d. Verf.)

460 *X v. Y and Z*, ICC Case, Procedural Order v. 3. August 2012, *Pinsolle*, CAPJIA 2013, 399 (Rn. 36–43).

461 *X v. Y and Z*, ICC Case, Procedural Order v. 3. August 2012, *Pinsolle*, CAPJIA 2013, 399 (Rn. 40).

b) Stellungnahme

Der Rückgriff auf allgemeine Fairnesserwägungen zur Anordnung der Prozesskostensicherheit muss zumindest kritisch gesehen werden. Es handelt sich bei dieser Entscheidungsbegründung jedoch – soweit ersichtlich – um einen Einzelfall.[462] Das Ergebnis ist durchaus vertretbar, wenn man dem „englischen Ansatz“ folgt, nach dem es für die Anordnung der Prozesskostensicherheit ausreichen soll, wenn die Vollstreckung des Kostenerstattungsanspruchs des Beklagten gefährdet ist.[463] Die Vollstreckung des Kostenerstattungsanspruchs war im vorliegenden Fall gefährdet, weil der Kläger vermögenslos war und der Prozessfinanzierer sich nicht zur Übernahme gegnerischer Prozesskosten verpflichtet hatte. Allerdings hat das Schiedsgericht seiner Entscheidung nicht explizit den „englischen Ansatz“ zugrunde gelegt.[464] Das Schiedsgericht setzte neben der Gefährdung der Vollstreckung des Kostenerstattungsanspruchs vielmehr eine elementare Änderung der Umstände zur Anordnung der Prozesskostensicherheit voraus.[465] Die Praxis der Schiedsgerichte bezieht das Kriterium der elementaren Änderung der Umstände auf eine nachträgliche erhebliche Verschlechterung der finanziellen Verhältnisse des Klägers.[466] Das Schiedsgericht in *X v. Y and Z* nahm das Kriterium der elementaren Änderung der Umstände jedoch zum Anlass, allgemeine Fairnesserwägungen im Zusammenhang mit der Nutzung der Prozessfinanzierung vorzunehmen. Die Begründung der Anordnung einer Prozesskostensicherheit mit allgemeinen Fairnesserwägungen ist jedoch abzulehnen.[467] Das Schiedsgericht konnte kein missbräuchliches Verhalten des Klägers im Zusammenhang mit der Prozessfinanzierung feststellen. Dem vermögenslosen Kläger wird im Ergebnis nur vorgeworfen, dass er erst durch die Prozessfinanzierung zur Führung des Schiedsverfahrens imstande war, jedoch bei Klageabweisung wegen seiner Mittellosigkeit nicht die gegnerischen Prozesskosten zahlen konnte. Der

---

462 Vgl. *ICCA-QMUL Task Force*, Report on Third-Party Funding, S. 172 in Fn. 412.

463 Vgl. zum englischen Ansatz siehe oben § 3 C I 3 a).

464 *X v. Y and Z*, ICC Case, Procedural Order v. 3. August 2012, *Pinsolle*, CAPJIA 2013, 399 (Rn. 46): „in an ICC arbitration the mere fact that a company has little or no assets does not justify security for costs“.

465 *X v. Y and Z*, ICC Case, Procedural Order v. 3. August 2012, *Pinsolle*, CAPJIA 2013, 399 (Rn. 33).

466 Siehe oben § 3 C I 3 a).

467 Vgl. *v. Göler*, Third-Party Funding in International Arbitration, S. 348.

Kläger war bereits bei Abschluss der Schiedsvereinbarung vermögenslos. Die fallentscheidende elementare Änderung der Umstände („fundamental change of circumstances") bestand daher in der Befähigung zur Führung des Verfahrens mithilfe des Prozessfinanzierers.[468] Es überzeugt nicht, die bloße Unterstützung durch einen Prozessfinanzierer als maßgebliches Kriterium für die Anordnung der Prozesskostensicherheit anzusehen.

8. Freiwillige Offenlegung der Prozessfinanzierung bzw. der ATE-Versicherung

Der Kläger kann ein eigenes Interesse an der Offenlegung der Prozessfinanzierung haben, wenn die Vermögenslosigkeit des Klägers feststeht. Denkbar ist, dass der vermögenslose Kläger die Anordnung einer Prozesskostensicherheit abwenden kann, indem er einzelne Bestimmungen des Prozessfinanzierungsvertrages offenlegt. Die Anordnung einer Prozesskostensicherheit könnte wegen fehlender Schutzbedürftigkeit des Beklagten entbehrlich sein, wenn sich der Prozessfinanzierer vertraglich zur Übernahme der Haftung für gegnerische Prozesskosten verpflichtet hat. Im Zusammenhang mit der Prozessfinanzierung wird häufig auch eine ATE-Versicherung abgeschlossen, die das Haftungsrisiko für gegnerische Prozesskosten abdeckt. In diesen Fällen könnte das Schiedsgericht zu der Überzeugung gelangen, dass die Vollstreckung des Kostenerstattungsanspruchs trotz Vermögenslosigkeit des Klägers nicht gefährdet ist.[469] Allerdings ist dieses Ergebnis nicht zwingend und hängt von weiteren Faktoren ab. Entscheidend wird es dabei auf die Bedingungen zur Kündigung des Prozessfinanzierungsvertrages bzw. der ATE-Versicherung ankommen.[470] Der Prozessfinanzierer bzw. ATE-Versicherer verpflichtet sich lediglich im Verhältnis zum Kläger zur Übernahme der gegnerischen Prozesskosten, wenn diese dem Kläger durch das Schiedsgericht auferlegt werden. Entscheidend für die Sicherung des Kostenerstattungsanspruchs des Beklagten ist daher der Nachweis, dass der Prozessfinanzierer bzw. der ATE-Versicherer den Vertrag nur in eng eingegrenzten Fällen kündigen können.[471] Ob

[468] *v. Göler*, Third-Party Funding in International Arbitration, S. 348.
[469] *ICCA-QMUL Task Force*, Report on Third-Party Funding, S. 172, 181 f.; *v. Göler*, Third-Party Funding in International Arbitration, S. 342.
[470] *ICCA-QMUL Task Force*, Report on Third-Party Funding, S. 181.
[471] *ICCA-QMUL Task Force*, Report on Third-Party Funding, S. 181.

die konkreten Bedingungen zur Sicherung des Kostenerstattungsanspruchs ausreichen, bleibt der Beurteilung des Schiedsgerichts überlassen.

Handelt es sich bei dem Prozessfinanzierer um ein Mitglied der englischen *Association of Litigation Funders* (ALF), so darf er in seinen Verträgen ein Kündigungsrecht zugunsten des Prozessfinanzierers nur in drei Fallkategorien vorsehen, vgl. Art. 11.2 ALF-Code 2018: Erstens, der Prozessfinanzierer hat nachvollziehbare Gründe, von den Erfolgschancen der finanzierten Partei nicht länger überzeugt zu sein (Art. 11.2.1). Zweitens, der Prozessfinanzierer hat nachvollziehbare Gründe zu glauben, dass die Prozessfinanzierung nicht mehr wirtschaftlich lohnend ist (Art. 11.2.2). Drittens, der Prozessfinanzierer hat nachvollziehbare Gründe anzunehmen, dass die finanzierte Partei eine Pflicht aus dem Prozessfinanzierungsvertrag („material breach of the LFA") verletzt hat (Art. 11.2.3).[472] Ein Streit über das Vorliegen eines der Kündigungsgründe soll nach dem ALF-Code durch die für die Parteien bindende Entscheidung eines unabhängigen *Queen's Counsel* beigelegt werden, der entweder übereinstimmend von den Parteien oder in Ermangelung einer Einigung vom *Chairman* des *Bar Council* benannt wird (Art. 13.2). Die Beweislast für das Vorliegen eines nachvollziehbaren Grundes für die Kündigung des Prozessfinanzierungsvertrages nach einer der drei Fallgruppen liegt beim Prozessfinanzierer.[473] Allerdings sind auch diese Fallkategorien zur Begrenzung des Kündigungsrechts des Prozessfinanzierers weit gefasst. Daher ist das Risiko, dass die Sicherung des Kostenerstattungsanspruchs wegen der Kündigung des Prozessfinanzierungsvertrages während des Verfahrens entfällt, nur schwer zu prognostizieren. Das Schiedsgericht wird einen adäquaten Schutz des Beklagten wohl nur bei einer wesentlich engeren Fassung des Kündigungsrechts des Prozessfinanzierers annehmen können. Aus der Praxis der Handelsschiedsgerichtsbarkeit sind – soweit ersichtlich – keine Entscheidungen zu dieser Frage bekannt. In dem ICC-Schiedsverfahren *X v. Y and Z* kam es auf die Bedingungen zur Kündigung des Prozessfinanzierungsvertrages nicht an, weil es bereits an einer Verpflichtung des Prozessfinanzierers zur Übernahme gegnerischer Prozesskosten mangelte. Es kann jedoch bezweifelt werden, dass das Schiedsgericht in *X v. Y and Z* bei Übernahme der gegnerischen Prozesskosten durch den Prozessfinanzierer

---

[472] Siehe hierzu näher unten § 4 C II 3.
[473] *Rowles-Davies*, Third Party Litigation Funding, Rn. 9.31.

eine ausreichende Sicherung des Kostenerstattungsanspruchs angenommen hätte. Der Vertrag enthielt Kündigungsrechte nach Maßgabe des ALF-Code 2011. Demnach durfte der Prozessfinanzierer den Vertrag unter anderem kündigen, wenn er nachvollziehbare Gründe hatte, von den Erfolgschancen der finanzierten Partei nicht länger überzeugt zu sein.[474] Das Schiedsgericht war der Ansicht, dass der Prozessfinanzierer den Vertrag jederzeit nach eigenem Ermessen kündigen könne.[475] Daher kann angenommen werden, dass das Schiedsgericht einen adäquaten Schutz des Beklagten wohl nur bei einer wesentlich engeren Fassung des Kündigungsrechts des Prozessfinanzierers angenommen hätte.

In England hat der *Court of Appeal* eine Leitlinie zur Berücksichtigung des Bestehens einer ATE-Versicherung im Rahmen der Entscheidung über die Anordnung der Prozesskostensicherheit aufgestellt. Durch eine ATE-Versicherung wird die Haftung für gegnerische Prozesskosten versichert. In *Premier Motorauctions Ltd (In Liquidation) v. PricewaterhouseCoopers LLP* entschied der *Court of Appeal*, dass es für eine adäquate Sicherung des Kostenerstattungsanspruchs maßgeblich auf die Bedingungen des Haftungsausschlusses und der Kündigungsrechte des Versicherers ankomme.[476] Eine Prognose darüber, wie wahrscheinlich der Wegfall des Versicherungsschutzes ist, stelle sich für das Gericht meist als sehr schwierig dar. Daher sei es zum Schutz des Beklagten in der Regel erforderlich, dass der Vertrag eine sog. *anti-avoidance*-Klausel enthält. Eine *anti-avoidance*-Klausel stipuliert, dass der Versicherer über keinerlei Rechte verfügt, den Versicherungsschutz zu beenden oder einen Haftungsausschluss geltend zu machen, es sei denn der Versicherungsnehmer hat den Versicherer bei Versicherungsabschluss durch Angabe unrichtiger Informationen oder durch das Unterlassen von

---

474 Vgl. *X v. Y and Z*, ICC Case, Procedural Order v. 3. August 2012, *Pinsolle*, CAPJIA 2013, 399 (Rn. 38).

475 Vgl. *X v. Y and Z*, ICC Case, Procedural Order v. 3. August 2012, *Pinsolle*, CAPJIA 2013, 399 (Rn. 43). Die Einschätzung des Schiedsgerichts, dass das Kündigungsrecht des Prozessfinanzierers jederzeit nach freiem Ermessen bestanden habe, kann nicht geteilt werden, weil nach dem ALF-Code 2011 der Streit über das Vorliegen des Kündigungsgrundes durch einen unabhängigen Queen's Counsel beigelegt werden musste, siehe *v. Göler*, Third-Party Funding in International Arbitration, S. 348.

476 *Premier Motorauctions Ltd (In Liquidation) v. PricewaterhouseCoopers LLP* [2017] EWCA Civ 1872, [2018] 1 WLR 2955, Rn. 25–29.

Angaben arglistig getäuscht.[477] Schätze das Gericht das Risiko des Wegfalls des Versicherungsschutzes durch arglistige Täuschung als minimal ein, könne grundsätzlich auf eine Sicherheitsleistung des Klägers verzichtet werden.[478] Allerdings betont der *Court of Appeal* gleichzeitig, dass für die Beurteilung des Ausfallrisikos der ATE-Versicherung letztendlich die Regelungen des konkreten Versicherungsvertrages entscheidend seien.[479] Die Entscheidung des *Court of Appeal* verschließt also nicht die Möglichkeit der Einzelfallbetrachtung.

Die Entscheidung des *Court of Appeal* zeigt, dass in England strenge Anforderungen an die Berücksichtigungsfähigkeit der ATE-Versicherung bei der Entscheidung über die Anordnung der Prozesskostensicherheit gestellt werden. Es bleibt abzuwarten, ob die Schiedspraxis ähnlich strenge Voraussetzungen an die Berücksichtigungsfähigkeit der ATE-Versicherung bzw. Prozessfinanzierung stellen wird. Als generelle Erkenntnis aus der englischen Rechtsprechung kann festgehalten werden, dass das Schiedsgericht in die Lage versetzt werden muss, das Ausfallrisiko zu prognostizieren. Hierzu bedarf es in der Regel der Kenntnis der Regelungen zur Haftung für gegnerische Prozesskosten, der Bedingungen des Haftungsausschlusses und der Kündigungsrechte des Versicherers bzw. Prozessfinanzierers.[480] Dabei können alle anderen Informationen, die für die Prognose des Gerichts nicht benötigt werden, geschwärzt werden.[481] Der Kläger wird ein besonderes Interesse daran haben, Angaben zu schwärzen, die einen Hinweis auf die Erfolgsaussichten der Klage geben, wie etwa die Höhe der Prämie.

9. Anordnung der Offenlegung der Prozessfinanzierung und der Herausgabe des Prozessfinanzierungsvertrages

Wenn der Kläger die Bestimmungen des Prozessfinanzierungsvertrages nicht von sich aus offenlegt, kann der Beklagte die Herausgabe des

---

[477] *Premier Motorauctions Ltd (In Liquidation) v. PricewaterhouseCoopers LLP* [2017] EWCA Civ 1872, [2018] 1 WLR 2955, Rn. 29, 31.

[478] *Premier Motorauctions Ltd (In Liquidation) v. PricewaterhouseCoopers LLP* [2017] EWCA Civ 1872, [2018] 1 WLR 2955, Rn. 31.

[479] *Premier Motorauctions Ltd (In Liquidation) v. PricewaterhouseCoopers LLP* [2017] EWCA Civ 1872, [2018] 1 WLR 2955, Rn. 25–29.

[480] Vgl. *Perrin*: in Perrin (Hrsg.), Third Party Litigation Funding Law Review (2019), 53 (60).

[481] Vgl. *Perrin*: in Perrin (Hrsg.), Third Party Litigation Funding Law Review (2019), 53 (60).

Prozessfinanzierungsvertrages im Rahmen des Verfahrens zur Offenlegung und Herausgabe von Dokumenten (*document production*) beantragen.[482] Im internationalen Handelsschiedsverfahren wird häufig die Anwendbarkeit der *IBA Rules on the Taking of Evidence in International Arbitration* vereinbart.[483] Der Prozessfinanzierungsvertrag wird dabei wie jedes andere Dokument behandelt, das für die Entscheidung über die Anordnung der Prozesskostensicherheit relevant sein könnte und sich im Besitz des Klägers befindet.[484] Der Beklagte muss darlegen, dass die Offenlegung der beantragten Informationen bzw. die Herausgabe der beantragten Dokumente relevant und wesentlich für die Entscheidung über die Anordnung der Prozesskostensicherheit ist.[485] Der Beklagte muss zudem darlegen, dass vernünftige Gründe für die Annahme bestehen, dass der Kläger durch einen Prozessfinanzierer unterstützt wird.[486] Im Rahmen des Antrags auf Herausgabe von Dokumenten muss der Prozessfinanzierungsvertrag spezifisch benannt und dargelegt werden, welche Bestimmungen des Vertrages für die Entscheidung über die Anordnung der Prozesskostensicherheit relevant und wesentlich sind.[487] Der Anordnung der Herausgabe des Prozessfinanzierungsvertrages können rechtliche Hindernisse oder Verweigerungsrechte (*privileges*) entgegenstehen, die sich aus den Rechtsnormen oder berufsrechtlichen und standesrechtlichen Regeln ergeben, die das Schiedsgericht für anwendbar hält.[488] Der Kläger kann unter Umständen geltend machen, dass bestimmte Informationen und Dokumente aus Gründen des Vertraulichkeitsschutzes privilegiert sind.[489] Wenn nur einzelne Bestimmungen eines Prozessfinanzierungsvertrages für die Entscheidung über die Anordnung der Prozesskostensicherheit relevant und wesentlich sind, können die anderen Bestimmungen geschwärzt oder

---

[482] *v. Göler*, Third-Party Funding in International Arbitration, S. 339 f.

[483] *Blackaby/Partasides/Redfern/Hunter*, Redfern and Hunter on International Arbitration, Rn. 6.95.

[484] *v. Göler*, Third-Party Funding in International Arbitration, S. 340.

[485] *v. Göler*, Third-Party Funding in International Arbitration, S. 340; vgl. Art. 3(3)(b) IBA Rules on the Taking of Evidence in International Arbitration 2020.

[486] *v. Göler*, Third-Party Funding in International Arbitration, S. 340; vgl. Art. 3(3)(a)(ii) IBA Rules on the Taking of Evidence in International Arbitration 2020.

[487] *v. Göler*, Third-Party Funding in International Arbitration, S. 340.

[488] Vgl. Art. 9(2)(b) IBA Rules on the Taking of Evidence in International Arbitration 2020.

[489] *v. Göler*, Third-Party Funding in International Arbitration, S. 340.

zurückgehalten werden.[490] Dies gilt auch für Bestimmungen, die aus Gründen des Vertraulichkeitsschutzes privilegiert sind.[491]

II. Anordnung der Prozesskostensicherheit gegen den Prozessfinanzierer?

In der typischen Konstellation der gewerblichen Prozessfinanzierung besteht keine Zuständigkeit des Schiedsgerichts, den Prozessfinanzierer selbst zur Leistung einer Kostensicherheit zu verpflichten. Der Prozessfinanzierer ist als Dritter nicht an die Schiedsvereinbarung gebunden, und das Schiedsgericht würde seine Zuständigkeit überschreiten, wenn es die Prozesskostensicherheit von dem Prozessfinanzierer verlangen würde.[492] Im englischen Zivilprozess gibt es dagegen in CPR 25.14 eine ausdrückliche Ermächtigung des Gerichts, eine Prozesskostensicherheit gegenüber Dritten anzuordnen. Diese bemerkenswerte Befugnis des Gerichts im englischen Zivilprozess soll in Kapitel 4 vor dem Hintergrund der verdeckten Prozessfinanzierung untersucht werden.

Im Schiedsverfahren kann die Prozesskostensicherheit nur vom Kläger verlangt werden. Allerdings ist zu berücksichtigen, dass der Prozessfinanzierer in der Praxis regelmäßig das zusätzliche Kapital für die Prozesskostensicherheit stellen wird, wenn der Kläger vermögenslos ist.[493] Ob der Prozessfinanzierer das zusätzliche Kapital dazu aufbringt, hängt unter anderem von der Ausgestaltung des Prozessfinanzierungsvertrages ab.[494] Diese Verpflichtung ist jedenfalls im Verhältnis zwischen Kläger und Prozessfinanzierer zu verorten.

III. Fazit

Die Voraussetzungen für die Anordnung einer Prozesskostensicherheit hängen von dem anwendbaren Schiedsverfahrensrecht und der anwendbaren Schiedsordnung ab. Daher gibt es keine allgemeingültigen Kriterien für die

---

490 *v. Göler*, Third-Party Funding in International Arbitration, S. 340.

491 *v. Göler*, Third-Party Funding in International Arbitration, S. 340.

492 *v. Göler*, Third-Party Funding in International Arbitration, S. 364; *Singh*, Finanzielle Auslagerung und Absicherung von Risiken im Handelsschiedsverfahren, S. 227; vgl. bereits oben zum Kostenerstattungsanspruch gegen den Prozessfinanzierer § 3 B III.

493 *v. Göler*, Third-Party Funding in International Arbitration, S. 364.

494 *v. Göler*, Third-Party Funding in International Arbitration, S. 364.

Anordnung einer Prozesskostensicherheit. Es wird jedoch zumindest vorausgesetzt, dass die Vollstreckung des Kostenerstattungsanspruchs des Beklagten gefährdet ist. Überwiegend wird zudem gefordert, dass die Anordnung der Prozesskostensicherheit nur in außergewöhnlichen Fällen angeordnet werden soll. Ein außergewöhnlicher Fall soll insbesondere vorliegen, wenn sich die finanziellen Verhältnisse des Klägers zwischen dem Abschluss der Schiedsvereinbarung und der Erhebung der Schiedsklage erheblich verschlechtert haben. Der Beklagte muss beweisen, dass eine überwiegende Wahrscheinlichkeit für die Vermögenslosigkeit des Klägers spricht und dass eine nachträgliche erhebliche Verschlechterung der Vermögensverhältnisse vorliegt – sofern Letzteres von dem anwendbaren Schiedsverfahrensrecht vorausgesetzt wird.

Die Untersuchung hat damit gezeigt, dass der bloßen Einschaltung eines Prozessfinanzierers keine hervorgehobene Bedeutung im Rahmen der Anordnung zukommen sollte. Die Prozessfinanzierung wird nicht nur von mittellosen, sondern auch von finanzkräftigen Klägern genutzt, um Prozessrisiken auszulagern und eine Kapitalbindung zum Zwecke der Prozessfinanzierung zu vermeiden. Zu Recht wird es daher überwiegend abgelehnt, allein in der Nutzung der Prozessfinanzierung ein Indiz oder gar eine widerlegbare Vermutung für die Mittellosigkeit des Schiedsklägers zu sehen. Wenn die Nutzung der Prozessfinanzierung als solche kein Indiz für die Vermögenslosigkeit des Klägers ist, kann dieser Umstand auch kein Indiz für eine nachträgliche Verschlechterung der Vermögensverhältnisse des Klägers sein.

Der Kläger kann jedoch ein eigenes Interesse an der Offenlegung der Prozessfinanzierung haben, wenn die Vermögenslosigkeit des Klägers feststeht. Wenn sich der Prozessfinanzierer zur Übernahme der Prozesskosten verpflichtet hat, könnte das Schiedsgericht zu der Überzeugung gelangen, dass die Vollstreckung des Kostenerstattungsanspruchs trotz Vermögenslosigkeit des Klägers wegen fehlender Schutzbedürftigkeit des Beklagten nicht gefährdet ist. Die Anordnung einer Prozesskostensicherheit könnte dann entbehrlich sein. Entsprechendes gilt für die Offenlegung einer ATE-Versicherung, die oft im Zusammenhang mit der Prozessfinanzierung abgeschlossen wird und das Haftungsrisiko für gegnerische Prozesskosten abdeckt. Allerdings verpflichtet sich der Prozessfinanzierer bzw. der ATE-Versicherer lediglich im Verhältnis zum Kläger zur Übernahme der gegnerischen Prozesskosten, wenn diese dem Kläger durch das Schiedsgericht auferlegt werden. Das Schiedsgericht muss in die Lage versetzt werden, das Ausfallrisiko des Prozessfinanzierers bzw. des ATE-Versicherers prognostizieren zu können. Entscheidend für die Sicherung des Kostenerstattungsanspruchs des Beklagten ist daher der Nachweis, dass der Prozessfinanzierer bzw. der ATE-Versicherer den Vertrag nur in eng eingegrenzten Fällen kündigen können.

Im Ergebnis ist festzuhalten, dass die bloße Nutzung der Prozessfinanzierung nicht die Vermögenslosigkeit des Klägers indiziert. Daher ist es auch nicht überzeugend, im Zusammenhang mit der Anordnung der Prozesskostensicherheit *de lege ferenda* die Offenlegung der Existenz und Identität des Prozessfinanzierers zu verlangen.

D. Schiedsrichterliche Interessenkonflikte und verdeckte Prozessfinanzierung

Im Folgenden soll die Wahrung der Unabhängigkeit und Unparteilichkeit des Schiedsgerichts im Zusammenhang mit der verdeckten Prozessfinanzierung untersucht werden. Diese Problematik hat seit Anfang der 2010er Jahre eine lebhafte Debatte darüber entfacht, ob die Offenlegung der Prozessfinanzierung zu Beginn des Schiedsverfahrens zur frühzeitigen Aufdeckung von schiedsrichterlichen Interessenkonflikten notwendig sei.[495] In jüngster Zeit sind erste Reformen auf den Regelungsebenen der nationalen Schiedsgesetze sowie der Schiedsordnungen implementiert worden, die zur Offenlegung der Existenz und Identität eines Prozessfinanzierers zu Beginn des Schiedsverfahrens verpflichten.[496]

Die wachsende Nutzung der Prozessfinanzierung führt zu einer Verdichtung der Beziehungen zwischen Prozessfinanzierern und Anwälten.[497] Die Verflechtungen zwischen Prozessfinanzierern und Anwälten können vielfältiger Natur sein. Prozessfinanzierer sind oft in die Auswahl des Anwalts als Parteivertreter eingebunden, auch wenn die finanzierte Partei den Anwalt letztendlich mandatiert. Auf der anderen Seite ist es durchaus üblich, dass der Kontakt zwischen Mandant und Prozessfinanzierer durch den Anwalt

495 Siehe unten § 3 D VI.
496 Siehe unten § 3 E.
497 Vgl. *v. Göler*, Third-Party Funding in International Arbitration, S. 253; vgl. *Rogers*, Ethics in International Arbitration, Rn. 5.71.

hergestellt wird.[498] Dabei wird der Mandant häufig erst durch den Anwalt auf die Möglichkeit der Einschaltung eines Prozessfinanzierers aufmerksam gemacht.[499] Inzwischen existieren sogar langjährige Beziehungen zwischen einigen Kanzleien und gewerblichen Prozessfinanzierern, die etwa zu einer Reduzierung der ursprünglich vereinbarten anwaltlichen Stundensätze führen können, wenn der Prozessfinanzierer die Verfahrenskosten aufgrund eines Prozessfinanzierungsvertrages mit dem Mandanten übernimmt.[500]

Wegen der potentiellen Doppelfunktion („double hatting") von Anwälten als Parteivertreter und Schiedsrichter in verschiedenen Verfahren steigt auch die Anzahl der Beziehungen zwischen Prozessfinanzierern und Schiedsrichtern.[501] Diese Beziehungen können die Unabhängigkeit und Unparteilichkeit des Schiedsgerichts gefährden.

I. Bedeutung der Unabhängigkeit und Unparteilichkeit des Schiedsgerichts

Die Unabhängigkeit und Unparteilichkeit des Schiedsgerichts ist von zentraler Bedeutung für das Schiedsverfahren.[502] Nahezu alle Schiedsverfahrensrechte und Schiedsordnungen sehen vor, dass das Schiedsgericht unparteilich und unabhängig sein muss.[503] Exemplarisch soll an dieser Stelle auf Art. 12 UNCITRAL-Modellgesetz eingegangen werden, weil das UNCITRAL-Modellgesetz vielen nationalen Gesetzgebern als Vorbild dient.[504] Auch viele Schiedsordnungen enthalten Vorschriften zur Unabhängigkeit und Unparteilichkeit

---

498 *Rogers*, Ethics in International Arbitration, Rn. 5.24.

499 *Rogers*, Ethics in International Arbitration, Rn. 5.24.

500 *Rogers*, Ethics in International Arbitration, Rn. 5.24.

501 Vgl. *v. Göler*, Third-Party Funding in International Arbitration, S. 253.

502 *Blackaby/Partasides/Redfern/Hunter*, Redfern and Hunter on International Arbitration, Rn. 4.75.

503 *Blackaby/Partasides/Redfern/Hunter*, Redfern and Hunter on International Arbitration, Rn. 4.75; vgl. etwa Art. 11(1) ICC-Schiedsordnung 2021: „Every arbitrator must be and remain impartial and independent of the parties involved in the arbitration."; Art. 5(3) LCIA-Schiedsordnung 2020: „All arbitrators shall be and remain at all times impartial and independent of the parties [...]"; Art. 9(1) DIS-Schiedsordnung 2018: „Jeder Schiedsrichter muss während des gesamten Schiedsverfahrens unparteilich und unabhängig sein [...]".

504 Vgl. etwa die wortwörtliche Übernahme des Art. 12 UNCITRAL-Modellgesetzes in § 1036 ZPO.

eines Schiedsgerichts, die im Wesentlichen der Regelung in Art. 12 UNCITRAL-Modellgesetz ähneln.[505] Die Anforderungen an die Unabhängigkeit und Unparteilichkeit des Schiedsgerichts wird im Zusammenhang mit den Ablehnungsgründen (*grounds for challenge*) geregelt:

> Art. 12 Grounds for challenge
>
> (1) When a person is approached in connection with his possible appointment as an arbitrator, he shall disclose any circumstances likely to give rise to justifiable doubts as to his impartiality or independence. An arbitrator, from the time of his appointment and throughout the arbitral proceedings, shall without delay disclose any such circumstances to the parties unless they have already been informed of them by him.
> (2) An arbitrator may be challenged only if circumstances exist that give rise to justifiable doubts as to his impartiality or independence, or if he does not possess qualifications agreed to by the parties. A party may challenge an arbitrator appointed by him, or in whose appointment he has participated, only for reasons of which he becomes aware after the appointment has been made.

Art. 12(1) UNCITRAL-Modellgesetz verpflichtet den Schiedsrichter dazu, den Parteien alle Umstände unverzüglich offenzulegen, die berechtigte Zweifel an seiner Unparteilichkeit oder Unabhängigkeit wecken können. Diese Pflicht besteht von dem Zeitpunkt der Bestellung an bis zum Abschluss des Schiedsverfahrens. Ein Schiedsrichter kann gem. Art. 12(2) UNCITRAL-Modellgesetz abgelehnt werden, wenn Umstände vorliegen, die berechtigte Zweifel an seiner Unparteilichkeit oder Unabhängigkeit aufkommen lassen, oder wenn er die zwischen den Parteien vereinbarten Voraussetzungen nicht erfüllt. Eine Partei kann einen Schiedsrichter, den sie bestellt oder an dessen Bestellung sie mitgewirkt hat, nur aus Gründen ablehnen, die ihr erst nach der Bestellung bekannt geworden sind.

Das UNCITRAL-Modellgesetz enthält keine Definitionen der Begriffe „Unparteilichkeit“ und „Unabhängigkeit“. Eine solche Definition fehlt

---

[505] Vgl. etwa Art. 5(5) LCIA-Schiedsordnung 2020 zur Offenlegungspflicht der Schiedsrichter: „Each arbitrator shall assume a continuing duty, until the arbitration is finally concluded, forthwith to disclose in writing any circumstances becoming known to that arbitrator [...] which are likely to give rise in the mind of any party to any justifiable doubts as to his or her impartiality or independence [...].“ Vgl. Art. 10(1)(iii) LCIA-Schiedsordnung 2020 zum Ablehnungsgrund: „The LCIA Court may revoke any arbitrator's appointment [...] if [...] circumstances exist that give rise to justifiable doubts as to that arbitrator's impartiality or independence.“

ebenso in den nationalen Schiedsverfahrensrechten und in den Schiedsordnungen. Allgemein wird jedoch angenommen, dass der Begriff der Unabhängigkeit sich auf das Verhältnis zwischen dem Schiedsrichter und einer Partei bezieht.[506] Ob eine solche Beziehung zwischen Schiedsrichter und Partei berechtigte Zweifel an der Unabhängigkeit des Schiedsrichters weckt, soll daher anhand objektiver Kriterien überprüfbar sein.[507] Der Begriff der Unparteilichkeit betrifft dagegen die „Geisteshaltung" (*state of mind*) des Schiedsrichters.[508] Berechtigte Zweifel an der Unparteilichkeit können geweckt werden, wenn der Schiedsrichter eine Partei bevorzugt oder wenn er bei einer Streitfrage voreingenommen ist.[509] Bei der Unparteilichkeit soll es sich daher um ein subjektives Kriterium handeln.[510] Allerdings ist die Unterscheidung nicht von großer praktischer Relevanz, weil es sich bei der Unparteilichkeit und Unabhängigkeit um zwei gleichwertige Kriterien zur Beurteilung der Befangenheit eines Schiedsrichters handelt.[511]

II. Konsequenzen der Aufdeckung von schiedsrichterlichen Interessenkonflikten

Das Bestehen von schiedsrichterlichen Interessenkonflikten kann gravierende Folgen für das Schiedsverfahren bzw. den Bestand und die Durchsetzbarkeit des Schiedsspruchs haben. Die drohenden Konsequenzen hängen von dem Verfahrenszeitpunkt ab, in welchem der schiedsrichterliche Interessenkonflikt bekannt wird.

---

506 *Blackaby/Partasides/Redfern/Hunter*, Redfern and Hunter on International Arbitration, Rn. 4.77.

507 *Blackaby/Partasides/Redfern/Hunter*, Redfern and Hunter on International Arbitration, Rn. 4.77.

508 *Blackaby/Partasides/Redfern/Hunter*, Redfern and Hunter on International Arbitration, Rn. 4.77.

509 *Blackaby/Partasides/Redfern/Hunter*, Redfern and Hunter on International Arbitration, Rn. 4.78.

510 *Blackaby/Partasides/Redfern/Hunter*, Redfern and Hunter on International Arbitration, Rn. 4.78.

511 *v. Göler*, Third-Party Funding in International Arbitration, S. 256.

1. Aufdeckung des Interessenkonflikts vor Erlass des Schiedsspruchs: Ablehnung eines Schiedsrichters

Werden während des laufenden Schiedsverfahrens Umstände bekannt, die Zweifel an der Unabhängigkeit und Unparteilichkeit eines Schiedsrichters wecken, kann der Schiedsrichter nach den jeweils anwendbaren Vorschriften abgelehnt werden. Bei einem institutionellen Schiedsverfahren richtet sich das Ablehnungsverfahren nach der gewählten Schiedsordnung.[512] Bei einem *ad-hoc*-Schiedsverfahren ist das Recht am Sitz des Schiedsgerichts für das Ablehnungsverfahren maßgeblich.[513] Auch wenn sich die entsprechenden Vorschriften im Einzelnen unterscheiden, muss der Antrag in der Regel begründet werden und innerhalb einer bestimmten Frist ab Erlangung der Kenntnis von den Umständen, die die Besorgnis der Befangenheit begründen, gestellt werden.[514] Dem abgelehnten Schiedsrichter, den anderen Schiedsrichtern und der anderen Partei wird dann die Möglichkeit gegeben, zu den behaupteten Umständen, die die Besorgnis der Befangenheit begründen sollen, Stellung zu nehmen.[515] Ein Ablehnungsverfahren führt daher selbst bei einer Zurückweisung des Ablehnungsantrags zu einer Verfahrensverzögerung, die in der Regel auch mit zusätzlichen Kosten einhergeht. Hat der Ablehnungsantrag Erfolg oder tritt der Schiedsrichter angesichts des Vorwurfs der Befangenheit freiwillig von seinem Schiedsrichteramt zurück, muss ein Ersatzschiedsrichter bestellt werden.[516] Mit der Ersatzschiedsrichterbestellung ist wiederum eine Verfahrensverzögerung verbunden. Mit zunehmendem Fortschritt des Schiedsverfahrens wird eine Ersatzschiedsrichterbestellung immer zeit – und

---

[512] *Blackaby/Partasides/Redfern/Hunter*, Redfern and Hunter on International Arbitration, Rn. 4.92.

[513] *Blackaby/Partasides/Redfern/Hunter*, Redfern and Hunter on International Arbitration, Rn. 4.92. Allerdings wird in vielen *ad-hoc*-Schiedsverfahren auf die UNCITRAL-Schiedsordnung zurückgegriffen, die in Art. 11 bis 13 UNCITRAL-Schiedsordnung 2013 Vorschriften zur Ablehnung eines Schiedsrichters enthält.

[514] Vgl. etwa Art. 14(1) und (2) ICC-Schiedsordnung 2021 und Art. 10(3) LCIA-Schiedsordnung 2020. Allerdings sieht die ICC-Schiedsordnung dabei eine Frist von 30 Tagen zur Stellung des Antrags bei dem ICC-Sekretariat vor, während die LCIA-Schiedsordnung eine Frist von 14 Tagen zur Stellung des Antrags bei dem LCIA Court vorsieht.

[515] Vgl. etwa Art. 14(3) ICC-Schiedsordnung 2021 und Art. 10(5) LCIA-Schiedsordnung 2020.

[516] *Blackaby/Partasides/Redfern/Hunter*, Redfern and Hunter on International Arbitration, Rn. 4.152.

kostenintensiver. Wird der Ersatzschiedsrichter vor Beginn der mündlichen Verhandlung bestellt, muss dem Schiedsrichter genügend Zeit eingeräumt werden, um die Schriftsätze sowie andere zwischen den Parteien ausgetauschte Dokumente zu lesen und gegebenenfalls seine Zustimmung zu bereits erlassenen verfahrensleitenden Verfügungen zu geben.[517]

Wird der Schiedsrichter nach Beginn der mündlichen Verhandlung abgelehnt, ist denkbar, dass die Beweisaufnahme und der mündliche Parteivortrag sogar wiederholt werden müssen.[518] In der Regel wird es aber genügen, wenn der Ersatzschiedsrichter die Beweisaufnahme und den mündlichen Parteivortrag anhand des Verfahrensprotokolls nachvollzieht.[519] Wenn der Ersatzschiedsrichter nach dem Studium des Verfahrensprotokolls allerdings zu dem Ergebnis kommt, dass er etwa eine Zeugenvernehmung wiederholen oder die Parteien erneut zu einzelnen Aspekten befragen möchte, kann es durchaus im Interesse beider Parteien sein, diesem Wunsch nachzukommen.[520] Die Schiedsordnungen beantworten die Frage, ob die Wiederholung einer Verfahrenshandlung nach der Bestellung eines Ersatzschiedsrichters notwendig ist, unterschiedlich. Die ICC-Schiedsordnung und die LCIA-Schiedsordnung stellen diese Entscheidung in das Ermessen des Schiedsgerichts.[521] Die DIS-Schiedsordnung geht grundsätzlich davon aus, dass das Schiedsgericht das Verfahren nach der Bestellung des Ersatzschiedsrichters fortsetzt, ohne bereits vorgenommene Verfahrenshandlungen wiederholen zu müssen. Allerdings können die Parteien etwas anderes vereinbaren oder das Schiedsgericht

517 *Blackaby/Partasides/Redfern/Hunter*, Redfern and Hunter on International Arbitration, Rn. 4.162.

518 *Blackaby/Partasides/Redfern/Hunter*, Redfern and Hunter on International Arbitration, Rn. 4.162.

519 *Blackaby/Partasides/Redfern/Hunter*, Redfern and Hunter on International Arbitration, Rn. 4.163.

520 *Blackaby/Partasides/Redfern/Hunter*, Redfern and Hunter on International Arbitration, Rn. 4.163.

521 Vgl. Art. 15(4) ICC-Schiedsordnung 2021: „[…] Once reconstituted, and after having invited the parties to comment, the arbitral tribunal shall determine if and to what extent prior proceedings shall be repeated before the reconstituted arbitral tribunal." Vgl. Art. 11(3) LCIA-Schiedsordnung 2020: „Save for any award rendered, the Arbitral Tribunal (when reconstituted) shall determine whether, and if so to what extent, the previous proceedings in the arbitration shall stand." Die LCIA-Schiedsordnung 2014 adressierte diese Frage überhaupt nicht.

kann nach Anhörung der Parteien entscheiden, dass Verfahrenshandlungen wiederholt werden müssen.[522]

2. Aufdeckung des Interessenkonflikts nach Erlass des Schiedsspruchs

a) Aufhebung des Schiedsspruchs

Werden nach Erlass des Schiedsspruchs Umstände bekannt, die Zweifel an der Unabhängigkeit oder Unparteilichkeit des Schiedsgerichts wecken, kann die Aufhebung des Schiedsspruchs durch ein staatliches Gericht am Sitz des Schiedsgerichts beantragt werden.[523] Viele nationale Gesetzgeber haben sich Art. 34 UNCITRAL-Modellgesetz zum Vorbild genommen.[524] Der Aufhebungsantrag stellt den einzigen Rechtsbehelf gegen einen Schiedsspruch dar.[525] Art. 34(2) UNCITRAL-Modellgesetz listet die Aufhebungsgründe abschließend auf. Besteht die Besorgnis, dass ein Schiedsrichter bei der Entscheidung befangen war, kommt insbesondere die Aufhebung des Schiedsspruchs gem. Art. 34(2)(a)(iv) UNCITRAL-Modellgesetz in Betracht.[526] Demnach kann ein Schiedsspruch durch ein staatliches Gericht am Sitz des Schiedsgerichts aufgehoben werden, wenn die Bildung des Schiedsgerichts oder das schiedsrichterliche Verfahren nicht der Vereinbarung der Parteien entsprochen hat. Nahezu alle Schiedsverfahrensrechte und Schiedsordnungen sehen vor, dass das Schiedsgericht unparteiisch und unabhängig sein muss.[527] War ein Schiedsrichter bei der Entscheidung befangen, hat die Bildung des Schiedsgerichts daher nicht der Vereinbarung der Parteien entsprochen. Daneben kommt eine Aufhebung des Schiedsspruchs gem. Art. 34(2)(b)(ii) UNCITRAL-Modellgesetz wegen eines Verstoßes gegen den verfahrensrechtlichen *ordre public* des Staates in Betracht.[528] Schließlich wird vertreten, dass bei einem parteiischen oder abhängigen Schiedsrichter

---

[522] Vgl. Art. 16(6) DIS-Schiedsordnung 2018.

[523] *Blackaby/Partasides/Redfern/Hunter*, Redfern and Hunter on International Arbitration, Rn. 10.34.

[524] *Blackaby/Partasides/Redfern/Hunter*, Redfern and Hunter on International Arbitration, Rn. 10.37.

[525] Vgl. Art. 34(1) UNCITRAL-Modellgesetz.

[526] *Born*, International Commercial Arbitration, S. 3564.

[527] Vgl. oben § 3 D I.

[528] *Born*, International Commercial Arbitration, S. 3564.

auch eine Aufhebung gem. Art. 34(2)(a)(ii) UNCITRAL-Modellgesetz möglich sei, weil eine Partei dadurch um die Möglichkeit gebracht werde, ihre Angriffs – und Verteidigungsmittel vor einem (unparteiischen und unabhängigen) Schiedsgericht geltend zu machen.[529] Wird der Schiedsspruch aufgehoben, kann dieser nicht am Sitz des Schiedsgerichts und in der Regel auch in keiner anderen Rechtsordnung anerkannt bzw. vollstreckt werden.[530]

b) Versagung der Anerkennung und Vollstreckung des Schiedsspruchs

Werden nach Erlass des Schiedsspruchs Umstände bekannt, die Zweifel an der Unabhängigkeit und Unparteilichkeit des Schiedsgerichts wecken, kann die Anerkennung und Vollstreckung des Schiedsspruchs versagt werden. Die Anerkennung und Vollstreckung eines inländischen Schiedsspruchs richten sich nach den entsprechenden Vorschriften am Sitz des Schiedsgerichts. Viele nationale Gesetzgeber haben sich Artt. 35 und 36 UNCITRAL-Modellgesetz zum Vorbild genommen. Art. 36(1) UNCITRAL-Modellgesetz enthält eine abschließende Aufzählung der Versagungsgründe, die den Aufhebungsgründen des Art. 34(2) UNCITRAL-Modellgesetz entsprechen und in Art. 36(2)(a)(v) UNCITRAL-Modellgesetz einen zusätzlichen Versagungsgrund bei Aufhebung des Schiedsspruchs vorsehen. Das mit Abstand wichtigste Übereinkommen für die Anerkennung und Vollstreckung ausländischer Schiedssprüche ist das New Yorker Übereinkommen über die Anerkennung und Vollstreckung ausländischer Schiedssprüche (NYÜ) von 1958.[531] Art. V NYÜ

---

529 *Born*, International Commercial Arbitration, S. 3564.

530 *Blackaby/Partasides/Redfern/Hunter*, Redfern and Hunter on International Arbitration, Rn. 10.90. Gem. Art. V(1)(e) NYÜ stellt die Aufhebung eines Schiedsspruchs am Sitz des Schiedsgerichts einen Grund zur Versagung der Anerkennung und Vollstreckung des Schiedsspruchs in einem anderen Vertragsstaat des NYÜ dar. In Einzelfällen wurde ein Schiedsspruch trotz Aufhebung am Sitz des Schiedsgerichts in einem Vertragsstaat des NYÜ anerkannt und vollstreckt. Die Gerichte stützten sich bei der Begründung dieser Entscheidungen im Wesentlichen auf das Meistbegünstigungsprinzip des Art. VII(1) NYÜ und auf den Umstand, dass die Anerkennung und Vollstreckung eines Schiedsspruchs gem. Art. V NYÜ nur versagt werden *darf* und nicht versagt werden *muss*. Vgl. zum Ganzen, *Blackaby/Partasides/Redfern/Hunter*, Redfern and Hunter on International Arbitration, Rn. 11.89–11.100.

531 *Blackaby/Partasides/Redfern/Hunter*, Redfern and Hunter on International Arbitration, Rn. 11.40.

enthält eine abschließende Aufzählung der Versagungsgründe hinsichtlich der Anerkennung und Vollstreckung eines ausländischen Schiedsspruchs. Diese entsprechen den Gründen des Art. 36(2) UNCITRAL-Modellgesetz, wobei Art. V NYÜ als Vorbild für das UNCITRAL-Modellgesetz diente.[532] Werden nachträglich Umstände bekannt, die Zweifel an der Unabhängigkeit und Unparteilichkeit eines Schiedsrichters wecken, kommt die Versagung der Anerkennung und Vollstreckung des Schiedsspruchs gem. Art. V(1)(b) NYÜ (Verstoß gegen den Grundsatz des rechtlichen Gehörs), Art. V(1)(d) NYÜ (Bildung des Schiedsgerichts entspricht nicht der Vereinbarung der Parteien) und Art. V(2)(b) NYÜ (Verstoß gegen den verfahrensrechtlichen *ordre public*) in Betracht.[533]

III. Informationsdefizit bei verdeckter Prozessfinanzierung

Schiedsrichterliche Interessenkonflikte können entstehen, wenn ein Näheverhältnis zwischen einem Schiedsrichter und einer der Parteien besteht.[534] Auch die Beziehung zwischen einem Schiedsrichter und einer Person aus dem „Lager" einer Partei kann als problematisch eingeordnet werden. Prozessfinanzierer haben ein finanzielles Interesse am Prozesserfolg der unterstützten Partei und stehen gewissermaßen in ihrem „Lager".[535] Besteht eine Verbindung zwischen dem Prozessfinanzierer einer Partei und einem Schiedsrichter, kann die Unabhängigkeit oder Unparteilichkeit des Schiedsrichters gefährdet sein.[536] Bei verdeckter Prozessfinanzierung stellt sich jedoch die Frage, wie die Unabhängigkeit und Unparteilichkeit des Schiedsrichters überhaupt einer Überprüfung unterzogen werden sollen.[537]

---

532 Vgl. *Blackaby/Partasides/Redfern/Hunter*, Redfern and Hunter on International Arbitration, Rn. 11.55.

533 *Born*, International Commercial Arbitration, S. 3935–3936.

534 *Hoffmann*, Prozessfinanzierung in Investitionsschiedsverfahren, S. 213.

535 Vgl. *Hoffmann*, Prozessfinanzierung in Investitionsschiedsverfahren, S. 214.

536 Für verschiedene Konstellationen, bei denen die Unabhängigkeit oder Unparteilichkeit eines Schiedsrichters gefährdet sein kann, siehe *v. Göler*, Third-Party Funding in International Arbitration, S. 267–273. Diese Beispiele umfassen jedoch auch Fälle der offenen Prozessfinanzierung.

537 *Kreindler/Goldsmith*, Liber Amicorum Shaughnessy (2019), 255 (258).

1. Problemaufriss

Ein Beispiel soll das Informationsdefizit bei verdeckter Prozessfinanzierung illustrieren:

In dem Schiedsverfahren S1, bei dem der Schiedsrichter X den Vorsitz hat, wird der Kläger K1 durch einen Prozessfinanzierer F unterstützt. In dem Schiedsverfahren S2 – ohne Bezug zu Schiedsverfahren S1 – ist X Parteivertreter des Klägers K2. Die Klage wird wiederum durch den Prozessfinanzierer F finanziert. Der Umstand, dass der Prozessfinanzierer F in dem Schiedsverfahren S2 das Anwaltshonorar des X zahlt und X und F wegen der Führung des Verfahrens in stetigem Kontakt stehen, wirft Bedenken hinsichtlich der Unabhängigkeit und Unparteilichkeit von X als Schiedsrichter in S1 auf.[538]

In diesem Fall bestehen zumindest Zweifel an der Unabhängigkeit und Unparteilichkeit des Schiedsrichters X im Verfahren S1, weil der Kläger in S1 durch denselben Prozessfinanzierer unterstützt wird, der im Verfahren S2 das Anwaltshonorar des X zahlt.[539] Es erscheint naheliegend, dass X nicht als Schiedsrichter in Verfahren S1 entscheiden sollte.[540] Allerdings wird X in der Regel keine Kenntnis davon haben, dass K1 durch den Prozessfinanzierer F unterstützt wird.[541] Es gibt keine generelle Pflicht, die Einschaltung eines Prozessfinanzierers zu Beginn eines Verfahrens stets offenzulegen.[542] Der Umstand, dass eine Partei durch einen Prozessfinanzierer unterstützt wird, ist dem Schiedsgericht und der gegnerischen Partei häufig unbekannt.[543] Dieses

---

538 Dieser Beispielsfall wurde von *Maxi Scherer* entwickelt, *Scherer*, Out in the Open? Third-Party Funding in Arbitration, CDR (26. Juli 2012), https://iclg.com/cdr/arbitration-and-adr/out-in-the-open-third-party-funding-in-arbitration (Stand: 16.12.2022); vgl. auch *Scherer*, in: Cremades/Dimolitsa (Hrsg.), Third-Party Funding in International Arbitration (2013), 95 (97).

539 *Scherer*, in: Cremades/Dimolitsa (Hrsg.), Third-Party Funding in International Arbitration (2013), 95 (97).

540 *Scherer*, in: Cremades/Dimolitsa (Hrsg.), Third-Party Funding in International Arbitration (2013), 95 (97).

541 *Scherer*, in: Cremades/Dimolitsa (Hrsg.), Third-Party Funding in International Arbitration (2013), 95 (97).

542 *Rogers*, Ethics in International Arbitration, Rn. 5.74; zu den jüngsten Reformen siehe jedoch unten § 3 E.

543 *Rogers*, Ethics in International Arbitration, Rn. 5.74; *v. Göler*, Third-Party Funding in International Arbitration, S. 254; *Kreindler/Goldsmith*, Liber Amicorum Shaughnessy (2019), 255 (259).

Informationsdefizit stellt den Kern des Problems dar: X fehlt das nötige Wissen, das ihn zu der Entscheidung befähigen würde, wegen Befangenheit vom Schiedsrichteramt zurückzutreten.[544] Dem Gegner der finanzierten Partei fehlt das nötige Wissen, um einen Antrag auf Ablehnung des Schiedsrichters begründen zu können.

Sollten die Umstände, die die Zweifel an der Unparteilichkeit oder Unabhängigkeit des Schiedsrichters wecken, jedoch während des Schiedsverfahrens bekannt werden, kann die Ablehnung des Schiedsrichters beantragt werden, was zu einer Verfahrensverzögerung führt, die mit zusätzlichen Kosten verbunden ist. Sollten die Umstände, die die Besorgnis der Befangenheit begründen, erst nach Erlass des Schiedsspruchs bekannt werden, kann dies zur Aufhebung des Schiedsspruchs bzw. zur Versagung der Anerkennung und Vollstreckung des Schiedsspruchs führen.[545] In diesem Fall ist sogar der Bestand bzw. die Durchsetzbarkeit des Schiedsspruchs betroffen.

2. Grenzen der Berufung auf Nichtwissen

Entscheidend für den Erfolg des Ablehnungsverfahrens, des Aufhebungsverfahrens sowie der Versagung der Anerkennung und Vollstreckung des Schiedsspruchs ist, dass berechtigte Zweifel („justifiable doubts") an der Unparteilichkeit oder Unabhängigkeit des Schiedsrichters bestehen.[546] Berechtigte Zweifel bestehen, wenn ein vernünftiger Dritter bei Kenntnis der Vorwürfe zu dem Schluss käme, dass die Wahrscheinlichkeit besteht, dass der Schiedsrichter bei seiner Entscheidungsfindung von anderen Faktoren als von den Parteien vorgebrachten entscheidungserheblichen Umständen beeinflusst werden könnte.[547]

---

[544] *Scherer*, in: Cremades/Dimolitsa (Hrsg.), Third-Party Funding in International Arbitration (2013), 95 (97).

[545] Siehe oben § 3 D II.

[546] Vgl. Art. 12 UNCITRAL-Modellgesetz.

[547] IBA Guidelines 2014, General Standard 1(2)(c): „Doubts are justifiable if a reasonable third person, having knowledge of the relevant facts and circumstances, would reach the conclusion that there is a likelihood that the arbitrator may be influenced by factors other than the merits of the case as presented by the parties in reaching his or her decision." Ähnlich *Blackaby/Partasides/Redfern/Hunter*, Redfern and Hunter on International Arbitration, Rn. 4.94.

Auch wenn der Schiedsrichter angeblich keine Kenntnis von den Umständen hat, die berechtigte Zweifel an seiner Unabhängigkeit oder Unparteilichkeit wecken, kann das Ablehnungsverfahren, das Aufhebungsverfahren oder die Versagung der Anerkennung und Vollstreckung des Schiedsspruchs Erfolg haben.[548] Denn entscheidend ist, dass aus der Sicht eines vernünftigen Dritten eine Wahrscheinlichkeit für die Befangenheit des Schiedsrichters besteht.[549] Die tatsächliche Befangenheit des Schiedsrichters muss nicht nachgewiesen werden. Dies hat gute Gründe: Die tatsächliche Befangenheit eines Schiedsrichters wird sich in der Praxis nur schwer bemessen und selten beweisen lassen.[550] Daher trifft den Schiedsrichter von dem Zeitpunkt, zu dem ihm das Amt angetragen wird, bis zum Abschluss des Schiedsverfahrens die Verpflichtung, alle Umstände offenzulegen, die berechtigte Zweifel an seiner Unparteilichkeit und Unabhängigkeit wecken können.[551] Der Schiedsrichter muss dabei auch mit vertretbarem Aufwand nachforschen, ob Umstände einer Offenlegung bedürfen.[552] Die Pflicht zur Nachforschung wird heute allgemein als Bestandteil der Offenlegungspflicht betrachtet.[553] Ohne diese

---

548 *Rogers*, Ethics in International Arbitration, Rn. 5.76; *Kreindler/Goldsmith*, Liber Amicorum Shaughnessy (2019), 255 (258).

549 IBA Guidelines 2014, General Standard 1(2)(c).

550 *Rogers*, Ethics in International Arbitration, Rn. 5.102.

551 *Rogers*, Ethics in International Arbitration, Rn. 6.61–6.63; Vgl. Art. 12(1) UNCITRAL-Modellgesetz. Viele nationale Schiedsverfahrensrechte enthalten eine Offenlegungspflicht nach dem Vorbild des UNCITRAL-Modellgesetzes, vgl. etwa § 1036 Abs. 1 ZPO. Eine prominente Ausnahme stellt dabei das englische Schiedsverfahrensrecht dar. Der englische *Arbitration Act* 1996 enthält keine ausdrückliche Offenlegungspflicht, und die englischen Gerichte haben die Annahme einer impliziten Offenlegungspflicht abgelehnt. Alle internationalen Schiedsordnungen verpflichten den Schiedsrichter jedoch zur Offenlegung der Umstände, die berechtigte bzw. vernünftige Zweifel an seiner Unparteilichkeit und Unabhängigkeit wecken können, vgl. etwa Art. 9(4) DIS-Schiedsordnung 2018, Art. 5(5) LCIA 2020. Vgl. zum Ganzen *Rogers*, Ethics in International Arbitration, Rn. 6.61–6.65.

552 *Rogers*, Ethics in International Arbitration, Rn. 6.84 f; *Kreindler/Goldsmith*, Liber Amicorum Shaughnessy (2019), 255 (258).

553 Vgl. IBA Guidelines 2014, General Standard 7(d): „An arbitrator is under a *duty to make reasonable enquiries to identify any conflict of interest*, as well as any facts or circumstances that may reasonably give rise to doubts as to his or her impartiality or independence. *Failure to disclose a conflict is not excused by lack of knowledge, if the arbitrator does not perform such reasonable enquiries*." (Hervorhebung d. Verf.). Zur Entwicklung der „duty to investigate" siehe *Rogers*, Ethics in International Arbitration, Rn. 6.85.

Verpflichtung bestünde geradezu ein Anreiz dazu, vor potentiellen Interessenkonflikten die Augen zu verschließen und sich dann auf Unkenntnis zu berufen.[554] Der Schiedsrichter kann sich daher keineswegs auf Nichtwissen berufen, wenn es sich um Umstände handelt, die er mit vertretbarem Aufwand hätte recherchieren können.[555]

Allerdings ist in diesem Zusammenhang auch auf Folgendes hinzuweisen: Die Tatsache, dass der Schiedsrichter seiner Offenlegungspflicht nachkommt und die Parteien, die anderen Schiedsrichter und die Schiedsinstitution über Umstände informiert, die berechtigte Zweifel an seiner Unabhängigkeit und Unparteilichkeit wecken könnten, darf nicht als Indiz für das Bestehen eines berechtigten Zweifels gewertet werden.[556] Der Schiedsrichter, der diesen Umstand offenlegt und nicht gleichzeitig die Annahme des Schiedsrichteramtes ablehnt bzw. das Schiedsrichteramt niederlegt, hält sich trotz der offengelegten Umstände für unparteilich und unabhängig.[557] Es ist Sinn und Zweck der Offenlegungspflicht, den Parteien die Möglichkeit zu einer informierten Entscheidung über die Befangenheit eines Schiedsrichters zu geben. Die Parteien können dann gegebenenfalls weitere Informationen einholen und entscheiden, ob sie den Schiedsrichter ablehnen möchten.[558] Entscheidend für den Erfolg des Ablehnungsverfahrens ist, dass tatsächlich berechtigte Zweifel an der Unparteilichkeit oder Unabhängigkeit des Schiedsrichters bestehen.[559] Daher kann auch die bloße Verletzung der Offenlegungspflicht nicht zum Erfolg des Ablehnungsverfahrens führen, wenn der offenzulegende Umstand keine berechtigten Zweifel an der Unparteilichkeit oder Unabhängigkeit des Schiedsrichters begründet.[560]

3. Fazit

In Ermangelung einer Verpflichtung zur systematischen Offenlegung der Existenz und Identität eines Prozessfinanzierers zu Beginn eines Schiedsverfahrens hat der Schiedsrichter oft keine Kenntnis von der Präsenz des

---

554 *Rogers*, Ethics in International Arbitration, Rn. 6.84.
555 *Kreindler/Goldsmith*, Liber Amicorum Shaughnessy (2019), 255 (258).
556 IBA Guidelines 2014, Explanation to General Standard 3(c).
557 Vgl. IBA Guidelines 2014, General Standard 3(c).
558 IBA Guidelines 2014, Explanation to General Standard 3(c).
559 IBA Guidelines 2014, Explanation to General Standard 3(c).
560 IBA Guidelines 2014, Explanation to General Standard 3(c).

Prozessfinanzierers. Daher fehlt dem Schiedsrichter die entscheidende Information, um eine etwaige Verbindung mit dem Prozessfinanzierer im Hinblick auf Interessenkonflikte zu bewerten und diese Beziehung ggf. offenlegen zu können. Dieses Informationsdefizit hindert den Schiedsrichter daran, seiner Pflicht zur Offenlegung aller Umstände nachzukommen, die berechtigte Zweifel an seiner Unparteilichkeit oder Unabhängigkeit wecken können.

IV. Offenlegung der Prozessfinanzierung nach den *IBA Guidelines on Conflicts of Interest in International Arbitration*

Die *IBA Guidelines on Conflicts of Interest in International Arbitration* (*IBA Guidelines*) wurden erstmals 2004 veröffentlicht und 2014 überarbeitet.[561] Die *IBA Guidelines* 2014 waren das erste Regelwerk, das eine Pflicht zur Offenlegung der Prozessfinanzierung im Zusammenhang mit schiedsrichterlichen Interessenkonflikten einführte.[562] Im Folgenden wird zunächst das Ampelsystem der *IBA Guidelines* 2014 dargestellt. Im Anschluss daran wird untersucht, ob die Pflicht zur Offenlegung gem. *General Standard* 7(a) *IBA Guidelines* 2014 die zuvor dargestellte Problematik der verdeckten Prozessfinanzierung im Zusammenhang mit schiedsrichterlichen Interessenkonflikten löst.

1. Ampelsystem der *IBA Guidelines*

Entscheidend für den Erfolg des Ablehnungsverfahrens, des Aufhebungsverfahrens sowie der Versagung der Anerkennung und Vollstreckung des Schiedsspruchs ist, dass berechtigte Zweifel („justifiable doubts“) an der Unparteilichkeit oder Unabhängigkeit eines Schiedsrichters bestehen. Eine Definition von „justifiable doubts“ fehlt jedoch in den Schiedsordnungen und den nationalen Schiedsverfahrensrechten. Die *IBA Guidelines* dienen einer einheitlicheren Anwendung der bestehenden Regeln.[563] Die *IBA Guidelines* sind als „soft-law“-Instrument konzipiert und können von den Parteien zur Konkretisierung der Regeln der gewählten Schiedsordnung und des

561 Vgl. IBA Guidelines 2004, IBA Guidelines 2014.

562 *Kreindler/Goldsmith*, Liber Amicorum Shaughnessy (2019), 255 (260).

563 IBA Guidelines 2014, Introduction paras. 1–4; IBA Guidelines 2004, Introduction paras. 1–4.

Schiedsverfahrensrechts vereinbart werden.[564] Darüber hinaus kommt den *IBA Guidelines* auch ohne vertragliche Vereinbarung eine große faktische Bedeutung zu, da sich die Schiedspraxis mittlerweile stark daran orientiert.[565]

Die *IBA Guidelines* bestehen aus zwei Teilen. Der erste Teil stellt allgemeine Grundsätze zur Unparteilichkeit und Unabhängigkeit von Schiedsrichtern und zum Umfang ihrer Offenlegungspflichten auf. Der zweite Teil bietet eine konkrete Orientierungshilfe bei der Beurteilung von praxisrelevanten Konstellationen, bei denen Zweifel an der Unabhängigkeit oder Unparteilichkeit des Schiedsrichters aufkommen könnten.

Dies geschieht durch Einordnung von spezifischen Situationen in ein Ampelsystem: eine Rote, Orange und Grüne Liste. Dabei unterscheiden die *IBA Guidelines* zwischen einer Roten Liste der nicht einwilligungsfähigen Umstände („Non-Waivable Red List") und einer Roten Liste der einwilligungsfähigen Umstände („Waivable Red List"). Die Rote Liste der nicht einwilligungsfähigen Umstände beschreibt Situationen, die in jedem Fall berechtigte Zweifel an der Unparteilichkeit oder Unabhängigkeit des Schiedsrichters wecken.[566] Den beschriebenen Situationen liegt der Gedanke zugrunde, dass niemand in eigener Sache Richter sein darf.[567] Daher kann selbst die Offenlegung des Interessenkonflikts und die Einwilligung der Parteien diesen gravierenden Konflikt nicht heilen.[568] Besteht ein Interessenkonflikt, der einer Konstellation der einwilligungsfähigen Roten Liste entspricht, darf der Schiedsrichter in dem Verfahren nur tätig sein, wenn die Parteien vollumfänglich über den Interessenkonflikt informiert werden und sich ausdrücklich damit einverstanden erklären, dass die betreffende Person als Schiedsrichter tätig wird.[569]

Die Orange Liste enthält eine nicht abschließende Aufzählung von Konstellationen, die nach Ansicht der Parteien möglicherweise Anlass zu Zweifeln an der Unabhängigkeit oder Unparteilichkeit des Schiedsrichters

---

564 IBA Guidelines 2014, Introduction para. 6; IBA Guidelines 2004, Introduction para. 6.

565 *Blackaby/Partasides/Redfern/Hunter*, Redfern and Hunter on International Arbitration, Rn. 4.88.

566 IBA Guidelines 2014, General Standard 2(d).

567 IBA Guidelines 2014, Practical Application para. 2.

568 IBA Guidelines 2014, General Standard 4(b); Practical Application para. 2.

569 IBA Guidelines 2014, General Standard 4(c).

geben könnten.[570] In diesen Fällen ist der Schiedsrichter zur Offenlegung der Situation gegenüber den Parteien, der Schiedsinstitution und gegenüber etwaigen Mitschiedsrichtern verpflichtet.[571] Erhebt eine Partei daraufhin keinen fristgerechten Einwand, gilt der Schiedsrichter als von den Parteien gebilligt.[572] Bei einer Konstellation der Orangen Liste bestehen jedoch nicht automatisch berechtigte Zweifel an der Unabhängigkeit oder Unparteilichkeit des Schiedsrichters.[573] Der Zweck der Offenlegung besteht vielmehr darin, dass die Parteien auf eine Situation aufmerksam gemacht werden, damit sie diese näher prüfen können.[574]

Die Grüne Liste gibt Beispiele für Situationen, in denen noch nicht einmal der Anschein eines Interessenkonfliktes aus objektiver Sicht besteht.[575] Daher ist der Schiedsrichter in diesen Fällen auch nicht zur Offenlegung der Situation verpflichtet.[576]

2. Prozessfinanzierer im Rahmen des Ampelsystems der *IBA Guidelines*

Die Fassung der *IBA Guidelines* aus dem Jahr 2014 trägt der verstärkten Nutzung der gewerblichen Prozessfinanzierung in *General Standard* 6(b) Rechnung: Zur Bewertung von schiedsrichterlichen Interessenkonflikten kann eine natürliche oder juristische Person, die ein unmittelbares wirtschaftliches Interesse an dem im Schiedsverfahren zu erlassenden Schiedsspruch hat oder einer Verpflichtung unterliegt, eine Partei für den Schiedsspruch zu entschädigen, als mit dieser Partei identisch angesehen werden.

> General Standard 6(b):
> If one of the parties is a legal entity, any legal or physical person having a controlling influence on the legal entity, or a *direct economic interest* in, or a duty to indemnify a party for, the award to be rendered in the arbitration, *may be considered to bear the identity of such party*.[577]

---

[570] IBA Guidelines 2014, Practical Application para. 3.
[571] IBA Guidelines 2014, General Standard 3(a); Practical Application para. 3.
[572] IBA Guidelines 2014, General Standard 4(a); Practical Application para. 3.
[573] IBA Guidelines 2014, Practical Application para. 4.
[574] IBA Guidelines 2014, Practical Application para. 4.
[575] IBA Guidelines 2014, Practical Application para. 7.
[576] IBA Guidelines 2014, Practical Application para. 7.
[577] Hervorhebung d. Verf.

> Explanation to General Standard 6(b):
> [...] Third-party funders and insurers in relation to the dispute may have a direct economic interest in the award, and as such may be considered to be the equivalent of the party. For these purposes, the terms „third-party funder“ and „insurer“ refer to any person or entity that is contributing funds, or other material support, the prosecution or defense of the case and has a direct economic interest in, or duty to indemnify a party for, the award to be rendered in the arbitration.

Die Erläuterung zu *General Standard* 6(b) *IBA Guidelines* 2014 nennt ausdrücklich Prozessfinanzierer und Versicherer als Beispiele für natürliche oder juristische Personen, bei denen ein unmittelbares wirtschaftliches Interesse an dem Schiedsspruch bestehen kann. Die beispielhafte Nennung von Versicherern neben Prozessfinanzierern zeigt, dass der Begriff „third-party funder“ in diesem Kontext als Prozessfinanzierer im engeren Sinne verstanden werden soll. Der Anwendungsbereich von *General Standard* 6(b) *IBA Guidelines* 2014 ist dagegen weit und erfasst verschiedene Formen der Verfahrensdrittfinanzierung.[578] Prozessfinanzierer, die auf *pro-bono*-Basis tätig werden, sind jedoch nicht vom Anwendungsbereich der Bestimmung erfasst, denn ihnen fehlt das unmittelbare wirtschaftliche Interesse an dem Schiedsspruch.[579] Auch bei einem Darlehen ist kein unmittelbares wirtschaftliches Interesse des Darlehensgebers an dem Schiedsspruch gegeben.[580] Der Wortlaut von *General Standard* 6(b) *IBA Guidelines* 2014 erfasst jedoch Rechtsanwälte, die auf Basis eines Erfolgshonorars tätig werden. Diese haben ein unmittelbares wirtschaftliches Interesse an dem Schiedsspruch, weil ihre Vergütung ganz oder teilweise von dem Ausgang des Verfahrens abhängt.[581] Für die Bewertung von Interessenkonflikten zwischen Anwälten als Parteivertreter und Schiedsrichtern ist die praktische Relevanz von *General Standard* 6(b) *IBA Guidelines* 2014 jedoch gering.[582] Die Verbindungen von Anwälten als Parteivertreter und Schiedsrichtern werden bereits explizit im Rahmen des Ampelsystems der *IBA Guidelines* 2014 adressiert.[583] *General Standard* 6(b) *IBA Guidelines* 2014

[578] *Hoffmann*, Prozessfinanzierung in Investitionsschiedsverfahren, S. 267.
[579] *Hoffmann*, Prozessfinanzierung in Investitionsschiedsverfahren, S. 267.
[580] *Hoffmann*, Prozessfinanzierung in Investitionsschiedsverfahren, S. 268.
[581] *Hoffmann*, Prozessfinanzierung in Investitionsschiedsverfahren, S. 267 f.
[582] *Hoffmann*, Prozessfinanzierung in Investitionsschiedsverfahren, S. 268.
[583] *Hoffmann*, Prozessfinanzierung in Investitionsschiedsverfahren, S. 268; vgl. IBA Guidelines 2014, Practical Application (Waivable Red List), Nos. 2.3.2, 2.3.3, 2.3.8; Practical

erfasst verschiedene Formen prozessbezogener Versicherungen, bei denen der Versicherer entweder ein unmittelbares Interesse am Schiedsspruch hat oder verpflichtet ist, eine Partei für den Schiedsspruch zu entschädigen.[584] So hat etwa ein erfolgsabhängiger ATE-Versicherer ein unmittelbares Interesse am Schiedsspruch. Ein Haftpflichtversicherer übernimmt die Befriedigung von Drittansprüchen und ist daher verpflichtet, die versicherte Partei für den Schiedsspruch zu entschädigen.

3. Pflicht zur Offenlegung gem. *General Standard* 7(a) *IBA Guidelines*

General Standard 7(a) *IBA Guidelines* 2014 verpflichtet die Parteien, sämtliche unmittelbaren oder mittelbaren Beziehungen zwischen einem Prozessfinanzierer und einem Schiedsrichter offenzulegen. Die *IBA Guidelines* 2004 begrenzten die Offenlegungspflicht noch auf Beziehungen zwischen einem Schiedsrichter und einer Partei oder einem Unternehmen derselben Unternehmensgruppe.[585] Die Ausdehnung der Offenlegungspflicht auf verschiedene Formen der Verfahrensdrittfinanzierung erfolgt im Gleichlauf mit der Ausdehnung des Anwendungsbereiches in *General Standard* 6(b) *IBA Guidelines* 2014, denn beide Vorschriften nutzen den gleichen Wortlaut für die erfassten Formen der Verfahrensdrittfinanzierung.[586]

> General Standard 7(a):
> A party shall inform an arbitrator, the Arbitral Tribunal, the other parties and the arbitration institution or other appointing authority (if any) of any *relationship*, direct or indirect, between the arbitrator and the party (or another company of the same group of companies, or an individual having a controlling influence on the party in the arbitration), or *between the arbitrator and any person or entity with a direct economic interest in, or a duty to indemnify a party for, the award to be rendered in the arbitration*. The party shall do so on its own initiative at the earliest opportunity.[587]

Application (Orange List) Nos. 3.3.3, 3.3.6, 3.3.8, 3.3.9.

[584] *Hoffmann*, Prozessfinanzierung in Investitionsschiedsverfahren, S. 268.

[585] IBA Guidelines 2004, General Standard 7(a).

[586] *Kreindler/Goldsmith*, Liber Amicorum Shaughnessy (2019), 255 (260 f.); kritisch hierzu *v. Göler*, Third-Party Funding in International Arbitration, S. 263.

[587] Hervorhebung d. Verf.

General Standard 7(a) *IBA Guidelines* 2014 verpflichtet die Parteien nicht dazu, die Unterstützung durch einen Prozessfinanzierer stets offenzulegen. Die Partei muss die Existenz und Identität eines Prozessfinanzierers nur offenlegen, wenn eine unmittelbare oder mittelbare Beziehung zwischen dem Prozessfinanzierer und dem Schiedsrichter besteht. Die Parteien und Schiedsrichter sind dabei verpflichtet, mit vertretbarem Aufwand nachzuforschen, ob Umstände der Offenlegung bedürfen:

> General Standard 7(c):
> In order to comply with General Standard 7(a), a party shall perform reasonable enquiries and provide any relevant information available to it.
>
> General Standard 7(d):
> An arbitrator is under a duty to make reasonable enquiries to identify any conflict of interest, as well as any facts or circumstances that may reasonably give rise to doubts as to his or her impartiality or independence. Failure to disclose a conflict is not excused by lack of knowledge, if the arbitrator does not perform such reasonable enquiries.

Die finanzierte Partei muss sich insbesondere beim Prozessfinanzierer erkundigen, ob dieser in einer unmittelbaren oder mittelbaren Beziehung zu einem Schiedsrichter steht.[588] Problematisch ist es, wenn die finanzierte Partei trotz Nachfrage keine Kenntnis von einer solchen anzeigepflichtigen Beziehung zwischen Prozessfinanzierer und Schiedsrichter erlangt.[589] Es ist denkbar, dass der Prozessfinanzierer vermeintlich entferntere Verbindungen zu einem der Schiedsrichter verschweigt, um Komplikationen und Verzögerungen des Verfahrens zu vermeiden.[590] Auch die Nachforschungspflicht des Schiedsrichters läuft ins Leere, wenn die finanzierte Partei selbst keine Kenntnis von der Beziehung zwischen Prozessfinanzierer und Schiedsrichter erlangt.[591] Die Offenlegung der Prozessfinanzierung nach *General Standard* 7a *IBA Guidelines* 2014 ist daher maßgeblich von der Integrität des Prozessfinanzierers abhängig.[592] Diese Regelung stellt

---

588 *Kreindler/Goldsmith*, Liber Amicorum Shaughnessy (2019), 255 (261).
589 *Kreindler/Goldsmith*, Liber Amicorum Shaughnessy (2019), 255 (261).
590 *Kreindler/Goldsmith*, Liber Amicorum Shaughnessy (2019), 255 (261); *v. Göler*, Third-Party Funding in International Arbitration, S. 254.
591 *Kreindler/Goldsmith*, Liber Amicorum Shaughnessy (2019), 255 (261).
592 *Kreindler/Goldsmith*, Liber Amicorum Shaughnessy (2019), 255 (261).

keine adäquate Lösung zur Vermeidung schiedsrichterlicher Interessenkonflikte dar, weil das Informationsdefizit nicht umfassend ausgeräumt werden kann.[593]

V. *Inherent power* des Schiedsgerichts zur Anordnung der Offenlegung der Existenz und Identität eines Prozessfinanzierers

Das Schiedsgericht kann die Offenlegung der Existenz und Identität eines Prozessfinanzierers auch dann anordnen, wenn dies zum Schutz der Integrität des Schiedsverfahrens geboten ist.[594] Diese Befugnis gehört zu den *inherent powers* des Schiedsgerichts.[595] Die Integrität des Schiedsverfahrens kann bei verdeckter Prozessfinanzierung gefährdet sein, wenn die Gefahr von schiedsrichterlichen Interessenkonflikten im Raum steht. Allerdings muss dafür zunächst der Verdacht bestehen, dass eine Partei durch einen Prozessfinanzierer unterstützt wird. In der Praxis wird das Schiedsgericht die Verfahrensdrittfinanzierung einer Partei nicht *sua sponte* thematisieren, es sei denn das Schiedsgericht kommt zu dem Schluss, dass die Erörterung dieser Frage unter Berücksichtigung der Vor – und Nachteile zum Schutz der Integrität des Verfahrens geboten sei.[596] Das Schiedsgericht verfügt dabei zwar über einen weiten Ermessensspielraum, jedoch dürfen die *inherent powers* des Schiedsgerichts zum Schutz der Integrität des Schiedsverfahrens nicht zur bloßen Befriedigung der Neugier bezüglich der Verfahrensfinanzierung einer Partei eingesetzt werden.[597] Wenn die gegnerische Partei oder das Schiedsgericht keinen Anlass zur Annahme hat, dass ein Prozessfinanzierer eine Partei finanziell unterstützt, wird die Existenz und Identität des Prozessfinanzierers in der Regel nicht aufgedeckt.

---

593 *Kreindler/Goldsmith*, Liber Amicorum Shaughnessy (2019), 255 (261); *Hoffmann*, Prozessfinanzierung in Investitionsschiedsverfahren, S. 311 f.

594 *v. Göler*, Third-Party Funding in International Arbitration, S. 148 f.

595 *v. Göler*, Third-Party Funding in International Arbitration, S. 148 f.

596 *Lévy/Bonnan*, in: Cremades/Dimolitsa (Hrsg.), Third-Party Funding in International Arbitration (2013),78 (80 f.)

597 *v. Göler*, Third-Party Funding in International Arbitration, S. 149.

VI. Offenlegung der Existenz und Identität des Prozessfinanzierers zu Beginn des Schiedsverfahrens *de lege ferenda*?

Im Folgenden soll erörtert werden, ob die systematische Offenlegung der Existenz und Identität eines Prozessfinanzierers zu Beginn eines Schiedsverfahrens *de lege ferenda* erstrebenswert ist.

1. Argumente gegen die systematische Offenlegung der Prozessfinanzierung

a) Systematische Offenlegung ist nicht erforderlich

Gegen die Einführung einer Pflicht zur Offenlegung der Existenz und Identität eines Prozessfinanzierers zu Beginn eines Schiedsverfahrens wird angeführt, dass eine solche systematische Offenlegung der Prozessfinanzierung nicht erforderlich sei.[598] Die finanzierte Partei und ihr Prozessfinanzierer hätten schließlich das größte Interesse an einer möglichst frühen Offenlegung eines potentiellen Interessenkonfliktes zwischen Prozessfinanzierer und Schiedsrichter.[599] Eine spätere Aufdeckung der Verbindung berge das Risiko einer Verfahrensverzögerung und zusätzlicher Kosten durch ein Ablehnungsverfahren.[600] Sollte die Beziehung zwischen Prozessfinanzierer und Schiedsrichter erst nach Erlass des Schiedsspruchs bekannt werden, drohe sogar die Aufhebung bzw. die Versagung der Anerkennung und Vollstreckung des Schiedsspruchs.[601] Für den Prozessfinanzierer mache es daher wirtschaftlich keinen Sinn, eine ihm bekannte problematische Beziehung zu einem (potentiellen) Schiedsrichter zu verschweigen und damit letztendlich den Bestand und die Durchsetzbarkeit des Schiedsspruchs zu riskieren.[602] Daher könne

---

[598] *v. Göler*, Third-Party Funding in International Arbitration, S. 289 f.; *Lévy/Bonnan*, in: Cremades/Dimolitsa (Hrsg.), Third-Party Funding in International Arbitration (2013), 78 (82); *Christopher Bogart* (*Chief Executive Officer* bei dem Prozessfinanzierer *Burford Capital*), vgl. *Rogers*, Ethics in International Arbitration, Rn. 5.80.

[599] *v. Göler*, Third-Party Funding in International Arbitration, S. 289; *Cremades*, in: Cremades/Dimolitsa (Hrsg.), Third-Party Funding in International Arbitration (2013), 153 (155).

[600] *v. Göler*, Third-Party Funding in International Arbitration, S. 289.

[601] *v. Göler*, Third-Party Funding in International Arbitration, S. 289.

[602] *v. Göler*, Third-Party Funding in International Arbitration, S. 289.

darauf vertraut werden, dass der Prozessfinanzierer aus eigenem Interesse eine etwaige Beziehung zum Schiedsrichter gegenüber der finanzierten Partei offenlege, die diese dann wiederum dem Schiedsgericht und der gegnerischen Partei anzeigen könne.[603]

b) Systematische Offenlegung erleichtert missbräuchliches Verhalten

Gegen die systematische Offenlegung der Prozessfinanzierung wird auch vorgebracht, dass dadurch missbräuchliches Verhalten des Prozessgegners erleichtert werde.[604] Der Prozessgegner – in der Regel der Beklagte – könne die Anzeige der Existenz und Identität eines Prozessfinanzierers zum Anlass nehmen, Anträge zu stellen, die primär der Verzögerung des Schiedsverfahrens dienen.[605] Es sei insbesondere zu befürchten, dass der Beklagte einen Antrag auf Anordnung einer Prozesskostensicherheit gegen den Schiedskläger auf den Umstand der Prozessfinanzierung stütze.[606] Im Rahmen dieses Antrags könne der Beklagte auch die Offenlegung des Prozessfinanzierungsvertrages beantragen, um zu erfahren, ob der Prozessfinanzierer für gegnerische Prozesskosten aufkomme.[607] Dadurch könnten sensible Informationen in die Hände des Beklagten gelangen, durch die er sich einen taktischen Vorteil verschaffen könne.[608]

c) Systematische Offenlegung stellt willkürliche Ungleichbehandlung der Prozessfinanzierung dar

Gegen die Einführung einer Pflicht zur systematischen Offenlegung der Prozessfinanzierung wird schließlich eingewandt, dass eine solche Pflicht eine willkürliche Ungleichbehandlung der Prozessfinanzierung im Vergleich zu anderen Formen der Verfahrensdrittfinanzierung darstelle.[609] Denn die Nutzung einer anderen Form der Verfahrensdrittfinanzierung müsse gerade nicht zu Beginn eines jeden Verfahrens offengelegt werden.[610] Schiedsrichterliche

---

603 *v. Göler*, Third-Party Funding in International Arbitration, S. 290.
604 *v. Göler*, Third-Party Funding in International Arbitration, S. 155 f.
605 *v. Göler*, Third-Party Funding in International Arbitration, S. 155 f.
606 *v. Göler*, Third-Party Funding in International Arbitration, S. 155 f.
607 *v. Göler*, Third-Party Funding in International Arbitration, S. 155 f.
608 *v. Göler*, Third-Party Funding in International Arbitration, S. 155 f.
609 *v. Göler*, Third-Party Funding in International Arbitration, S. 151.
610 *v. Göler*, Third-Party Funding in International Arbitration, S. 126.

Interessenkonflikte könnten jedoch ebenso bei einer Beziehung zwischen einem Schiedsrichter und einem anderen Verfahrensdrittfinanzierer wie einem Versicherer bestehen.[611] Es sei daher nicht ersichtlich, warum die Prozessfinanzierung anders als andere Formen der Verfahrensdrittfinanzierung behandelt werden sollte.[612]

2. Argumente für die systematische Offenlegung der Prozessfinanzierung

a) Systematische Offenlegung ist erforderlich

Für die systematische Offenlegung der Existenz und Identität eines Prozessfinanzierers zu Beginn eines Schiedsverfahrens wird vorgebracht, dass nur die systematische Offenlegung der Prozessfinanzierung eine umfassende Lösung zur Vermeidung schiedsrichterlicher Interessenkonflikte darstelle.[613] Bei der verdeckten Prozessfinanzierung habe lediglich der Prozessfinanzierer den Überblick, um eine etwaige Beziehung zu einem der Schiedsrichter entdecken und beurteilen zu können.[614] Die Offenlegung der Prozessfinanzierung unterliege daher der willkürlichen Entscheidung des Prozessfinanzierers und ggf. der finanzierten Partei, wenn diese über die bestehende Verbindung überhaupt informiert werde.[615] Es sei aber nicht sachgerecht, die Aufdeckung von schiedsrichterlichen Interessenkonflikten allein in die

611 *Scherer*, in: Cremades/Dimolitsa (Hrsg.), Third-Party Funding in International Arbitration (2013), 95 (98).

612 *v. Göler*, Third-Party Funding in International Arbitration, S. 291.

613 *ICCA-QMUL Task Force*, Report on Third-Party Funding, S. 81, 83 f., 111 f.; *Kreindler/Goldsmith*, Liber Amicorum Shaughnessy (2019), 255 (257–259); *Hoffmann*, Prozessfinanzierung in Investitionsschiedsverfahren, S. 329; *Rogers*, Ethics in International Arbitration, Rn. 5.79; *Singh*, Finanzielle Auslagerung und Absicherung von Risiken im Handelsschiedsverfahren, S. 233; *Bertrand*, ASA Bull 29 (2011), 607 (611); *Trusz*, Geo LJ 101 (2013), 1649 (1673 f.); *Osmanoglu*, J Intl Arb 32 (2015), 325 (339, 348 f.); *Frignati*, Arb Intl 32 (2016), 505 (515–521); *Shannon Sahani*, UCLA L Rev 63 (2016), 388 (430 f.); *Shaw*, Arb Intl 33 (2017), 109 (116–118).

614 *Hoffmann*, Prozessfinanzierung in Investitionsschiedsverfahren, S. 326 f.; *Kreindler/Goldsmith*, Liber Amicorum Shaughnessy (2019), 255 (258 f.); *Singh*, Finanzielle Auslagerung und Absicherung von Risiken im Handelsschiedsverfahren, S. 233.

615 *Hoffmann*, Prozessfinanzierung in Investitionsschiedsverfahren, S. 326 f.; *Kreindler/Goldsmith*, Liber Amicorum Shaughnessy (2019), 255 (258 f.).

Hände des Prozessfinanzierers und ggf. der finanzierten Partei zu legen.[616] Es könne nicht darauf vertraut werden, dass beide stets aus eigenem wirtschaftlichem Interesse an dem Bestand und der Vollstreckbarkeit des Schiedsspruchs eine Beziehung zwischen Prozessfinanzierer und Schiedsrichter anzeigten, die geeignet sei, Zweifel an der Unparteilichkeit oder Unabhängigkeit des Schiedsrichters zu wecken.[617] Prozesstaktische Erwägungen könnten auch gegen die Offenlegung einer solchen Beziehung sprechen.[618] Prozessfinanzierer könnten geneigt sein, eine vermeintlich entferntere Verbindung zu einem Schiedsrichter zu verschweigen, um (unnötige) Komplikationen und Verzögerungen des Verfahrens zu vermeiden.[619] Nur die systematische Offenlegung der Existenz und Identität eines Prozessfinanzierers stelle sicher, dass die Überprüfung der Unabhängigkeit und Unparteilichkeit eines Schiedsrichters auch dem Schiedsgericht und der gegnerischen Partei offenstehe.[620]

b) Ausdehnung der systematischen Offenlegung auf andere Formen der Verfahrensdrittfinanzierung

Wie eben gesehen, wird gegen die Einführung einer Pflicht zur systematischen Offenlegung eingewandt, dass dies eine willkürliche Ungleichbehandlung der Prozessfinanzierung im Vergleich zu anderen Formen der Verfahrensdrittfinanzierung darstelle. Die Problematik der verdeckten schiedsrichterlichen Interessenkonflikte könne sich ebenso bei anderen Formen der Verfahrensdrittfinanzierung stellen, wenn zwischen Verfahrensdrittfinanzierer und Schiedsrichter eine Verbindung bestehe.[621] Befürworter der systematischen Offenlegung der Prozessfinanzierung halten dem entgegen, dass der Anwendungsbereich der Offenlegungspflicht *de lege ferenda* ggf. auf andere Formen der Verfahrensdrittfinanzierung ausgedehnt werden müsse, wenn die Gründe für die Einführung einer Offenlegungspflicht ebenso wie bei

---

[616] *Hoffmann*, Prozessfinanzierung in Investitionsschiedsverfahren, S. 324–327; *Kreindler/Goldsmith*, Liber Amicorum Shaughnessy (2019), 255 (258 f.).

[617] *Hoffmann*, Prozessfinanzierung in Investitionsschiedsverfahren, S. 328 f.; *Kreindler/Goldsmith*, Liber Amicorum Shaughnessy (2019), 255 (261).

[618] *Hoffmann*, Prozessfinanzierung in Investitionsschiedsverfahren, S. 328 f.; *Kreindler/Goldsmith*, Liber Amicorum Shaughnessy (2019), 255 (261).

[619] *Kreindler/Goldsmith*, Liber Amicorum Shaughnessy (2019), 255 (261).

[620] *Kreindler/Goldsmith*, Liber Amicorum Shaughnessy (2019), 255 (259); *Hoffmann*, Prozessfinanzierung in Investitionsschiedsverfahren, S. 329.

[621] Siehe oben § 3 D VI 1 c).

der Prozessfinanzierung bestünden.[622] Es sei jedoch nicht überzeugend, die systematische Offenlegung der Prozessfinanzierung pauschal abzulehnen, weil andere Formen der Verfahrensdrittfinanzierung bisher ebenfalls nicht systematisch offengelegt werden müssten.[623]

3. Stellungnahme

Die Argumente, die für eine systematische Offenlegung der Existenz und Identität eines Prozessfinanzierers *de lege ferenda* sprechen, überzeugen. Nur die systematische Offenlegung der Existenz und Identität eines Prozessfinanzierers stellt sicher, dass potentielle schiedsrichterliche Interessenkonflikte auch von dem Schiedsgericht und dem Prozessgegner untersucht werden können. Anderenfalls hängt die Offenlegung einer Beziehung zwischen Prozessfinanzierer und Schiedsrichter von dem Ermessen des Prozessfinanzierers und der finanzierten Partei ab, wobei taktische Erwägungen durchaus gegen eine Offenlegung der Verbindung sprechen können.

Dem Argument, dass eine Pflicht zur systematischen Offenlegung der Prozessfinanzierung missbräuchliches Verhalten des Prozessgegners erleichtere, ist Folgendes entgegenzuhalten: Die Offenlegung der Existenz und Identität eines Prozessfinanzierers stellt keine sensible Information als solche dar, durch die der Prozessgegner einen Rückschluss auf die Erfolgsaussichten ziehen könnte. Dass das Wissen um die Prozessfinanzierung der Gegenseite die Möglichkeit zu missbräuchlichen Taktiken bietet, kann als Argument gegen die systematische Offenlegung der Prozessfinanzierung nicht überzeugen. Es muss hingenommen werden, dass der Prozessgegner im Rahmen der prozessualen Möglichkeiten Anträge stellt, die möglicherweise der Verzögerung dienen sollen. Es wird auch nicht immer eindeutig zu beurteilen sein, ob etwa ein Antrag auf Ablehnung eines Schiedsrichters wegen einer bestehenden entfernteren Verbindung zu einem Prozessfinanzierer lediglich der Verzögerung dienen soll.

---

622 *Hoffmann*, Prozessfinanzierung in Investitionsschiedsverfahren, S. 332–339; *Kreindler/Goldsmith*, Liber Amicorum Shaughnessy (2019), 255 (270 f.); *Singh*, Finanzielle Auslagerung und Absicherung von Risiken im Handelsschiedsverfahren, S. 238.

623 *Hoffmann*, Prozessfinanzierung in Investitionsschiedsverfahren, S. 332–339; *Kreindler/Goldsmith*, Liber Amicorum Shaughnessy (2019), 255 (270 f.); *Singh*, Finanzielle Auslagerung und Absicherung von Risiken im Handelsschiedsverfahren, S. 238.

Schließlich überzeugt auch der Ansatz, den Anwendungsbereich der Offenlegungspflicht *de lege ferenda* auch auf andere Formen der Verfahrensdrittfinanzierung auszudehnen, wenn und soweit sich die Problematik der verdeckten schiedsrichterlichen Interessenkonflikte in gleichem Maße wie bei der Prozessfinanzierung stellen sollte.

VII. Fazit

Bei verdeckter Prozessfinanzierung besteht ein Informationsdefizit, das die Bewertung einer etwaigen Verbindung zwischen Prozessfinanzierer und Schiedsrichter im Hinblick auf schiedsrichterliche Interessenkonflikte verhindert. Dieses Informationsdefizit wird auch nicht umfassend durch die *IBA Guidelines* 2014 ausgeräumt. Gem. *General Standard* 7(a) *IBA Guidelines* 2014 muss eine finanzierte Partei die Existenz und Identität eines Prozessfinanzierers nur offenlegen, wenn eine unmittelbare oder mittelbare Beziehung zwischen dem Prozessfinanzierer und dem Schiedsrichter besteht. Dies setzt voraus, dass die finanzierte Partei überhaupt Kenntnis von der Beziehung zwischen Prozessfinanzierer und Schiedsrichter erlangt. Bei der verdeckten Prozessfinanzierung hat lediglich der Prozessfinanzierer den vollen Überblick, um eine etwaige Beziehung zu einem der Schiedsrichter entdecken und beurteilen zu können. Die Offenlegung der Prozessfinanzierung nach den *IBA Guidelines* 2014 ist daher maßgeblich von der Integrität des Prozessfinanzierers abhängig. Auch die Befugnisse des Schiedsgerichts zur Anordnung der Prozessfinanzierung im Rahmen seiner *inherent powers* zum Schutz der Integrität des Verfahrens sind nicht ausreichend, um der Gefahr der schiedsrichterlichen Interessenkonflikte wirksam zu begegnen. Die Anordnung der Offenlegung der Prozessfinanzierung bleibt aus, wenn die gegnerische Partei oder das Schiedsgericht keinen Anlass zu der Annahme haben, dass eine Partei durch einen Prozessfinanzierer unterstützt wird. Schließlich kann auch nicht darauf vertraut werden, dass Prozessfinanzierer aus eigenem wirtschaftlichem Interesse an dem Bestand und der Vollstreckbarkeit des Schiedsspruchs stets eine etwaige Beziehung zum Schiedsrichter gegenüber der finanzierten Partei offenlegen. Im Einzelfall können prozesstaktische Gründe gegen eine Anzeige dieser Beziehung sprechen. Nur die systematische Offenlegung der Prozessfinanzierung stellt sicher, dass die Überprüfung der Unabhängigkeit und Unparteilichkeit eines Schiedsrichters auch dem Schiedsgericht und der gegnerischen Partei offensteht. Die Einführung einer Pflicht zur systematischen Offenlegung der Existenz und Identität eines Prozessfinanzierers ist daher *de lege ferenda* zur effektiven Vermeidung schiedsrichterlicher Interessenkonflikte zu empfehlen.

E. Reformen und Reformvorschläge zur Offenlegung der Prozessfinanzierung

Die vorstehende Untersuchung hat gezeigt, dass die Offenlegung der Existenz und Identität des Prozessfinanzierers zu Beginn eines Handelsschiedsverfahrens zur frühzeitigen Aufdeckung von schiedsrichterlichen Interessenkonflikten erstrebenswert ist. Es zeichnet sich ein Trend zur Befürwortung der systematischen Offenlegung der Prozessfinanzierung ab.[624]

In jüngster Zeit sind Reformen implementiert bzw. Reformvorschläge gemacht worden, die zur Offenlegung der Existenz und Identität eines Prozessfinanzierers zu Beginn des Schiedsverfahrens verpflichten. Grundsätzlich sind zwei Regelungsebenen zu unterscheiden: die Regelungsebene des nationalen Schiedsverfahrensrechts und die Regelungsebene der Schiedsordnung einer Schiedsinstitution. Auf der Regelungsebene des nationalen Schiedsverfahrensrechts sind die jüngsten Reformen in Singapur und Hongkong zu verorten. Auf der Regelungsebene der Schiedsordnung sind grundsätzlich drei Reformansätze zu finden: die Einführung einer Pflicht zur Offenlegung der Existenz und Identität eines Prozessfinanzierers, die ausdrückliche Regelung der Befugnis des Schiedsgerichts zur Anordnung der Offenlegung der Prozessfinanzierung sowie die Empfehlung zur Offenlegung der Prozessfinanzierung. Im Investitionsschutzrecht ist die Pflicht zur Offenlegung der Prozessfinanzierung in jüngster Zeit sowohl auf der Regelungsebene der Schiedsordnung einer Schiedsinstitution als auch in Investitionsschutz – bzw. Freihandelsabkommen implementiert worden; auf diese Reformen soll im Rahmen dieser Arbeit wegen der Begrenzung der Untersuchung auf Handelsschiedsverfahren jedoch nicht näher eingegangen werden.[625] Im Folgenden werden die verschiedenen Reformen und Reformvorschläge vorgestellt und

---

624 *ICCA-QMUL Task Force*, Report on Third-Party Funding, S. 83, 87.

625 Siehe hierzu *Hoffmann*, Prozessfinanzierung in Investitionsschiedsverfahren, S. 247–295; *ICCA-QMUL Task Force*, Report on Third-Party Funding, S. 98–100, 103–110.

auf ihre Eignung zur Lösung der zuvor dargestellten Probleme der verdeckten Prozessfinanzierung bewertet.

I. Reformen auf der Regelungsebene des nationalen Schiedsverfahrensrechts

In jüngster Zeit wurde in Hongkong und Singapur die Pflicht zur Offenlegung der Existenz und Identität eines Prozessfinanzierers eingeführt.[626] Diese Reformen stehen in beiden Rechtsordnungen im Zusammenhang mit der Legalisierung der Prozessfinanzierung von Schiedsverfahren.

1. Reform in Hongkong

Aufgrund der Verankerung in der englischen Rechtstradition war die Prozessfinanzierung in Hongkong ursprünglich durch die *doctrines of maintenance and champerty* verboten.[627] In Rechtsordnungen angelsächsischer Tradition wurde die finanzielle Unterstützung einer Partei durch unbeteiligte Dritte traditionell als Gefahr für die Integrität der Rechtspflege gesehen. Die Einmischung durch Dritte und die Spekulation mit dem Ausgang eines Verfahrens sollten unterbunden werden und wurden daher mit strafrechtlichen und zivilrechtlichen Sanktionen belegt.[628]

Während eine Änderung der Rechtsprechung in England Mitte der 2000er Jahre zur Anerkennung der grundsätzlichen Zulässigkeit der Prozessfinanzierung in Gerichtsverfahren und Schiedsverfahren führte, blieb die Prozessfinanzierung in Hongkong weiterhin verboten.[629] Für die Finanzierung von Gerichtsverfahren gilt das im Grundsatz nach wie vor.[630]

---

[626] Hongkong und Singapur sind nach Kenntnis der Verf. die einzigen Rechtsordnungen, die eine solche Offenlegungspflicht auf der Ebene des nationalen Schiedsverfahrensrechts eingeführt haben (Stand: 16.12.2022).

[627] *Bao*, J Intl Arb 34 (2017), 387 (390–392).

[628] Siehe unten für eine ausführliche Auseinandersetzung mit den *doctrines of maintenance and champerty* im englischen Recht § 4 B I, II.

[629] *Bao*, J Intl Arb 34 (2017), 387 (390–392); siehe unten für die Entwicklung der Rechtsprechung im englischen Recht § 4 B III.

[630] Die Rechtsprechung hat vereinzelt Ausnahmen zugelassen, siehe hierzu *Bao*, J Intl Arb 34 (2017), 387 (390 f.). Für die grundsätzliche Zulassung der Prozessfinanzierung in Gerichtsverfahren plädiert *Zhang*, Third-Party Funding for Dispute Resolution, S. 86–90.

Ob die Finanzierung von Schiedsverfahren erlaubt ist, war bis zur jüngsten Reform des Schiedsverfahrensrechts im Jahr 2017 nicht abschließend geklärt.[631] Diese Reform wurde durch die Hongkonger *Law Reform Commission* im Juni 2013 angestoßen, die sich in ihrem Abschlussbericht im Oktober 2016 für die Legalisierung der Prozessfinanzierung von Schiedsverfahren aussprach.[632] Der Reform lag die Bestrebung zugrunde, den Schiedsort Hongkong im internationalen Vergleich konkurrenzfähig zu halten.[633] Dabei wurden die Entwicklungen in anderen *common-law*-Rechtsordnungen wie England und Australien berücksichtigt, die in der Zulässigkeit der Prozessfinanzierung mündeten.[634]

Im Jahr 2017 wurde das nationale Schiedsverfahrensrecht – die *Arbitration Ordinance* – durch verschiedene Vorschriften zur Prozessfinanzierung ergänzt:[635] *Section* 98K *Arbitration Ordinance* regelt, dass die *common law offences* der *maintenance*, *champerty* und *barratry* auf die Prozessfinanzierung von Schiedsverfahren nicht anwendbar sind. Gem. *section* 98L *Arbitration Ordinance* finden die *torts* der *maintenance* und *champerty* auch keine Anwendung auf die Prozessfinanzierung von Schiedsverfahren. Daher entfallen sowohl die strafrechtlichen als auch die zivilrechtlichen Sanktionen im Zusammenhang mit der Prozessfinanzierung von Schiedsverfahren.[636] *Section* 98O(1) stellt klar, dass anwaltliche Erfolgshonorare in Hongkong weiterhin unzulässig bleiben.

Im Rahmen der Reform wurde auch die Entwicklung eines Verhaltenskodex für Prozessfinanzierer angeregt.[637] Der *Code of Practice for Third Party*

---

631 Siehe hierzu *Law Reform Commission of Hong Kong*, Report: Third Party Funding for Arbitration (2016), S. 7 f.

632 *Law Reform Commission of Hong Kong*, Report: Third Party Funding for Arbitration (2016), S. 114 f.

633 *Law Reform Commission of Hong Kong*, Report: Third Party Funding for Arbitration (2016), S. 6 f.; *Bao*, J Intl Arb 34 (2017), 387 (388 f.).

634 *Law Reform Commission of Hong Kong*, Report: Third Party Funding for Arbitration (2016), S. 6 f.; *Bao*, J Intl Arb 34 (2017), 387 (388 f.).

635 Arbitration and Mediation Legislation (Third Party Funding) (Amendment) Ordinance 2017.

636 Die Zulässigkeit der Prozessfinanzierung gilt auch für die Finanzierung von Gerichtsverfahren in ihrer verfahrensunterstützenden Funktion von Schiedsverfahren, für Verfahren vor einem Eilschiedsrichter sowie für die Finanzierung von Mediationsverfahren, vgl. die Definition des Begriffs „arbitration" in sec. 98F *Arbitration Ordinance*.

637 *Law Reform Commission of Hong Kong*, Report: Third Party Funding for Arbitration (2016), S. 115–119.

Funding of Arbitration hat den englischen *Code of Conduct for Litigation Funders* (ALF-Code) zum Vorbild[638] und gilt für Prozessfinanzierungsverträge, die ab dem 1. Februar 2019 abgeschlossen wurden.[639] Der Verhaltenskodex enthält Bestimmungen zu Kapitalanforderungen und ethischen Anforderungen, die von Prozessfinanzierern bei der Finanzierung von Verfahren in Hongkong eingehalten werden sollen.[640] Es besteht die Möglichkeit für Gerichte oder Schiedsgerichte, Verstöße gegen den Verhaltenskodex bei ihrer Entscheidung zu berücksichtigen, wenn der Verstoß von Relevanz für die zu entscheidende Frage ist.[641]

Im Rahmen der Reform des Schiedsverfahrensrechts wurde mit *section* 98U *Arbitration Ordinance* eine Pflicht zur Offenlegung der Prozessfinanzierung eingeführt:

> 98U. Disclosure about third party funding of arbitration
>
> (1) If a funding agreement is made, the funded party must give written notice of –
> (a) the fact that a funding agreement has been made; and
> (b) the name of the third party funder.
> (2) The notice must be given –
> (a) for a funding agreement made on or before the commencement of the arbitration – on the commencement of the arbitration; or
> (b) for a funding agreement made after the commencement of the arbitration – within 15 days after the funding agreement is made.
> (3) The notice must be given to –
> (a) each other party to the arbitration; and
> (b) the arbitration body.
> (4) For subsection (3)(b), if there is no arbitration body for the arbitration at the time, or at the end of the period, specified in subsection (2) for giving the notice, the notice must instead be given to the arbitration body immediately after there is an arbitration body for the arbitration.

Gem. *section* 98U *Arbitration Ordinance* muss die finanzierte Partei die Existenz und Identität eines Prozessfinanzierers spätestens zu Beginn eines Schiedsverfahrens offenlegen bzw. innerhalb von 15 Tagen nach Abschluss des Prozessfinanzierungsvertrages, wenn der Vertrag erst während des Verfahrens abgeschlossen wurde. Diese Anzeige muss gegenüber den anderen Parteien

---

638 *Bao*, J Intl Arb 34 (2017), 387 (398). Zum ALF-Code siehe unten § 4 C.
639 Code of Practice for Third Party Funding of Arbitration, para. 1.2.
640 *Bao*, J Intl Arb 34 (2017), 387 (397 f.).
641 Sec. 98S(2)(b) Arbitration Ordinance.

des Schiedsverfahrens und dem Schiedsgericht erfolgen. Wird das Prozessfinanzierungsverhältnis vor dem Ende des Schiedsverfahrens beendet, muss die finanzierte Partei diesen Umstand ebenfalls innerhalb von 15 Tagen nach Beendigung des Vertrages mitteilen.[642]

Die *Arbitration Ordinance* sieht keine zwingende Sanktion für einen Verstoß gegen diese Mitteilungspflichten vor. Ein Verstoß kann allerdings von einem Gericht oder Schiedsgericht berücksichtigt werden, wenn dieser Umstand im Rahmen einer Entscheidung von Relevanz ist. Das Gesetz führt jedoch nicht näher aus, wann dies der Fall sein soll:

> 98W. Non-compliance with Division 5
>
> (1) A failure to comply with this Division does not, of itself, render any person liable to any judicial or other proceedings.
> (2) However, any compliance, or failure to comply, with this Division may be taken into account by any court or arbitral tribunal if it is relevant to a question being decided by the court or arbitral tribunal.

Der Anwendungsbereich der Mitteilungspflicht gem. *Section* 98U *Arbitration Ordinance* ist eng gefasst. Ein „third party funder" im Sinne des neuen Abschnitts 10A der *Arbitration Ordinance* ist eine Person, die eine Partei des Verfahrens finanziell unterstützt und nur im Erfolgsfall die vereinbarte Gegenleistung erhält; darüber hinaus hat diese Person kein rechtlich anerkanntes Interesse an dem Schiedsverfahren außerhalb des Prozessfinanzierungsvertrages.[643] Daher besteht die Mitteilungspflicht nur im Zusammenhang mit Prozessfinanzierern im engeren Sinne. Prozessfinanzierer, die auf *pro-bono*-Basis tätig werden, sind nicht erfasst. Auch Versicherer sind in aller Regel nicht vom Anwendungsbereich erfasst, weil die vereinbarte Versicherungsprämie unabhängig vom Ausgang des Verfahrens gezahlt werden muss. Eine Ausnahme gilt lediglich für die erfolgsabhängige ATE-Rechtsschutzversicherung.

2. Reform in Singapur

In Singapur war die Prozessfinanzierung von Gerichtsverfahren und Schiedsverfahren bis zu den jüngsten Reformen ebenfalls aufgrund der *doctrines of maintenance and champerty* verboten.[644] Ähnliche Erwägungen wie in

---

[642] Sec. 98V Arbitration Ordinance.
[643] Vgl. sec. 98G und 98J *Arbitration Ordinance*.
[644] *Bao*, J Intl Arb 34 (2017), 387 (392–395).

Hongkong führten zu dem Schluss, dass ein Festhalten an dem Verbot der Prozessfinanzierung dem Schiedsort Singapur schaden würde.[645] In Singapur wurden die *doctrines of maintenance and champerty* durch Änderungen des *Civil Law Act* im Jahr 2017 abgeschafft.[646] Prozessfinanzierungsverträge können dennoch wegen eines Verstoßes gegen die öffentliche Ordnung unwirksam sein.[647] Es ist nun jedoch gesetzlich festgelegt, dass Prozessfinanzierungsverträge mit qualifizierten Prozessfinanzierern im Rahmen von bestimmten Streitbeilegungsmechanismen grundsätzlich zulässig sind. Es muss sich um die Prozessfinanzierung von Schiedsverfahren, damit verbundenen Gerichtsverfahren sowie Mediationsverfahren oder Verfahren vor dem *Singapore International Commercial Court* handeln.[648] Prozessfinanzierungsverträge dürfen nur mit gewerblichen Prozessfinanzierern abgeschlossen werden, deren Haupttätigkeit in der Prozessfinanzierung besteht[649] und die über Stammkapital oder über verwaltetes Vermögen im Wert von 5 Mio. Singapur-Dollar verfügen.[650]

Im Zusammenhang mit der Legalisierung der Prozessfinanzierung im Jahr 2017 wurde auch eine Pflicht zur Offenlegung der Existenz und Identität eines Prozessfinanzierers eingeführt. Interessanterweise trifft diese Pflicht jedoch nicht die finanzierte Partei, sondern ihren Rechtsanwalt. Die Offenlegungspflicht findet sich daher auch in den *Legal Profession (Professional Conduct) Rules 2015*:

---

645 *Bao*, J Intl Arb 34 (2017), 387 (395).

646 Sec. 5A(1) *Civil Law Act.*

647 Sec. 5A(2) *Civil Law Act.*

648 Sec. 5(B)(2) *Civil Law Act.* Zunächst war nur die Prozessfinanzierung von internationalen Schiedsverfahren und damit verbundenen Gerichtsverfahren sowie Mediationsverfahren erlaubt, vgl. sec. 3 *Civil Law (Third-Party Funding) (Amendment) Regulations* 2017. Seit dem 28. Juni 2021 gilt dies auch für nationale Schiedsverfahren und damit verbundene Gerichtsverfahren sowie Mediationsverfahren und für Verfahren vor dem *Singapore International Commercial Court*; vgl. sec. 3 *Civil Law (Third-Party Funding) (Amendment) Regulations* 2021.

649 Sec. 5B(10) *Civil Law Act*, sec. 4(1)(a) *Civil Law (Third-Party Funding) (Amendment) Regulations* 2017.

650 Sec. 5B(10) *Civil Law Act*, sec. 4(1)(b) *Civil Law (Third-Party Funding) (Amendment) Regulations* 2017.

49A. Disclosure of third-party funding

(1) When conducting any dispute resolution proceedings before a court or tribunal, a legal practitioner must disclose to the court or tribunal, and to every other party to those proceedings –
  (a) the existence of any third-party funding contract related to the costs of those proceedings; and
  (b) the identity and address of any Third-Party Funder involved in funding the costs of those proceedings.
(2) The disclosure under paragraph (1) must be made –
  (a) at the date of commencement of the dispute resolution proceedings where the third-party funding contract is entered into before the date of commencement of those proceedings; or
  (b) as soon as practicable after the third-party funding contract is entered into where the third-party funding contract is entered into on or after the date of commencement of the dispute resolution proceedings.

Rule 49A *Legal Profession (Professional Conduct) Rules* 2015 trat am 1. März 2017 in Kraft. Der Inhalt der Vorschrift ähnelt – abgesehen vom Adressaten – der ebenfalls im Jahr 2017 eingeführten Offenlegungspflicht in Hongkong. Der Rechtsanwalt der finanzierten Partei muss die Existenz, Identität und Adresse des Prozessfinanzierers zu Beginn eines Verfahrens offenlegen bzw. so bald wie möglich nach Abschluss des Prozessfinanzierungsvertrages, wenn der Vertrag erst während des Verfahrens abgeschlossen wurde. Diese Anzeige muss gegenüber den anderen Parteien des Verfahrens und dem Gericht bzw. Schiedsgericht erfolgen.

Allerdings unterliegen nur bestimmte Rechtsanwälte der Pflicht zur Offenlegung der Prozessfinanzierung. *Rule* 49A *Legal Profession (Professional Conduct) Rules* 2015 bindet lediglich *Solicitors* und *Advocates*, die in Singapur zugelassen sind, sowie *Foreign Lawyers*, die in Singapur registriert sind.[651] In Schiedsverfahren können jedoch auch Rechtsanwälte als Parteivertreter auftreten, die diese Voraussetzungen nicht erfüllen. Ein „ausländischer" Rechtsanwalt einer finanzierten Partei, der nicht in Singapur registriert ist, unterliegt daher nicht dieser Pflicht. Diese Unterscheidung zwischen „ausländischen" und „inländischen" bzw. registrierten „ausländischen" Rechtsanwälten ist nicht sinnvoll.[652]

---

[651] Rule 3(8) *Legal Profession (Professional Conduct) Rules* 2015.

[652] *Kreindler/Goldsmith,* Liber Amicorum Shaughnessy (2019), 255 (267); vgl. *Zhang*, Third-Party Funding for Dispute Resolution, S. 112.

3. Bewertung

Die Einführung einer Pflicht zur Offenlegung der Existenz und Identität eines Prozessfinanzierers ist zu begrüßen. Die Offenlegungspflichten in Hongkong und Singapur wurden in beiden Fällen im Rahmen der Legalisierung der Prozessfinanzierung von Schiedsverfahren im Jahr 2017 eingeführt und ähneln sich inhaltlich sehr. Der Adressat der Pflicht unterscheidet sich jedoch. In Hongkong wird die finanzierte Partei zur Offenlegung der Prozessfinanzierung verpflichtet. In Singapur ist der Adressat der Offenlegungspflicht der Anwalt der finanzierten Partei. Streng genommen muss die finanzierte Partei ihren Anwalt nicht über die Prozessfinanzierung informieren. In diesem Fall wäre der Anwalt nicht in der Lage, seiner Pflicht zur Offenlegung der Prozessfinanzierung nachzukommen. Daher ist es vorzuziehen, die finanzierte Partei zur Offenlegung der Prozessfinanzierung zu verpflichten. Schließlich ist festzuhalten, dass keine der beiden Rechtsordnungen eine Sanktion für einen Verstoß gegen die Offenlegungspflicht vorsieht.

II. Reformen auf der Regelungsebene der Schiedsordnung einer Schiedsinstitution

Auf der Regelungsebene der Schiedsordnungen sind grundsätzlich drei Reformansätze zu finden: die Einführung einer Pflicht zur Offenlegung der Existenz und Identität eines Prozessfinanzierers, die ausdrückliche Regelung der Befugnis des Schiedsgerichts zur Anordnung der Offenlegung der Prozessfinanzierung sowie die Empfehlung zur Offenlegung der Prozessfinanzierung. Ein vierter Ansatz findet sich in der Literatur. Im Folgenden sollen die verschiedenen Reformansätze vorgestellt und auf ihre Eignung zur Vermeidung von schiedsrichterlichen Interessenkonflikten bewertet werden.

1. Verpflichtung der finanzierten Partei zur systematischen Offenlegung der Existenz und Identität des Prozessfinanzierers

Zunächst soll auf die Einführung einer Verpflichtung der finanzierten Partei zur systematischen Offenlegung der Existenz und Identität eines Prozessfinanzierers eingegangen werden. Eine solche Regelung findet sich erstmals in der Schiedsordnung der *China International Economic and Trade Arbitration Commission* (CIETAC) für Investor-Staat-Schiedsverfahren, die im Jahr 2017 eingeführt wurde.[653] Der ICCA-QMUL Report 2018 empfahl die Einführung einer Offenlegungspflicht auch für solche Schiedsordnungen, die nicht speziell auf Investor-Staat-Schiedsverfahren zugeschnitten sind. Seitdem haben einige Schiedsordnungen eine entsprechende Offenlegungspflicht eingeführt. Im Folgenden soll exemplarisch auf die HKIAC-Schiedsordnung 2018 und die ICC-Schiedsordnung 2021 eingegangen werden.[654]

a) Reformvorschlag der ICCA-QMUL Task Force on Third-Party Funding in International Arbitration

Der ICCA-QMUL Report ist die einflussreichste aktuelle Studie in der Debatte um die Offenlegung der Prozessfinanzierung in Schiedsverfahren.[655] Der Report wurde im April 2018 veröffentlicht.[656] Die ICCA-QMUL Task Force spricht sich für die Einführung einer Pflicht zur Offenlegung der Existenz und Identität eines Prozessfinanzierers auf der Regelungsebene der Schiedsordnung einer Schiedsinstitution *de lege ferenda* aus:

> A.1. A party and/or its representative should, on their own initiative, disclose the existence of a third-party funding arrangement and the identity of the funder to the arbitrators and the arbitral institution or appointing authority (if any), either as part of a first appearance or submission, or as soon as practicable after funding is provided or an arrangement to provide funding for the arbitration is entered into.[657]

Die finanzierte Partei soll die Existenz und Identität eines Prozessfinanzierers zu Beginn des Verfahrens gegenüber den Schiedsrichtern und der Schiedsinstitution bzw. der ernennenden Stelle anzeigen. Wird der Prozessfinanzierungsvertrag erst während des laufenden Verfahrens abgeschlossen, soll die Mitteilung so bald wie möglich erfolgen. Der Begriff des „third-party funder“ wird dabei wie folgt definiert:

> A.3. For the purposes of disclosure, the term „third-party funder“ refers to any natural or legal person who is not a party to the dispute and is not a party's legal

---

653 Vgl. Art. 27.2 CIETAC Investment Arbitration Rules 2017.

654 Auch die *Milan Chamber of Arbitration* (CAM) sieht in Art. 43(1) CAM-Schiedsordnung 2019 erstmals eine Pflicht zur Offenlegung der Existenz und Identität eines Prozessfinanzierers vor (unverändert in CAM-Schiedsordnung 2020).

655 *Kreindler/Goldsmith*, Liber Amicorum Shaughnessy (2019), 255 (263).

656 *ICCA-QMUL Task Force*, Report on Third-Party Funding.

657 *ICCA-QMUL Task Force*, Report on Third-Party Funding, S. 81, A.1.

> counsel, but who enters into an agreement either with a party, an affiliate of that party, or a law firm representing that party:
> (a) in order to provide material support for or to finance part or all of the cost of the proceedings, either individually or as part of a specific range of cases, and
> (b) such support or financing or is provided through a donation, or grant, or in exchange for remuneration or reimbursement wholly or partially dependent on the outcome of the dispute.[658]

Der Anwendungsbereich dieses Reformvorschlags umfasst verschiedene Formen der Verfahrensdrittfinanzierung. Neben Prozessfinanzierern im engeren Sinne sind auch solche Prozessfinanzierer gemeint, die auf *pro-bono*-Basis tätig werden.[659] Auch verschiedene Formen von prozessbezogenen Versicherungen sind von der Definition des „third-party funder" erfasst, insbesondere Haftpflichtversicherer und ATE-Versicherer.[660] Dagegen sollen BTE-Versicherer vom Anwendungsbereich des Reformvorschlags ausgeschlossen sein.[661] Dieser Ausschluss wird damit begründet, dass die BTE-Versicherung in der internationalen Handelsschiedsgerichtsbarkeit im Prinzip nur im Rahmen von maritimen Schiedsverfahren eine praktische Rolle spiele und diese Art von Schiedsverfahren nicht vom Untersuchungsumfang der Studie erfasst sei.[662] Auch das anwaltliche Erfolgshonorar wird von der Definition des „third-party funding" ausgeschlossen, da das Bestehen einer anwaltlichen Vertretung in internationalen Schiedsverfahren zur Vermeidung von Interessenkonflikten zwischen Anwälten und Schiedsrichtern bereits gem. den *IBA Guidelines on Party Representation in International Arbitration* offengelegt werden müsse.[663] Für die Beurteilung von schiedsrichterlichen Interessenkonflikten sei es unerheblich, ob die Anwälte auf Basis eines Erfolgshonorars tätig seien oder nicht.[664] Daher sei es nicht erforderlich, den Anwendungsbereich des Reformvorschlags auf anwaltliche Erfolgshonorare auszudehnen.[665]

---

658 *ICCA-QMUL Task Force*, Report on Third-Party Funding, S. 92.
659 *ICCA-QMUL Task Force*, Report on Third-Party Funding, S. 93.
660 *ICCA-QMUL Task Force*, Report on Third-Party Funding, S. 93–96.
661 *ICCA-QMUL Task Force*, Report on Third-Party Funding, S. 93–96.
662 *ICCA-QMUL Task Force*, Report on Third-Party Funding, S. 94 f., 98.
663 *ICCA-QMUL Task Force*, Report on Third-Party Funding, S. 96; vgl. IBA Guidelines on Party Representation in International Arbitration, Guideline 4.
664 *ICCA-QMUL Task Force*, Report on Third-Party Funding, S. 96.
665 *ICCA-QMUL Task Force*, Report on Third-Party Funding, S. 96.

b) HKIAC-Schiedsordnung 2018

Die Schiedsordnung des *Hong Kong International Arbitration Centre* von 2018 (HKIAC-Schiedsordnung 2018) sieht in Art. 44 erstmals eine Pflicht zur Offenlegung der Existenz und Identität eines Prozessfinanzierers vor. Die HKIAC-Schiedsordnung 2018 findet auf Verfahren Anwendung, die seit dem 1. November 2018 eingeleitet wurden.[666] Die Reform der HKIAC-Schiedsordnung fügt sich dabei in die Entwicklung des nationalen Schiedsverfahrensrechts in Hongkong mit Bezug zur Prozessfinanzierung ein.[667]

> Article 44 – Disclosure of Third Party Funding of Arbitration
>
> 44.1 If a funding agreement is made, the funded party shall communicate a written notice to all other parties, the arbitral tribunal, any emergency arbitrator and HKIAC of:
> (a) the fact that a funding agreement has been made;
> and
> (b) the identity of the third party funder.
>
> 44.2 The notice referred to in Article 44.1 must be communicated:
> (a) in respect of a funding agreement made on or before the commencement of the arbitration, in the application for the appointment of an emergency arbitrator, the Notice of Arbitration, the Answer to the Notice of Arbitration, the Request for Joinder or the Answer to the Request for Joinder (as applicable); or
> (b) in respect of a funding agreement made after the commencement of the arbitration, as soon as practicable after the funding agreement is made.
>
> 44.3 Any funded party shall disclose any changes to the information referred to in Article 44.1 that occur after the initial disclosure.

Die finanzierte Partei muss die Existenz und Identität eines Prozessfinanzierers den anderen Parteien, dem Schiedsgericht, etwaigen Eilschiedsrichtern und der Schiedsinstitution zu Beginn des Schiedsverfahrens anzeigen. Wird der Prozessfinanzierungsvertrag während des laufenden Verfahrens abgeschlossen, muss diese Anzeige so bald wie möglich erfolgen. Die HKIAC-Schiedsordnung 2018 enthält keine Definition oder nähere Erläuterung des Begriffs „third party funder“. Da die Einführung der Offenlegungspflicht in Art. 44 HKIAC-Schiedsordnung in engem Zusammenhang mit der Reform des nationalen Schiedsverfahrensrechts steht, wird der Begriff des „third

---

666 Art. 1.4 HKIAC-Schiedsordnung 2018.

667 Siehe oben § 3 E I 1.

party funder" wie im Sinne der *Arbitration Ordinance* zu verstehen sein und nur Prozessfinanzierer im engeren Sinne und erfolgsabhängige ATE-Versicherer erfassen.[668]

Die HKIAC-Schiedsordnung 2018 sieht zugleich vor, dass der Umstand der Prozessfinanzierung bei der Kostenverteilung berücksichtigt werden kann:

> 34.4 The arbitral tribunal may take into account any third party funding arrangement in determining all or part of the costs of the arbitration referred to in Article 34.1.

Allerdings wird nicht näher erläutert, ob diese Vorschrift auch zur Sanktionierung eines Verstoßes gegen die Offenlegungspflicht eingesetzt werden kann. Ein Vorbild für eine ausdrückliche Regelung der Befugnis des Schiedsgerichts, diese Pflichtverletzung im Rahmen der Kostenentscheidung zu berücksichtigen, findet sich in Art. 27.3 CIETAC Investment Arbitration Rules 2017.[669]

c) *ICC-Schiedsordnung 2021*

Die ICC-Schiedsordnung 2021 führt ebenfalls eine Pflicht zur Offenlegung der Existenz und Identität eines Prozessfinanzierers in ihrem Art. 11.7 ein. Die ICC-Schiedsordnung 2021 findet auf alle Verfahren Anwendung, die seit dem 1. Januar 2021 eingeleitet wurden.

> Article 11.7:
> In order to assist prospective arbitrators and arbitrators in complying with their duties under Articles 11(2) and 11(3), each party must promptly inform the Secretariat, the arbitral tribunal and the other parties, of the existence and identity of any non-party which has entered into an arrangement for the funding of claims or defences and under which it has an economic interest in the outcome of the arbitration.

Hiernach muss die finanzierte Partei die Existenz und Identität des Prozessfinanzierers unverzüglich dem ICC-Sekretariat, dem Schiedsgericht und den anderen Parteien des Schiedsverfahrens anzeigen. Der Anwendungsbereich

---

[668] Siehe oben § 3 E I 1.

[669] Art. 27.3 CIETAC Investment Arbitration Rules 2017: „When making a decision on the costs of arbitration and other fees, the arbitral tribunal may take into account the existence of any third party funding arrangement, and the fact whether the requirements set forth in the preceding Paragraph 2 are complied with by the party or parties accepting the funds." (Art. 27.2 CIETAC Investment Arbitration Rules 2017 enthält die Pflicht zur Offenlegung der Existenz und Identität eines Prozessfinanzierers).

der Offenlegungspflicht umfasst verschiedene Formen der Verfahrensdrittfinanzierung. Die Mitteilungspflicht gilt in Bezug auf jede Person, die keine Partei ist und eine Vereinbarung zur Finanzierung der Geltendmachung oder Abwehr von Ansprüchen abgeschlossen hat, gemäß welcher diese Person ein wirtschaftliches Interesse am Ergebnis des Schiedsverfahrens hat. Der Anwendungsbereich des Art. 11.7 der ICC-Schiedsordnung 2021 wird durch die *Note to the Parties and Arbitral Tribunals on the Conduct of the Arbitration under the ICC Rules of Arbitration 2021* (ICC *Note* 2021) konkretisiert. Die ICC *Note* 2021 dient den Parteien und dem Schiedsgericht als praktische Anleitung bei der Anwendung der ICC-Schiedsordnung.[670] Para. 21 der ICC *Note* 2021 nimmt eine Negativabgrenzung des Anwendungsbereichs von Art. 11.7 ICC-Schiedsordnung vor:

> 21. Subject to any different determination that may be made by the arbitral tribunal in the circumstances of any given case, Article 11(7) would normally not capture (i) inter-company funding within a group of companies, (ii) fee arrangements between a party and its counsel, or (iii) an indirect interest, such as that of a bank having granted a loan to the party in the ordinary course of its ongoing activities rather than specifically for the funding of the arbitration.

Demnach sollen etwa unternehmensinterne Finanzierungen innerhalb einer Unternehmensgruppe, anwaltliche Erfolgshonorare und Finanzierungsformen, bei denen – wie etwa bei einem Darlehen – nur ein mittelbares Interesse am Ausgang des Schiedsverfahrens besteht, in der Regel nicht vom Anwendungsbereich der Offenlegungspflicht erfasst sein. Das Schiedsgericht kann jedoch im Einzelfall eine abweichende Entscheidung treffen. Versicherungen werden dagegen nicht vom Anwendungsbereich des Art. 11.7 ICC-Schiedsordnung 2021 ausgeschlossen. Der Wortlaut des Art. 11.7 ICC-Schiedsordnung 2021 ist weit gefasst und kann daher grundsätzlich auch auf Verfahrensdrittfinanzierer wie BTE-Versicherer, ATE-Versicherer und Haftpflichtversicherer Anwendung finden. Es ist allerdings erforderlich, dass der Verfahrensdrittfinanzierer ein wirtschaftliches Interesse am Ausgang des Verfahrens hat. Prozessfinanzierer, die eine Partei auf *pro-bono*-Basis unterstützen, sind daher nicht vom Anwendungsbereich des Art. 11.7 ICC-Schiedsordnung 2021 erfasst.

---

[670] ICC Note 2021, para. 1.

d) Bewertung

Bei der verdeckten Prozessfinanzierung hat lediglich der Prozessfinanzierer den vollen Überblick, um eine etwaige Beziehung zu einem der Schiedsrichter entdecken und im Hinblick auf schiedsrichterliche Interessenkonflikte beurteilen zu können. Die Verpflichtung der finanzierten Partei zur Offenlegung der Existenz und Identität eines Prozessfinanzierers gegenüber den anderen Parteien, dem Schiedsgericht und der Schiedsinstitution zu Beginn des Verfahrens beseitigt das Informationsdefizit. Die Schiedsrichter verfügen dann grundsätzlich über die gleichen Möglichkeiten wie der Prozessfinanzierer, eine problematische Verbindung zwischen ihnen zu entdecken. Auch die gegnerische Partei kann bei Kenntnis von der Einschaltung eines Prozessfinanzierers Nachforschungen anstellen, ob zwischen einem Schiedsrichter und dem Prozessfinanzierer eine problematische Beziehung besteht. Die Einführung einer systematischen Pflicht zur Offenlegung der Existenz und Identität eines Prozessfinanzierers ist daher zu begrüßen. Allerdings sehen weder der Reformvorschlag des ICCA-QMUL Report noch die HKIAC-Schiedsordnung 2018 oder die ICC-Schiedsordnung 2021 eine Sanktion für einen Verstoß gegen die Offenlegungspflicht vor. Es wäre zur Durchsetzung der Einhaltung der Offenlegungspflicht förderlich, einen solchen Verstoß im Rahmen der Kostenentscheidung zu berücksichtigen. Die Regelung in Art. 27.3 CIETAC *Investment Arbitration Rules* 2017 könnte insoweit als Vorbild dienen.

2. Ausdrückliche Regelung der Befugnis des Schiedsgerichts zur Anordnung der Offenlegung der Existenz und Identität eines Prozessfinanzierers

Ein anderer Lösungsansatz zur frühzeitigen Aufdeckung von schiedsrichterlichen Interessenkonflikten besteht in der ausdrücklichen Regelung der Befugnis des Schiedsgerichts zur Anordnung der Offenlegung der Existenz und Identität eines Prozessfinanzierers. Eine solche Regelung findet sich erstmals in der Schiedsordnung des *Singapore International Arbitration Centre* (SIAC) für Investor-Staat-Schiedsverfahren, die im Jahr 2017 eingeführt wurde.[671] Diesen Ansatz verfolgt das SIAC ebenfalls im Hinblick auf Han-

[671] Vgl. Art. 24(l) SIAC Investment Arbitration Rules 2017.

delsschiedsverfahren.[672] Der ICCA-QMUL Report 2018 spricht sich für eine ausdrückliche Regelung dieser Befugnis in Ergänzung zur Einführung einer Pflicht zur Offenlegung der Prozessfinanzierung aus.

a) *SIAC Practice Note 1/2017 on Arbitrator Conduct in Cases Involving External Funding*

Die SIAC-Schiedsordnung 2016 nimmt noch keine Stellung zu der Offenlegung der Prozessfinanzierung. Die SIAC *Practice Note* 1/2017 *on Arbitrator Conduct in Cases Involving External Funding* vom 31. März 2017 erkennt die Befugnis des Schiedsgerichts jedoch ausdrücklich an, die Offenlegung der Existenz und Identität eines Prozessfinanzierers anzuordnen, wenn dies aus Sicht des Schiedsgerichts erforderlich oder sinnvoll erscheint.

> 5. Unless otherwise agreed by the Disputant Parties, the Tribunal shall have the power to conduct such enquiries as may appear to the Tribunal to be necessary or expedient, which shall include ordering the disclosure of the existence of any funding relationship with an External Funder and/or the identity of the External Funder and, where appropriate, details of the External Funder's interest in the outcome of the proceedings, and/or whether or not the External Funder has committed to undertake adverse costs liability.[673]

Das Schiedsgericht soll darüber hinaus auch Auskunft über das konkrete finanzielle Interesse des Prozessfinanzierers verlangen können sowie über den Umstand, ob der Prozessfinanzierer sich zur Tragung gegnerischer Prozesskosten verpflichtet hat. Die SIAC *Practice Note* 1/2017 bezieht sich dabei auf jede Beziehung zu einem externen Finanzierer („any funding relationship with an External Funder"). Der Begriff des „External Funder" wird dabei in der *Practice Note* näher erläutert: Ein „External Funder" ist nicht Partei des Verfahrens und verfügt über ein unmittelbares wirtschaftliches Interesse am Ausgang des Verfahrens oder ist verpflichtet eine Partei für den Schiedsspruch zu entschädigen.[674] Die *Practice Note* umfasst daher nicht nur Prozessfinanzie-

---

[672] Eine ausdrückliche Regelung der Befugnis des Schiedsgerichts zur Anordnung der Offenlegung der Existenz und Identität eines Prozessfinanzierers findet sich nun auch in Art. 14(7) ICDR-Schiedsordnung 2021.

[673] SIAC Practice Note 1/2017 on Arbitrator Conduct in Cases Involving External Funding, para. 5.

[674] SIAC Practice Note 1/2017 on Arbitrator Conduct in Cases Involving External Funding, para. 3 lit. a, b.

rer im engeren Sinne, sondern auch verschiedene Formen prozessbezogener Versicherungen. Ein erfolgsabhängiger ATE-Versicherer hat beispielsweise ein unmittelbares wirtschaftliches Interesse am Ausgang des Verfahrens. Ein Haftpflichtversicherer übernimmt die Befriedigung von Drittansprüchen und ist daher verpflichtet, die versicherte Partei für den Schiedsspruch zu entschädigen. Verfahrensdrittfinanzierer, die auf *pro-bono*-Basis tätig werden, sind jedoch nicht erfasst.

b) Reformvorschlag der ICCA-QMUL Task Force on Third-Party Funding in International Arbitration

Die Reformvorschläge der ICCA-QMUL Task Force sprechen sich für eine ausdrückliche Regelung der Befugnis des Schiedsgerichts zur Anordnung der Offenlegung der Existenz und Identität eines Prozessfinanzierers in Schiedsordnungen aus.

> A.2. Arbitrators and arbitral institutions have the authority to expressly request that the parties and their representatives disclose whether they are receiving support from a third-party funder and, if so, the identity of the funder.[675]

Es ist jedoch zu beachten, dass die ausdrückliche Regelung der Befugnis des Schiedsgerichts hier in Ergänzung zu der Einführung einer Pflicht zur Offenlegung der Existenz und Identität eines Prozessfinanzierers vorgeschlagen wird. Der Anwendungsbereich des Reformvorschlags wird durch die Definition des Begriffs „third-party funder“ unter Punkt A.3 bestimmt. Hierzu wird auf die Ausführungen im Zusammenhang mit der Einführung einer Pflicht zur Offenlegung der Existenz und Identität eines Prozessfinanzierers verwiesen.[676]

c) Bewertung

Die Befugnis des Schiedsgerichts, zum Schutz der Integrität des Schiedsverfahrens die Offenlegung der Existenz und Identität eines Prozessfinanzierers anzuordnen, gehört zu den *inherent powers* des Schiedsgerichts und bedarf nicht zwingend einer ausdrücklichen Regelung.[677] Die ausdrückliche Regelung dieser Befugnis ist dennoch zu begrüßen, weil sie zur Rechtssicherheit

---

[675] *ICCA-QMUL Task Force*, Report on Third-Party Funding, S. 81.
[676] Siehe oben § 3 E II 2 a).
[677] *Kreindler/Goldsmith*, Liber Amicorum Shaughnessy (2019), 255 (266).

beiträgt.[678] Zudem wird die Ausübung der Befugnis erleichtert, wenn – wie im Rahmen des Vorschlags der ICCA-QMUL Task Force – keine Voraussetzungen gestellt werden. Will das Schiedsgericht die Offenlegung der Existenz und Identität des Prozessfinanzierers im Rahmen seiner *inherent powers* anordnen, muss das Schiedsgericht darlegen, warum die Offenlegung unter Berücksichtigung der Vor – und Nachteile zum Schutz der Integrität des Verfahrens geboten ist.[679] Im Vergleich zu der Einführung einer Pflicht zur Offenlegung der Existenz und Identität eines Prozessfinanzierers ist die ausdrückliche Regelung der Befugnis des Schiedsgerichts nicht in gleichem Maße geeignet, schiedsrichterliche Interessenkonflikte frühzeitig aufzudecken. Wenn das Schiedsgericht nicht stets von der Befugnis Gebrauch macht, die Offenlegung einer etwaigen Verfahrensdrittfinanzierung zu Beginn des Verfahrens beiden Parteien aufzugeben, kann nicht sichergestellt werden, dass der Schiedsrichter stets Kenntnis von der Präsenz des Prozessfinanzierers erlangt. Dann kann der Schiedsrichter eine etwaige Verbindung zu dem Prozessfinanzierer auch nicht im Hinblick auf Interessenkonflikte bewerten. Ein weiterer Nachteil dieses Lösungsansatzes besteht im Vergleich zur Einführung einer Pflicht zur Offenlegung der Prozessfinanzierung darin, dass die Ausübung der Befugnis des Schiedsgerichts zur Anordnung der Prozessfinanzierung voraussetzt, dass das Schiedsgericht schon bestellt wurde.[680] Wenn die Offenlegung der Prozessfinanzierung dagegen zu Beginn des Verfahrens offengelegt werden muss, können etwaige Interessenkonflikte schon bei der Schiedsrichterbestellung berücksichtigt werden.[681] Ein späteres zeit – und kostenintensives Ablehnungsverfahren kann so vermieden werden.[682]

3. Empfehlung zur Offenlegung der Prozessfinanzierung

Manche Schiedsinstitutionen ziehen die bloße Empfehlung zur Offenlegung der Prozessfinanzierung einer Einführung einer Offenlegungspflicht in ihrer Schiedsordnung vor.

---

678 *Kreindler/Goldsmith*, Liber Amicorum Shaughnessy (2019), 255 (266).
679 Siehe oben § 3 D V.
680 *Kreindler/Goldsmith*, Liber Amicorum Shaughnessy (2019), 255 (269).
681 *Kreindler/Goldsmith*, Liber Amicorum Shaughnessy (2019), 255 (269).
682 *Kreindler/Goldsmith*, Liber Amicorum Shaughnessy (2019), 255 (269).

a) CIETAC Hong Kong Arbitration Center Guidelines for Third Party Funding for Arbitration

Das *China International Economic and Trade Arbitration Commission* (CIETAC) *Hong Kong Arbitration Center* empfiehlt den Parteien in den *Guidelines for Third Party Funding for Arbitration* (CIETAC *Hong Kong TPF Guidelines*) die Offenlegung der Prozessfinanzierung:

> 3.1. Disclosure of Funding Agreement: A Funded Party must give written notice to the arbitral tribunal and each party to the arbitration via the Arbitration Court of CIETAC Hong Kong of (i) the fact that a Funding Agreement has been entered into; and (ii) the name of the Funder.

Hiernach muss eine finanzierte Partei das Schiedsgericht und die anderen Parteien des Verfahrens über die Existenz und Identität eines Prozessfinanzierers informieren. Allerdings handelt es sich um eine bloße Empfehlung, weil diese Regelung ihren Niederschlag nicht in der CIETAC-Schiedsordnung 2015, sondern in den unverbindlichen CIETAC *Hong Kong TPF Guidelines* vom 1. September 2017 gefunden hat.[683]

Die CIETAC *Hong Kong TPF Guidelines* beschränken den Anwendungsbereich dieser Empfehlung auf Prozessfinanzierer im engeren Sinne. Es wird gefordert, dass der „Funder“ ein unmittelbares ökonomisches Interesse an dem zu erlassenden Schiedsspruch hat.[684] Eine Prozessfinanzierung auf *pro-bono*-Basis ist daher nicht erfasst. Ausdrücklich ausgenommen werden auch folgende Formen der Verfahrensdrittfinanzierung: Finanzierungen innerhalb einer Unternehmensgruppe, Versicherungen und anwaltliche Erfolgshonorare.[685]

b) CAM-CCBC Administrative Resolution No. 18/2016

Das *Center for Arbitration and Mediation of the Chamber of Commerce Brazil-Canada* (CAM-CCBC) empfiehlt den Parteien in der *Administrative Resolution* No. 18/2016 ebenfalls, der Schiedsinstitution CAM-CCBC die Prozessfinanzierung zum frühestmöglichen Zeitpunkt anzuzeigen:

---

683 Vgl. CIETAC Hong Kong TPF Guidelines, paras. 1.1, 1.4 zur Unverbindlichkeit der Guidelines.

684 CIETAC Hong Kong TPF Guidelines, para. 1.2.

685 CIETAC Hong Kong TPF Guidelines, para. 1.3.

> Article 4 – In order to avoid potential conflicts of interest, CAM-CCBC recommends the parties to report the existence of third-party funding to CAM-CCBC at the earliest opportunity. The complete qualification of the funder should be included in this communication.
>
> Article 5 – When this communication is received, CAM-CCBC shall inform the arbitrators and invite them to perform a conflict check and to reveal any information that may raise justifiable doubts as to their independence and impartiality. The third-party funding information shall also be provided to the other party.

Nach Erhalt dieser Information soll die Schiedsinstitution die Schiedsrichter hierüber informieren und dazu auffordern, etwaige Interessenkonflikte zu prüfen und alle Umstände offenzulegen, die berechtigte Zweifel an ihrer Unabhängigkeit und Unparteilichkeit wecken könnten. Die gegnerische Partei soll ebenfalls über die Prozessfinanzierung informiert werden. Der Anwendungsbereich dieser Empfehlung erfasst nur solche Formen der Verfahrensdrittfinanzierung, bei denen der Finanzierer einen bestimmten Anteil oder Prozentsatz des erzielten Erlöses erhält.[686] Daher beschränkt sich die Empfehlung auf Prozessfinanzierer im engeren Sinne und erfolgsabhängige ATE-Rechtsschutzversicherer.

c) Bewertung

Eine Empfehlung an die Parteien, die Existenz und Identität eines Prozessfinanzierers zu Beginn des Verfahrens offenzulegen, ist ein erster Schritt zur Vermeidung schiedsrichterlicher Interessenkonflikte. Eine Verpflichtung der Parteien durch die Schiedsordnung ist jedoch vorzuziehen. Es ist allerdings auch zu berücksichtigen, dass sowohl die CIETAC-Schiedsordnung als auch die CAM-CCBC-Schiedsordnung zum letzten Mal vor dem Erscheinen des einflussreichen ICCA-QMUL Report im Jahre 2018 reformiert wurden. Daher bleibt abzuwarten, ob die nächste Aktualisierung der jeweiligen Schiedsordnung dem Trend zur Einführung einer Pflicht zur Offenlegung der Existenz und Identität eines Prozessfinanzierers folgt.

---

686 Vgl. Art. 1 CAM-CCBC Administrative Resolution No. 18/2016: „receiving in return a portion or percentage of any profits earned from the award or from the agreement."

4. Literaturvorschlag: Schiedsinstitution als „clearing agent“

In der Literatur findet sich vereinzelt ein weiterer Ansatz zur Vermeidung von schiedsrichterlichen Interessenkonflikten im Zusammenhang mit der Prozessfinanzierung. Es wird eine Reform der Schiedsordnungen vorgeschlagen, die der Schiedsinstitution die Rolle eines „clearing agent“[687] für schiedsrichterliche Interessenkonflikte zuweist.[688] Bei *ad-hoc*-Schiedsverfahren soll die ernennende Stelle (*appointing authority*) diese Funktion übernehmen.[689]

a) Reformvorschlag

Bei der Schiedsinstitution sollen alle Informationen zusammenfließen, die die Aufdeckung schiedsrichterlicher Interessenkonflikte ermöglichen. Der Reformvorschlag sieht vor, dass Schiedsrichter im Rahmen ihres Bestellungsprozesses eine Liste mit den Namen aller gewerblichen Prozessfinanzierer vorlegen müssen, zu denen in irgendeiner Weise eine Verbindung bestand oder besteht.[690] Eine finanzierte Partei muss die Existenz und Identität ihres Prozessfinanzierers gegenüber der Schiedsinstitution anzeigen.[691] Die Schiedsinstitution prüft dann stets anhand dieser Informationen, ob eine Beziehung zwischen dem Prozessfinanzierer und einem Schiedsrichter besteht.[692] Besteht eine Verbindung zwischen einem Schiedsrichter und dem Prozessfinanzierer, wird den Parteien mitgeteilt, dass ein möglicher Interessenkonflikt im Zusammenhang mit der Prozessfinanzierung der Bestellung des Schiedsrichters entgegensteht.[693] Darüber hinaus sollen die Parteien und die Schiedsrichter allerdings keine Informationen erhalten, auch nicht zur Identität des Prozessfinanzierers.[694] Der Reformvorschlag beruht auf dem Bestreben, schiedsrichterliche Interessenkonflikte im Zusammenhang mit der Prozessfinanzierung

---

687 *Goldsmith/Melchionda*, Intl Bus LJ 2012, 221 (226).

688 Der detaillierteste Reformvorschlag stammt von *Trusz*, Geo LJ 101 (2013), 1649 (1673–1681). Die Idee des „clearing agent“ findet sich jedoch im Grundsatz bereits bei *Goldstein*, TDM 8 (2011), 1 (8–9) und *Goldsmith/Melchionda*, Intl Bus LJ 2012, 221 (226 f.).

689 Vgl. den Vorschlag zur Reform der UNCITRAL-Schiedsordnung bei *Trusz*, Geo LJ 101 (2013), 1649 (1680).

690 *Trusz*, Geo LJ 101 (2013), 1649 (1680, Gliederungspunkt A).

691 *Trusz*, Geo LJ 101 (2013), 1649 (1680, Gliederungspunkt B).

692 *Trusz*, Geo LJ 101 (2013), 1649 (1680, Gliederungspunkt C).

693 *Trusz*, Geo LJ 101 (2013), 1649 (1676).

694 *Trusz*, Geo LJ 101 (2013), 1649 (1676).

zu vermeiden und dennoch größtmögliche Vertraulichkeit in Bezug auf die Existenz und Identität eines Prozessfinanzierers zu gewährleisten.[695]

b) Bewertung

Gegen diesen Reformvorschlag spricht zunächst, dass Schiedsinstitutionen nicht die Rolle eines „clearing agent" übernehmen werden wollen.[696] Diese zusätzliche Aufgabe würde Kapazitäten binden und die Schiedsinstitution bei einer Fehlentscheidung einem Haftungsrisiko aussetzen.[697] Zudem verfügt die Schiedsinstitution auf der Grundlage des Reformvorschlags nicht über genügend Informationen, um eine fundierte Entscheidung treffen zu können.[698] Sie würde bei einer ggf. unproblematischen Verbindung zwischen einem Schiedsrichter und Prozessfinanzierer verfrüht einen schiedsrichterlichen Interessenkonflikt annehmen (müssen).[699] Um die Vertraulichkeit der Identität zu wahren, sieht der Reformvorschlag keine Möglichkeit der Stellungnahme zu dem Sachverhalt vor, der die Verbindung zwischen einem Schiedsrichter und einem Prozessfinanzierer begründet.[700] Demnach könnte die Bestellung eines Schiedsrichters untersagt werden, ohne die finanzierte Partei oder den betroffenen Schiedsrichter zum Sachverhalt zu hören.[701] Der Reformvorschlag wirft daher nicht zuletzt starke Bedenken im Hinblick auf die Grundsätze des fairen Verfahrens und des rechtlichen Gehörs auf.[702]

III. Fazit

Nur die systematische Offenlegung der Existenz und Identität eines Prozessfinanzierers zu Beginn des Verfahrens stellt sicher, dass potentielle

---

695 *Trusz*, Geo LJ 101 (2013), 1649 (1676).

696 *v. Göler*, Third-Party Funding in International Arbitration, S. 288 f.; *Hoffmann*, Prozessfinanzierung in Investitionsschiedsverfahren, S. 357.

697 *v. Göler*, Third-Party Funding in International Arbitration, S. 288 f.; *Hoffmann*, Prozessfinanzierung in Investitionsschiedsverfahren, S. 357 f.

698 *v. Göler*, Third-Party Funding in International Arbitration, S. 288 f.; *Hoffmann*, Prozessfinanzierung in Investitionsschiedsverfahren, S. 357 f.

699 *v. Göler*, Third-Party Funding in International Arbitration, S. 286 f.

700 *v. Göler*, Third-Party Funding in International Arbitration, S. 286 f.

701 *v. Göler*, Third-Party Funding in International Arbitration, S. 286.

702 *v. Göler*, Third-Party Funding in International Arbitration, S. 286 f.; *Hoffmann*, Prozessfinanzierung in Investitionsschiedsverfahren, S. 358.

schiedsrichterliche Interessenkonflikte auch vom Schiedsgericht und Prozessgegner untersucht werden können. Auf der Regelungsebene des nationalen Schiedsverfahrensrechts findet sich eine solche Pflicht lediglich in Hongkong und Singapur. Auf der Regelungsebene der Schiedsordnungen ist ein deutlicher Trend hin zur Einführung einer Pflicht zur Offenlegung der Existenz und Identität eines Prozessfinanzierers zu beobachten. Entscheidend hat dazu der ICCA-QMUL Report vom April 2018 beigetragen, der die Einführung einer solchen Pflicht empfiehlt.

Dagegen hat die LCIA bei der letzten Reform ihrer Schiedsordnung im Oktober 2020 keine Pflicht zur Offenlegung der Prozessfinanzierung eingeführt. Es wurde zudem auf die ausdrückliche Regelung der Befugnis des Schiedsgerichts zur Anordnung der Offenlegung der Existenz und Identität eines Prozessfinanzierers verzichtet.[703] Auch die letzte Aktualisierung der DIS-Schiedsordnung im März 2018 adressiert die Offenlegung der Prozessfinanzierung nicht. Allerdings ist zu berücksichtigen, dass die DIS-Schiedsordnung zuletzt kurz vor der Veröffentlichung des ICCA-QMUL Report im April 2018 reformiert wurde.

Der Trend zur Einführung einer Pflicht zur Offenlegung der Prozessfinanzierung ist zu begrüßen. Allerdings sehen weder der Reformvorschlag des ICCA-QMUL Report noch die jüngsten Reformen der untersuchten Schiedsordnungen eine Sanktion bei einem Verstoß gegen die Offenlegungspflicht vor. Bei zukünftigen Reformen der Schiedsordnungen könnte Art. 27.3 CIETAC *Investment Arbitration Rules* 2017 als Vorbild dienen, der ausdrücklich die Berücksichtigung eines solchen Verstoßes im Rahmen der Kostenverteilung ermöglicht.

IV. Ausblick: Ausdehnung der Offenlegungspflicht auf andere Formen der Verfahrensdrittfinanzierung

Die vorstehende Untersuchung kommt zu dem Ergebnis, dass die Verpflichtung der Partei zur Offenlegung der Existenz und Identität ihres Prozessfinanzierers sowohl auf der Regelungsebene des nationalen Schiedsverfahrensrechts

703 Auch die Schweizerische Schiedsordnung 2021 enthält weder eine Pflicht zur Offenlegung der Prozessfinanzierung noch die ausdrückliche Regelung der Befugnis des Schiedsgerichts zur Anordnung der Offenlegung.

als auch auf der Regelungsebene einer Schiedsinstitution zur frühzeitigen Aufdeckung und Vermeidung schiedsrichterlicher Interessenkonflikte erstrebenswert ist. Im Rahmen dieser Arbeit soll dagegen nicht abschließend geklärt werden, ob auch andere Formen der Verfahrensdrittfinanzierung zu Beginn eines Schiedsverfahrens offengelegt werden sollen. Entscheidend für die Beantwortung dieser Frage ist, ob eine ähnliche Interessenlage wie bei der Prozessfinanzierung besteht.[704] Die Gefahr schiedsrichterlicher Interessenkonflikte ist besonders groß, wenn der Verfahrensdrittfinanzierer ein unmittelbares wirtschaftliches Interesse am Ausgang des Verfahrens hat.[705] Es spricht daher vieles dafür, den Anwendungsbereich der Offenlegungspflicht zumindest auf erfolgsabhängige ATE-Rechtsschutzversicherer auszudehnen, weil diese wie Prozessfinanzierer ein unmittelbares wirtschaftliches Interesse am Ausgang des Verfahrens haben.[706] Dagegen kann es trotz eines unmittelbaren wirtschaftlichen Interesses am Ausgang des Verfahrens an der Erforderlichkeit der Einführung einer Offenlegungspflicht fehlen, wenn die Identität des Verfahrensdrittfinanzierers dem Prozessgegner und dem Schiedsgericht ohnehin bekannt ist.[707] Die Identität des Rechtsanwalts einer Partei muss dem Prozessgegner und dem Schiedsgericht ohnehin angezeigt werden. Unerheblich ist die Kenntnis darüber, ob der Rechtsanwalt eine Partei nicht nur berät, sondern auch ein eigenes finanzielles Interesse am Ausgang des Verfahrens in Form eines anwaltlichen Erfolgshonorars hat.[708] Ist die Identität des Rechtsanwalts bekannt, können die Schiedsrichter und der Prozessgegner Untersuchungen zu etwaigen Verbindungen zwischen einem Schiedsrichter und dem Rechtsanwalt anstellen und diese im Hinblick auf schiedsrichterliche Interessenkonflikte bewerten.[709]

Erhält der Verfahrensdrittfinanzierer seine Gegenleistung unabhängig vom Verfahrensausgang, ist bereits keine der Prozessfinanzierung vergleichbare

---

[704] *Hoffmann*, Prozessfinanzierung in Investitionsschiedsverfahren, S. 332 ff.

[705] *Hoffmann*, Prozessfinanzierung in Investitionsschiedsverfahren, S. 340 f.

[706] *Hoffmann*, Prozessfinanzierung in Investitionsschiedsverfahren, S. 338 f.; *ICCA-QMUL Task Force*, Report on Third-Party Funding, S. 93 f.

[707] *Hoffmann*, Prozessfinanzierung in Investitionsschiedsverfahren, S. 333; *ICCA-QMUL Task Force*, Report on Third-Party Funding, S. 96.

[708] *Hoffmann*, Prozessfinanzierung in Investitionsschiedsverfahren, S. 333f.; *ICCA-QMUL Task Force*, Report on Third-Party Funding, S. 96.

[709] *Hoffmann*, Prozessfinanzierung in Investitionsschiedsverfahren, S. 334.

Risikolage in Bezug auf schiedsrichterliche Interessenkonflikte gegeben.[710] Daher ist es nicht erforderlich, ein Darlehen oder eine unternehmensinterne Finanzierung innerhalb einer Unternehmensgruppe in den Anwendungsbereich einer Offenlegungspflicht einzubeziehen.[711]

Die Bewertung von prozessbezogenen Versicherungsprodukten wie Rechtsschutzversicherungen und Haftpflichtversicherungen ist schwieriger. Versicherer haben in der Regel kein unmittelbares wirtschaftliches Interesse am Ausgang des Verfahrens, weil die Versicherungsprämie unabhängig vom Verfahrensausgang gezahlt werden muss. Eine Ausnahme besteht – wie bereits erörtert – im Fall der erfolgsabhängigen ATE-Rechtsschutzversicherung. Allerdings haben Versicherer oft ein ausgeprägtes mittelbares wirtschaftliches Interesse am Ausgang des Verfahrens.[712] Bei Obsiegen der versicherten Partei können BTE- und ATE-Rechtsschutzversicherer von der teilweisen oder vollständigen Erstattung der Verfahrenskosten profitieren, wenn diese der unterlegenen Gegenseite auferlegt werden.[713] Haftpflichtversicherer haben darüber hinaus ein zusätzliches wirtschaftliches Interesse am Ausgang des Verfahrens, weil sie zur Befriedigung von berechtigten Drittansprüchen verpflichtet sind.[714] Ob dieses ausgeprägte mittelbare wirtschaftliche Interesse eines Versicherers am Ausgang des Verfahrens eine mit der Prozessfinanzierung vergleichbare Risikolage begründet, kann an dieser Stelle nicht entschieden werden. Der ICCA-QMUL Report empfiehlt, verschiedene Formen prozessbezogener Versicherungen in den Anwendungsbereich der vorgeschlagenen Offenlegungspflicht einzubeziehen. Exemplarisch werden die Haftpflichtversicherer und ATE-Versicherer genannt. Der Reformvorschlag des ICCA-QMUL Report sieht lediglich einen Ausschluss für BTE-Versicherer vor. Dieser Ausschluss wird jedoch darauf gestützt, dass die BTE-Versicherung in der internationalen Handelsschiedsgerichtsbarkeit nur im Rahmen von maritimen Schiedsverfahren eine praktisch relevante Rolle spiele und diese Art von Schiedsverfahren nicht vom Untersuchungsumfang der Studie erfasst sei.[715] Der ICCA-QMUL Report weist jedoch ebenfalls darauf hin,

---

[710] *Hoffmann*, Prozessfinanzierung in Investitionsschiedsverfahren, S. 337.

[711] *Hoffmann*, Prozessfinanzierung in Investitionsschiedsverfahren, S. 337.

[712] *Hoffmann*, Prozessfinanzierung in Investitionsschiedsverfahren, S. 337 f.

[713] *Hoffmann*, Prozessfinanzierung in Investitionsschiedsverfahren, S. 337.

[714] *Hoffmann*, Prozessfinanzierung in Investitionsschiedsverfahren, S. 337.

[715] Siehe oben § 3 E II 1 a).

dass es für die abschließende Beantwortung der Frage, ob Versicherer *de lege ferenda* ebenfalls einer Offenlegungspflicht unterliegen sollten, weiterer Untersuchungen unter Einbeziehung der Versicherungsbranche bedürfe.[716]

Schwierigkeiten bereitet schließlich auch die Beurteilung der Prozessfinanzierung *pro bono*. In diesem Fall hat der Prozessfinanzierer zwar kein unmittelbares wirtschaftliches Interesse am Ausgang des Verfahrens, weil er keine Gegenleistung erhält. Allerdings kann der Prozessfinanzierer bei der sog. strategischen Prozessfinanzierung ein mittelbares wirtschaftliches Interesse verfolgen.[717] Dann wird mit der Finanzierung des fremden Verfahrens die Schaffung eines günstigen Präzedenzfalles für ein eigenes Verfahrens bezweckt.[718] Allerdings beschränkt sich die strategische Prozessfinanzierung in der Praxis auf das Investor-Staat-Schiedsverfahren.[719] Im Zentrum dieser Arbeit steht jedoch die Untersuchung des Handelsschiedsverfahrens, sodass die Frage, ob die Existenz und Identität eines Prozessfinanzierers *pro bono* stets offengelegt werden sollte, nicht abschließend beurteilt werden kann.

---

716 *ICCA-QMUL Task Force*, Report on Third-Party Funding, S. 95.
717 *Hoffmann*, Prozessfinanzierung in Investitionsschiedsverfahren, S. 336.
718 *Hoffmann*, Prozessfinanzierung in Investitionsschiedsverfahren, S. 336.
719 Siehe hierzu *Hoffmann*, Prozessfinanzierung in Investitionsschiedsverfahren, S. 336 f.

Die verdeckte Prozessfinanzierung im englischen Zivilprozess- und Schiedsverfahrensrecht

A. Einführung

In England und Wales[720] war die Prozessfinanzierung bis in jüngster Zeit aufgrund der *common law doctrines of maintenance and champerty* verboten. Eine Rechtsprechungsänderung, die in den 1990er Jahren ihren Anfang nahm, führte Mitte der 2000er Jahre zur Anerkennung der grundsätzlichen Zulässigkeit der Prozessfinanzierung. Die Rechtsprechungsänderung wurzelte in dem Bestreben, den effektiven Zugang zu Gericht (*access to justice*) durch eine weitere private Form der Verfahrensdrittfinanzierung zu verbessern, nachdem der Staat seit den 1970er Jahren den Zugang zur Prozesskostenhilfe stetig beschränkt hatte.[721] Die Grenzen der Zulässigkeit der Prozessfinanzierung wurden im Laufe der Zeit durch die Rechtsprechung verfeinert, etwa im Hinblick auf die Zulässigkeit der Einflussnahme des Prozessfinanzierers auf das Verfahren.[722]

720 Die Territorien England und Wales des Vereinigten Königreichs haben grundsätzlich ein gemeinsames Rechtssystem und Gerichtswesen. Die grundsätzliche Einheitlichkeit des Zivilprozessrechts ist in CPR 2.3(1) verankert. Im Folgenden steht „England" für „England und Wales".

721 Siehe unten § 4 B III 1, 2.

722 Siehe unten § 4 B III 2.

Eine Regulierung der Prozessfinanzierung durch Gesetzesrecht existiert nicht. Im Jahr 2009 adressierte *Lord Justice Jackson* in seiner *Review of Civil Litigation Costs* die Frage der Regulierung der Prozessfinanzierung.[723] Er sprach schließlich eine Empfehlung zugunsten der Selbstregulierung in Form eines freiwilligen Verhaltenskodex für Prozessfinanzierer aus; zugleich ließ er aber die Notwendigkeit einer Regulierung durch Statuten zu einem späteren Zeitpunkt offen.[724] Diese Empfehlung mündete 2011 in den *Code of Conduct for Litigation Funders* (ALF-Code), dessen Einhaltung durch die *Association of Litigation Funders* (ALF) überwacht wird. Der ALF-Code enthält Mindeststandards und Verhaltenspflichten für Prozessfinanzierer. Besonders hervorzuheben sind die Anforderungen an die adäquate Kapitalausstattung der Finanzierer, die Begrenzung des Rechts des Finanzierers zur Kündigung des Prozessfinanzierungsvertrages sowie die Bestimmungen zur Beschränkung der Einflussnahme des Finanzierers auf den Prozess oder auf den Abschluss eines Vergleichs. Der ALF-Code enthält keine Regelung, die zur Offenlegung der Prozessfinanzierung zu Beginn eines Verfahrens verpflichtet. Der ALF-Code regelte von 2011 bis 2018 das Verhalten von Prozessfinanzierern bei der Finanzierung von staatlichen Prozessen, Schiedsverfahren und anderen Formen der alternativen Streitbeilegung. Seit Januar 2018 beschränkt sich der Anwendungsbereich des ALF-Code auf die Finanzierung von staatlichen Prozessen.[725]

Dieses Kapitel untersucht zwei prozessuale Situationen, in denen die Kenntnis der Identität des Prozessfinanzierers von Relevanz ist: die Anordnung der Prozesskostensicherheit und die Kostentragung. Diese beiden prozessualen Situationen werden im Rahmen des englischen Zivilprozessverfahrens und im Rahmen von Schiedsverfahren mit Sitz in England beleuchtet. In einem ersten Schritt wird die Rechtslage *de lege lata* dargestellt. In einem zweiten Schritt wird erörtert, ob die Einführung einer Pflicht zur Offenlegung der Identität des Prozessfinanzierers und ggf. weiterer Regelungen des Prozessfinanzierungsvertrages zu Beginn eines Verfahrens *de lege ferenda* erstrebenswert ist. Daran anschließend stellt sich die Frage, ob eine solche Verpflichtung im Rahmen der Selbstregulierung (ALF-Code) implementiert werden sollte

---

[723] *Jackson*, Review of Civil Litigation Costs: Final Report, Kap. 11, Rn. 2.1.–2.12.
[724] *Jackson*, Review of Civil Litigation Costs: Final Report, Kap. 11, Rn. 2.4, 2.12.
[725] Siehe unten § 4 C IV.

oder ob eine zwingende Regulierung, etwa durch eine Ergänzung der *Civil Procedure Rules* (CPR)1998[726] bzw. des *Arbitration Act* 1996, vorzuziehen ist.

Bislang wird die Offenlegung der Prozessfinanzierung vorwiegend im Zusammenhang mit der Finanzierung von Schiedsverfahren diskutiert. Zentral ist dabei der Aspekt, dass die Offenlegung der Identität des Prozessfinanzierers der frühzeitigen Aufdeckung von Interessenkonflikten der Schiedsrichter dient. Die Gefahr der schiedsrichterlichen Interessenkonflikte bei der verdeckten Prozessfinanzierung findet keine Parallele im Rahmen des Zivilverfahrens, weil die Problematik auf der dem Schiedsverfahren eigenen Doppelrolle der Anwälte als Schiedsrichter und Prozessvertreter in verschiedenen Verfahren beruht. Im englischen Zivilprozess stellt sich die Frage nach der Notwendigkeit der Offenlegung der Prozessfinanzierung jedoch verstärkt im Zusammenhang mit der Anordnung der Prozesskostensicherheit und der Kostenentscheidung. Maßgeblich dafür sind die Befugnisse des Gerichts, einen Prozessfinanzierer selbst zur Leistung einer Prozesskostensicherheit zu verpflichten und ein Kostenurteil gegen den Prozessfinanzierer zu erlassen. Vereinzelt wird daher eine frühzeitige Offenlegung der Prozessfinanzierung im englischen Zivilprozess gefordert. Eine systematische Untersuchung der Frage fehlt jedoch bislang. Dieses Kapitel vergleicht die prozessuale Relevanz der verdeckten Prozessfinanzierung im englischen Zivilverfahren und im Rahmen von Schiedsverfahren mit Sitz in England und soll einen Beitrag zur Systematisierung der Problematik leisten.

B. Die Entwicklung der Prozessfinanzierung

Lord Justice Jackson bewertete die Prozessfinanzierung im Jahr 2009 wie folgt: „I remain of the view that, in principle, third party funding is beneficial and should be supported […]. […] [It] promotes access to justice.“[727] *Jackson* äußerte diese Einschätzung im Rahmen der unter seiner Federführung durchgeführten *Review on Civil Litigation Costs*, die die Ursachen der hohen Ver-

---

[726] *Civil Procedure Rules* 1998 (SI 1998/3132); sec. 2 *Civil Procedure Act* 1967 etablierte ein *Civil Procedure Rule Committee*, das dazu ermächtigt wurde, die CPR zu erarbeiten. Gem. CPR 2.1(1) gelten die CPR grundsätzlich für Verfahren vor den *County Courts*, dem *High Court* und der *Civil Division* des *Court of Appeal*.

[727] *Jackson*, Review of Civil Litigation Costs: Final Report, Kap. 11, Rn. 1.2; vgl. bereits *Jackson*, Review of Civil Litigation Costs: Preliminary Report, Kap. 15, Rn. 1.1.

fahrenskosten im englischen Zivilprozess untersuchte und darauf aufbauend Reformvorschläge zur Kostenreduzierung erarbeitete, um den effektiven Zugang zu Gericht (*access to justice*) zu verbessern.[728]

Jacksons Beurteilung der Prozessfinanzierung ist bemerkenswert, wenn man sich die rechtliche Einordnung der Prozessfinanzierung im Wandel der Zeit verdeutlicht. Seit dem Mittelalter galt in England eine finanzielle Unterstützung einer Prozesspartei durch unbeteiligte Dritte als ethisch anstößig. Diese Überzeugung fand ihren Ausdruck in den *common law doctrines of maintenance and champerty,* die ursprünglich zivilrechtliche und strafrechtliche Rechtsfolgen für den Fall einer solchen finanziellen Unterstützung vorsahen.[729] Noch bis in jüngster Zeit war in den meisten Rechtsordnungen angelsächsischer Tradition eine Prozessfinanzierungsvereinbarung aufgrund der *doctrines of maintenance and champerty* nichtig.[730] Im Folgenden wird die Entwicklung der Prozessfinanzierung vor dem Hintergrund der Verbote der *maintenance* und *champerty* und den *access-to-justice*-Erwägungen der jüngeren Zeit in den Blick genommen.

I. Entstehung der Verbote der *maintenance* und *champerty*

Die *common law doctrines of maintenance and champerty* finden ihren Ursprung im mittelalterlichen England.[731] Sie bestehen bis heute fort; allerdings hat sich das Verständnis der Tatbestände der *maintenance* und *champerty* und die an sie geknüpften Rechtsfolgen im Laufe der Zeit gewandelt.

Im Jahr 1966 fasste die *Law Commission of England and Wales* das Verständnis von *maintenance* wie folgt zusammen: „The modern view of maintenance is that it consists of the procurement, by direct or indirect financial assistance, of another person to institute, or carry on or defend civil proceedings without

---

[728] *Jackson*, Review of Civil Litigation Costs: Final Report, S. xvi.

[729] *Bench Nieuwveld/Shannon Sahani*, Third-Party Funding in International Arbitration, S. 44.

[730] So ist etwa in Irland die Prozessfinanzierung noch heute aufgrund der *doctrines of maintenance and champerty* verboten, vgl. zuletzt die Entscheidung des *Supreme Court of Ireland* in *Persona Digital Telephony Ltd v. Minister for Public Enterprise* [2017] IESC 27; siehe dazu *Capper*, CJQ 37 (2018), 193, der das Verbot der Prozessfinanzierung in Irland im Hinblick auf die Entwicklungen in anderen *common-law*-Rechtsordnungen für nicht zeitgemäß hält.

[731] *Rowles-Davies*, Third Party Litigation Funding, Rn. 2.01.

lawful justification.“[732] Das Verbot der *maintenance* richtet sich somit gegen jegliche widerrechtliche finanzielle Unterstützung einer Partei eines Zivilprozesses, unabhängig davon, ob der Dritte (*maintainer*) im Fall des Obsiegens eine Beteiligung am Prozesserlös erlangt.[733] Bei der *doctrine of maintenance* handelt es sich daher um ein generelles Verbot der Einmischung in fremde Angelegenheiten.[734] Den Begriff der *Champerty* definierte die *Law Commission* folgendermaßen: „The tort of champerty is that of maintaining a civil action in consideration of a promise of a share in the proceed of the action, if successful.“[735] *Champerty* ist also eine besondere Form der *maintenance*, bei der der *maintainer* im Erfolgsfall für die geleistete Unterstützung einen Anteil am Prozesserlös erhält.[736] Neben der Prozessfinanzierung ist dabei vor allem an das Erfolgshonorar des Anwalts zu denken.

Im Jahr 1787 beschrieb der englische Rechtsphilosoph *Jeremy Bentham* anschaulich einige Bedenken, die für die Entstehung der mittelalterlichen *common law doctrines of maintenance and champerty* maßgeblich waren:

> A mischief, [...] though a mischief not to be cured by such laws, was, that a man would buy a weak claim, in hopes that power might convert it into a strong one, and that the sword of a baron, stalking into court with a rabble of retainers at his feet, might strike terror into the eye of a judge upon the bench.[737]

Bentham bringt die im Mittelalter bestehende Befürchtung zum Ausdruck, einflussreiche Adlige könnten durch eine Einmischung in Prozesse Druck auf die Rechtspflege ausüben und so einem unberechtigten Anliegen zur

---

[732] *Law Commission*, Proposals for the reform of the law relating to maintenance and champerty (1966), Rn. 9; siehe *Hill v. Archbold* [1968] 1 QB 686 (694).

[733] Das wiederholte Anstacheln eines Rechtsstreits wird als *barratry* bezeichnet und stellt einen Unterfall der *maintenance* dar; dieser Unterscheidung wird in Rechtsprechung und Literatur jedoch keine größere Bedeutung mehr beigemessen, vgl. *Hodges/Peysner/Nurse*, Litigation Funding, S. 12.

[734] *Kochheim*, Prozessfinanzierung, S. 264; *Schepke*, Das Erfolgshonorar des Rechtsanwalts, S. 22.

[735] *Law Commission*, Proposals for the reform of the law relating to maintenance and champerty (1966), Rn. 9; siehe *Re Trepca Mines Ltd* (No. 2) [1963] Ch 199 (224); *Trendtex Trading Corp v. Credit Suisse* [1980] QB 629 (663 f.).

[736] *Schepke*, Das Erfolgshonorar des Rechtsanwalts, S. 25.

[737] *Bentham*, The Works of Jeremy Bentham Vol. 3, Letter XII: Maintenance and Champerty, S. 19.

Durchsetzung verhelfen.[738] Eine mögliche Einflussnahme auf die Rechtsfindung wurde im mittelalterlichen England als besonders gefährlich angesehen, da die Unabhängigkeit der Justiz noch nicht gefestigt war.[739]

Die Verbote der *maintenance* und *champerty* sollte die Rechtsfindung allerdings nicht nur vor der offenen Einflussnahme Dritter schützen. Die Spekulation mit dem Ausgang eines Verfahrens sollte auch deshalb unterbunden werden, um die Integrität der Rechtspflege vor unsichtbaren wirtschaftlichen Interessen und Einflüssen Dritter zu schützen.[740] Dies war umso wichtiger, weil zur Zeit der Entstehung des Gerichtswesens in England unterstellt wurde, dass die Parteien eines Prozesses regelmäßig eidliche Falschaussagen machten und selbst strafrechtliche Sanktionen sie davon nur bedingt abhalten konnten.[741] Die Richter glaubten, die Rechtsfindung zwar vor der Beeinflussung durch die Parteien schützen zu können, nicht jedoch vor den weniger sichtbaren wirtschaftlichen Interessen und Einflüssen Dritter.[742] Schließlich bestand die Sorge, dass die Möglichkeit der Spekulation mit dem Ausgang eines Verfahrens zu einem generellen Anstieg von Zivilverfahren führen könne.[743]

Auch wenn die Unabhängigkeit der Justiz später nicht mehr durch einflussreiche Adlige gefährdet war,[744] blieb die Sorge hinsichtlich der Integrität der Rechtspflege bestehen, insbesondere, wenn der Dritte ein wirtschaftliches Eigeninteresse am Erfolg hatte. *In Re Trepca Mines Ltd* bestätigte *Lord Denning MR* im Jahr 1963, dass die Bedenken gegen *champerty* nach wie vor bestanden. Es sei zu befürchten, dass der *champertous maintainer* versucht sei, den Ausgang des Verfahrens zu seinen Gunsten unredlich zu beeinflussen, indem er die Schadenshöhe aufblähe, Beweise unterdrücke oder Zeugen zu

---

738 Vgl. auch *Schepke*, Das Erfolgshonorar des Rechtsanwalts, S. 26.

739 *Schepke*, Das Erfolgshonorar des Rechtsanwalts, S. 23 f.; *Hodges/Peysner/Nurse*, Litigation Funding, S. 12.

740 *Hodges/Peysner/Nurse*, Litigation Funding, S. 12.

741 *Hodges/Peysner/Nurse*, Litigation Funding, S. 12.

742 *Hodges/Peysner/Nurse*, Litigation Funding, S. 12.

743 *Hodges/Peysner/Nurse*, Litigation Funding, S. 12.

744 Siehe *Bentham*, The Works of Jeremy Bentham Vol. 3, Letter XII: Maintenance and Champerty, S. 19: „At present, what cares an English judge for the swords of a hundred barons? Neither fearing nor hoping, hating nor loving, the judge of our days is ready with equal phlegm to administer, on all occasions, that system, whatever it be, or justice or injustice, which the law has put into his hands.“

einer Falschaussage anstifte.[745] Seit dem Ende des 19. Jahrhunderts wurde die finanzielle Unterstützung einer Partei jedoch bei einem „berechtigten Interesse" in eng eingegrenzten Ausnahmefällen zugelassen. Ein früher Fall des „berechtigten Interesses" wurde im Rahmen eines Insolvenzverfahrens anerkannt: Eine Vereinbarung zwischen einem Insolvenzgläubiger und dem Insolvenzverwalter, ein Verfahren zur Eintreibung einer Forderung finanziell zu unterstützen und im Gegenzug einen größeren Anteil am erstrittenen Erlös zu erhalten, verstieß bereits im 19. Jahrhundert nicht gegen das Verbot der *champerty*.[746]

II. *Criminal Law Act* 1967

Bis zum *Criminal Law Act* 1967 waren die Verbote der *maintenance* und *champerty* als zivilrechtliches Delikt (*tort*) sowie als Straftatbestand ausgestaltet.[747] Auf Empfehlung der *Law Commission* wurde die deliktische Haftung und die Strafbarkeit von *maintenance* und *champerty* durch den *Criminal Law Act* 1967 aufgehoben.[748] Dies führte jedoch nicht zu einer rechtlichen Billigung eines Verhaltens, das *maintenance* oder *champerty* begründet. Verbotswidrige Verträge wurden weiterhin als ethisch anstößig angesehen und wegen eines Verstoßes gegen die öffentliche Ordnung als nichtig behandelt.[749] *Section* 14(2) *Criminal Law Act* 1967 stellt dies ausdrücklich klar: „The abolition of criminal and civil liability under the law of England and Wales for maintenance and champerty shall not affect any rule of that law as to the cases in which a contract is to be treated as contrary to public policy or otherwise illegal." Trotz Abschaffung der deliktischen und strafrechtlichen Haftung für *maintenance* und *champerty* behielt die Rechtsprechung zur Definition der

---

745 *Re Trepca Mines Ltd (No. 2)* [1963] Ch 199 (219 f.), *per Lord Denning MR*: „The reason why the common law condemns champerty is because of the abuses to which it may give rise. The common law fears that the champertous maintainer might be tempted, for his own personal gain, to inflame the damages, to suppress evidence, or even to suborn witness."

746 *Seear v. Lawson* (1880) 15 Ch D 426; *Guy v. Churchill* (1888) 40 Ch D 481.

747 *Schepke*, Das Erfolgshonorar des Rechtsanwalts, S. 22.

748 Sec. 13(1)(a) und sec. 14(1) *Criminal Law Act* 1967.

749 Vgl. sec. 14(2) *Criminal Law Act* 1967.

Tatbestände daher zunächst weitgehend ihre Bedeutung.[750] Erfolgshonorare und Prozessfinanzierung blieben in der Regel wegen eines Verstoßes gegen die öffentliche Ordnung verboten; ein Verstoß gegen *maintenance* und *champerty* führte jedoch fortan lediglich zur Nichtigkeit verbotswidriger Verträge.[751]

III. Zulässigkeit der Prozessfinanzierung

Im Vereinigten Königreich ist das Recht auf Zugang zu Gericht durch das *common law* als verfassungsrechtliches Recht gewährleistet.[752] Darüber hinaus ist das Recht auf Zugang zu Gericht in Art. 6 Abs. 1 EMRK verankert. Der EGMR stellte in *Airey v. Ireland* klar, dass dieses Recht praktisch und effektiv gewährleistet werden muss.[753] Der effektive Rechtsschutzzugang hängt von verschiedenen Faktoren ab; zu diesen gehört vor allem die Fähigkeit, den Rechtsstreit zu finanzieren.[754] Fehlen die Mittel zur Finanzierung eines Rechtstreites, stellt die Gewährleistung des Rechtsschutzzuganges lediglich ein theoretisches Recht dar.[755] Die Einführung der Prozesskostenhilfe durch den *Legal Aid and Advice Act* 1949 stellte eine Errungenschaft im Hinblick auf den effektiven Rechtsschutzzugang dar.[756] Seit den 1970er Jahren wurde der Zugang zur Prozesskostenhilfe in England jedoch stetig beschränkt.[757]

1. Hintergrund: Beschränkung des Zugangs zur Prozesskostenhilfe

Die Zulassung von *conditional fee agreements* und der Prozessfinanzierung hängt mit der gleichzeitigen Beschränkung der Prozesskostenhilfe in

---

750 *Schepke*, Das Erfolgshonorar des Rechtsanwalts, S. 22; *Hodges/Peysner/Nurse*, Litigation Funding, S. 12.

751 Vgl. *Schepke*, Das Erfolgshonorar des Rechtsanwalts, S. 22, 49; *Hodges/Peysner/Nurse*, Litigation Funding, S. 12.

752 *Bremer Vulkan Schiffbau und Maschinenfabrik v. South India Shipping Corp Ltd* [1981] AC 909 (977 D–E) (HL).

753 EGMR Urt. v. 9.10.1979 – 6289/73, Série A, Nr. 32, Rn. 24 – *Airey/Irland*.

754 *Sorabji*, The Crisis of Legal Aid and Alternative Solutions, S. 3.

755 *Sorabji*, The Crisis of Legal Aid and Alternative Solutions, S. 3.

756 *Sorabji*, The Crisis of Legal Aid and Alternative Solutions, S. 3.

757 *Sorabji*, The Crisis of Legal Aid and Alternative Solutions, S. 4; vgl. *Hodges/Peysner/Nurse*, Litigation Funding, S. 16.

England zusammen.[758] Der Staat beschränkte die Zugangsvoraussetzungen und den Umfang des Anspruchs auf Prozesskostenhilfe, während er den Klägern den Zugang zu Gericht durch neue private Mittel ermöglichte.[759] Die Zulassung von *conditional fee agreements* und der Prozessfinanzierung erfolgte jedoch in unterschiedlicher Weise. Während *conditional fee agreements* per Gesetz erlaubt wurden,[760] führte eine Rechtsprechungsänderung zur Zulässigkeit der Prozessfinanzierung.[761] Im Jahr 1949 wurde die Prozesskostenhilfe für bestimmte Verfahrensarten durch den *Legal Aid and Advice Act* 1949 eingeführt. Dies sollte sicherstellen, dass jedem Bürger der Zugang zu Gericht unabhängig vom Status und den eigenen finanziellen Mitteln offensteht.[762] Bei der Gewährung der Prozesskostenhilfe werden Erfolgschancen und Bedürftigkeit geprüft.[763] Zunächst waren circa 80 Prozent der Bevölkerung im Hinblick auf die Bedürftigkeitsschwelle berechtigt, Prozesskostenhilfe zu beantragen.[764] Seit den 1970er Jahren wurde der Zugang zur Prozesskostenhilfe in England jedoch stetig beschränkt.[765] Im Jahr 1998 waren nur noch 52 Prozent der Bevölkerung grundsätzlich berechtigt, Prozesskostenhilfe zu beantragen, im Jahr 2001 waren es 46 Prozent und im Jahr 2007 lediglich noch 29 Prozent.[766] Die jüngste einschneidende Maßnahme zur Beschränkung der Zulässigkeit und des Umfangs der Prozesskostenhilfe erfolgte im Jahr 2012 durch den *Legal Aid, Sentencing and Punishment of Offenders Act* 2012.[767] Die stetige Beschränkung des Zugangs

---

758 *Hodges/Peysner/Nurse*, Litigation Funding, S. 17.

759 *Hodges/Peysner/Nurse*, Litigation Funding, S. 16.

760 Vgl. sec. 58 *Courts and Legal Services Act* 1990.

761 Die Rechtsprechungsänderung wurde durch *Giles v. Thompson* [1994] 1 AC 142 (HL) eingeleitet; vgl. auch *Gulf Azov Shipping Co Ltd v. Idisi (Costs)* [2004] EWCA Civ 292, Rn. 54, *per Lord Phillips MR*: „Public policy now recognises that it is desirable, in order to facilitate access to justice, that third parties should provide assistance designed to ensure that those who are involved in litigation have the benefit of legal representation."

762 *Hodges/Peysner/Nurse*, Litigation Funding, S. 15; *Sorabji*, The Crisis of Legal Aid and Alternative Solutions, S. 7.

763 *Hodges/Peysner/Nurse*, Litigation Funding, S. 16.

764 *Sorabji*, The Crisis of Legal Aid and Alternative Solutions, S. 4.

765 *Sorabji*, The Crisis of Legal Aid and Alternative Solutions, S. 5; vgl. *Hodges/Peysner/Nurse*, Litigation Funding, S. 16.

766 *Sorabji*, The Crisis of Legal Aid and Alternative Solutions, S. 7; vgl. *Hodges/Peysner/Nurse*, Litigation Funding, S. 16.

767 *Sorabji*, The Crisis of Legal Aid and Alternative Solutions, S. 5, 7.

zur Prozesskostenhilfe erfolgte zu einer Zeit, in der sich der Staat im Bereich der öffentlichen Leistungen generell mehr und mehr zurückzog.[768] Der *welfare state*, dessen Entstehung in der ersten Hälfte des 20. Jahrhunderts unter anderem zur Einführung der Prozesskostenhilfe geführt hatte, wurde nach und nach durch das Konzept eines *market state* ersetzt.[769] Der Zugang zu Gericht wurde zunehmend durch Verfahrensdrittfinanzierung ermöglicht.[770] Im Jahr 1995 wurden *conditional fee agreements* zunächst sachlich beschränkt auf bestimmte Verfahren gem. *section 58 Courts and Legal Services Act* 1990 zugelassen.[771] Seit 1999 sind *conditional fee agreements* in allen Zivilverfahren erlaubt, mit Ausnahme von bestimmten familienrechtlichen Streitigkeiten.[772] Verboten blieb zunächst die Vereinbarung von *contingency fees* in Zivilverfahren, d.h. die Berechnung des Erfolgshonorars *quota litis*.[773] Seit 2013 sind die sog. *damages-based agreements* (als Form der *contingency fees*) in England in allen Zivilverfahren zulässig, in denen auch der Abschluss eines *conditional fee agreement* erlaubt ist.[774] Die *damages-based agreements* werden in der Praxis bislang jedoch kaum genutzt, weil große Unsicherheit in Bezug auf die rechtmäßige Ausgestaltung eines *damages-based agreement* besteht.[775]

---

768 *Sorabji*, The Crisis of Legal Aid and Alternative Solutions, S. 3 f.

769 *Sorabji*, The Crisis of Legal Aid and Alternative Solutions, S. 4.

770 *Hodges/Peysner/Nurse*, Litigation Funding, S. 16.

771 Vgl. *Conditional Fee Agreements Order* 1995 (SI 1995/1674) und *Conditional Fee Agreements Regulations* 1995 (SI 1995/1675)

772 Vgl. sec. 58A *Courts and Legal Services Act* 1990 (in der Fassung des *Access to Justice Act* 1999).

773 Vgl. sec. 58 und 58A *Courts and Legal Services Act* 1990 (in der Fassung des *Access to Justice Act* 1999) i.V.m. den *Conditional Fee Agreements Regulations* 2000 (SI 2000/692) und der *Conditional Fee Agreements Order* 2000 (SI 2000/823).

774 Vgl. sec. 58AA *Courts and Legal Services Act* 1990 (in der Fassung des sec. 45 *Legal Aid, Sentencing and Punishment of Offenders Act* 2012; vgl. auch *Damages-Based Agreements Regulations* 2013 (SI 2013/609). Zuvor waren *damages-based agreements* lediglich im Rahmen von „non-contentious" Angelegenheiten zulässig (sec. 59(2)(b) und sec. 87(1) *Solicitors Act* 1974), zu denen interessanterweise auch arbeitsrechtliche Streitigkeiten gezählt wurden, vgl. auch *Damages-Based Agreements Regulations* 2010 (SI 2010/1206).

775 Vgl. *Ministry of Justice*, Post-Implementation Review of Part 2 of the Legal Aid, Sentencing and Punishment of Offenders Act 2012 (LASPO): Civil litigation funding and costs, Rn. 116; siehe hierzu auch *Mulheron*, CJQ 32 (2013), 241.

2. Legalisierung der Prozessfinanzierung durch die Rechtsprechung

Im Gegensatz zu *conditional fee agreements* und *damages-based agreements* wurde die Prozessfinanzierung in England nicht durch Gesetzesrecht zugelassen.[776] Die Prozessfinanzierung wurde durch eine Rechtsprechungsänderung zu den *doctrines of maintenance and champerty* legalisiert. Während eine Prozessfinanzierungsvereinbarung ursprünglich in aller Regel *maintenance* und *champerty* begründete und gegen die *public policy* verstieß, liegt nach heutiger Rechtsprechung nur noch ausnahmsweise ein Verstoß gegen die öffentliche Ordnung vor. Im Folgenden wird die schrittweise Legalisierung der Prozessfinanzierung anhand wichtiger Entscheidungen skizziert.

a) Giles v. Thompson

Die Rechtsprechungsänderung wurde 1993 durch *Giles v. Thompson* eingeleitet.[777] Das *House of Lords* entschied, dass die Finanzierung eines Prozesses durch einen Dritten nicht per se *champertous* und somit wegen eines Verstoßes gegen die *public policy* nichtig sei. *Lord Mustill* betonte, dass die Rechtsanschauung im Hinblick auf *maintenance* und *champerty* einem stetigen Wandel unterliege.[778] Als Ausgangspunkt diente zwar die bisherige Definition von *maintenance*: „[T]here is wanton and officious intermeddling with the disputes of others in where the meddler has no interest whatever, and where the assistance he renders to one or the other party is without justification or excuse."[779] Ob eine solche unangemessene Einmischung in fremde Rechtsstreitigkeiten ohne ein berechtigtes Interesse des Dritten am Streitausgang vorliege, müsse allerdings unter Berücksichtigung aller Umstände des Einzelfalles beantwortet werden.[780] Entscheidend sei dabei, ob der ursprüngliche Schutzzweck der

---

776 Sec. 58B *Courts and Legal Services Act* 1990 wurde durch sec. 28 *Access to Justice Act* 1999 vorsorglich eingefügt und sollte – in Verbindung mit den noch zu erlassenden *regulations* durch den *Lord Chancellor* – die Voraussetzungen der Zulässigkeit der Prozessfinanzierung regeln; die entsprechenden Vorschriften sind aber nie in Kraft getreten.

777 *Giles v. Thompson* [1994] 1 AC 142 (HL).

778 *Giles v. Thompson* [1994] 1 AC 142 (164 A) (HL).

779 *Giles v. Thompson* [1994] 1 AC 142 (164 C–D) (HL); *Lord Mustill* griff dabei auf die Definition von *maintenance* in *British Cash and Parcel Conveyors Ltd v. Lamson Store Service Co Ltd* [1908] 1 KB 1006 (1014) zurück.

780 *Giles v. Thompson* [1994] 1 AC 142 (164 B–C) (HL).

doctrines of maintenance and champerty, die die Reinheit des Prozesses und die Interessen von schutzbedürftigen Parteien sicherstellen sollten, tangiert sei.[781] Das Abstellen auf die Umstände des Einzelfalles ermöglichte die flexible Erweiterung der Rechtfertigungsgründe der *maintenance* und *champerty* als „just cause and excuse". Zuvor wurde das berechtigte Interesse nur in eng eingegrenzten Ausnahmefällen angenommen. In *Giles v. Thompson* wurde ein eigenes berechtigtes Interesse des Dritten am Streitausgang bejaht und die Gefahr für die „administration of justice" durch die Involvierung des Dritten verneint.[782]

Die Fallkonstellation in *Giles v. Thompson* stellt allerdings nicht den typischen Fall der gewerblichen Prozessfinanzierung dar, bei dem ein bis dahin unbeteiligter Dritter gegen Erfolgsbeteiligung tätig wird.[783] In *Giles v. Thompson* betrieb der Dritte ein Unternehmen, das Unfallersatzwagen vermietete. Der Vermieter finanzierte das Verfahren seines Mieters gegen den Unfallverursacher, und wurde zugleich ermächtigt, das Verfahren gegen den Unfallversucher im Namen des Klägers zu führen. Hierfür erhielt der Vermieter zwar keine klassische Erfolgsbeteiligung in Form eines Anteils am Erlös oder einer vorher anderweitig festgelegten Summe. Jedoch war im Mietvertrag festgelegt, dass die Miete für die Unfallersatzwagen erst nach Abschluss des Verfahrens fällig wurde und somit letztendlich aus dem erstrittenen Schadensersatz für die Unfallersatzwagen gezahlt werden sollte.

Für *Lord Mustill* war die Frage entscheidend, ob der Vermieter durch diese Vereinbarung unmittelbare Rechte am Prozesserfolg erhalten habe („whether the companies obtain any direct rights over the fruits of the claim for the element of damages representing the hire charges").[784] Dies verneinte er aufgrund der spezifischen Sachverhaltskonstellation: „The company makes its profits form the hiring, not from the litigation. It does not divide the spoils, but relies upon the fruits of the litigation as a source from which the

[781] *Giles v. Thompson* [1994] 1 AC 142 (164 B) (HL): „I believe that the law on maintenance and champerty can best be kept forward in motion by looking to its origins as a principle of public policy designed to protect the purity of justice and the interests of vulnerable litigants."

[782] *Giles v. Thompson* [1994] 1 AC 142 (164 D–E) (HL).

[783] Vgl. *Giles v. Thompson* [1994] 1 AC 142 (155 B–D, 158 F–159 C) (HL) für die Vertragsbedingungen.

[784] *Giles v. Thompson* [1994] 1 AC 142 (161 G–H) (HL).

motorist can satisfy his or her liability for the provision of a genuine service, external to the litigation."[785] Darüber hinaus konnte er keine unangemessene Einmischung des Dritten feststellen.[786] Insbesondere wurde in der Auswahl des Anwalts durch den Vermieter noch kein unangemessener Einfluss gesehen. Die Vereinbarung begründe daher keine Gefahr für die *administration of justice*;[787] sie sei folglich vom Recht anzuerkennen und durchzusetzen.[788]

Giles v. Thompson leitete die Legalisierung der Prozessfinanzierung ein. Das Abstellen auf die Umstände des Einzelfalles ermöglichte die flexible Erweiterung der Rechtfertigungsgründe der *maintenance* und *champerty* als „just cause and excuse". Allerdings ist zu berücksichtigen, dass der Prozessfinanzierer in diesem Fall noch kein gänzlich unbeteiligter Dritter war und keine klassische Erfolgsbeteiligung als Gegenleistung für die Finanzierung des Prozesses erhielt.

b) Factortame Ltd v. Secretary of State for the Environment, Transport and the Regions

Eine weitere wichtige Entscheidung im Hinblick auf die Legalisierung der Prozessfinanzierung stellt *Factortame Ltd v. Secretary of State for the Environment, Transport and the Regions*[789] dar. In *Factortame* machten englisch-spanische Fischereiunternehmen Schadensersatz wegen eines gegen EU-Recht verstoßenden Ausschlusses vom Fischen in britischen Gewässern gegen das Vereinigte Königreich geltend. Das Buchhaltungs – und Beratungsunternehmen *Grant Thornton* (der Dritte) hatte im Auftrag der Kläger Berechnungen hinsichtlich der Schadenshöhe angestellt. Statt einer regulären Vergütung für seine Tätigkeit wurde ihm im Erfolgsfall ein Anteil am Schadensersatz in Höhe von acht Prozent versprochen. In Frage stand, ob diese Vereinbarung eines Erfolgshonorars zwischen *Grant Thornton* und den Klägern aufgrund eines Verstoßes gegen die *doctrines of maintenance and champerty* nichtig sei.

---

785 *Giles v. Thompson* [1994] 1 AC 142 (165 F–G) (HL).
786 *Giles v. Thompson* [1994] 1 AC 142 (164 D) (HL).
787 *Giles v. Thompson* [1994] 1 AC 142 (164 D–E) (HL).
788 *Giles v. Thompson* [1994] 1 AC 142 (165 F–G) (HL).
789 *Factortame Ltd v. Secretary of State for the Environment, Transport and the Regions (No. 2) sub nom R (Factortame Ltd) v. Secretary of State for Transport, Local Government and the Regions (Costs: Champertous Agreement)* [2002] EWCA Civ 932, [2003] QB 381.

Der *Court of Appeal* legte als Maßstab für die Beurteilung der Rechtmäßigkeit der Vereinbarung insbesondere die Grundsätze aus *Giles v. Thompson* zugrunde und resümierte:

> [O]ne must today look at the facts of the particular case and consider whether those facts suggest that the agreement in question might tempt the allegedly champertous maintainer for his personal gain, to inflame the damages, to suppress evidence, to suborn witnesses or otherwise undermine the ends of justice.[790]

Im vorliegenden Fall sah das Gericht durch die Vereinbarung keine Gefahr einer solchen missbräuchlichen Beeinflussung der Rechtsfindung. Entscheidend war zunächst, dass *Grant Thornton* nicht als *expert witness* aufgetreten war; in diesem Fall wäre die Vereinbarung einer Erfolgsbeteiligung mit den besonderen Anforderungen an die Unabhängigkeit eines *expert witness* wohl nicht zu vereinbaren gewesen.[791] Das Gericht setzte sich sodann mit der Frage auseinander, ob die Vereinbarung einer Erfolgsbeteiligung in Höhe von acht Prozent des Schadensersatzes einen Anreiz für *Grant Thornton* darstelle, bei der Schätzung des Schadensersatzes unredlich zu arbeiten.[792] Das Gericht verneinte dies im Ergebnis. Diese Überzeugung beruhte auf mehreren Gründen. Die Richter erkannten an, dass die Versuchung, vom Pfad der Tugend abzukommen, mit wachsender Erfolgsbeteiligung steige.[793] Die vereinbarten acht Prozent vom erstrittenen Schadensersatz betrachteten sie im konkreten Fall als angemessene Gegenleistung für die von *Grant Thornton* erbrachte Leistung. Die Richter nahmen in diesem Zusammenhang auch zur Kenntnis, dass die Vereinbarung einer Erfolgsbeteiligung nicht auf *Grant Thorntons* Wunsch, sondern vielmehr auf Drängen der Kläger zustande gekommen war, weil sie sich finanziell in einer prekären Lage befanden.[794] Es könne zwar nicht ausgeschlossen werden, dass für *Grant Thornton* ein gewisser Anreiz bestand,

---

[790] *Factortame Ltd v. Secretary of State for the Environment, Transport and the Regions (No. 2)* [2002] EWCA Civ 932, [2003] QB 381, Rn. 36.

[791] *Factortame Ltd v. Secretary of State for the Environment, Transport and the Regions (No. 2)* [2002] EWCA Civ 932, [2003] QB 381, Rn. 73–75.

[792] *Factortame Ltd v. Secretary of State for the Environment, Transport and the Regions (No. 2)* [2002] EWCA Civ 932, [2003] QB 381, Rn. 83–90.

[793] *Factortame Ltd v. Secretary of State for the Environment, Transport and the Regions (No. 2)* [2002] EWCA Civ 932, [2003] QB 381, Rn. 85.

[794] *Factortame Ltd v. Secretary of State for the Environment, Transport and the Regions (No. 2)* [2002] EWCA Civ 932, [2003] QB 381, Rn. 85.

die Schadenshöhe bei der Berechnung zu hoch anzusetzen („to inflame the damages").[795] Die Wahrscheinlichkeit, dass *Grant Thornton* sich tatsächlich dazu verleiten ließ, wurde jedoch als gering eingeschätzt.[796] *Grant Thornton* habe als Buchhaltungs – und Beratungsunternehmen einen tadellosen Ruf und sei als solches auch Mitglied eines ehrwürdigen Berufsstandes, der zudem einer Regulierung unterliege. Aus der Sicht eines objektiven Betrachters sei eine Manipulation nicht ernstlich zu befürchten gewesen.[797] Darüber hinaus habe *Grant Thornton* im konkreten Fall praktisch keine Gelegenheit gehabt, die Schadenshöhe zu verfälschen. Bei der Berechnung sei *Grant Thornton* nämlich nicht alleine tätig gewesen, sondern habe mit einer Abteilung des Ministeriums – der Gegenseite – kooperieren müssen.[798] Schließlich verwiesen die Richter auch auf das veränderte Verständnis der *public policy* im Hinblick auf erfolgsbedingte anwaltliche Honorare. Die grundsätzliche Zulässigkeit von *conditional fees* durch *section 58 Courts and Legal Services Act* 1990 (in Kraft seit 1995) sei Ausdruck der Berücksichtigung eines anderen Elements der *public policy*, nämlich des Strebens nach einem verbesserten Zugang zu Gericht.[799]

Die Bedeutung von *Factortame* liegt in der Zulassung einer Vereinbarung, die die klassische Erfolgsbeteiligung eines Dritten zum Gegenstand hat. Eine entscheidende Rolle spielte der Wunsch des Gerichts, den Zugang zu Gericht durch Verfahrensdrittfinanzierung zu ermöglichen. In *Factortame* wurde sogar eine Erfolgsbeteiligung als Anteil des erstrittenen Erlöses (*quota litis*) zugelassen. Dies geht selbst über die Art der Erfolgsbeteiligung hinaus, die im Rahmen von anwaltlichen Erfolgshonoraren zu diesem Zeitpunkt in England zulässig war.[800] Bei *conditional fee agreements* erhält der Anwalt im

---

[795] *Factortame Ltd v. Secretary of State for the Environment, Transport and the Regions (No. 2)* [2002] EWCA Civ 932, [2003] QB 381, Rn. 87.

[796] *Factortame Ltd v. Secretary of State for the Environment, Transport and the Regions (No. 2)* [2002] EWCA Civ 932, [2003] QB 381, Rn. 87.

[797] *Factortame Ltd v. Secretary of State for the Environment, Transport and the Regions (No. 2)* [2002] EWCA Civ 932, [2003] QB 381, Rn. 87.

[798] *Factortame Ltd v. Secretary of State for the Environment, Transport and the Regions (No. 2)* [2002] EWCA Civ 932, [2003] QB 381, Rn. 87 f.

[799] *Factortame Ltd v. Secretary of State for the Environment, Transport and the Regions (No. 2)* [2002] EWCA Civ 932, [2003] QB 381, Rn. 62.

[800] Seit April 2013 ist die Berechnung des anwaltlichen Erfolgshonorars *quota litis* in Zivilverfahren zulässig (sog. *damages-based agreements*), vgl. sec. 58AA *Courts and Legal*

Erfolgsfall einen Bonus, der sich jedoch nicht als Anteil an der erstrittenen Summe darstellt, sondern sich als prozentuale Erhöhung des vereinbarten Grundhonorars bemisst.

c) Hamilton v. Al-Fayed

In *Hamilton v. Al-Fayed*[801] ging es um die Frage, ob die den Prozess finanzierenden Dritten für die Kosten des Verfahrens haften müssen. Gem. *section* 51(3) *Senior Courts Act* 1981 kann das Gericht einem Dritten grundsätzlich die Kosten des Verfahrens nach freiem Ermessen auferlegen. In *Hamilton v. Al-Fayed* wird eine Leitlinie zur Ausübung des Ermessens für den Fall entwickelt, dass der Dritte kein kommerzieller Prozessfinanzierer („professional funder"), sondern ein Prozessfinanzierer ohne Gewinnabsicht („pure funder") ist.

Hamilton, ein ehemaliger Abgeordneter der Konservativen Partei, verklagte *Al-Fayed* wegen Diffamierung im Rahmen des „cash-for-questions"-Skandals auf Schadensersatz. *Hamilton* unterlag, und die Kosten des Verfahrens in Höhe von knapp GBP 1,5 Millionen wurden ihm auferlegt; davon blieb er *Al-Fayed* knapp GBP 1,2 Millionen schuldig und wurde für insolvent erklärt. Während des Prozesses wurde *Hamilton* von 484 anonymen Personen finanziell unterstützt; insgesamt erhielt er dadurch knapp GBP 470.000. Die finanzielle Unterstützung wurde ohne Gewinnabsicht geleistet – nur im Erfolgsfall sollte eine Rückzahlung erfolgen. Die meisten finanziellen Beiträge waren von geringfügiger Natur, jedoch überstiegen die 18 höchsten Beiträge GBP 5.000. Der erstinstanzliche Richter *Justice Morland* ordnete die Offenlegung der Identität dieser 18 Finanzierer an, und *Al-Fayed* beantragte, die Kosten den 18 Finanzierern gem. *section* 51(3) *Senior Courts Act* aufzuerlegen. Neun Finanzierer verglichen sich mit *Al-Fayed* im Hinblick auf die Kostentragung und zahlten ihm circa GBP 190.000.

Justice Morland wies den Antrag ab, den anderen neun Finanzierern die Kosten des Verfahrens gem. *section* 51(3) *Senior Courts Act* aufzuerlegen. Er

---

Services Act 1990 (in der Fassung des sec. 45 *Legal Aid, Sentencing and Punishment of Offenders Act* 2012; vgl. auch *Damages-Based Agreements Regulations* 2013 (SI 2013/609). Zuvor waren *damages-based agreements* lediglich im Rahmen von „non-contentious" Angelegenheiten zulässig (sec. 59(2)(b) und sec. 87(1) *Solicitors Act* 1974), zu denen interessanterweise auch arbeitsrechtliche Streitigkeiten gezählt wurden, vgl. auch *Damages-Based Agreements Regulations* 2010 (SI 2010/1206).

[801] *Hamilton v. Al-Fayed (Costs)* [2002] EWCA Civ 665, [2003] QB 1175.

begründete dies damit, dass es sich bei den Finanzierern um „pure funders" handele, da die Finanzierer ohne Gewinnabsicht gehandelt hätten und ihren finanziellen Beitrag eher als Spende aus Sympathie zur Konservativen Partei angesehen hätten. Darüber hinaus hätten die Spender im Gegensatz zu gewerblichen Prozessfinanzierern keinerlei Einfluss auf das Verfahren gehabt. Es sei nur in seltenen Fällen gerechtfertigt und vernünftig, die Kosten des Verfahrens einem Dritten gem. *section* 51(3) *Senior Courts Act* aufzuerlegen, wenn es sich dabei um einen „pure funder" handele.[802] *Al-Fayed* legte dagegen Rechtsmittel vor dem *Court of Appeal* ein, hatte damit aber keinen Erfolg.

Lord Justice Simon Brown benannte die widerstreitenden Interessen, die gegeneinander abgewogen werden müssen: das Recht des Zugangs zu Gericht der finanzierten Partei und das Recht des Gegners auf Kostenerstattung bei Erfolg.[803] Werde die finanzierte Partei durch einen „pure funder" unterstützt, überwiege in der Regel das Interesse an der Verbesserung des Zugangs zu Gericht, wenn und soweit der Finanzierer neben der Ermöglichung der Prozessführung keine weiteren wesentlichen Interessen verfolge.[804]

Lord Justice Chadwick stimmte diesen Erwägungen zu und definierte den Begriff des „pure funder" wie folgt: „a person who provides funds to meet the litigation costs of a claimant in circumstances in which he, himself, has no collateral interest in the outcome of the claim – other than as a source of reimbursement of the funds which he has provided."[805] Der Umstand, dass die Beiträge der Finanzierer im Erfolgsfall zurückgezahlt werden sollten, ist somit für die Eigenschaft als „pure funder" unerheblich. Es ist daher nicht erforderlich, dass die finanzielle Unterstützung in Form einer endgültigen Spende erfolgt.

Lady Justice Hale stimmte im Prinzip zu, dass ein „pure funder" grundsätzlich nicht für die Kosten des Verfahrens haften solle.[806] Allerdings gab sie

---

802 *Hamilton v. Al-Fayed (Costs)* [2002] EWCA Civ 665, [2003] QB 1175, Rn. 6.

803 *Hamilton v. Al-Fayed (Costs)* [2002] EWCA Civ 665, [2003] QB 1175, Rn. 44.

804 *Hamilton v. Al-Fayed (Costs)* [2002] EWCA Civ 665, [2003] QB 1175, Rn. 47: „[…] the pure funding of litigation (whether of claims or defences) ought generally to be regarded as being in the public interest providing only and always that its essential motivation is to enable the party funded to litigate what the funders perceived to be a genuine case."

805 *Hamilton v. Al-Fayed (Costs)* [2002] EWCA Civ 665, [2003] QB 1175, Rn. 71.

806 *Hamilton v. Al-Fayed (Costs)* [2002] EWCA Civ 665, [2003] QB 1175, Rn. 73.

zu Bedenken, dass die Abwägung der widerstreitenden Interessen bei einem Finanzierer ohne Gewinnabsicht nicht immer zu seinen Gunsten ausfalle. Eine Haftung sei insbesondere dann gerechtfertigt, wenn die Führung des Prozesses „oppressive" oder „malicious" sei oder aus einem versteckten Grund geführt werde („pursued for some other ulterior motive"). Dabei begründe der Umstand, dass eine Klage offensichtlich unbegründet sei, ein starkes Indiz für ein solches verstecktes Motiv, wobei diese Feststellung weder notwendige Voraussetzung noch für sich gesehen ein hinreichendes Kriterium für die Begründung der grundsätzlichen Haftung des Dritten bilde.[807]

Die Rechtsprechung in *Hamilton* definiert den „pure funder" und befreit diesen grundsätzlich von dem Haftungsrisiko für gegnerische Prozesskosten gem. *section* 51(3) *Senior Courts Act*. In der Abwägung zwischen Unterliegensprinzip und *access-to-justice*-Erwägungen wird der Ermöglichung des Zugangs zu Gericht letztendlich größeres Gewicht beigemessen.

d) Arkin v. Borchard Lines Ltd

In *Arkin v. Borchard Lines Ltd*[808] ging es um die Haftung eines gewerblichen Prozessfinanzierers für die Prozesskosten gem. *section* 51(3) *Senior Courts Act*. Hiernach entscheidet das Gericht nach freiem Ermessen über die Höhe des Kostenanteils. Der *Court of Appeal* entwickelte zugleich eine Leitlinie zur grundsätzlichen Begrenzung der Haftungshöhe.

Arkin machte einen Verstoß gegen Artt. 81 und 82 EG-Vertrag geltend und forderte Schadensersatz von den Beklagten. *Arkins* Anwalt wurde auf Basis eines *conditional fee agreement* tätig, und *Arkin* benötigte finanzielle Unterstützung zur Deckung der Kosten der *expert evidence*. Ein gewerblicher Prozessfinanzierer stellte *Arkin* GBP 1,3 Millionen für die Kosten der *expert evidence* zur Verfügung und erhielt im Gegenzug im Erfolgsfall eine prozentuale Beteiligung am Schadensersatz.[809] Der Prozessfinanzierer hatte weder eine aktive Rolle bei Entscheidungen inne noch kontrollierte er die Prozessführung der unterstützten Partei in irgendeiner Weise. *Arkin* unterlag vollumfänglich. Da *Arkin* zahlungsunfähig war, beantragten die

---

807 *Hamilton v. Al-Fayed (Costs)* [2002] EWCA Civ 665, [2003] QB 1175, Rn. 86.

808 *Arkin v. Borchard Lines Ltd (Costs Order)* [2005] EWCA Civ 655, [2005] 1 WLR 3055.

809 Die vereinbarte Erfolgsbeteiligung betrug 25 % bei einem Schadensersatz von bis zu GBP 5 Millionen und 23 % von dem Schadensersatz, der darüber hinaus erstritten würde.

Beklagten, dem Prozessfinanzierer die Kosten des Verfahrens in Höhe von circa GBP 6 Millionen aufzuerlegen.

In erster Instanz wurde der Antrag zurückgewiesen. *Justice Colman* begründete seine Entscheidung damit, dass der Kläger ohne die Unterstützung durch den Prozessfinanzierer seine Ansprüche nicht gerichtlich hätte geltend machen können. Die Prozessfinanzierung sei daher wegen der Ermöglichung des Zugangs zu Gericht wünschenswert gewesen. Wäre ein gewerblicher Prozessfinanzierer stets der Haftung für die Prozesskosten gem. *section* 51(3) *Senior Courts Act* ausgesetzt, wäre die Prozessfinanzierung für den Finanzierer unattraktiv.

Der *Court of Appeal* entschied demgegenüber, dass eine Haftung des Prozessfinanzierers für die Prozesskosten des Gegners zwar grundsätzlich in Betracht komme, jedoch der Höhe nach durch die zur Finanzierung des Verfahrens bereitgestellte Summe begrenzt sei, sofern die Finanzierung nicht gegen das Verbot der *champerty* verstoße („Arkin cap").[810] Diese Entscheidung ist für die gewerbliche Prozessfinanzierung von herausragender Bedeutung, da sie das finanzielle Risiko festlegt: Der Prozessfinanzierer verliert im Fall des Unterliegens „seiner" Partei den ursprünglich für das Verfahren bereitgestellten Betrag und haftet für die Prozesskosten des Gegners noch einmal in gleicher Höhe. Das Risiko des Finanzierers verdoppelt sich dadurch, es ist jedoch nicht unbegrenzt.

Der *Court of Appeal* stützte sich in seiner Entscheidung maßgeblich auf die Entscheidung des *Privy Council* in der Sache *Dymocks Franchise Systems (NSW) Pty Ltd v. Todd*;[811] diese Entscheidung war zeitlich nach dem Urteil erster Instanz in der Sache *Arkin* ergangen. Der *Privy Council* entschied in *Dymocks*, dem Finanzierer der unterliegenden Partei die Kosten des Verfahrens aufzuerlegen. Dabei waren folgende Erwägungen maßgeblich: *Lord Brown* betonte zunächst, dass einem Dritten nur ausnahmsweise die Kosten des Verfahrens auferlegt werden dürften. Allerdings stelle jedes Verfahren, bei dem die Parteien nicht ausschließlich zu ihren Gunsten und auf eigene Rechnung handelten, einen Ausnahmefall in diesem Sinne dar. Im Fall der Fremdfinanzierung als „exceptional case" sei daher letztendlich entscheidend,

---

810 *Arkin v. Borchard Lines Ltd (Costs Order)* [2005] EWCA Civ 655, [2005] 1 WLR 3055, Rn. 38–41.

811 *Dymocks Franchise Systems (NSW) Pty Ltd v. Todd* [2004] UKPC 39, [2004] 1 WLR 2807.

ob es unter Berücksichtigung aller Umstände des Einzelfalles gerecht sei, dem Dritten die Kosten des Verfahrens aufzuerlegen, wenn „seine“ Partei den Prozess verliere.[812] *Lord Brown* bestätigte sodann die in *Hamilton v. Al-Fayed* getroffene Grundentscheidung, dass ein „pure funder“ grundsätzlich nicht für die Kosten des Verfahrens hafte, da in diesem Fall das Interesse an der Ermöglichung eines Rechtsstreits das Interesse der obsiegenden Partei an der Erstattung ihrer Prozesskosten überwiege.[813] Handele es sich bei dem Finanzierer aber um einen Dritten, der ein finanzielles Eigeninteresse an dem Verfahren habe oder dieses maßgeblich kontrolliere, sei es in der Regel gerecht, dem Dritten die Kosten der obsiegenden gegnerischen Partei aufzuerlegen. Der Zweck der Unterstützung liege dann nämlich nicht primär in der Eröffnung des Rechtswegzugangs für die unterstützte Partei. Vielmehr verschaffe sich der Dritte selbst Zugang zu Gericht zur Realisierung seiner eigenen Interessen und sei daher als die wahre Prozesspartei anzusehen.[814]

Der *Court of Appeal* stützte sich in *Arkin* im Grundsatz auf die Entscheidung des *Privy Council* und argumentierte, dass der Richter erster Instanz dem Unterliegensprinzip nicht das nötige Gewicht in der Abwägung mit *access-to-justice*-Erwägungen beigemessen habe. Es sei nicht gerecht, dass ein Finanzierer mit finanziellem Eigeninteresse am Ausgang des Verfahrens von der Haftung für gegnerische Kosten vollständig befreit sei.[815] Sodann entwickelte der *Court of Appeal* eine Leitlinie für die Kostentragung von Prozessfinanzierern mit finanziellem Eigeninteresse, die der Balance zwischen Unterliegensprinzip und *access to justice* Rechnung tragen soll und seitdem als „Arkin cap“ bezeichnet wird. Entscheidend war, dass der Prozessfinanzierer in *Arkin* nur einen Teil der Prozesskosten „seiner“ Partei finanzierte, nämlich die Kosten der *expert evidence* in Höhe von GBP 1,3 Millionen. Die obsiegende Gegenseite machte jedoch ihre Prozesskosten in Höhe von circa GBP 6 Millionen geltend. *Lord Phillips MR* gab zu bedenken, dass das

---

812 *Dymocks Franchise Systems (NSW) Pty Ltd v. Todd* [2004] UKPC 39, [2004] 1 WLR 2807, Rn. 25.

813 *Dymocks Franchise Systems (NSW) Pty Ltd v. Todd* [2004] UKPC 39, [2004] 1 WLR 2807, Rn. 25.

814 *Dymocks Franchise Systems (NSW) Pty Ltd v. Todd* [2004] UKPC 39, [2004] 1 WLR 2807, Rn. 25.

815 *Arkin v. Borchard Lines Ltd (Costs Order)* [2005] EWCA Civ 655, [2005] 1 WLR 3055, Rn. 37 f.

Haftungsrisiko das Modell der gewerblichen Prozessfinanzierung unattraktiv mache, wenn dem Prozessfinanzierer bei einer bloßen Teilfinanzierung im Unterliegensfall das volle Haftungsrisiko für die Prozesskosten der Gegenseite drohe. Er befürchtete, dass bei Geltung einer solchen Haftungsregel die Prozessfinanzierung und die dadurch angestrebte Verbesserung des Zugangs zu Gericht im Keim erstickt werde.[816] Der *Court of Appeal* modifizierte die Haftungsregel in *Dymocks* deshalb folgendermaßen: Die Haftung für die Prozesskosten sei grundsätzlich durch die zur Finanzierung des Verfahrens bereitgestellte Summe begrenzt, sofern die Finanzierung nicht gegen das Verbot der *champerty* verstoße („Arkin cap").[817] *Champertous* sei die Prozessfinanzierung insbesondere, wenn der Finanzierer entweder das Verfahren kontrolliere oder einen größeren finanziellen Anteil am Erfolg als die unterstützte Partei habe.[818] Das finanzielle Risiko des Prozessfinanzierers verdoppelt sich dadurch, es ist jedoch nicht unbegrenzt.

Lord Phillips MR setzte sich auch mit den wirtschaftlichen Folgen des „Arkin cap" auseinander. Der Prozessfinanzierer müsse den doppelten Verlust im Unterliegensfall in seiner Kalkulation berücksichtigen und daher eine höhere Gewinnbeteiligung verlangen, als wenn er keinerlei Haftung für gegnerische Prozesskosten fürchten müsste, was zwangsläufig zu einem niedrigeren Nettoerlös für den Rechtssuchenden im Erfolgsfall führe. Diese Folge sei zwar bedauernswert, jedoch sei der Verlust dem die Prozessfinanzierung nutzenden vermögenslosen Rechtssuchenden durchaus zumutbar. Jedenfalls sei dieses Ergebnis gerechter, als wenn der obsiegende Gegner seine Prozesskosten nicht zumindest teilweise geltend machen könne.[819] *Lord Phillips MR* hob auch die aus seiner Sicht positiven Folgen der grundsätzlichen Haftung des Dritten hervor. Wenn der Finanzierer in Höhe des ursprünglichen Einsatzes für die Prozesskosten des Gegners hafte, sei eine Reduzierung der Prozesskosten zu erwarten. Er habe dann einen noch größeren Anreiz, auf

---

816 *Arkin v. Borchard Lines Ltd (Costs Order)* [2005] EWCA Civ 655, [2005] 1 WLR 3055, Rn. 39.

817 *Arkin v. Borchard Lines Ltd (Costs Order)* [2005] EWCA Civ 655, [2005] 1 WLR 3055, Rn. 40 f.

818 *Arkin v. Borchard Lines Ltd (Costs Order)* [2005] EWCA Civ 655, [2005] 1 WLR 3055, Rn. 40.

819 *Arkin v. Borchard Lines Ltd (Costs Order)* [2005] EWCA Civ 655, [2005] 1 WLR 3055, Rn. 41.

die Verhältnismäßigkeit des eingesetzten Budgets zu achten, um das Haftungsrisiko so weit wie möglich zu begrenzen.[820] Zudem sei zu erwarten, dass Finanzierer bei der Prüfung der Erfolgsaussichten noch sorgfältiger vorgingen und lediglich Verfahren mit entsprechend guten Erfolgsaussichten unterstützten. Es sei im öffentlichen Interesse, lediglich berechtigten Anliegen zur Durchsetzung zu verhelfen.[821]

Die Haftungsbegrenzung und Rechtssicherheit, die das „Arkin cap" mit sich brachte, wurde von Seiten der gewerblichen Prozessfinanzierer begrüßt.[822] Die *Arkin*-Rechtsprechung wird von anderer Seite allerdings auch kritisiert, unter anderem auch von *Lord Justice Jackson*, der sich in seiner *Review of Civil Litigation Costs* gegen eine grundsätzliche Haftungsbegrenzung für Prozessfinanzierer aussprach.[823] Vielmehr plädierte er dafür, dass die Höhe der Haftung des Dritten nach dem Ermessen des Gerichts aufgrund der Umstände des Einzelfalles bestimmt werden solle.[824] Es gebe keine stichhaltigen Beweise dafür, dass das Modell der gewerblichen Prozessfinanzierung im Fall eines unbegrenzten Haftungsrisikos für die Prozesskosten im Keim erstickt werde und der Zugang zu Gericht dadurch leide.[825] Insbesondere zeige die Erfahrung mit der Prozessfinanzierungsbranche in Australien, dass das volle Haftungsrisiko für gegnerische Prozesskosten das Modell der Prozessfinanzierung nicht zwingend unattraktiv mache.[826] Es sei grundsätzlich

---

820 *Arkin v. Borchard Lines Ltd (Costs Order)* [2005] EWCA Civ 655, [2005] 1 WLR 3055, Rn. 42.

821 *Arkin v. Borchard Lines Ltd (Costs Order)* [2005] EWCA Civ 655, [2005] 1 WLR 3055, Rn. 42.

822 Vgl. *Rowles-Davies*, Third Party Litigation Funding, Rn. 2.67.

823 *Jackson*, Review of Civil Litigation Costs: Final Report, Kap. 11, Rn. 4.5–4.7; vgl. *Mulheron*, CLJ 73 (2014), 570 (587): „Funders will always undertake a close assessment of the merits of a claim, and detailed costs budgets are typically insisted upon, in order to assess the risk of supporting the case – and the imposition of the *Arkin* cap is unlikely to change Funder behavior in that regard."; vgl. auch die Kritik an der *Arkin*-Rechtsprechung in *Tinseltime Ltd v. Roberts* [2012] EWHC 2628 (TCC), [2012] 6 Costs LR 1094, Rn. 37–41: *Davies J* stellte fest, dass er als Richter erster Instanz an die *Arkin*-Rechtsprechung des *Court of Appeal* gebunden sei und nicht dem Vorschlag *Jacksons* folgen könne („no matter how eminent the source" der Kritik an der *Arkin*-Rechtsprechung sei).

824 *Jackson*, Review of Civil Litigation Costs: Final Report, Kap. 11, Rn. 4.7.

825 *Jackson*, Review of Civil Litigation Costs: Final Report, Kap. 11, Rn. 4.5.

826 *Jackson*, Review of Civil Litigation Costs: Final Report, Kap. 11, Rn. 4.5.

falsch, dass sich ein Prozessfinanzierer mit finanziellem Anteil am Erfolg des Verfahrens im Unterliegensfall teilweise der Haftung für die Prozesskosten entziehen könne.[827] *Jacksons* Anregung einer dementsprechenden Rechtsprechungsänderung oder gesetzlichen Regelung wurde jedoch bislang nicht umgesetzt.[828] Die *Arkin*-Rechtsprechung hat weiterhin Bestand.[829] In jüngster Zeit hat der *Court of Appeal* in *ChapelGate Credit Opportunity Master Fund Ltd v. Money* jedoch betont, dass das „Arkin cap" keine starre Regel darstelle.[830] Es sei stets zu prüfen, ob die Anwendung des „Arkin cap" angesichts der Umstände des Einzelfalles im Ergebnis auch gerecht sei.[831] Dabei scheint der Durchsetzung des Unterliegensprinzips in Zukunft ein größeres Gewicht als bisher beigemessen zu werden. Bei der Entscheidung gegen die Anwendung des „Arkin cap" berücksichtigte der *Court of Appeal* unter anderem die Entwicklung der Prozessfinanzierung. Das Modell der gewerblichen Prozessfinanzierung sei heute – anders als zum Zeitpunkt der Entscheidung in *Arkin* – fest etabliert.[832] Das volle Haftungsrisiko für gegnerische Prozesskosten würde gewerbliche Prozessfinanzierer nicht länger von der Finanzierung einer Klage mit guten Erfolgsaussichten abschrecken, zumal auch eine ATE-Versicherung abgeschlossen werden könne.[833] Mit einer stärkeren Betonung der Einzelfallgerechtigkeit und der Durchsetzung des Unterliegensprinzips kommt der *Court of Appeal* der Kritik *Jacksons* ein

---

[827] *Jackson*, Review of Civil Litigation Costs: Final Report, Kap. 11, Rn. 4.6.

[828] Vgl. *Jackson*, Review of Civil Litigation Costs: Final Report, Kap. 11, Rn. 4.7; *Mulheron*, CLJ 73 (2014), 570 (587) macht einen interessanten Vorschlag zur inhaltlichen Ausgestaltung einer möglichen Rechtsprechungsänderung: „the law may increasingly move to a position whereby a Funder's refusal to cover adverse costs in full is perceived to taint an agreement with champerty."

[829] Das „Arkin cap" wurde jüngst in einem Fall angewandt, in dem es – wie in *Arkin* – um die Finanzierung eines Teilaspektes des Verfahrens ging; vgl. *Burnden Holdings (UK) Ltd v. Fielding* [2019] EWHC 2995 (Ch), [2019] Costs LR 2061, Rn. 57–60.

[830] *ChapelGate Credit Opportunity Master Fund Ltd v. Money* [2020] EWCA Civ 246, [2020] 1 WLR 1751, Rn. 38.

[831] *ChapelGate Credit Opportunity Master Fund Ltd v. Money* [2020] EWCA Civ 246, [2020] 1 WLR 1751, Rn. 35.

[832] *ChapelGate Credit Opportunity Master Fund Ltd v. Money* [2020] EWCA Civ 246, [2020] 1 WLR 1751, Rn. 36.

[833] *ChapelGate Credit Opportunity Master Fund Ltd v. Money* [2020] EWCA Civ 246, [2020] 1 WLR 1751, Rn. 36.

Stück weit entgegen. Ein größeres Maß an Einzelfallgerechtigkeit bedeutet jedoch auch immer einen Verlust an Rechtssicherheit.

e) Wertende Zusammenfassung

Früher verstieß ein Prozessfinanzierungsverhältnis in aller Regel gegen die Verbote der *maintenance* und *champerty* und somit gegen die öffentliche Ordnung. Heute steht eine Prozessfinanzierungsvereinbarung lediglich dann im Widerspruch zur öffentlichen Ordnung, wenn die Integrität der Rechtspflege durch das Prozessfinanzierungsverhältnis im konkreten Fall gefährdet ist. Der Ausgangspunkt der Interessenabwägung hat sich umgekehrt. Die Rechtsprechungsänderung erfolgte zur Verbesserung des effektiven Rechtswegzugangs, nachdem der Zugang zur Prozesskostenhilfe seit den 1970er Jahren stetig beschränkt wurde. Bei der Entscheidung, ob das Prozessfinanzierungsverhältnis gegen die *public policy* verstößt, wird seit *Giles v. Thompson* auf die Umstände des Einzelfalles abgestellt. Rechtstechnisch wurde die schrittweise Legalisierung der Prozessfinanzierung durch die erweiternde Auslegung des Rechtfertigungsgrunds „without just cause and excuse“ realisiert. Dabei war ein verändertes Verständnis der *public policy* maßgeblich: Die Finanzierung eines Verfahrens durch Dritte wurde nicht mehr primär als Gefahr für die Integrität der Rechtspflege gesehen, sondern wegen der Verbesserung des Zugangs zu Gericht zunehmend geschätzt. *Lord Phillips MR* hielt das Modell der Prozessfinanzierung in *Gulf Azov Shipping Co Ltd v. Idisi* (2004) sogar für förderungswürdig: „Public policy now recognises that it is desirable, in order to facilitate access to justice, that the third parties should provide assistance designed to ensure those who are involved in litigation have the benefit of legal representation.“[834]

Die Bedeutung, die der Rolle der Prozessfinanzierung bei der Verbesserung des Rechtswegzugangs beigemessen wird, zeigt sich auch bei der Rechtsprechung zur Kostenhaftung gem. *section* 51(3) *Senior Courts Act*. Bei der Kostenentscheidung stehen die *access-to-justice*-Erwägungen im Widerstreit mit der Durchsetzung des Unterliegensprinzips. In *Hamilton v. Al-Fayed* wurde entschieden, dass Finanzierer ohne Gewinnabsicht und Ausübung von Kontrolle in der Regel von der Haftung ausgenommen werden, da

[834] *Gulf Azov Shipping Co Ltd v. Idisi (Costs)* [2004] EWCA Civ 292, Rn. 54, *per Lord Phillips MR*.

bei diesen sog. *pure funders* die Ermöglichung des Zugangs zu Gericht im Vordergrund stehe. In *Arkin* v. *Borchard Lines Ltd* wurde schließlich auch die grundsätzliche Haftungsbegrenzung für kommerzielle Prozessfinanzierer festgelegt. Das „Arkin cap" beruht auf der Erwägung, dass die Haftung für gegnerische Prozesskosten in Relation zu dem ursprünglich für das Verfahren bereitgestellten Betrag stehen sollte, um das Modell der Prozessfinanzierung nicht im Keim zu ersticken. Die Geltung des Unterliegensprinzips wird durch das „Arkin cap" erheblich eingeschränkt, obwohl die Ermöglichung des Zugangs zu Gericht bei kommerziellen Prozessfinanzierern nicht die eigentliche Motivation darstellt.

Auch in anderen *common-law*-Rechtsordnungen wurde die Rechtsprechung zu den *doctrines of maintenance and champerty* gelockert und Prozessfinanzierungsvereinbarungen grundsätzlich für zulässig erachtet.[835] So ist die Prozessfinanzierung nach Rechtsprechungsänderungen heute etwa in Australien, Kanada, Neuseeland, Südafrika und in den USA grundsätzlich zulässig.[836] Der treibende Beweggrund für die Zulassung der Prozessfinanzierung war dabei wie in England die Verbesserung des Zugangs zu Gericht durch ein weiteres privates Finanzierungsmittel.[837]

3. Verbesserung des Zugangs zu Gericht durch Prozessfinanzierung

Wie gesehen, wurde die Zulassung der Prozessfinanzierung in England und in anderen *common-law*-Rechtsordnungen mit *access-to-justice*-Erwägungen begründet und ist vor dem Hintergrund der stetigen Beschränkung der Prozesskostenhilfe zu verstehen. Die Prozessfinanzierung bietet jedoch bestenfalls einen partiellen Ersatz für den Zugang zu Gericht durch Prozesskostenhilfe.[838] Dies gilt sogar dann, wenn man von dem Umstand absieht, dass die Inanspruchnahme der Prozesskostenhilfe im Gegensatz zur Prozessfinanzierung im Erfolgsfall zum ungeschmälerten Prozesserlös führt. Die Prozesskostenhilfe kommt Verfahren mit niedrigen sowie hohen Streit-

---

835 *Mulheron*, CLJ 73 (2014), 570 (572 f.).

836 Siehe m.w.N. zur Rechtsprechung *Mulheron*, CLJ 73 (2014), 570 (572 f.); *Capper*, CJQ 37 (2018), 193 (200).

837 *Mulheron*, CLJ 73 (2014), 570 (572 f.).

838 *Sorabji*, The Crisis of Legal Aid and Alternative Solutions, S. 19.

werten prinzipiell gleichermaßen zugute, da der Streitwert eines Verfahrens bei der Prüfung des Antrags auf Prozesskostenhilfe keine Rolle spielt. Die Gewährung der Prozesskostenhilfe ist vielmehr von der Bedürftigkeit des Antragstellers und von den Erfolgsaussichten der Klage bzw. der Klageverteidigung abhängig.[839] Prozessfinanzierer sind hingegen vorwiegend an der Finanzierung von vermögensrechtlichen Ansprüchen mit hohen Streitwerten interessiert.[840] Erfolgversprechende Ansprüche mit niedrigen bzw. mittleren Streitwerten sind regelmäßig nicht rentabel für gewerbliche Prozessfinanzierer.[841] Erlöschance und Kostenrisiko stehen bei höheren Streitwerten in einem besseren Verhältnis.[842] In England liegt die Rentabilitätsgrenze für gewerbliche Prozessfinanzierer bei einem Streitwert von GBP 100.000 bis GBP 150.000.[843] Allerdings handelt es sich dabei um die absolute Untergrenze; in der Praxis finanzieren die meisten gewerblichen Prozessfinanzierer erst Verfahren ab einem Streitwert von GBP 1.000.000.[844] Die Rentabilitätsgrenze wird in England höher als in Deutschland angesetzt, da die Prozesskosten höher und unkalkulierbarer als in Deutschland sind, was sich wiederum negativ auf das Prozesskostenrisiko auswirkt.[845] Die Zulassung der Prozessfinanzierung ist demnach nicht geeignet, den Zugang zu Gericht für Verfahren mit niedrigen bzw. mittleren Streitwerten zu verbessern. Große Teile der Mittelschicht haben seit den 1980er Jahren wegen der Anhebung der Bedürftigkeitsschwelle keinen Zugang zur Prozesskostenhilfe mehr und können sich dennoch oft keinen Rechtsbeistand leisten.[846] Für diese Gruppe

---

839 Vgl. sec. 11 *Legal Aid, Sentencing and Punishment of Offenders Act* 2012 i.V.m. *Civil Legal Aid (Merits Criteria) Regulations* 2013 (SI 2013/104) und *Civil Legal Aid (Financial Resources and Payment for Services) Regulations* 2013 (SI 2013/480).

840 *Sorabji*, The Crisis of Legal Aid and Alternative Solutions, S. 19; *v. Göler*, Third-Party Funding in International Arbitration, S. 84 f.; *Hodges/Peysner/Nurse*, Litigation Funding, S. 103 f.; *Jackson*, Review of Civil Litigation Costs: Final Report, Kap. 11, Rn. 1.5.

841 *v. Göler*, Third-Party Funding in International Arbitration, S. 84 f.; *Hodges/Peysner/Nurse*, Litigation Funding, S. 104.

842 *Hodges/Peysner/Nurse*, Litigation Funding, S. 104.

843 *Hodges/Peysner/Nurse*, Litigation Funding, S. 104; *Jackson*, Review of Civil Litigation Costs: Preliminary Report, Kap. 15, Rn. 2.5.

844 *Hodges/Peysner/Nurse*, Litigation Funding, S. 104; vgl. *Jackson*, Review of Civil Litigation Costs: Preliminary Report, Kap. 15, Rn. 2.5.

845 *Hodges/Peysner/Nurse*, Litigation Funding, S. 104.

846 *Hodges/Peysner/Nurse*, Litigation Funding, S. 17; *Sorabji*, The Crisis of Legal Aid and Alternative Solutions, S. 7. Die griffige Bezeichnung für diese Gruppe lautet MINELA

bedeutet die Zulässigkeit der Prozessfinanzierung jedoch keine merkliche Verbesserung für den effektiven Zugang zu Gericht bei Verfahren mit niedrigen oder mittleren Streitwerten. Zudem ist zu berücksichtigen, dass die Prozessfinanzierung nicht für Kläger wie Beklagte in gleichem Maße zugänglich ist. Prozessfinanzierer sind in erster Linie an der Finanzierung von vermögensrechtlichen Ansprüchen interessiert, weil diese einen schnellen Erlös für den Prozessfinanzierer versprechen.[847] Die Finanzierung des Beklagten ist dagegen in der Regel weniger interessant, vielleicht mit Ausnahme der Fälle der Verteidigung von hohen Vermögenswerten, die im Fall des Obsiegens für den Prozessfinanzierer nutzbar gemacht werden können.[848]

IV. Anwendbarkeit der *doctrines of maintenance and champerty* bei Schiedsverfahren

Die *common law doctrines of maintenance and champerty* gelten auch im Rahmen von Schiedsverfahren mit Sitz in England. In *Bevan Ashford v. Geoff Yeandle Ltd*[849] stellte sich die Frage der Anwendbarkeit der Verbote der *maintenance* und *champerty* im Zusammenhang mit der Wirksamkeit der Vereinbarung eines *conditional fee agreement*. Der *High Court* entschied, dass die Rechtsprechung zu den *doctrines of maintenance and champerty* auch auf die Finanzierung von Schiedsverfahren durch Erfolgshonorare Anwendung findet. Bei der Finanzierung von Schiedsverfahren durch Erfolgshonorare bestehe wie bei der Finanzierung von Gerichtsverfahren die Gefahr, dass in unredlicher Weise Einfluss auf das Verfahren genommen und dadurch die öffentliche Ordnung verletzt werde. *Vice Chancellor Sir Richard Scott* äußert sich in diesem Zusammenhang wie folgt:

> I find it quite impossible to discern any difference between court proceedings on the one hand and arbitration proceedings on the other that would cause contingency fee agreements to offend public policy in the former case but not in the latter. In principle and on authority, the law of champerty ought to apply, in my judgment, to arbitration proceedings as it applies to proceedings in court. If it is contrary to public policy to traffic in causes of action without sufficient interest to sustain the

(*Middle Income No Entitlement to Legal Aid*), vgl. *Jackson*, Review of Civil Litigation Costs: Final Report, S. xii.

847 *v. Göler*, Third-Party Funding in International Arbitration, S. 85.

848 *v. Göler*, Third-Party Funding in International Arbitration, S. 85.

849 *Bevan Ashford v. Geoff Yeandle Ltd* [1999] Ch 239.

> transaction, what does it matter if the cause of action is to be prosecuted in court or in an arbitration?[850]

Hiernach setzen die *doctrines of maintenance and champerty* auch der Finanzierung von Schiedsverfahren durch anwaltliche Erfolgshonorare Grenzen. Es kann angenommen werden, dass diese Entscheidung auch auf die Prozessfinanzierung von Schiedsverfahren übertragen werden kann.[851]

C. Selbstregulierung der Prozessfinanzierer: *Code of Conduct for Litigation Funders*

In England gibt es keine Regulierung der Prozessfinanzierungsindustrie durch Gesetzesrecht. Neben der punktuellen Regulierung der Grenzen der Zulässigkeit der Prozessfinanzierung durch die Rechtsprechung existiert eine Form der Selbstregulierung durch eine freiwillige Selbstverpflichtung der Prozessfinanzierer zur Einhaltung eines Verhaltenskodex.

I. Entwicklung des *Code of Conduct for Litigation Funders*

Der *Code of Conduct for Litigation Funders* (ALF-Code) trat im November 2011 in Kraft. In England tätige Prozessfinanzierer sind jedoch nicht dazu verpflichtet, Mitglied der *Association of Litigation Funders* (ALF) zu werden und sich dem Verhaltenskodex zu unterwerfen.

Die Entwicklung eines freiwilligen Verhaltenskodex für Prozessfinanzierer beruht auf einer Empfehlung von *Lord Justice Jackson*, der in seiner *Review of Civil Litigation Costs* von 2009 die Frage der Regulierung der Prozessfinanzierung adressierte.[852] *Lord Justice Jackson* befürchtete, dass die im Entstehen befindliche Prozessfinanzierungsindustrie durch eine gesetzliche Regulierung im Keim erstickt würde.[853] Das weitere Wachstum der Prozessfinanzierungsindustrie sei jedoch zu befürworten, weil der Zugang zu Gericht durch die Möglichkeit der Prozessfinanzierung grundsätzlich verbessert werde.[854] *Lord*

---

850 *Bevan Ashford v. Geoff Yeandle Ltd* [1999] Ch 239 (249 E–F).
851 *Bench Nieuwveld/Shannon Sahani*, Third-Party Funding in International Arbitration, S. 45.
852 *Jackson*, Review of Civil Litigation Costs: Final Report, Kap. 11, Rn. 2.1.–2.12.
853 *Jackson*, Review of Civil Litigation Costs: Final Report, Kap. 11, Rn. 2.4.
854 *Jackson*, Review of Civil Litigation Costs: Final Report, Kap. 11, Rn. 1.2.

Justice Jackson schlug daher vor, zunächst einen freiwilligen Verhaltenskodex zu schaffen, der gegebenenfalls durch eine zwingende Regulierung abgelöst werden könne, falls die Prozessfinanzierungsbranche wachsen sollte.[855] Diese Empfehlung mündete zwei Jahre später in den *Code of Conduct for Litigation Funders*, dessen Einhaltung durch die gleichzeitig gegründete *Association of Litigation Funders* überwacht wird. Der ALF-Code wurde von Prozessfinanzierern in Zusammenarbeit mit dem *Civil Justice Council*[856] erarbeitet.[857]

Der ALF-Code enthält Mindeststandards und Verhaltenspflichten für Prozessfinanzierer. Besonders hervorzuheben sind die Anforderungen an die adäquate Kapitalausstattung der Finanzierer, die Begrenzung des Rechts des Finanzierers zur Kündigung des Prozessfinanzierungsvertrages sowie die Bestimmungen zur Beschränkung der Einflussnahme des Finanzierers auf den Prozess oder auf den Abschluss eines Vergleichs.[858] *Lord Justice Jackson* befand im Jahr 2011, dass diese drei Punkte zu seiner Zufriedenheit geregelt worden seien.[859] Der ALF-Code enthält aber keine Regelung, die zur Offenlegung der Prozessfinanzierung zu Beginn eines Verfahrens verpflichtet.

Der ALF-Code von 2011 wurde im Laufe der Jahre mehrfach überarbeitet.[860] Der ALF-Code von 2014[861] und 2016[862] verschärfte jeweils die Anforderungen an die Kapitalausstattung der Prozessfinanzierer. Zudem wurde

---

855 *Jackson*, Review of Civil Litigation Costs: Final Report, Kap. 11, Rn. 2.4, 2.12.

856 Der *Civil Justice Council* wurde durch sec. 6 *Civil Procedure Act* 1997 errichtet und dient der Verbesserung und der Weiterentwicklung der Ziviljustiz in England; der *Civil Justice Council* berät den Lord Chancellor.

857 *Rowles-Davies*, Third Party Litigation Funding, Rn. 9.02 f.

858 Siehe unten § 4 C II.

859 *Jackson*, Third Party Funding or Litigation Funding – Sixth Lecture in the Civil Litigation Costs Review Implementation Programme, Rn. 3.2 f., https://www.judiciary.uk/wp-content/uploads/JCO/Documents/Speeches/lj-jackson-speech-third-party-funding-or-litigation-funding-23112011.pdf (Stand: 16.12.2022).

860 Der ALF-Code 2011 ist nicht mehr auf der Webseite der ALF aufrufbar. Der ALF-Code 2011 ist jedoch als Anhang von *LJ Jacksons* Rede abgedruckt: *Jackson*, Third Party Funding or Litigation Funding – Sixth Lecture in the Civil Litigation Costs Review Implementation Programme, Rn. 3.2 f., https://www.judiciary.uk/wp-content/uploads/JCO/Documents/Speeches/lj-jackson-speech-third-party-funding-or-litigation-funding-23112011.pdf (Stand: 16.12.2022).

861 Der ALF-Code 2014 ist nicht mehr auf der Webseite der ALF aufrufbar. Der ALF-Code 2014 ist abgedruckt bei *Rowles-Davies*, Third Party Litigation Funding, S. 273–283.

862 Der ALF-Code 2016 ist nicht mehr auf der Webseite der ALF aufrufbar. Der ALF-Code 2016 ist abgedruckt bei *Bench Nieuwveld/Shannon Sahani*, Third-Party Funding in International Arbitration, S. 273–276.

zusammen mit der überarbeiteten Fassung des ALF-Code im November 2014 ein Beschwerdeverfahren zum Umgang mit Verstößen gegen den ALF-Code erlassen (*Complaints Procedure*).[863]

Eine bemerkenswerte Änderung des ALF-Code 2018[864] liegt in der Beschränkung des Anwendungsbereichs. Zwischen 2011 und 2018 umfasste der Anwendungsbereich des ALF-Code das Verhalten von Prozessfinanzierern bei der Finanzierung von Gerichtsverfahren, Schiedsverfahren und anderen Formen der alternativen Streitbeilegung. Seit Januar 2018 beschränkt sich der ALF-Code auf die Selbstregulierung von Prozessfinanzierern in Bezug auf die Finanzierung von Gerichtsverfahren. Im Dezember 2022 bestand die ALF aus 14 Prozessfinanzierern.[865] In England sind jedoch auch einige Prozessfinanzierer tätig, die nicht Mitglied der ALF sind.[866] Prozessfinanzierer, die nicht Mitglied der ALF sind, unterliegen grundsätzlich keinerlei Regulierung.[867]

II. Wesentliche Bestimmungen des *Code of Conduct for Litigation Funders*

Die wichtigsten Bestimmungen des ALF-Code 2018 sollen im Folgenden näher behandelt werden.

---

[863] Die *Complaints Procedure* ist auf der Webseite der ALF aufrufbar: https://associationoflitigationfunders.com/wp-content/uploads/2018/03/ALF-Complaints-Procedure-October-2017.pdf (Stand: 16.12.2022).

[864] Der ALF-Code 2018 ist auf der Webseite der ALF aufrufbar: https://associationoflitigationfunders.com/wp-content/uploads/2018/03/Code-Of-Conduct-for-Litigation-Funders-at-Jan-2018-FINAL.pdf (Stand: 16.12.2022).

[865] Die *Funder Members* der ALF sind auf der Webseite der ALF gelistet: http://associationoflitigationfunders.com/membership/membership-directory/ (Stand: 14.03.2022).

[866] Im Jahr 2014 waren 16 anerkannte gewerbliche Prozessfinanzierer in England tätig, davon waren allerdings nur sieben Mitglieder der ALF, *Mulheron*, CLJ 73 (2014), 570 (578). Vgl. auch *Excalibur Ventures LLC v. Texas Keystone Inc (No. 2)* [2016] EWCA Civ 1144, [2017] 1 WLR 2221 als Beispiel für einen Kläger, der ausschließlich von Prozessfinanzierern außerhalb der ALF unterstützt wurde.

[867] Teilweise unterliegen ALF-Mitglieder zwar der Regulierung durch die *Financial Conduct Authority* (FCA). Diese Regulierung umfasst jedoch nicht die Aktivitäten der betroffenen ALF-Mitglieder in ihrer Eigenschaft als Prozessfinanzierer, *Mulheron*, CLJ 73 (2014), 570 (574).

1. Beschränkung der Einflussnahme des Finanzierers auf den Prozess

Die Möglichkeiten der Einflussnahme des Prozessfinanzierers auf das Verfahren wird durch die Artt. 9.1–9.3 ALF-Code 2018 begrenzt. Der Prozessfinanzierer muss angemessene Schritte unternehmen, um sicherzustellen, dass die finanzierte Partei unabhängigen anwaltlichen Rat zu den Bedingungen des Prozessfinanzierungsvertrages vor Abschluss des Vertrages erhalten hat (Art. 9.1). Der Prozessfinanzierer darf keine Schritte unternehmen, die sicher oder wahrscheinlich dazu führen, dass der *solicitor* oder *barrister* der finanzierten Partei gegen das anwaltliche Berufsrecht verstößt (Art. 9.2). Der Prozessfinanzierer darf nicht versuchen, die Anwälte der finanzierten Partei dahingehend zu beeinflussen, dass sie dem Prozessfinanzierer die Kontrolle über das Verfahren oder die Führung des Verfahrens überlassen (Art. 9.3). Diese Vorgaben zur Beschränkung der Einflussnahme des Prozessfinanzierers sollen Verstößen gegen die *doctrines of maintenance and champerty* vorbeugen.[868] In *Arkin v. Borchard Lines Ltd* fasst der *Court of Appeal* die Vorgaben an eine rechtmäßige Prozessfinanzierung wie folgt zusammen:

> Our approach is designed to cater for the commercial funder who is financing part of the costs of the litigation in a manner which facilitates access to justice and which is not otherwise objectionable. Such funding will leave the claimant as the party primarily interested in the result of the litigation and the party in control of the conduct of the litigation.[869]

Das Verbot der Kontrolle oder der Führung des Verfahrens durch den Prozessfinanzierer in Art. 9.3 stellt eine Teilkodifizierung der Rechtsprechung zu den *doctrines of maintenance and champerty* dar. Auch Art. 9.1 zur Sicherstellung einer unabhängigen anwaltlichen Beratung der finanzierten Partei dient der Kontrolle des Einflusses des Prozessfinanzierers, was die Rechtsprechung als ein Indiz für die Rechtmäßigkeit der Prozessfinanzierung wertet.[870] Die Bestimmungen des ALF-Code gehen zum Teil aber auch deutlich über die Anforderungen der Rechtsprechung hinaus, z.B. bei der Vorgabe

---

868 *Mulheron*, CLJ 73 (2014), 570 (582 f.).

869 *Arkin v. Borchard Lines Ltd* (Costs Order) [2005] EWCA Civ 655, [2005] 1 WLR 3055, Rn. 40.

870 Vgl. *Mulheron/Cashman*, CJQ 27 (2008), 312 (334); vgl. *Factortame Ltd v. Secretary of State for the Environment, Transport and the Regions (No. 2) sub nom R (Factortame Ltd)*

zum Zeitpunkt der unabhängigen anwaltlichen Beratung vor Abschluss des Prozessfinanzierungsvertrages in Art. 9.1. Auch die Vorgaben des ALF-Code zur Begrenzung des Rechts zur Kündigung des Prozessfinanzierungsvertrages und der Beschränkung der Einflussnahme des Prozessfinanzierers auf den Vergleich[871] dienen der Verhinderung der indirekten Kontrolle des Verfahrens, die zu einem Verstoß gegen die Verbote der *maintenance* und *champerty* führen könnte.

2. Adäquate Kapitalausstattung des Prozessfinanzierers

Der ALF-Code soll insbesondere eine adäquate Kapitalausstattung der Prozessfinanzierer gewährleisten. Der Prozessfinanzierer muss stets in der Lage sein, seine Verpflichtungen aus sämtlichen Prozessfinanzierungsverträgen zu erfüllen (Art. 9.4.1.1). Zudem muss er in der Lage sein, seinen laufenden Verpflichtungen aus sämtlichen Verträgen für einen Mindestzeitraum von 36 Monaten nachzukommen (Art. 9.4.1.2). Der Prozessfinanzierer muss zu diesem Zweck stets über ein Mindestkapital von GBP 5 Millionen verfügen (Art. 9.4.2). Die Anforderungen an die Kapitalausstattung der Prozessfinanzierer wurde im Laufe der Zeit verschärft. Der ALF-Code 2011 enthielt noch keine spezifische Anforderung an das Mindestkapital, sondern lediglich die Vorgabe, dass Prozessfinanzierer stets über adäquate finanzielle Ressourcen verfügen müssen, um sämtliche Verpflichtungen für einen Mindestzeitraum von 36 Monaten erfüllen zu können (Art. 7(d) ALF-Code 2011). Im Jahr 2014 wurden die Bestimmungen zur adäquaten Kapitalausstattung durch ein stetiges Mindestkapital von GBP 2 Millionen ergänzt (Art. 9.4.2 ALF-Code 2014). Diese Anforderung wurde im Jahr 2016 zuletzt angehoben; das Mindestkapital beträgt seitdem GBP 5 Millionen (Art. 9.4.2 ALF-Code 2016). Allerdings ist einzuräumen, dass GBP 5 Millionen keine hohe Summe in der Prozessfinanzierungsbranche darstellt, da die meisten Prozessfinanzierer Kapital von mehr als GBP 30 Millionen managen.[872] Die Anforderung an das Mindestkapital von GBP 5 Millionen an Mitglieder der ALF soll wohl eher

---

v. Secretary of State for Transport, Local Government and the Regions (Costs: Champertous Agreement) [2002] EWCA Civ 932, [2003] QB 381, Rn. 90.

871 Siehe hierzu unten § 4 C II 3, 4.

872 Vgl. *Rowles-Davies*, Third Party Litigation Funding, Rn. 9.21.

sicherstellen, dass der ALF nur seriöse Prozessfinanzierer beitreten.[873] Der Prozessfinanzierer ist darüber hinaus verpflichtet, ein Absinken unter die Mindestkapitalanforderung unverzüglich der ALF und der finanzierten Partei anzuzeigen (Art. 9.4.3). Der Prozessfinanzierer verpflichtet sich ferner dazu, sich einer jährlichen Buchprüfung durch ein anerkanntes Buchprüfungsunternehmen zu unterziehen, das das Vorhandensein des Mindestkapitals in Höhe von GBP 5 Millionen zertifizieren muss (Art. 9.4.4). Diese Verpflichtungen zur Transparenz in Bezug auf die adäquate Kapitalausstattung wurden erstmals im ALF-Code 2014 niedergelegt.

3. Begrenzung des Rechts des Finanzierers zur Kündigung des Prozessfinanzierungsvertrages

Das Recht des Finanzierers zur Kündigung des Prozessfinanzierungsvertrages wird durch den ALF-Code begrenzt. Der Prozessfinanzierungsvertrag darf dem Finanzierer kein Recht einräumen, das Vertragsverhältnis nach Ermessen einseitig zu beenden (Art. 12). Die Begrenzung des Kündigungsrechts des Prozessfinanzierers durch den ALF-Code ist entscheidend zur Vermeidung der indirekten Kontrolle des Verfahrens durch den Finanzierer. Steht die Beendigung der Finanzierung als stete Drohung im Raum, kann der Prozessfinanzierer bei strategischen Entscheidungen Druck auf die finanzierte Partei ausüben.

Der ALF-Code nennt in Art. 11.2 drei Fallkonstellationen, in denen ein Prozessfinanzierungsvertrag dem Finanzierer ein Kündigungsrecht einräumen kann. Gem. Art. 11.2.1 kann der Prozessfinanzierer den Vertrag kündigen, wenn er nachvollziehbare Gründe hat, von den Erfolgschancen der finanzierten Partei nicht länger überzeugt zu sein. Denkbar ist in diesem Zusammenhang etwa, dass Sachverständigengutachten anders ausfallen als erwartet, dass Beweismaterial nicht zugänglich ist, dass Aussagen von Hauptzeugen, auf die man sich stützt, sich als nicht glaubhaft erweisen, oder dass die Gegenseite im Rahmen der *disclosure* Dokumente erlangt, die die eigene Position schwächen.[874] Gem. Art. 11.2.2 kann der Prozessfinanzierer den

---

[873] Vgl. *Rowles-Davies*, Third Party Litigation Funding, Rn. 9.21.

[874] *Rowles-Davies*, Third Party Litigation Funding, Rn. 9.28; vgl. auch *Harcus Sinclair v. Buttonwood Legal Capital Ltd* [2013] EWHC 1193 (Ch) für einen Fall, bei dem der Prozessfinanzierer sein im Finanzierungsvertrag festgelegtes Kündigungsrecht bei

Vertrag kündigen, wenn er aus nachvollziehbaren Gründen glaubt, dass die Prozessfinanzierung nicht mehr wirtschaftlich lohnend ist. Diese Fallgruppe gibt potentiell den größten Anlass zum Streit zwischen Prozessfinanzierer und finanzierter Partei.[875] Denkbar ist, dass nach einer erneuten Bewertung die Höhe des in Streit stehenden Schadensersatzes geringer ausfällt als ursprünglich angenommen oder dass bei der Vollstreckung eines Urteils mit zusätzlichen Schwierigkeiten gerechnet werden muss und sich angesichts dieser Umstände keine weitere Investition in die Fortführung des Prozesses lohnt.[876] Fraglich ist, ob bei der Bewertung der Wirtschaftlichkeit auf die Perspektive des Prozessfinanzierers oder die der finanzierten Partei abgestellt werden soll. Denkbar ist eine Situation, in der die Fortführung eines Prozesses für einen Prozessfinanzierer nicht mehr wirtschaftlich ist, während dies für eine streitführende Partei, die den Prozess selbst finanziert, als noch lohnend eingeschätzt wird.[877] Bei der Bewertung der Wirtschaftlichkeit muss wohl auf die Perspektive einer vernünftigen und vorsichtigen streitführenden Partei mit adäquaten finanziellen Ressourcen abgestellt werden.[878] Diese Auslegung wird durch die Überlegung gestützt, dass die Prozessfinanzierung dazu dient, das Verfahren der streitführenden Partei zu finanzieren. Geschäftliche und finanzielle Beweggründe des Prozessfinanzierers, die außerhalb des konkreten Falles liegen, können daher keine Berücksichtigung finden.[879] Auf der anderen Seite dürfen auch solche Beweggründe der streitführenden Partei keine Rolle spielen, die außerhalb von Wirtschaftlichkeitserwägungen liegen.[880] Schließlich kann der Prozessfinanzierer gem. Art. 11.2.3 den Vertrag kündigen, wenn er aus nachvollziehbaren Gründen glaubt, dass die finanzierte Partei eine Pflicht aus dem Prozessfinanzierungsvertrag („material breach of the LFA“) verletzt hat.

Wenn der Prozessfinanzierungsvertrag dem Prozessfinanzierer ein Kündigungsrecht nach Maßgabe dieser drei Kategorien einräumt, soll ein Streit

---

Absinken der Erfolgsaussichten unter 60 % erfolgreich vor dem *High Court* geltend machte.

875 *Rowles-Davies*, Third Party Litigation Funding, Rn. 9.29.
876 *Rowles-Davies*, Third Party Litigation Funding, Rn. 9.29.
877 *Rowles-Davies*, Third Party Litigation Funding, Rn. 9.29.
878 *Rowles-Davies*, Third Party Litigation Funding, Rn. 9.29.
879 *Rowles-Davies*, Third Party Litigation Funding, Rn. 9.29.
880 *Rowles-Davies*, Third Party Litigation Funding, Rn. 9.29.

über das Vorliegen eines der Kündigungsgründe durch eine für die Parteien bindende Entscheidung eines unabhängigen *Queen's Counsel* beigelegt werden, der entweder von den Parteien einstimmig benannt oder in Ermangelung einer Einigung vom *Chairman* des *Bar Council* benannt wird (Art. 13.2). Die Beweislast für das Vorliegen der nachvollziehbaren Gründe für die Kündigung des Prozessfinanzierungsvertrages nach einer der drei Fallgruppen liegt beim Prozessfinanzierer.[881] Wenn der Prozessfinanzierer den Prozessfinanzierungsvertrag kündigt, muss er die bis dahin eingegangenen Verpflichtungen erfüllen, es sei denn die Kündigung beruht auf einer Verletzung des Prozessfinanzierungsvertrages durch die finanzierte Partei im Sinne von Art. 13.1.

4. Beschränkung der Einflussnahme des Finanzierers auf einen Vergleich

Der Prozessfinanzierungsvertrag muss darlegen, ob und inwieweit der Prozessfinanzierer auf die Entscheidung über das Eingehen eines Vergleichs Einfluss nehmen darf (Art. 11.1). In der Praxis werden sich alle Prozessfinanzierer zumindest das Recht vorbehalten, über jedes Angebot zum Abschluss eines Vergleichs informiert zu werden.[882] Nur so kann gewährleistet werden, dass der Prozessfinanzierer stets eine aktuelle Kosten-Nutzen-Bewertung der Finanzierung der Prozessführung vornehmen kann.[883] Der Abschluss eines Vergleichs offenbart einen potentiellen Interessenkonflikt zwischen Prozessfinanzierer und finanzierter Partei. Es muss vermieden werden, dass der Prozessfinanzierer die finanzierte Partei zur Abgabe oder Annahme eines ungünstigen Vergleichsangebots drängt, das für den Prozessfinanzierer wiederum angesichts der finanziellen Risiken der Prozessführung lukrativ ist. In dieser Situation zeigt sich ein wesentlicher Unterschied zwischen Prozessfinanzierern und Rechtsanwälten, die aufgrund der Vereinbarung eines anwaltlichen Erfolgshonorars tätig werden: Anwälte unterliegen einem Berufs – und Standesrecht, das bei widerstreitenden Interessen von Anwalt

[881] *Rowles-Davies*, Third Party Litigation Funding, Rn. 9.31.
[882] *Perrin*, in: Perrin (Hrsg.), Third Party Litigation Funding Law Review (2019), 53 (56).
[883] *Perrin*, in: Perrin (Hrsg.), Third Party Litigation Funding Law Review (2019), 53 (56).

und Mandant dem Schutz der Interessen des Mandanten dient.[884] Für Prozessfinanzierer gibt es – abgesehen von der Einhaltung des ALF-Code auf Basis einer Selbstverpflichtung – keine vergleichbare Regulierung. Entsteht zwischen dem Prozessfinanzierer und der finanzierten Partei Streit über die Grenzen der Rechte des Prozessfinanzierers bei der Entscheidung über den Abschluss eines Vergleichs, soll der Streit ebenso wie die Frage des Vorliegens eines Kündigungsrechts durch eine für die Parteien bindende Entscheidung eines unabhängigen *Queen's Counsel* beigelegt werden, der entweder von den Parteien einstimmig benannt oder in Ermangelung einer Einigung vom *Chairman des Bar Council* benannt wird (Art. 13.2).

5. Weitere wichtige Regelungen

Weitere wichtige Regelungen zum Schutz der finanzierten Partei enthalten Art. 2.6 und Art. 10. Gem. Art. 2.6 darf ein Prozessfinanzierer keine Zahlung verlangen, die über den erstrittenen Erlös hinausgeht, es sei denn, die finanzierte Partei hat eine Pflicht aus dem Prozessfinanzierungsvertrag verletzt. Art. 10 verlangt, dass der Prozessfinanzierer im Prozessfinanzierungsvertrag ausdrücklich regelt, welche Kosten von ihm getragen werden. Dazu gehören insbesondere folgende Punkte: Der Prozessfinanzierer muss darlegen, ob und inwieweit er die Kosten für gegnerische Prozesskosten übernimmt (Art. 10.1). Der Prozessfinanzierungsvertrag muss darüber hinaus regeln, ob und in welchem Umfang der Prozessfinanzierer Prämien für eine ATE-Versicherung übernimmt (Art. 10.2), ob der Prozessfinanzierer für eine Prozesskostensicherheit aufkommt (Art. 10.3) und ob der Prozessfinanzierer andere Kosten der finanzierten Partei übernimmt (Art. 10.4). Diese Vorgaben dienen der Rechtssicherheit und können Streitigkeiten zwischen Prozessfinanzierer und finanzierter Partei verhindern.

III. *Complaints Procedure*

Durch den ALF-Code 2014 wurde ein Beschwerdeverfahren (*Complaints Procedure*) eingeführt. Art. 15 ALF-Code verweist auf dieses

---

[884] Vgl. *Zekoll/Pfleiderer*, ZIP 2019, 1199 (1203), *Hodges/Peysner/Nurse*, Litigation Funding, S. 125.

Beschwerdeverfahren.[885] Das Beschwerdeverfahren ergänzt das Verfahren zur Streitbeilegung über das Vorliegen eines Kündigungsrechts und der Rechte des Prozessfinanzierers bei einem Vergleichsabschluss durch eine für die Parteien bindende Entscheidung eines unabhängigen *Queen's Counsel* (Art. 13 ALF-Code). Das Beschwerdeverfahren hat jedoch einen weiteren Anwendungsbereich als die „QC-Klausel": Während die „QC-Klausel" auf die Streitbeilegung von Kündigungsrecht und Vergleichsabschluss begrenzt ist, kann das Beschwerdeverfahren bezüglich aller Pflichtverletzungen eines Mitglieds der ALF erhoben werden (Art. 5 *Complaints Procedure*). Der Ablauf des Beschwerdeverfahrens soll im Überblick skizziert werden. Dabei wird ein besonderes Augenmerk auf die Sanktionsmöglichkeiten gelegt.

Die Beschwerde kann gem. Art. 7 f. *Complaints Procedure* bei dem *Investigating Counsel* der ALF eingelegt werden und soll das betreffende ALF-Mitglied benennen und Angaben zum Pflichtverstoß machen. Die Beschwerde wird durch den *Investigating Counsel* überprüft, der einen *Preliminary Report* für das *Board of Directors* der ALF vorbereitet (Artt. 9–12 *Complaints Procedure*). Der *Investigating Counsel* empfiehlt dem *Board of Directors* entweder eine Fortführung des Verfahrens oder eine Zurückweisung der Beschwerde, je nachdem ob er eine Verletzung des ALF-Code für möglich hält oder nicht (Art. 11 f. *Complaints Procedure*). Bei Fortführung des Verfahrens wird zunächst eine formelle Stellungnahme des betreffenden ALF-Mitglieds eingeholt (Art. 15 *Complaints Procedure*). Die Rechte des *Investigating Counsel* bei Fortführung des Verfahrens sind in Art. 16 *Complaints Procedure* festgelegt, etwa das Recht weitere Informationen oder Dokumente vom Beschwerdeführer oder Beschwerdegegner zu verlangen, das Recht Zeugen zu vernehmen und das Recht weitere schriftliche Stellungnahmen einzuholen. Diese Untersuchung mündet in einem weiteren *Report* für das *Board of Directors*, das auf dieser Grundlage eine Entscheidung in der Sache trifft oder das Verfahren an einen *Independent Legal Counsel* verweist (Artt. 17–20 *Complaints Procedure*). Der *Independent Legal Counsel* hat bei der Untersuchung die gleichen Rechte

[885] Die *Complaints Procedure* ist auf der Webseite der ALF aufrufbar: https://associationoflitigationfunders.com/wp-content/uploads/2018/03/ALF-Complaints-Procedure-October-2017.pdf (Stand: 16.12.2022).

wie der *Investigating Counsel* (Art. 22 *Complaints Procedure*). Wenn das *Board of Directors* zu dem Ergebnis kommt, dass eine Verletzung des ALF-Code durch das betreffende Mitglied gegeben ist, kann es Sanktionen nach Maßgabe der Art. 25 *Complaints Procedure* verhängen:

> 25. The following sanctions may be imposed against a Member:
> (1) a private warning (including where appropriate recommendations as to future practice);
> (2) public warning (including where appropriate recommendations as to future practice);
> (3) publication of the Opinion (subject to any redactions which Independent Legal Counsel shall identify in order to ensure that no matter confidential to the parties is disclosed);
> (4) suspension of membership of the ALF for any identified period of time;
> (5) expulsion from membership of the ALF;
> (6) the imposition of a fine payable by the Member to the ALF, up to a limit of £500;
> (7) the payment of all or any of the costs of determining the Complaint.

Die Sanktionsmöglichkeiten umfassen private und öffentliche Verwarnungen, die Veröffentlichung des Befunds zur Verletzung des ALF-Code, die Unterbrechung der Mitgliedschaft in der ALF für einen bestimmten Zeitraum, den Ausschluss als Mitglied aus der ALF, die Verhängung einer Strafzahlung von bis zu GBP 500 und die Auferlegung der Kosten, die durch das Beschwerdeverfahren verursacht wurden. Ein *appeal* gegen diese Entscheidung richtet sich nach den Artt. 28–34 *Complaints Procedure*.

IV. Anwendungsbereich des *Code of Conduct for Litigation Funders*

Zwischen 2011 und 2018 umfasste der Anwendungsbereich des ALF-Code das Verhalten von Prozessfinanzierern bei der Finanzierung von Gerichtsverfahren, Schiedsverfahren und anderen Formen der alternativen Streitbeilegung. Seit Januar 2018 beschränkt sich der ALF-Code auf die Selbstregulierung von Prozessfinanzierern in Bezug auf die Finanzierung von Gerichtsverfahren. Im Folgenden sollen die Regelungen zum Anwendungsbereich der verschiedenen Versionen des ALF-Code zwischen 2011 – und 2018 miteinander verglichen werden. Der ALF-Code von November 2011 umfasst ausdrücklich die Finanzierung von Gerichts und Schiedsverfahren:

> 2. A Funder has access to funds immediately within its control or acts as the exclusive investment advisor to an investment fund which has access to funds immediately within its control, such funds being invested pursuant to a Litigation Funding Agreement [...] to enable a Litigant to meet the costs of *resolving disputes by litigation or arbitration* (including pre-action costs) in return for the Funder [...].[886]

Der Wortlaut von Art. 3 ALF-Code 2011 lässt sogar eine weitere Auslegung zu, die auch die Finanzierung anderer Formen der alternativen Streitbeilegung wie der Mediation umfasst:[887]

> 3. A Funder shall be deemed to have adopted the Code in respect of funding the *resolution of disputes* within England and Wales.

Die ALF-Codes von 2014 und 2016 enthalten eine Klarstellung dahingehend, dass neben Gerichts – und Schiedsverfahren auch andere Formen der alternativen Streitbeilegung vom Anwendungsbereich des ALF-Code erfasst sind:

> 2.3 to fund the resolution of disputes within England and Wales; and
>
> 2.4 where the funds are invested pursuant to a Litigation Funding Agreement [...] to enable a party to a dispute [...] to meet the costs (including pre-action costs) of resolving disputes by litigation, arbitration *or other dispute resolution procedures*.[888]

Der ALF-Code 2018 begrenzt den Anwendungsbereich und erfasst lediglich noch die Finanzierung von Gerichtsverfahren in England und Wales.

> 1. This code [...] sets out standards of practice and behaviour to be observed by Funders (as defined in clause 2 below) who are Members of The Association of Litigation Funders of England & Wales [...] in respect of funding the resolution of *Relevant Disputes. Relevant Disputes* are defined as disputes whose resolution is to be achieved *principally through litigation procedures* in the Courts of England and Wales.[889]

Die Definition von „Relevant Disputes" enthält keine Erwähnung von Schiedsverfahren oder anderen Formen der Streitbeilegung, wie dies bei den vorherigen Versionen des ALF-Code der Fall war. Es scheint sich um eine bewusste Entscheidung zur Begrenzung des Anwendungsbereichs des

---

886 Hervorhebung d. Verf.
887 *Baldock*, CJQ 38 (2019), 400 (402).
888 Hervorhebung d. Verf.
889 Hervorhebung d. Verf.

ALF-Code zu handeln.[890] Allerdings ist nichts Näheres zu den Gründen dieser Entscheidung der ALF bekannt.[891] Die Definition der „Relevant Disputes" als Streitigkeiten, deren Beilegung „principally" durch Gerichtsverfahren in England und Wales erfolgen soll, kann dahingehend ausgelegt werden, dass es für die Anwendbarkeit des ALF-Code unschädlich ist, wenn zwar in erster Linie die Streitbeilegung durch Gerichtsverfahren stattfinden soll, der Streit aber letztendlich durch außergerichtliche Vergleichsverhandlungen oder Mediation beigelegt wird.[892]

V. Wertende Zusammenfassung

In England werden Prozessfinanzierer nicht durch Gesetzesrecht reguliert. Die Grenzen der Zulässigkeit der Prozessfinanzierung werden jedoch punktuell durch die Rechtsprechung festgelegt. Daneben besteht seit 2011 die freiwillige Selbstregulierung der Prozessfinanzierer durch die Mitgliedschaft in der ALF, die zur Einhaltung des ALF-Code verpflichtet. In England sind jedoch einige Prozessfinanzierer tätig, die nicht Mitglied der ALF sind.

Der ALF-Code enthält Mindeststandards und Verhaltenspflichten für Prozessfinanzierer. Der ALF-Code enthält keine Regelung, die zur Offenlegung der Prozessfinanzierung zu Beginn eines Verfahrens verpflichtet. Während der Anwendungsbereich des ALF-Code zwischen 2011 und 2018 das Verhalten von Prozessfinanzierern bei der Finanzierung von Gerichtsverfahren, Schiedsverfahren und anderen Formen der alternativen Streitbeilegung umfasste, beschränkt sich der ALF-Code seit Januar 2018 auf die Finanzierung von Gerichtsverfahren. Besonders wichtig sind die Vorschriften zur adäquaten Kapitalausstattung der Finanzierer, zur Begrenzung des Rechts des Finanzierers zur Kündigung des Prozessfinanzierungsvertrages sowie die Bestimmungen zur Beschränkung der Einflussnahme des Finanzierers auf den Prozess oder den Abschluss eines Vergleichs.

Der ALF-Code soll eine adäquate Kapitalausstattung der Prozessfinanzierer gewährleisten. Der Prozessfinanzierer muss in der Lage sein, seinen laufenden Verpflichtungen aus sämtlichen Verträgen für einen Mindestzeitraum

---

[890] *Baldock*, CJQ 38 (2019), 400 (403).
[891] *Baldock*, CJQ 38 (2019), 400 (403).
[892] *Baldock*, CJQ 38 (2019), 400 (403).

von 36 Monaten nachzukommen. Zu diesem Zweck muss er stets über ein Mindestkapital von GBP 5 Millionen verfügen. Die Anforderungen an die Kapitalausstattung der Prozessfinanzierer wurde im Laufe der Zeit verschärft. Ein Absinken unter das Mindestkapital muss der ALF und der finanzierten Partei unverzüglich angezeigt werden.

Die Vorgaben des ALF-Code zur Beschränkung der Einflussnahme des Finanzierers auf den Prozess soll Verstößen gegen die *doctrines of maintenance and champerty* vorbeugen. Diese Vorschriften enthalten eine Teilkodifizierung der Rechtsprechung zu den *doctrines of maintenance and champerty*. Einige Bestimmungen des ALF-Code sind jedoch deutlich strenger als die Anforderungen der Rechtsprechung. Auch die Vorgaben des ALF-Code zur Begrenzung des Kündigungsrechts und der Beschränkung der Einflussnahme des Prozessfinanzierers auf den Vergleich dienen der Verhinderung der indirekten Kontrolle des Verfahrens, die zu einem Verstoß gegen die Verbote der *maintenance* und der *champerty* führen könnte.

Durch den ALF-Code wird das Recht des Finanzierers zur Kündigung des Prozessfinanzierungsvertrages begrenzt. Der Prozessfinanzierungsvertrag soll dem Finanzierer kein Recht einräumen, das Vertragsverhältnis nach Ermessen einseitig zu beenden. Daher benennt der ALF-Code abschließend drei Fallkonstellationen, in denen ein Prozessfinanzierungsvertrag dem Finanzierer ein Kündigungsrecht einräumen kann. Die Begrenzung des Kündigungsrechts des Prozessfinanzierers trägt entscheidend zur Vermeidung der indirekten Kontrolle des Verfahrens durch den Finanzierer bei. Steht die Beendigung der Finanzierung als stetige Drohung im Raum, kann der Prozessfinanzierer Druck auf die finanzierte Partei bei strategischen Entscheidungen ausüben.

Der Abschluss eines Vergleichs offenbart einen potentiellen Interessenkonflikt zwischen Prozessfinanzierer und finanzierter Partei. Denkbar ist, dass der Prozessfinanzierer die finanzierte Partei zur Abgabe oder Annahme eines ungünstigen Vergleichsangebots drängt, das für den Prozessfinanzierer wiederum angesichts der finanziellen Risiken der Prozessführung lukrativ ist. Der Prozessfinanzierer hat auf der anderen Seite allerdings auch ein berechtigtes Interesse, über Vergleichsverhandlungen informiert zu werden, um eine Kosten-Nutzen-Bewertung der fortwährenden Finanzierung der Prozessführung vornehmen zu können. Der ALF-Code zielt an dieser Stelle auf die Schaffung von Rechtssicherheit ab. Der Prozessfinanzierungsvertrag soll darlegen, ob und inwieweit der Prozessfinanzierer auf die Entscheidung über das Eingehen eines Vergleichs Einfluss nehmen darf. Gibt es zwischen Prozessfinanzierer und finanzierter Partei Streit über die Grenzen der Rechte des Prozessfinanzierers bei der Entscheidung über das Eingehen eines Vergleichs oder das Vorliegen eines Kündigungsrechts des Finanzierers, soll der Streit durch eine für die Parteien bindende Entscheidung eines unabhängigen *Queen's Counsel* beigelegt werden („QC-Klausel"). Die Möglichkeit der Streitbeilegung durch eine bindende Entscheidung durch einen unabhängigen *Queen's Counsel* ist im Hinblick auf eine zügige Streitbeilegung zu begrüßen.

Durch den ALF-Code 2014 wurde ein Beschwerdeverfahren (*Complaints Procedure*) eingeführt. Die *Complaints Procedure* kann bezüglich aller Pflichtverletzungen eines Mitglieds der ALF erhoben werden und hat damit einen weiteren Anwendungsbereich als die „QC-Klausel", die auf die Streitbeilegung im Rahmen von Kündigungsrecht und Vergleichsabschluss begrenzt ist. Die Sanktionsmöglichkeiten im Beschwerdeverfahren stellen jedoch kein „scharfes Schwert" gegen Verstöße dar. Die Sanktionsmöglichkeiten umfassen private und öffentliche Verwarnungen, die Veröffentlichung des Befunds zur Verletzung des ALF-Code, die Unterbrechung der Mitgliedschaft in der ALF für einen bestimmten Zeitraum, den Ausschluss als Mitglied aus der ALF und die Verhängung einer Strafzahlung von bis zu GBP 500.

Eine Strafzahlung von GBP 500 hat sicherlich keinen Abschreckungseffekt für Prozessfinanzierer, die regelmäßig Kapital von mehr als GBP 30 Millionen managen. Die Sanktionen, die Verstöße gegen den ALF-Code für eine größere Öffentlichkeit transparent machen, sind für die Prozessfinanzierer problematischer. Dazu gehören die öffentlichen Verwarnungen, die Veröffentlichung des Befunds zur Verletzung des ALF-Code sowie der Ausschluss aus der ALF. Bei einem Ausschluss aus der ALF kann der Prozessfinanzierer jedoch weiterhin in England tätig sein, weil die Regulierung durch die ALF auf einer freiwilligen Mitgliedschaft beruht. Der Prozessfinanzierer kann dann aber zumindest nicht mehr die durch die Mitgliedschaft in der ALF verbürgte Seriosität für sich in Anspruch nehmen. Auch wenn die Sanktionen bei Verstößen gegen den ALF-Code relativ schwach sind, sind die inhaltlichen Vorgaben des ALF-Code zu begrüßen. Die Bestimmungen sind als Teilkodifizierung der Rechtsprechung zu den *doctrines of maintenance and champerty* geeignet, Verstöße gegen die Verbote der *maintenance* und *champerty* zu vermeiden. Zum Teil sind die Vorgaben des ALF-Code sogar deutlich strenger als die Anforderungen der Rechtsprechung an eine rechtmäßige Prozessfinanzierung. Auch das Erfordernis an eine adäquate Kapitalausstattung der Prozessfinanzierer mit einem stetigen Mindestkapital von GBP 5 Millionen trägt dazu bei, dass nur seriöse Prozessfinanzierer der ALF beitreten, und ist deshalb zu begrüßen. Zusammenfassend kann festgehalten werden, dass die Vorgaben des ALF-Code primär auf die Gewährleistung einer adäquaten Kapitalausstattung sowie der rechtmäßigen Prozessfinanzierung nach den Vorgaben der Rechtsprechung zu den *doctrines of maintenance and champerty* zielen.

D. Prozessuale Relevanz der Offenlegung der Prozessfinanzierung

Im Folgenden werden prozessuale Situationen erörtert, bei denen die Offenlegung der Prozessfinanzierung eine Rolle spielen kann. Dabei wird untersucht, ob die Rechtslage *de lege lata* Schwachpunkte im Zusammenhang mit der verdeckten Prozessfinanzierung offenbart. Die Untersuchung behandelt die Finanzierung von Zivilverfahren und Schiedsverfahren mit Sitz in England. Zwei prozessuale Situationen sind von zentralem Interesse für die Offenlegung der Prozessfinanzierung: die Kostentragung und die Anordnung der Prozesskostensicherheit.

I. Finanzierung von Zivilprozessen

Die Voraussetzungen der Kostentragung und der Anordnung der Prozesskostensicherheit im englischen Zivilprozess werden im Hinblick auf die Involvierung eines Prozessfinanzierers analysiert. Anlass der Untersuchung ist die Überlegung, dass die Geltendmachung eines Kostenerstattungsanspruchs gegen den Prozessfinanzierer und die Beantragung einer Sicherheitsleistung gegen den Prozessfinanzierer zumindest die Kenntnis von der Existenz des Prozessfinanzierers voraussetzt.

1. Vorbemerkung: Unterliegensprinzip und Höhe der Prozesskosten in England

Einleitend werden die Regeln der Kostentragung im englischen Zivilprozess dargestellt, denn die Geltung des Unterliegensprinzips ist Voraussetzung für das Bestehen eines Kostenerstattungsanspruchs. Daran anschließend werden die Ursachen für die hohen Kosten des englischen Zivilprozesses erörtert. Der im internationalen Vergleich kostspielige englische Zivilprozess verleiht der Kostenerstattung und der Anordnung der Prozesskostensicherheit eine besondere Bedeutung.

a) English rule of costs

Entscheidend für das Bestehen eines Kostenerstattungsanspruchs ist die Kostentragungsregel des anwendbaren Prozessrechts.[893] Nur wenn das anwendbare Kostenrecht dem Unterliegensprinzip folgt, hat der Obsiegende grundsätzlich einen Kostenerstattungsanspruch gegen den Unterliegenden.[894] Ohne den potentiellen Kostenerstattungsanspruch des Obsiegenden besteht auch kein Bedürfnis, die Durchsetzung dieses Anspruchs durch eine Prozesskostensicherheit abzusichern.[895] In England gilt im Zivilprozess grundsätzlich das Unterliegensprinzip. Die sog. *English rule of costs* (auch: „costs follow the event principle" oder „costs shifting principle")[896] ist in CPR 44.2(2) verankert:

> If the court decides to make an order about costs – (a) the general rule is that the unsuccessful party will be ordered to pay the costs of the successful party; but (b) the court may make a different order.

Die (voll) unterliegende Partei wird grundsätzlich zur vollen Kostenerstattung der Prozesskosten des Gegners verpflichtet. Dem Gericht steht zwar gem. CPR 44.2(1) bei der Anordnung eines Kostenerstattungsanspruchs ein Ermessen zu, ob und in welcher Höhe der Anspruch besteht und wann er fällig werden soll. Bei der Ausübung dieses Ermessens bildet das in CPR 44.2(2) festgelegte Unterliegensprinzip jedoch den Ausgangspunkt.[897] Von dem früher in England herrschenden starren Unterliegensprinzips („the winner takes it all") wurde mit Einführung der *Civil Procedure Rules* Abstand genommen.[898]

---

[893] *Altenkirch*, Die Sicherheitsleistung für die Prozesskosten, S. 2.
[894] *Altenkirch*, Die Sicherheitsleistung für die Prozesskosten, S. 2.
[895] *Altenkirch*, Die Sicherheitsleistung für die Prozesskosten, S. 2.
[896] *Zuckerman* u.a., Civil Procedure (2021), Rn. 28.4.
[897] *Zuckerman* u.a., Civil Procedure (2021), Rn. 28.44. Ausnahmen von der grundsätzlichen Geltung des Unterliegensprinzips sind in CPR 44.2(3) geregelt, z.B. Verfahren der *High Court Family Division*.
[898] *Zuckerman* u.a., Civil Procedure (2021), Rn. 28.46.

Unter Geltung der *Civil Procedure Rules* werden die Kosten grundsätzlich im Verhältnis des jeweiligen Unterliegens/Obsiegens gequotelt.[899] Neben dem Verhältnis von Unterliegen und Obsiegen können allerdings auch alle anderen Umstände des Verfahrens herangezogen werden, insbesondere das Verhalten der Parteien im Allgemeinen und das Verhalten im Hinblick auf Vergleichsverhandlungen im Besonderen.[900] Die Grundsätze der Ermessensausübung erläutert *Lord Justice Chadwick* instruktiv in *Johnsey Estates:*

> The principles applicable in the present case may, I think, be summarised as follows: (i) costs cannot be recovered except under an order of the court; (ii) the question whether to make any order as to costs – and, if so, what order – is a matter entrusted to the discretion of the trial judge; (iii) the starting point for the exercise of discretion is that costs should follow the event; nevertheless, (iv) the judge may make different orders for costs in relation to discrete issues – and, in particular, should consider doing so where a party has been successful on one issue but unsuccessful on another issue and, in that event, may make an order for costs against the party who has been generally successful in the litigation; and (v) the judge may deprive a party of costs on an issue on which he has been successful if satisfied that the party has acted unreasonably in relation to that issue; (vi) an appellate court should not interfere with the judge's exercise of discretion merely because it takes the view that it would have exercised that discretion differently.[901]

Zusammenfassend kann festgehalten werden, dass die Kostenerstattung nach den *Civil Procedure Rules* dem Unterliegensprinzip folgt, welches jedoch durch einen „issue-based approach" überlagert wird, der dem Gericht einen weiten Ermessensspielraum einräumt.[902]

Das stärkere Ermessen des Gerichts bei der Kostenentscheidung ist ein Element des *case management*, das durch die *Woolf*-Reformen eingeführt wurde. Die damals eingeführten Prozessleitungsbefugnisse der Richter im Rahmen der *Civil Procedure Rules* sollten ein effizienteres Verfahren ermöglichen und dadurch zu einer Reduzierung der Prozesskosten führen.[903] Das richterliche

---

[899] Vgl. CPR 44.2(4)(b).

[900] Vgl. CPR 44.2(4)(b).

[901] *Johnsey Estates (1990) Ltd v. Secretary of State for the Environment, Transport and the Regions* [2001] EWCA Civ 535, Rn. 21.

[902] *Zuckerman* u.a., Civil Procedure (2021), Rn. 28.72, 28.75.

[903] *Zuckerman* u.a., Civil Procedure (2021), Rn. 28.5; vgl. CPR 1.1 („overriding objective"): „These Rules are a new procedural code with the overriding objective of enabling the court to deal with cases justly and at proportionate cost." Der Zusatz „and at

Ermessen bei der Kostenentscheidung kann zur Disziplinierung der Parteien eingesetzt werden.[904] Denn das Gericht kann vom Unterliegensprinzip abweichen und bei der Ermessensausübung ausdrücklich das Verhalten der Parteien während des Verfahrens berücksichtigen.[905]

Der größere Ermessensspielraum des Gerichts bei der Kostenentscheidung hat jedoch nicht zu der angestrebten Reduzierung der Prozesskosten geführt.[906] Paradoxerweise ist das Gegenteil eingetreten: Das richterliche Ermessen bei der Kostenentscheidung führte zu einer größeren Unvorhersehbarkeit der Kostentragung und dadurch letztendlich zu einer Steigerung der Prozesskosten.[907] Der „issue-based approach“ mag zum Teil disziplinierend auf die Parteien bei der Prozessführung wirken. Jedoch führte die Unvorhersehbarkeit der Kostenentscheidung schließlich dazu, dass die Parteien nun häufiger Verfahren um die Kosten selbst führen.[908] *Justice Morland* beklagte den Zustand bereits wenige Jahre nach Einführung der *Civil Procedure Rules*:

> This appeal has revealed in stark terms a trend in litigation, which in my judgment I condemn as deplorable, satellite litigation about costs which is hugely wasteful of both professional time and expensive resources. If the trend were allowed to continue, it would tend to render nugatory the ‚overriding objective' of the CPR.[909]

Die neuen Kostentragungsregeln führten nicht zu der erhofften Verschlankung des Zivilverfahrens. Die potentielle Zeit – und Kostenreduzierung durch die disziplinierende Wirkung des Verhaltens im Streit um die Hauptsache wurde durch die zeit – und kostenintensiven Verfahren um die Kostenentscheidung („satellite litigation“) zunichte gemacht.[910]

---

proportionate cost“ wurde zwar erst im Rahmen der *Jackson Reforms* zur ausdrücklichen Klarstellung hinzugefügt (*Civil Procedure (Amendment No. 3) Rules* 2011 (SI 2011/2970)); dieser Zweck war jedoch schon zuvor Bestandteil des „overriding objective“ der CPR, *Zuckerman* u.a., Civil Procedure (2021), Rn. 28.10.

904 *Zuckerman* u.a., Civil Procedure (2021), Rn. 28.8.

905 Vgl. CPR 44.2(4)(b).

906 *Zuckerman* u.a., Civil Procedure (2021), Rn. 28.5.

907 *Zuckerman* u.a., Civil Procedure (2021), Rn. 28.8.

908 *Zuckerman* u.a., Civil Procedure (2021), Rn. 28.8.

909 *Giambrone v. JMC Holidays Ltd* [2002] EWHC 2932 (QB), [2003] 1 All ER 982, Rn. 3.

910 Siehe hierzu *Michael Cook*, A Simple Solution to the Ludicrous Lottery of Litigation Costs, The Times (26. Februar 2002), zitiert in: *Zander*, DePaul L Rev 52 (2002), 259 (290): „The idea of the Civil Procedure Rules [...] was to cut the costs of civil litigation. But the scheme has been spectacularly unsuccessful in achieving its aim of bringing

b) Hohe und unkalkulierbare Prozesskosten in England

Im internationalen Vergleich sind Gerichtsverfahren in England sehr teuer.[911] Daher kommen der Prozesskostensicherheit und dem Kostenerstattungsanspruch eine besondere Bedeutung zu.[912] Der *Woolf*-Report zeigte im Jahr 1996, dass bei Streitwerten unter GBP 12.500 allein die durchschnittlichen Kosten der obsiegenden Partei schon ungefähr dem Streitwert der Hauptsache entsprachen.[913] Die gesamten Kosten dieser Verfahren lagen daher in der Regel sogar über dem Streitwert der Hauptsache.[914] Die *Woolf*-Reformen führten – wie gesehen – jedoch nicht zu der angestrebten Reduzierung der Prozesskosten. Im Gegenteil, die Prozesskosten stiegen weiter an.[915] Der Streit um die Kostentragung wurde hierdurch häufig wichtiger als der Streit um die Hauptsache.[916] *Zuckerman* benannte die Schieflage im Jahr 2006 schonungslos:

> There is no other system where the courts at all levels are called upon to adjudicate as many disputes over costs. Never before has the eventual incidence of costs been so crucial as to drive litigants to seek court adjudication on them even before commencing proceedings, or soon after. Today the fear of costs is no longer confined to private litigants of modest means, it affects even the rich and even mighty Government departments.[917]

Im Jahr 2009 zeigte der *Jackson*-Report, dass bei Verfahren unter GBP 50.000 die Prozesskosten auch weiterhin häufig über dem Streitwert der Hauptsache lagen.[918] Die Gründe für die hohen Prozesskosten sind vielfältig. Der Haupt-

---

control, certainty and transparency. *There is growing concern among judges and lawyers that the new rules have backfired to such an extent that litigation costs have become a lottery.*" (Hervorhebung d. Verf.).

911 *Zuckerman* u.a., Civil Procedure (2021), Rn. 28.1 f.

912 *Altenkirch*, Die Sicherheitsleistung für die Prozesskosten, S. 6.

913 *Altenkirch*, Die Sicherheitsleistung für die Prozesskosten, S. 6; *Genn*, Survey of Litigation Costs, Table 3, in: *Woolf*, Access to Justice, Final Report, Annex III, Table 3, S. 355.

914 *Altenkirch*, Die Sicherheitsleistung für die Prozesskosten, S. 6.

915 *Zuckerman* u.a., Civil Procedure (2021), Rn. 28.5; *Jackson*, Review of Civil Litigation Costs: Preliminary Report, Kap. 1, Rn. 1.2.

916 *Altenkirch*, Die Sicherheitsleistung für die Prozesskosten, S. 6.

917 *Zuckerman*, Civil Procedure (2006), Rn. 26.1; siehe hierzu auch die ähnliche Bewertung in *Zuckerman*, Civil Procedure (2013), Rn. 27.1 f. und *Zuckerman* u.a., Civil Procedure (2021), Rn. 28.1 f.

918 *Altenkirch*, Die Sicherheitsleistung für die Prozesskosten, S. 6; *Jackson*, Review of Civil Litigation Costs: Final Report, Kap. 2, Rn. 2.5–2.11: Zu diesem Ergebnis kam eine

grund liegt wohl in der Vergütungsstruktur der Anwälte: Englische Anwälte rechnen auf Stundenbasis ab;[919] sie haben daher keinerlei finanziellen Anreiz, ein Verfahren zügig abzuschließen.[920] Zudem sind die Stundensätze traditionell sehr hoch. Der *Jackson*-Report stellte 2009 fest, dass die Stundensätze eines *solicitors* als Partner einer *Magic Circle* Kanzlei bis GBP 750 betragen können; ein *barrister* verlangt bis zu GBP 1.000.[921] Die Erstattungsfähigkeit der anwaltlichen Gebühren im Rahmen des Kostenerstattungsanspruchs ist auch nicht etwa wie in Deutschland auf gesetzliche Gebühren beschränkt, die sich nach Tabellenentgelten richten.[922] Grundsätzlich sind die hohen Stundensätze erstattungsfähig.[923] Allerdings wird die Erstattung der Kosten nur in der Höhe angeordnet, die eine Partei vernünftigerweise für ihre Prozessführung aufgewandt hätte.[924] Bei der Berechnung der Kosten nach der sog. *standard basis* wird darüber hinaus noch verlangt, dass die entstandenen Kosten im Hinblick auf den Streitgegenstand verhältnismäßig sind.[925] Kosten, die zwar vernünftigerweise für die Prozessführung aufgewandt wurden, jedoch im Hinblick auf den Streitgegenstand unverhältnismäßig sind, können gekürzt

---

Untersuchung zur Höhe des Kostenerstattungsanspruchs in erstinstanzlichen Verfahren vor den *district judges*. Allerdings ist dieses Ergebnis vor allem auf die Anwaltskosten der Kläger zurückzuführen, die signifikant höher ausfielen als die Anwaltskosten der Beklagten. Bei Obsiegen des Klägers beliefen sich die Anwaltskosten durchschnittlich auf 51 % der eingeklagten Forderung. Wenn die Anwälte des Klägers auf Basis eines *conditional fee agreement* tätig wurden, beliefen sich die Anwaltskosten sogar durchschnittlich auf 158 % der eingeklagten Forderung. Dagegen betrug der Erstattungsanspruch des Beklagten bei Obsiegen im Schnitt 15 % der eingeklagten Forderung. In den untersuchten Fällen wurde kein Beklagter auf Grundlage eines *conditional fee agreement* vertreten.

919 *Zuckerman* u.a., Civil Procedure (2021), Rn. 28.4.

920 *Zuckerman* u.a., Civil Procedure (2021), Rn. 28.5.

921 *Altenkirch*, Die Sicherheitsleistung für die Prozesskosten, S. 7; *Jackson*, Review of Civil Litigation Costs: Preliminary Report, Kap. 8, Rn. 3.1–4.7.

922 *Altenkirch*, Die Sicherheitsleistung für die Prozesskosten, S. 7; *Zuckerman* u.a., Civil Procedure (2021), Rn. 28.4.

923 *Altenkirch*, Die Sicherheitsleistung für die Prozesskosten, S. 7; *Zuckerman* u.a., Civil Procedure (2021), Rn. 28.4.

924 Vgl. CPR 44.3(1): „[...] but the court will not in either case allow costs which have been unreasonably incurred or are unreasonable in amount." Diese Vorgabe gilt sowohl für die Berechnung der Kosten nach der *standard basis* als auch für die Berechnung nach der *indemnity basis*.

925 Vgl. CPR 44.3(2).

oder insgesamt als nicht erstattungsfähig eingestuft werden.[926] Die Befugnis des Gerichts, unverhältnismäßige Kosten als nicht erstattungsfähig einzustufen, ist Teil des *court management of costs*, das durch die *Jackson*-Reformen eingeführt wurde.[927] Die neuen Befugnisse der Gerichte zur Kontrolle der Prozesskosten sollen die Prozesskosten reduzieren und ergänzen die Prozessleitungsbefugnisse (*case management*), die durch die *Woolf*-Reformen eingeführt wurden. Allerdings verleiten die neuen Regeln zum *court management of costs* wiederum zu dem bereits angesprochenen Phänomen der „satellite litigation", sodass die Kostenreduzierung im Hinblick auf die Verfahren insgesamt zweifelhaft ist.[928] Die Vergütungsstruktur der anwaltlichen Honorare wurde durch die *Jackson*-Reformen hingegen unangetastet gelassen. Die Abrechnung auf Stundenbasis setzt keine ökonomischen Anreize für Anwälte, Verfahren zügig abzuschließen; sie ist ein Hauptgrund für die hohen Prozesskosten.[929] Es ist festzuhalten, dass Gerichtsverfahren in England nach wie vor sehr teuer sind und der unterliegenden Partei die Kostenerstattung droht. Daher kommen dem Kostenerstattungsanspruch und der Anordnung der Prozesskostensicherheit zum Schutz des Beklagten eine besondere Bedeutung zu.[930]

2. Kostentragung

Die Offenlegung der Prozessfinanzierung kann bei der Kostentragung wie folgt eine Rolle spielen: In England kann ein Kostenurteil auch gegen Dritte ergehen. Fraglich ist dabei, ob der Erlass eines Kostenurteils gegenüber dem Prozessfinanzierer bei der verdeckten Prozessfinanzierung *de facto* vereitelt wird. In Deutschland haften Dritte grundsätzlich nicht für die Prozesskosten, weil die gerichtliche Entscheidung über die Kostentragung in aller Regel die Eigenschaft als Prozesspartei voraussetzt.[931]

---

926 CPR 44.3(2)(a): „Costs which are disproportionate in amount may be disallowed or reduced even if they were reasonably or necessarily incurred".

927 *Zuckerman* u.a., Civil Procedure (2021), Rn. 28.9.

928 *Zuckerman* u.a., Civil Procedure (2021), Rn. 28.9.

929 *Zuckerman* u.a., Civil Procedure (2021), Rn. 28.3–28.9.

930 *Altenkirch*, Die Sicherheitsleistung für die Prozesskosten, S. 65.

931 Dritte sind nur in unwesentlichen Sonderfällen kostenerstattungspflichtig (vgl. §§ 89, 380, 390, 409 ZPO), *Herget*, in: Zöller, ZPO, Vorbem. §§ 91–107, Rn. 15.

a) Kostenurteil gegen einen Dritten

Der Erlass eines Kostenurteils gegen einen Dritten richtet sich nach CPR 46.2 i.V.m. *section* 51 *Senior Courts Act* 1981. CPR 46.2 regelt den Verfahrensablauf und verweist im Übrigen auf *section* 51 *Senior Courts Act*, der jedoch keine Tatbestandsvoraussetzungen für den Erlass eines Kostenurteils enthält. Gem. *section* 51(1) *Senior Courts Act* soll die Kostenfestsetzung im Ermessen des Gerichts liegen. Nach dem Wortlaut von *section* 51(3) *Senior Courts Act* hat das Gericht auch Ermessen bei der Entscheidung, wer die Kosten des Verfahrens tragen soll („[t]he court shall have full power to determine by whom and to what extent the costs are to be paid"). Die Rechtsprechung hat jedoch Leitlinien zur Ausübung des Ermessens entwickelt. In *Aiden Shipping Co Ltd v. Interbulk Ltd* entschied das *House of Lords* im Jahr 1986 erstmals, dass der Ermessensspielraum in *section* 51 *Supreme Court Act* 1981 – der Vorgängernorm des *section* 51 *Senior Courts Act* 1981 – grundsätzlich auch den Erlass eines Kostenurteils gegenüber einem Dritten ermögliche. Wenn der Gesetzgeber den Erlass des Kostenurteils auf die Parteien des Verfahrens hätte beschränken wollen, hätte er den folgenden Wortlaut wählen können: „[...] and the court shall have full power to determine by which party to the proceedings and to what extent the costs are to be paid."[932] Die Ausübung des Ermessens sei durch das Gerechtigkeitsprinzip begrenzt.[933] Das Gericht dürfe keine willkürliche Entscheidung darüber treffen, ob einem Dritten die Kosten des Verfahrens auferlegt werden.[934]

aa) Befugnis zum Erlass eines Kostenurteils gegen einen Prozessfinanzierer

Der *Privy Council* fasste in *Dymocks Franchise Systems (NSW) Pty Ltd v. Todd*[935] die Rechtsprechung zur Ausübung des Ermessens zusammen und identifizierte zwei Hauptanwendungsfälle, bei denen die Haftung eines Dritten für die Prozesskosten grundsätzlich gerechtfertigt erscheine, wenn „seine" Partei den Prozess verliere: Der Dritte wird am Erfolg des Verfahrens beteiligt und/

---

932 *Aiden Shipping Co Ltd v. Interbulk Ltd (The Vimeira) (No. 2)* [1986] AC 965 (980) (HL).

933 *Zuckerman* u.a., Civil Procedure (2021), Rn. 28.244.

934 *Zuckerman* u.a., Civil Procedure (2021), Rn. 28.244; vgl. *Aiden Shipping Co Ltd v. Interbulk Ltd (The Vimeira) (No. 2)* [1986] AC 965 (980) (HL); vgl. *Symphony Group Plc v. Hodgson* [1994] QB 179 (192 f.).

935 *Dymocks Franchise Systems (NSW) Pty Ltd v. Todd* [2004] UKPC 39, [2004] 1 WLR 2807.

oder kontrolliert das Verfahren maßgeblich. *Lord Brown* betonte zunächst, dass einem Dritten nur ausnahmsweise die Kosten des Verfahrens auferlegt werden dürften.[936] Allerdings stelle jedes Verfahren, bei dem die Parteien nicht ausschließlich zu ihren Gunsten und auf eigene Rechnung handelten, einen Ausnahmefall in diesem Sinne dar. Im Fall der Fremdfinanzierung als „exceptional case" sei daher letztendlich entscheidend, ob es unter Berücksichtigung aller Umstände des Einzelfalles gerecht sei, dem Dritten die Kosten des Verfahrens aufzuerlegen, wenn „seine" Partei den Prozess verliere.[937] *Lord Brown* bestätigte sodann die in *Hamilton v. Al-Fayed* getroffene Grundentscheidung, dass ein „pure funder"[938] (ein Prozessfinanzierer ohne Gewinnabsicht) grundsätzlich nicht für die Kosten des Verfahrens hafte, weil in diesem Fall das Interesse an der Ermöglichung eines Rechtsstreits das Interesse der obsiegenden Partei an der Erstattung ihrer Prozesskosten überwiege.[939] Handele es sich bei dem Finanzierer aber um einen Dritten, der ein finanzielles Eigeninteresse an dem Verfahren habe oder dieses maßgeblich kontrolliere, sei es in der Regel gerecht, dem Dritten die Kosten der obsiegenden gegnerischen Partei aufzuerlegen. Der Zweck der Unterstützung liege dann nämlich nicht primär in der Eröffnung des Rechtswegzugangs für die unterstützte Partei. Vielmehr verschaffe sich der Dritte selbst Zugang zu Gericht zur Realisierung seiner eigenen Interessen und sei daher als die wahre Prozesspartei anzusehen.[940] Bei diesen zwei Fällen der Kostenhaftung durch Dritte (Erfolgsbeteiligung des Dritten und/oder Kontrolle des Verfahrens durch den Dritten) handelt es sich nicht um eine abschließende Aufzählung der Kostenhaftung durch

---

[936] Vgl. *Symphony Group Plc v. Hodgson* [1994] QB 179 (192 f.).

[937] *Dymocks Franchise Systems (NSW) Pty Ltd v. Todd* [2004] UKPC 39, [2004] 1 WLR 2807, Rn. 25.

[938] Vgl. *Hamilton v. Al-Fayed (Costs)* [2002] EWCA Civ 665, [2003] QB 1175, Rn. 71, *per LJ Chadwick*: „In that context I use the expression ‚pure funder' to denote a person who provides funds to meet the litigation costs of a claimant in circumstances in which he, himself, has no collateral interest in the outcome of the claim – other than as a source or reimbursement of the funds which he has provided."

[939] *Dymocks Franchise Systems (NSW) Pty Ltd v. Todd* [2004] UKPC 39, [2004] 1 WLR 2807, Rn. 25; vgl. *Hamilton v. Al-Fayed (Costs)* [2002] EWCA Civ 665, [2003] QB 1175, Rn. 47.

[940] *Dymocks Franchise Systems (NSW) Pty Ltd v. Todd* [2004] UKPC 39, [2004] 1 WLR 2807, Rn. 25.

Dritte.[941] Sie sind jedoch die einschlägigen Fallgruppen im Hinblick auf das Haftungsrisiko für Prozessfinanzierer.

bb) Exkurs: Befugnis zum Erlass eines Kostenurteils gegen andere Dritte

Das Haftungsrisiko trifft jedoch nicht nur Prozessfinanzierer. Das Gericht kann im Rahmen der Ermessensausübung gem. *section* 51(3) *Senior Courts Act* die Kosten des Verfahrens auch anderen Dritten auferlegen. Im Folgenden sollen die beiden wichtigsten Fallgruppen neben der Prozessfinanzierung im Überblick behandelt werden: das Haftungsrisiko von Versicherern und Anwälten.[942]

(1) Versicherer

Die Rechtsprechung zur Ausübung des Ermessens in *Dymocks Franchise Systems (NSW) Pty Ltd v. Todd*[943] findet auf Versicherer Anwendung. Demnach kann das Gericht dem Versicherer bei Unterliegen des Versicherungsnehmers die Kosten des Verfahrens auferlegen, wenn der Versicherer am Erfolg des Verfahrens beteiligt wird und/oder oder das Verfahren maßgeblich kontrolliert. Diese Grundsätze werden durch die im Folgenden dargestellte Rechtsprechung bestätigt und präzisiert.

Zunächst ist zu berücksichtigen, dass bei Rechtsschutzversicherungen – im Gegensatz zur Prozessfinanzierung – in der Regel keine Beteiligung am Erfolg des Verfahrens gegeben ist. In *Murphy v. Young & Co's Brewery Plc* wurde klargestellt, dass ein Rechtsschutzversicherer daher in der Regel nicht für die Kosten des Verfahrens gem. *section* 51(3) *Senior Courts Act* hafte. Die Haftung des Rechtsschutzversicherers bestehe lediglich bei einer Kontrolle oder bei einem eigenen finanziellen Interesse.[944]

Hiervon ist jedoch die Situation der Haftpflichtversicherung zu unterscheiden. In *TGA Chapman Ltd v. Christopher* übernahm ein Haftpflichtversicherer die Vertretung des beklagten Versicherungsnehmers in einem Verfahren, das auf Ersatz eines Brandschadens gerichtet war. Der Versicherer

---

941 *Zuckerman* u.a., Civil Procedure (2021), Rn. 28.246.

942 Siehe ausführlich zu den verschiedenen Fallgruppen White Book 2022, Bd. 1, CPR 46.2, Rn. 1–8.

943 *Dymocks Franchise Systems (NSW) Pty Ltd v. Todd* [2004] UKPC 39, [2004] 1 WLR 2807.

944 *Murphy v. Young & Co's Brewery Plc* [1997] 1 WLR 1591(1604) (CA).

übernahm die Führung des Verfahrens, um die Inanspruchnahme der Versicherung zu vermeiden. Der *Court of Appeal* befand, dass der Versicherer das Verfahren kontrolliert habe und aus eigenem finanziellen Interesse betrieben habe und somit in Wirklichkeit der eigentliche Beklagte sei.[945] Dieser Fall stellt eine typische Situation bei der Haftpflichtversicherung dar, sodass ein Haftpflichtversicherer in der Regel einem Haftungsrisiko für gegnerische Prozesskosten gem. *section* 51(3) *Senior Courts Act* ausgesetzt sein wird.[946] Der Einwand der Versicherer hiergegen lautet, dass es ungerecht und unerwünscht sei, wenn Haftpflichtversicherer regelmäßig dem Haftungsrisiko für gegnerische Prozesskosten ausgesetzt seien. Dieser Umstand führe letztendlich zu einer Erhöhung der Prämien, weil die Versicherer dieses zusätzliche Risiko einkalkulieren müssten. Das Bestehen einer Haftpflichtversicherung fördere aber den Zugang zu Gericht für den Beklagten.[947] Der *Court of Appeal* folgte dieser Argumentation nicht. Es sei zunächst nicht bewiesen, ob und inwiefern sich das Risiko der Haftung für gegnerische Prozesskosten auf die Höhe der Prämien auswirke. Darüber hinaus dürfe dieser Aspekt bei der Beurteilung der Haftung des Versicherers gem. *section* 51(3) *Senior Courts Act* keine Rolle spielen. Es gebe keinen Grund, warum die Prämien nicht das Haftungsrisiko des Versicherers für Prozesskosten widerspiegeln sollten, wenn eine solche Haftung Dritter für die Prozesskosten besteht. Ein Abrücken vom Unterliegensprinzip sei daher nicht gerechtfertigt.[948]

(2) Anwälte

Anwälte werden bei der Haftung für die Kosten des Verfahrens gem. *section* 51(3) *Senior Courts Act* privilegiert. Die grundsätzliche Immunität in Bezug auf das Haftungsrisiko beruht im Wesentlichen auf zwei Leitentscheidungen: *Tolstoy-Miloslavsky v. Aldington* und *Hodgson v. Imperial Tobacco Ltd.* In *Tolstoy-Miloslavsky v. Aldington* wurde entschieden, dass ein Anwalt, der *pro bono* für seinen Mandanten tätig werde, grundsätzlich nicht für die

---

945 *TGA Chapman Ltd v. Christopher* [1998] 1 WLR 12 (20–23) (CA).

946 Vgl. auch *Palmer v. The Estate of Kevin Palmer (Deceased)* [2008] EWCA Civ 46, [2008] 4 Costs LR 513, wo die Kontrolle des Verfahrens im Interesse des Versicherers allerdings besonders deutlich wurde, weil der Versicherer ein vernünftiges Vergleichsangebot ablehnte, ohne den beklagten Versicherungsnehmer zu konsultieren.

947 *TGA Chapman Ltd v. Christopher* [1998] 1 WLR 12 (21 f.) (CA).

948 *TGA Chapman Ltd v. Christopher* [1998] 1 WLR 12 (22) (CA).

Kosten des Verfahrens hafte. Es sei im öffentlichen Interesse, dass Anwälte *pro bono* tätig würden, weil dadurch der Zugang zu Gericht eröffnet werde. An dieser Einschätzung ändere sich auch nichts, wenn der vermögenslose Mandant eine „hoffnungslose“ Klage betreibe.[949] Die wichtigste Entscheidung im Zusammenhang mit der Haftungsprivilegierung der Anwälte erging in der Sache *Hodgson v. Imperial Tobacco Ltd*: Hiernach darf ein Anwalt, der aufgrund eines *conditional fee agreement* tätig wird, grundsätzlich keinem höheren Haftungsrisiko für gegnerische Prozesskosten ausgesetzt werden als ein Anwalt, der auf Basis eines Stundenhonorars tätig wird, auch wenn der Anwalt bei einem *conditional fee agreement* ein eigenes finanzielles Interesse am Ausgang des Verfahrens hat.[950] Dieser Grundsatz wird als „Hodgson immunity“ bezeichnet.

In *Tinseltime Ltd v. Roberts* wurde der Grundsatz der Haftungsprivilegierung eines Anwalts für gegnerische Prozesskosten bestätigt und konkretisiert. Der *High Court* entschied, dass die Haftungsprivilegierung auch dann Anwendung finde, wenn der Anwalt für einen vermögenslosen Mandanten auf Basis eines *conditional fee agreement* tätig werde, obwohl der Mandant keine ATE-Versicherung für gegnerische Prozesskosten abgeschlossen habe und der Anwalt auch die gerichtlichen Auslagen und Gebühren zahle.[951] Der *High Court* fasst dabei die Rechtsprechung zu der Haftungsprivilegierung des Anwalts zusammen und resümiert, dass ein Anwalt erst dann für gegnerische Prozesskosten gem. *section* 51(3) *Senior Courts Act* hafte, wenn er in irgendeiner Weise außerhalb seiner Rolle als Anwalt handele.[952] Es sei vom Gesetz erlaubt, dass ein Anwalt sich verpflichte, aufgrund eines *conditional fee agreement* tätig zu werden und auch die gerichtlichen Auslagen und Gebühren zu zahlen. Daher handele ein *solicitor* in beiden Fällen nicht außerhalb seiner Rolle als Anwalt. An dieser Einschätzung ändere sich auch nichts, wenn der Mandant vermögenslos ist und keine ATE-Versicherung abgeschlossen wurde. Es gebe keine Pflicht des Anwalts für den Abschluss

---

[949] *Tolstoy-Miloslavsky v. Aldington* [1996] 1 WLR 736 (746) (CA).

[950] *Hodgson v. Imperial Tobacco Ltd* [1998] 1 WLR 1056 (1065) (CA).

[951] *Tinseltime Ltd v. Roberts* [2012] EWHC 2628 (TCC), [2012] 6 Costs LR 1094, Rn. 56.

[952] *Tinseltime Ltd v. Roberts* [2012] EWHC 2628 (TCC), [2012] 6 Costs LR 1094, Rn. 56: „the starting point when considering the position of a solicitor is that it must be shown that he has in some way acted beyond or outside his role as a solicitor conducting litigation for his client to make him liable for a non-party costs order.“

einer ATE-Versicherung zu sorgen, wenn der Mandant vermögenslos sei.[953] Ein Anwalt handele dagegen außerhalb seiner anwaltlichen Rolle, wenn sein finanzielles Interesse am Ausgang des Verfahrens über das Honorar in Form des *conditional fee agreement* hinaus gehe oder er eine Kontrolle über das Verfahren ausübe, die von dem üblichen Verhalten abweiche, das von einem prozessführenden Anwalt erwartet werden könne.[954]

In *Adris v. Royal Bank of Scotland Plc* wird allerdings deutlich, wann ein Anwalt im Zusammenhang mit einer fehlenden ATE-Versicherung für gegnerische Prozesskosten haften muss. In diesem Fall wurde damit geworben, dass der Anwalt auf seine Kosten eine ATE-Versicherung für den Mandanten abschließe.[955] Der Anwalt schloss jedoch keine solche Versicherung für seinen Mandanten ab und informierte ihn auch nicht über diesen Umstand. Er klärte den Mandanten zudem nicht darüber auf, dass er im Unterliegensfall für die gegnerischen Prozesskosten aufkommen müsse.[956] Der *High Court* befand, dass dieses Verhalten des Anwalts eine grobe Verletzung seiner anwaltlichen Pflichten gegenüber seinem Mandanten konstituiere und eine Haftung des Anwalts für die Kosten des Verfahrens gem. *section* 51(3) Senior Courts Act rechtfertige.[957] Der Mandant sei aufgrund der Pflichtverletzung nicht in der Lage gewesen, den Anwalt bezüglich des Verfahrens aufgrund einer informierten Entscheidung zu instruieren. Es bestehe eine überragend hohe Wahrscheinlichkeit, dass der Mandant bei Kenntnis der fehlenden ATE-Versicherung und des bestehenden Kostenrisikos das Verfahren überhaupt nicht geführt hätte. Daher sei ein kausaler Zusammenhang zwischen der Pflichtverletzung des Anwalts und den entstandenen Verfahrenskosten gegeben.[958]

---

[953] *Tinseltime Ltd v. Roberts* [2012] EWHC 2628 (TCC), [2012] 6 Costs LR 1094, Rn. 56.

[954] *Tinseltime Ltd v. Roberts* [2012] EWHC 2628 (TCC), [2012] 6 Costs LR 1094, Rn. 57.

[955] *Adris v. Royal Bank of Scotland Plc* [2010] EWHC 941 (QB), [2010] 4 Costs LR 598, Rn. 17: „[...] a further assessment of your case will be made and if the decision is still ‚yes' a specialist solicitor will be assigned [...] your solicitor will purchase, at their cost, a legal expenses insurance policy and obtain expert barrister's opinion where required [...]."

[956] *Adris v. Royal Bank of Scotland Plc* [2010] EWHC 941 (QB), [2010] 4 Costs LR 598, Rn. 25 f.

[957] *Adris v. Royal Bank of Scotland Plc* [2010] EWHC 941 (QB), [2010] 4 Costs LR 598, Rn. 27, 43.

[958] *Adris v. Royal Bank of Scotland Plc* [2010] EWHC 941 (QB), [2010] 4 Costs LR 598, Rn. 43.

Darüber hinaus folge aus dem Umstand, dass der Mandant aufgrund des fehlenden Wissens um das Kostenrisiko keine informierte Entscheidung habe treffen und dem Anwalt entsprechende Anweisungen habe geben können, dass der Anwalt *de facto* die Verfahrensführung kontrolliert habe.[959]

Zusammenfassend kann festgehalten werden, dass Anwälte bei der Haftung Dritter für gegnerische Prozesskosten gem. *section* 51(3) *Senior Courts Act* grundsätzlich privilegiert werden. Dies gilt auch, wenn sie *pro bono* oder auf der Grundlage eines *conditional fee agreement* für vermögenslose Mandanten tätig werden und keine ATE-Versicherung für gegnerische Prozesskosten besteht. Beide Fälle dienen dem effektiven Zugang zu Gericht, der anderenfalls verschlossen bliebe, und sind daher gesetzlich erlaubt. Der Anwalt darf keinem höheren Haftungsrisiko ausgesetzt werden, wenn er sich lediglich im Rahmen der zulässigen Ausgestaltung eines *conditional fee agreement* gem. *section* 58 *Courts and Legal Services Act* 1990 bewegt. Zulässig ist daher auch, dass der Anwalt Gebühren und Auslagen des Mandanten zahlt. Der Anwalt setzt sich erst dann einem Haftungsrisiko für gegnerische Prozesskosten aus, wenn er außerhalb seiner anwaltlichen Rolle handelt, insbesondere wenn er die Kontrolle über die Verfahrensführung ausübt oder wenn er ein finanzielles Interesse am Prozessausgang hat, das über den zulässigen Erfolgsbonus im Rahmen des *conditional fee agreement* hinausgeht.

cc) Höhe der von dem Dritten zu tragenden Kosten

Gem. *section* 51(3) *Senior Courts Act* hat das Gericht auch ein Ermessen bei der Entscheidung über die Höhe der von dem Dritten zu tragenden Kosten („[t]he court shall have full power to determine by whom and to what extent the costs are to be paid").

(1) Haftungsbegrenzung durch das „Arkin cap"

In *Arkin v. Borchard Lines Ltd* entwickelte der *Court of Appeal* eine Leitlinie zur Bestimmung der Haftungshöhe des Dritten. Der *Court of Appeal* entschied, dass die Haftung für die Prozesskosten grundsätzlich durch die zur Finanzierung des Verfahrens bereitgestellte Summe begrenzt ist, sofern die

---

[959] *Adris v. Royal Bank of Scotland Plc* [2010] EWHC 941 (QB), [2010] 4 Costs LR 598, Rn. 43.

Finanzierung nicht gegen das Verbot der *champerty* verstößt („Arkin cap").[960] Diese Entscheidung ist für das Modell der gewerblichen Prozessfinanzierung von herausragender Bedeutung, weil das finanzielle Risiko im Voraus eingeschätzt werden kann: Der Prozessfinanzierer verliert im Fall des Unterliegens „seiner" Partei den für das Verfahren bereitgestellten Betrag und haftet für die Prozesskosten noch einmal in gleicher Höhe. Das Risiko des Finanzierers verdoppelt sich dadurch, es ist jedoch nicht unbegrenzt. Die Entscheidung ist das Ergebnis einer Abwägung zwischen zwei widerstreitenden Interessen: der Ermöglichung des Zugangs zu Gericht durch die Prozessfinanzierung (*access to justice*) und der Geltung des Unterliegensprinzips.[961] *Lord Phillips MR* begründete die Einschränkung des Unterliegensprinzips damit, dass die gewerbliche Prozessfinanzierung unattraktiv werde, wenn im Unterliegensfall das volle Haftungsrisiko für die Prozesskosten der Gegenseite drohe. Er befürchtete, dass bei Geltung einer solchen Haftungsregel das Modell der gewerblichen Prozessfinanzierung im Keim erstickt werde, was wiederum den Zugang zu Gericht erschwere.[962]

Allerdings ist zu berücksichtigen, dass der Prozessfinanzierer in *Arkin* lediglich einen Teil der Prozesskosten seiner Partei finanzierte, nämlich die Kosten der *expert evidence* in Höhe von GBP 1,3 Millionen. Die obsiegende Gegenseite machte ihre Prozesskosten in Höhe von circa GBP 6 Millionen geltend. Nicht abschließend geklärt ist die Frage, ob das „Arkin cap" auch dann Anwendung findet, wenn der Prozessfinanzierer die gesamten Kosten „seiner" Partei finanziert.[963] Der *Court of Appeal* entschied lediglich, dass es bei der Teilfinanzierung einer Partei ungerecht sei, wenn der Finanzierer bei Unterliegen „seiner" Partei das Haftungsrisiko für gegnerische Prozesskosten in voller Höhe trage.[964] Fraglich ist, wie das Urteil ausgefallen wäre, wenn der Einsatz des Prozessfinanzierers in Höhe von GBP 1,3 Millionen

---

[960] *Arkin v. Borchard Lines Ltd (Costs Order)* [2005] EWCA Civ 655, [2005] 1 WLR 3055, Rn. 38–41.

[961] Näher zu den Gründen der Abwägung siehe oben § 4 B III d).

[962] *Arkin v. Borchard Lines Ltd (Costs Order)* [2005] EWCA Civ 655, [2005] 1 WLR 3055, Rn. 39.

[963] Vgl. *Perrin*, in: Perrin (Hrsg.), Third Party Litigation Funding Law Review (2019), 53 (59).

[964] Das „Arkin cap" wurde jüngst in einem Fall angewandt, in dem es – wie in *Arkin* – um die Finanzierung eines Teilaspektes des Verfahrens ging; vgl. *Burnden Holdings (UK) Ltd v. Fielding* [2019] EWHC 2995 (Ch), [2019] Costs LR 2061, Rn. 57–60.

die kompletten Prozesskosten „seiner" Partei dargestellt hätten. Müsste der Prozessfinanzierer in diesem Fall für die Prozesskosten der Gegenseite in voller Höhe haften, auch wenn diese GBP 6 Millionen betragen? Der *Court of Appeal* machte hierzu keine endgültige Aussage und war angesichts des Sachverhalts auch nicht dazu gezwungen. Der *Court of Appeal* bemerkte jedoch in einem *obiter dictum*, dass es prinzipiell keinen Grund gebe, warum das „Arkin cap" nicht auch auf Fälle Anwendung finden sollte, bei denen der Prozessfinanzierer einen Großteil oder sogar die gesamten Kosten der Verfahrensführung „seiner" Partei finanziert.[965]

Diese Aussage hat der *Court of Appeal* jedoch jüngst relativiert. In *ChapelGate Credit Opportunity Master Fund Ltd v. Money* betonte der *Court of Appeal*, dass das „Arkin cap" nicht als starre Regel angewandt werden könne.[966] Das Gericht müsse stets prüfen, ob die Haftungsbegrenzung angesichts der Umstände des Einzelfalles auch gerecht sei.[967] Der *Court of Appeal* führte näher aus, welche Umstände gegen die Anwendung des „Arkin cap" sprechen könnten. Wenn ein Prozessfinanzierer fast die gesamten Kosten des Klägers finanziere und der Erfolgsanteil des Prozessfinanzierers ein Vielfaches des eingesetzten Betrages betrage, könne es auch geboten sein, dem Prozessfinanzierer im Unterliegensfall die gegnerischen Prozesskosten in vollem Umfang aufzuerlegen.[968] Eine Begrenzung der Haftungshöhe auf die eingesetzte Summe sei dann nicht zwingend gerecht.[969] In *ChapelGate* war die Relation zwischen dem zur Prozessfinanzierung eingesetzten Betrag und dem versprochenen

---

965 *Arkin v. Borchard Lines Ltd (Costs Order)* [2005] EWCA Civ 655, [2005] 1 WLR 3055, Rn. 43: „We can see no reason in principle, however, why the solution we suggest should not also be applicable where the funder has similarly contributed the greater part, or all, of the expenses of the action. We have not, however, had to explore the ramifications of an extension of the solution we propose beyond the facts of the present case, where the funder merely covered the costs incurred by the claimant in instructing expert witness."

966 *ChapelGate Credit Opportunity Master Fund Ltd v. Money* [2020] EWCA Civ 246, [2020] 1 WLR 1751, Rn. 38.

967 *ChapelGate Credit Opportunity Master Fund Ltd v. Money* [2020] EWCA Civ 246, [2020] 1 WLR 1751, Rn. 35.

968 *ChapelGate Credit Opportunity Master Fund Ltd v. Money* [2020] EWCA Civ 246, [2020] 1 WLR 1751, Rn. 38.

969 *ChapelGate Credit Opportunity Master Fund Ltd v. Money* [2020] EWCA Civ 246, [2020] 1 WLR 1751, Rn. 38.

Erfolgsanteil besonders günstig für den Prozessfinanzierer.[970] Zudem entstand dieses attraktive Verhältnis zwischen Einsatz und potentiellem Gewinn, nachdem die Klägerin entgegen den ursprünglichen Regelungen des Prozessfinanzierungsvertrages keine ATE-Versicherung für gegnerische Prozesskosten abgeschlossen hatte. Der Prozessfinanzierer verzichtete schließlich auf diese Bedingung. Im Gegenzug halbierte er jedoch seinen Finanzierungsbeitrag bei gleichbleibendem Erfolgsanteil.[971] Der *Court of Appeal* befand, dass auch das Fehlen einer ATE-Versicherung für gegnerische Prozesskosten gegen die Anwendung des „Arkin cap" sprechen könne.[972] Schließlich hat der *Court of Appeal* auch die positive Entwicklung der Prozessfinanzierung seit der Entscheidung in *Arkin v. Borchard Lines Ltd* berücksichtigt. Das Modell der Prozessfinanzierung sei heutzutage so etabliert, dass auch das volle Haftungsrisiko für die Prozesskosten der Gegenseite einen gewerblichen Prozessfinanzierer nicht mehr vor der Finanzierung einer Klage mit guten Erfolgsaussichten abschrecken würde, zumal auch eine ATE-Versicherung abgeschlossen werden könne.[973] Diese Begründung deutet darauf hin, dass der Durchsetzung des Unterliegensprinzips in Zukunft größere Bedeutung beigemessen werden und das „Arkin cap" im Ergebnis in weniger Fällen zur Anwendung kommen könnte.

(2) „Arkin cap" bei Stellung eines Beitrags zur Leistung der Prozesskostensicherheit

In *Excalibur Ventures LLC v. Texas Keystone Inc*[974] wurde die Rechtsprechung in *Arkin* hinsichtlich eines praxisrelevanten Aspekts konkretisiert. In Frage stand, ob ein Beitrag des Prozessfinanzierers zur Stellung einer

---

[970] *ChapelGate Credit Opportunity Master Fund Ltd v. Money* [2020] EWCA Civ 246, [2020] 1 WLR 1751, Rn. 44.

[971] *ChapelGate Credit Opportunity Master Fund Ltd v. Money* [2020] EWCA Civ 246, [2020] 1 WLR 1751, Rn. 44; zur näheren Ausgestaltung des Prozessfinanzierungsvertrages, siehe Rn. 8–10.

[972] *ChapelGate Credit Opportunity Master Fund Ltd v. Money* [2020] EWCA Civ 246, [2020] 1 WLR 1751, Rn. 44.

[973] *ChapelGate Credit Opportunity Master Fund Ltd v. Money* [2020] EWCA Civ 246, [2020] 1 WLR 1751, Rn. 36.

[974] *Excalibur Ventures LLC v. Texas Keystone Inc (No. 2)* [2016] EWCA Civ 1144, [2017] 1 WLR 2221.

Prozesskostensicherheit des Klägers die Haftung nach Maßgabe der *Arkin*-Rechtsprechung erhöht. Der *High Court* und der *Court of Appeal* bejahten diese Frage. Ein Beispiel soll die *Excalibur*-Rechtsprechung illustrieren: Angenommen ein Prozessfinanzierer unterstützt den Kläger zunächst mit einem Betrag von GBP 5 Millionen. Während des Verfahrens wird angeordnet, dass der Kläger eine Sicherheitsleitung in Höhe von GBP 3 Millionen zahlen muss. Der Prozessfinanzierer unterstützt den Kläger mit zusätzlichen GBP 3 Millionen, damit dieser der Anordnung nachkommen kann. Nach der Rechtsprechung in *Excalibur* beträgt das Haftungsrisiko des Prozessfinanzierers für gegnerische Prozesskosten GBP 8 Millionen und nicht etwa GBP 5 Millionen. Durch die Leistung der Sicherheit wurde das Haftungsrisiko um deren Beitrag erhöht.

Der Entscheidung lag folgender Sachverhalt zugrunde: Der Kläger finanzierte die Kosten des Verfahrens mit der Unterstützung von verschiedenen gewerblichen Prozessfinanzierern, die jeweils unterschiedliche Beiträge zu unterschiedlichen Zeitpunkten des Verfahrens leisteten. Einige Prozessfinanzierer zahlten zunächst Beiträge für die Kosten des Verfahrens in Höhe von insgesamt GBP 14,25 Millionen; diese dienten der Begleichung der Gebühren der Anwälte und der Gebühren der *expert witnesses*. Während des Verfahrens ordnete der *High Court* die Zahlung einer Sicherheitsleistung in Höhe von GBP 17,5 Millionen zu Lasten des Klägers an. Einige Prozessfinanzierer zahlten daraufhin insgesamt weitere 17,5 Millionen an den Kläger zum Zwecke der Befolgung dieser Anordnung. Die Klage wurde abgewiesen. Der Beklagte beantragte, den Prozessfinanzierern die Kosten des Verfahrens gem. *section* 51(3) *Senior Courts Act* aufzuerlegen. Die geleistete Sicherheit reichte nicht zur Deckung der Prozesskosten. Die Prozessfinanzierer wurden zur Kostentragung verurteilt. Der *appeal* richtete sich gegen das Kostenurteil.

In Frage stand, ob Prozessfinanzierer, deren Beitrag in der Stellung der Prozesskostensicherheit des Klägers bestand, für einen Betrag in gleicher Höhe für die Prozesskosten hafteten oder ob der Beitrag zur Stellung einer Sicherheit privilegiert ist und keine Haftung für gegnerische Prozesskosten nach Maßgabe des „Arkin cap“ auslöst. Der *Court of Appeal* entschied, die *Arkin*-Rechtsprechung auf alle Beiträge der Prozessfinanzierer gleichermaßen anzuwenden, und bestätigte damit die Entscheidung des *High Court*. Alle Beiträge seien zur Führung des Prozesses notwendig, und im Obsiegensfall profitierten auch alle Finanzierer ihrem Anteil entsprechend am Erfolg des Prozesses. Es gebe daher keinen Grund, die Finanzierer der Sicherheitsleistung des Klägers im Unterliegensfall besser zu stellen als die anderen Prozessfinanzierer.[975]

Hervorzuheben ist, dass die *Excalibur*-Rechtsprechung nicht anwendbar ist, wenn der Prozessfinanzierer selbst zur Leistung der Prozesskostensicherheit gem. CPR 25.14(2)(b) verpflichtet wird. In diesem Fall erhöht der Betrag der Prozesskostensicherheit nicht die Haftung für gegnerische Kosten im Sinne des „Arkin cap", weil es sich dabei nicht um einen Beitrag zu den Kosten des Klägers handelt. Angesichts der *Excalibur*-Rechtsprechung ist es dem Beklagten aus prozesstaktischer Sicht zu empfehlen, den Antrag auf Anordnung der Sicherheitsleistung zumindest auch gegen den Kläger zu richten, selbst wenn der Kläger insolvent ist.[976]

(3) Zurechnung des (Fehl-)Verhaltens der finanzierten Partei bei der Haftungshöhe

Excalibur Ventures LLC v. Texas Keystone Inc[977] enthält eine weitere wichtige Leitlinie zur Ausübung des Ermessens des Gerichts bei der Bestimmung der Höhe der Haftung des Dritten. Wird die finanzierte Partei zur Kostenerstattung nach Maßgabe der Regelungen der „indemnity basis" statt der „standard basis" verurteilt (CPR 44.3), kann auch ein grobes (Fehl-)Verhalten der Partei berücksichtigt werden und einen Einfluss auf die Haftungshöhe haben.[978] Der Richter erster Instanz *Lord Justice Christopher Clarke* stufte das Verhalten des Klägers als grob missbräuchlich ein und der *Court of Appeal* teilte diese Einschätzung: Die Klage sei „essentially speculative and opportunistic" und „based on no sound foundation in fact or law".[979] Daher wurde der Kläger auf Grundlage der „indemnity basis" zur

---

[975] *Excalibur Ventures LLC v. Texas Keystone Inc (No. 2)* [2016] EWCA Civ 1144, [2017] 1 WLR 2221, Rn. 39.

[976] *Capper*, CJQ 36 (2017), 287 (290).

[977] *Excalibur Ventures LLC v. Texas Keystone Inc (No. 2)* [2016] EWCA Civ 1144, [2017] 1 WLR 2221.

[978] *Zuckerman* u.a., Civil Procedure (2021), Rn. 28.142: „To justify an indemnity order the litigant's conduct must either amount to misconduct deserving moral condemnation or be unreasonable to a high degree, and not just wrong or misguided in hindsight."

[979] *Excalibur Ventures LLC v. Texas Keystone Inc (No. 2)* [2016] EWCA Civ 1144, [2017] 1 WLR 2221, Rn. 8.

Kostenerstattung verurteilt und entschieden, dass auch die Prozessfinanzierer grundsätzlich in diesem Umfang für die gegnerischen Prozesskosten hafteten – unabhängig von eigenem (Fehl-)Verhalten der Finanzierer. Die Prozessfinanzierer mussten sich also gewissermaßen das Fehlverhalten „ihrer" Partei bei der Bestimmung der Kostenhöhe zurechnen lassen.[980] Allerdings wird die Haftung der Prozessfinanzierer wiederum durch das „Arkin cap" begrenzt. Der *Court of Appeal* begründete die Entscheidung damit, dass die Haftung des Prozessfinanzierers sich in der Regel von der Haftung der finanzierten Partei ableite. Es handele sich dabei jedoch nicht um eine unwiderlegbare Vermutung.[981]

dd) Verfahrensregeln bei Erlass eines Kostenurteils gegen einen Dritten

Beim Erlass eines Kostenurteils gegen Dritte sind die in CPR 46.2 niedergelegten Verfahrensvorschriften zu beachten. Erwägt das Gericht den Erlass eines Kostenurteils gegen den Dritten, muss es den Dritten für die Zwecke des Kostenurteils als Partei dem Verfahren hinzufügen und ihm eine angemessene Möglichkeit zur Teilnahme an einer Verhandlung geben, bei der die Kostenauferlegung erörtert wird, vgl. CPR 46.2(1).[982] Es ist ein Gebot der prozessualen Fairness und des rechtlichen Gehörs, dass der Dritte vor Erlass des Kostenurteils eine Möglichkeit zur Stellungnahme bekommt.[983] Der *trial judge* hat die Befugnis zum Erlass des Kostenurteils gegen den Dritten.[984] Der Antrag, den Dritten dem Verfahren als Partei für die Zwecke des Kostenurteils hinzuzufügen, soll begründet werden. Das Gericht soll bei der Entscheidung über die Hinzuziehung des Dritten eine summarische Prüfung der Erfolgsaussichten des Antrags vornehmen.[985]

---

980 *Excalibur Ventures LLC v. Texas Keystone Inc (No. 2)* [2016] EWCA Civ 1144, [2017] 1 WLR 2221, Rn. 23 f.

981 *Excalibur Ventures LLC v. Texas Keystone Inc (No. 2)* [2016] EWCA Civ 1144, [2017] 1 WLR 2221, Rn. 27.

982 Ausnahmen von dem Erfordernis der Hinzuziehung des Dritten vor Erlass eines Kostenurteils finden sich in CPR 46.2(2).

983 *Zuckerman* u.a., Civil Procedure (2021), Rn. 28.247.

984 *Equitas Ltd v. Horace Holman & Co Ltd* [2008] EWHC 2287 (Comm); *Zuckerman* u.a., Civil Procedure (2021), Rn. 28.249.

985 *PR Records Ltd v. Vinyl 2000 Ltd* [2007] EWHC 1721 (Ch); *Deepchand & Anor v. Sooben* [2020] EWCA Civ 1409; *Zuckerman* u.a., Civil Procedure (2021), Rn. 28.249.

b) *Kostenhaftung des Prozessfinanzierers und Anordnung der Offenlegung der Prozessfinanzierung*

Wenn die Möglichkeit der Haftung des Prozessfinanzierers für die Kosten der gegnerischen Partei grundsätzlich besteht, stellt sich die Frage, ob der Erlass des Kostenurteils durch die verdeckte Prozessfinanzierung vereitelt wird. Im Folgenden soll daher die Befugnis des Gerichts zur Anordnung der Offenlegung der Prozessfinanzierung untersucht werden.

aa) Implizite Befugnis zur Anordnung der Offenlegung der Identität des Prozessfinanzierers in *section* 51 *Senior Courts Act*

Voraussetzung des Antrags auf Erlass eines Kostenurteils gegen den Dritten ist, dass der Prozessgegner zumindest vermutet, dass die Gegenseite durch einen Prozessfinanzierer unterstützt wird. Anderenfalls wird er den Antrag nach *section* 51(3) *Senior Courts Act* nicht stellen. Daran schließt sich die Frage an, gegen wen der Antrag gerichtet werden soll, wenn die Identität des Prozessfinanzierers nicht bekannt ist. *Section* 51 *Senior Courts Act* enthält keine ausdrückliche Ermächtigung des Gerichts, die Offenlegung der Identität des Prozessfinanzierers anzuordnen. Nach der Rechtsprechung in *Raiffeisen Zentralbank Osterreich AG v. Crossseas Shipping Ltd* enthält die Befugnis des Gerichts zum Erlass eines Kostenurteils gegen den Dritten gem. *section* 51(3) *Senior Courts Act* jedoch implizit auch die Befugnis zur Anordnung der Offenlegung der Identität des Dritten.[986] Diese implizite Befugnis beruhe auf folgendem generellen Grundsatz: „[W]here the power exists to grant the remedy, there must also be inherent in that power the power to make ancillary orders to make that remedy effective".[987] *Section* 51(3) *Senior Courts Act* ermächtige das Gericht ausdrücklich zum Erlass des Kostenurteils gegen einen Dritten. Diese Befugnis wäre jedoch wirkungslos, wenn *section* 51(3) *Senior Courts Act* nicht zugleich eine Hilfsbefugnis enthalte, die Offenlegung der Identität des Dritten anzuordnen. Die Hilfsbefugnis sei zur Effektivität

---

[986] *Raiffeisen Zentralbank Osterreich AG v. Crossseas Shipping Ltd* [2003] EWHC 1381 (Comm), Rn. 7.

[987] *Raiffeisen Zentralbank Osterreich AG v. Crossseas Shipping Ltd* [2003] EWHC 1381 (Comm), Rn. 7, *per Morison J*; *Morison J* zitiert Potter LJ in *Abraham v. Thompson* [1997] 4 All ER 362 (368), der wiederum Ackner LJ in *AJ Bekhor v. Bilton* [1981] QB 923 (942) zitiert.

der Hauptbefugnis erforderlich.[988] Aus Gründen der Klarstellung sei jedoch hervorzuheben, dass aus der Anordnung der Offenlegung der Identität des Dritten keinesfalls auch zwangsläufig der Erlass des Kostenurteils gegen den Dritten folge. Diese Entscheidung müsse in einem zweiten Schritt getroffen werden.[989]

bb) Faktische Vereitelung eines Kostenurteils gegen den Prozessfinanzierer bei verdeckter Prozessfinanzierung

Für den Erfolg des Antrags auf Offenlegung der Identität des Prozessfinanzierers gem. *section* 51(3) *Senior Courts Act* ist der Verdacht erforderlich, dass die Gegenseite überhaupt einen Prozessfinanzierer eingeschaltet hat. Problematisch ist dabei, dass es letztendlich von Zufällen abhängt, ob der Prozessgegner der finanzierten Partei von der Prozessfinanzierung Kenntnis erlangt. Wenn der Prozessgegner keinen Verdacht schöpft, wird er weder die Anordnung der Offenlegung der Identität des Prozessfinanzierers noch den Erlass eines Kostenurteils gegen diesen beantragen. Das Recht zur Beantragung eines Kostenurteils gegen den Dritten gem. *section* 51(3) *Senior Courts Act* wird bei verdeckter Prozessfinanzierung *de facto* vereitelt.

3. Sicherheitsleistung für die Prozesskosten

Die Prozesskostensicherheit dient der Sicherung des potentiellen Kostenerstattungsanspruchs des Beklagten gegen den Kläger bzw. gegen den Prozessfinanzierer des Klägers. In England werden die Voraussetzungen der Prozesskostensicherheit in den *Civil Procedure Rules* seit 1998 geregelt. Grundsätzlich sind zwei Fallkonstellationen zu unterscheiden, nämlich ob die Prozesskostensicherheit vom Kläger oder von einem Dritten zu leisten ist. Die folgende Untersuchung erörtert die Voraussetzungen der Prozesskostensicherheit grundsätzlich in beiden Fällen. Dabei werden jedoch nicht alle Fallkonstellationen der beiden Kategorien im Einzelnen besprochen.[990]

---

988 *Raiffeisen Zentralbank Osterreich AG v. Crossseas Shipping Ltd* [2003] EWHC 1381 (Comm), Rn. 7.

989 *Raiffeisen Zentralbank Osterreich AG v. Crossseas Shipping Ltd* [2003] EWHC 1381 (Comm), Rn. 7.

990 Siehe hierzu *Zuckerman* u.a., Civil Procedure (2021), Rn. 10.308–10.346 und die ausführliche Erörterung aller Fallgruppen bei *Altenkirch*, Die Sicherheitsleistung für die Prozesskosten, S. 65–131.

Es werden lediglich diejenigen prozessualen Konstellationen in den Blick genommen, die im Zusammenhang mit Prozessfinanzierern entstehen. Ziel der Untersuchung ist die Beantwortung der Frage, ob *de lege lata* Defizite im Zusammenhang mit der verdeckten Prozessfinanzierung bestehen.

a) Vorbemerkung: Ermessensausübung

Bevor die Voraussetzungen der Anordnung der Prozesskostensicherheit im Einzelnen besprochen werden, sollen grundsätzliche Erwägungen zur Ermessensausübung bei der Anordnung der Prozesskostensicherheit vorangestellt werden. Das Gericht hat ein Ermessen bzgl. des Ob und Wie (Höhe, Art und Zeitpunkt)[991] der Leistung der Prozesskostensicherheit. Gemäß CPR 25.13(1) kann die Prozesskostensicherheit angeordnet werden, wenn die Voraussetzungen einer der jeweils in Abs. 2 genannten Fallgruppen vorliegt und wenn „[the court] is satisfied, having regard to all the circumstances of the case, that it is just to make such an order". Im Rahmen der Ermessensausübung müssen die widerstreitenden Interessen von Kläger und Beklagten in Ausgleich gebracht werden.[992] Die Befugnis des Gerichts, vom Kläger eine Sicherheitsleistung zu verlangen, stellt im Hinblick auf das in Art. 6 Abs. 1 EMRK gewährte Recht auf Zugang zu Gericht eine außergewöhnliche Ermächtigung dar.[993] Die Pflicht zur Leistung einer Prozesskostensicherheit bedeutet eine erhebliche Belastung für den Kläger und beschränkt daher den effektiven Zugang zu Gericht. Diese besondere Belastung des Klägers erscheint jedoch in zwei Situationen grundsätzlich zum Schutz des Beklagten gerechtfertigt: wenn der Kläger die Haftung für den potentiellen Kostenerstattungsanspruch vereiteln will oder wenn die Vollstreckung des potentiellen Kostenerstattungsanspruchs gefährdet ist.[994] Dahinter steht der Gedanke, dass der Beklagte sich nicht frei entscheiden kann, ob er sich gegen die Klage verteidigen will.[995] Der Kläger dagegen kann vor Klageerhebung die Erfolgsaussichten der Klage und der Vollstreckung einschließlich eines Kostenerstattungsanspruchs prüfen und entscheiden, ob er einen Rechtsstreit gegen einen möglicherweise insolventen

---

991 Vgl. CPR 25.12(3).

992 *Altenkirch*, Die Sicherheitsleistung für die Prozesskosten, S. 77; *Zuckerman* u.a., Civil Procedure (2021), Rn. 10.309.

993 *Zuckerman* u.a., Civil Procedure (2021), Rn. 10.309.

994 *Zuckerman* u.a., Civil Procedure (2021), Rn. 10.309.

995 *Altenkirch*, Die Sicherheitsleistung für die Prozesskosten, S. 10.

Beklagten führen will.[996] Der Kläger hat somit unter Berücksichtigung seiner Erfolgs – und Vollstreckungsaussichten die freie Wahl, ob er im Zweifel „gutes Geld dem schlechten hinterherwerfen möchte".[997] Muss der Beklagte sich jedoch in einem Verfahren verteidigen, bei dem die Vollstreckung eines potentiellen Kostenerstattungsanspruchs gefährdet ist, ist sein Recht auf prozessuale Gleichbehandlung gem. Art. 6 Abs. 1 EMRK tangiert.[998] Die *Civil Procedure Rules* versuchen diese widerstreitenden Rechte von Kläger und Beklagtem im Rahmen der Tatbestandsvoraussetzungen der Anordnung der Sicherheitsleistung in Ausgleich zu bringen. Sind die Tatbestandsvoraussetzungen einer Fallgruppe erfüllt, kann dennoch im Rahmen des Ermessens von der Anordnung der Prozesskostensicherheit abgesehen werden, wenn das Recht des Klägers auf Zugang zu Gericht in der Abwägung der widerstreitenden Interessen im Einzelfall überwiegt.[999] Nach der Rechtsprechung überwiegt der Anspruch des Klägers auf Zugang zu Gericht insbesondere dann, wenn der Kläger die Sicherheitsleistung nicht bezahlen kann.[1000]

b) Anordnung der Prozesskostensicherheit gegen den Kläger

Im Zusammenhang mit der verdeckten Prozessfinanzierung stellt sich die Frage, ob der Existenz der Prozessfinanzierung im Rahmen der Anordnung der Prozesskostensicherheit eine entscheidende Rolle zukommt. CPR 25.13 regelt die Voraussetzungen, unter denen das Gericht den Kläger verpflichten kann, dem Beklagten Sicherheit für die Prozesskosten zu leisten.

> 25.13 Conditions to be satisfied
>
> (1) The court may make an order for security for costs under rule 25.12 if –
>   (a) it is satisfied, having regard to all the circumstances of the case, that it is just to make such an order; and
>   (b) (i) one or more of the conditions in paragraph (2) applies, or
>   (ii) an enactment permits the court to require security for costs.
> (2) The conditions are –
>   (a) the claimant is –

---

996 *Altenkirch*, Die Sicherheitsleistung für die Prozesskosten, S. 10.

997 *Altenkirch*, Die Sicherheitsleistung für die Prozesskosten, S. 10.

998 *Altenkirch*, Die Sicherheitsleistung für die Prozesskosten, S. 11.

999 *Zuckerman* u.a., Civil Procedure (2021), Rn. 10.310.

1000 *Zuckerman* u.a., Civil Procedure (2021), Rn. 10.310; siehe insgesamt zur Herausbildung von Ausnahmetatbeständen im Rahmen der Ermessensauslegung *Altenkirch*, Die Sicherheitsleistung für die Prozesskosten, S. 77–111.

(i) resident out of the jurisdiction; but
(ii) not resident in a Brussels Contracting State, a State bound by the Lugano Convention, a State bound by the 2005 Hague Convention or a Regulation State, as defined in section 1(3) of the Civil Jurisdiction and Judgments Act 1982;

(b) [...]
(c) the claimant is a company or other body (whether incorporated inside or outside Great Britain) and there is reason to believe that it will be unable to pay the defendant's costs if ordered to do so;
(d) the claimant has changed his address since the claim was commenced with a view to evading the consequences of the litigation;
(e) the claimant failed to give his address in the claim form, or gave an incorrect address in that form;
(f) the claimant is acting as a nominal claimant, other than as a representative claimant under Part 19, and there is reason to believe that he will be unable to pay the defendant's costs if ordered to do so;
(g) the claimant has taken steps in relation to his assets that would make it difficult to enforce an order for costs against him.

aa) CPR 25.13(2)(c): Der Kläger ist eine vermögenslose Gesellschaft

Im Folgenden werden die Voraussetzungen der Anordnung der Prozesskostensicherheit gem. CPR 25.13(2)(c) näher erläutert, da diese Fallgruppe von besonderem Interesse im Hinblick für die untersuchte Frage der Offenlegung der Prozessfinanzierung ist.[1001] Nach CPR 25.13(2)(c) kann das Gericht eine Sicherheitsleistung vom Kläger verlangen, wenn der Kläger eine juristische Person oder Personengesellschaft ist und zu befürchten ist, dass der Kläger die Prozesskosten des Beklagten nicht bezahlen kann, falls er dazu verpflichtet wird. Dies gilt sowohl für Gesellschaften mit beschränkter als auch unbeschränkter Gesellschafterhaftung.[1002] Vermögenslose natürliche Personen können dagegen nicht zur Leistung einer Prozesskostensicherheit verpflichtet werden.[1003] Die Befugnis, vermögenslose juristische Personen zur Leistung

---

1001 CPR 25.13(2)(c) entspricht im Wesentlichen dem Wortlaut des früheren sec. 726(1) *Companies Act* 1985, der mit Wirkung zum Oktober 2009 aufgehoben wurde; zu den Unterschieden zwischen CPR 25.13(2)(c) und sec. 726(1) *Companies Act* 1985 siehe *Ching*, CJQ 28 (2009), 470.

1002 *Jirehouse Capital v. Beller* [2008] EWCA Civ 908, Rn. 19.

1003 Hintergrund dieser Differenzierung in den *Civil Procedure Rules* ist der Umstand, dass vermögenslose natürliche Personen in der Regel die Sicherheitsleistung nicht zahlen könnten und die Verpflichtung zur Sicherheitsleistung sie daher in ihrem Recht auf Zugang zu Gericht gem. Art. 6 Abs. 1 EMRK verletzen würde, *Altenkirch*, Die Sicherheitsleistung für die Prozesskosten, S. 150 f.

einer Sicherheitsleistung zu verpflichten, ist aus rechtsvergleichender Perspektive bemerkenswert. In Deutschland wird die Leistung einer Prozesskostensicherheit nicht an die Vermögenslosigkeit des Klägers geknüpft, d.h. es trägt grundsätzlich jede Partei das „Insolvenzrisiko" der anderen Partei.[1004] Gem. § 110 Abs. 1 ZPO hat der Kläger nur dann auf Verlangen des Beklagten wegen der Prozesskosten Sicherheit zu leisten, wenn der Kläger seinen gewöhnlichen Aufenthalt nicht in einem Mitgliedstaat der Europäischen Union oder einem Vertragsstaat des Abkommens über den Europäischen Wirtschaftsraum hat. § 110 Abs. 1 ZPO entspricht der Regelung in CPR 25.13(2)(a). Eine CPR 25.13(2)(c) entsprechende Regelung gibt es dagegen nicht.[1005]

(1) Erforderlicher Grad der Wahrscheinlichkeit der Zahlungsunfähigkeit

CPR 25.13(2)(c) verlangt, dass es Gründe für die Annahme gibt, dass der Kläger die Prozesskosten des Beklagten nicht zahlen kann, falls er dazu verurteilt wird („and there is reason to believe that it [the claimant company] will be unable to pay the defendant's costs if ordered to do so").[1006] Die Beweislast liegt dabei beim Beklagten.[1007] In *Jirehouse Capital v. Beller* nimmt der *Court of Appeal* zum erforderlichen Grad der Wahrscheinlichkeit der Zahlungsunfähigkeit Stellung. Der Beklagte muss hiernach beweisen, dass es gute Gründe für die zukünftige Zahlungsunfähigkeit des Klägers gibt; der Nachweis einer überwiegenden Wahrscheinlichkeit der Zahlungsunfähigkeit muss jedoch nicht geführt werden.[1008]

(2) Berücksichtigung des Bestehens einer ATE-Versicherung

Verfügt ein vermögensloser Kläger über eine ATE-Versicherung, ist denkbar, dass die Sicherungspflicht des Klägers entfällt. Durch eine ATE-Versicherung

---

1004 *Altenkirch*, Die Sicherheitsleistung für die Prozesskosten, S. 140.

1005 *Altenkirch* befürwortet die Übernahme der englischen Regel in CPR 25.13(2)(c) in Deutschland, weil nach seiner Auffassung die ungleiche Kostensituation das Recht des Beklagten auf prozessuale Waffengleichheit gem. Art. 3 Abs. 1 GG verletzt, *Altenkirch*, Die Sicherheitsleistung für die Prozesskosten, S. 141 f. m.w.N. zu dieser Auffassung.

1006 Vgl. *Altenkirch*, Die Sicherheitsleistung für die Prozesskosten, S. 71.

1007 *Altenkirch*, Die Sicherheitsleistung für die Prozesskosten, S. 71.

1008 *Jirehouse Capital v. Beller* [2008] EWCA Civ 908, Rn. 25 ff.; siehe näher zum Tatbestandsmerkmal der Zahlungsunfähigkeit: *Altenkirch*, Die Sicherheitsleistung für die Prozesskosten, S. 71 f. und White Book 2022, Bd. 1, CPR 25.13, Rn. 12.

wird gerade die Haftung für gegnerische Prozesskosten versichert. Im Folgenden soll daher untersucht werden, ob eine Sicherheitsleistung wegen fehlender Schutzbedürftigkeit des Beklagten entbehrlich ist, wenn der Kläger eine ATE-Versicherung abgeschlossen hat. Der *Court of Appeal* nahm zu dieser Frage in *Premier Motorauctions Ltd (In Liquidation) v. PricewaterhouseCoopers LLP* Stellung. Das Bestehen einer ATE-Versicherung des Klägers könne prinzipiell bei der Entscheidung des Gerichts über die Anordnung einer Prozesskostensicherheit berücksichtigt werden.[1009] Ob das Bestehen der ATE-Versicherung letztendlich zum Schutz des Beklagten ausreiche und eine Sicherheitsleistung des Klägers entbehrlich mache, hänge jedoch von den Regelungen des konkreten Versicherungsvertrages ab. Entscheidend seien die Bedingungen, die den Haftungsausschluss und die Kündigungsrechte des Versicherers regelten.[1010] Eine Prognose darüber, wie wahrscheinlich der Wegfall des Versicherungsschutzes ist, stelle sich für das Gericht meist als sehr schwierig dar. Daher sei zum Schutz des Beklagten in der Regel erforderlich, dass der Vertrag eine sog. *anti-avoidance*-Klausel enthält. Eine *anti-avoidance*-Klausel stipuliert, dass der Versicherer über keinerlei Rechte verfügt, den Versicherungsschutz zu beenden oder einen Haftungsausschluss geltend zu machen, es sei denn der Versicherungsnehmer hat den Versicherer bei Versicherungsabschluss durch Angabe unrichtiger Informationen oder durch das Unterlassen von Angaben arglistig getäuscht.[1011] Schätze das Gericht das Risiko des Wegfalls des Versicherungsschutzes durch arglistige Täuschung als minimal ein, könne grundsätzlich auf eine Sicherheitsleistung des Klägers verzichtet werden.[1012] In *Premier Motorauctions Ltd* verfügten die Kläger zwar über eine ATE-Versicherung, die das Haftungsrisiko für gegnerische Prozesskosten bis zu GBP 5 Millionen abdeckte, was im vorliegenden Fall der Höhe nach grundsätzlich zum Schutz der Beklagten ausgereicht hätte. Der Versicherungsvertrag enthielt aber keine *anti-avoidance*-Klausel.

[1009] *Premier Motorauctions Ltd (In Liquidation) v. PricewaterhouseCoopers LLP* [2017] EWCA Civ 1872, [2018] 1 WLR 2955, Rn. 20–24.

[1010] *Premier Motorauctions Ltd (In Liquidation) v. PricewaterhouseCoopers LLP* [2017] EWCA Civ 1872, [2018] 1 WLR 2955, Rn. 25–29.

[1011] *Premier Motorauctions Ltd (In Liquidation) v. PricewaterhouseCoopers LLP* [2017] EWCA Civ 1872, [2018] 1 WLR 2955, Rn. 29, 31.

[1012] *Premier Motorauctions Ltd (In Liquidation) v. PricewaterhouseCoopers LLP* [2017] EWCA Civ 1872, [2018] 1 WLR 2955, Rn. 31.

Die Realisierung des Versicherungsschutzes hänge von zu vielen Unwägbarkeiten ab und schütze die Beklagten daher nicht ausreichend. Der *Court of Appeal* verpflichtete die Kläger zu einer Sicherheitsleistung in Höhe von GBP 4 Millionen und berücksichtigte das Bestehen der ATE-Versicherung bei der Berechnung der Summe nicht.[1013] Die Verpflichtung zur Leistung einer Sicherheit stelle schließlich auch kein unzumutbares Hindernis im Hinblick auf den Zugang zu Gericht dar.[1014]

In *Bailey v. GlaxoSmithKline UK Ltd* berücksichtigte der *High Court* jedoch das Bestehen einer ATE-Versicherung bei der Entscheidung über die Anordnung einer Sicherheitsleistung gegenüber dem Prozessfinanzierer gem. CPR 25.14(2)(b), obwohl der Versicherungsvertrag keine *anti-avoidance*-Klausel enthielt. Der *High Court* begründete diese Entscheidung damit, dass das Risiko des Ausfalls der Versicherung im konkreten Fall gering sei. Allerdings sei es auch nicht ausgeschlossen, dass die ATE-Versicherung des Prozessfinanzierers ausfalle. Der *High Court* berücksichtigte das Ausfallrisiko bei der Berechnung der Höhe der Sicherheitsleistung, indem die Versicherungssumme lediglich zu zwei Dritteln zugrunde gelegt wurde.[1015]

Zusammenfassend kann festgehalten werden, dass der *Court of Appeal* in *Premier Motorauctions Ltd (In Liquidation) v. PricewaterhouseCoopers LLP* eine Leitlinie zur Berücksichtigung einer ATE-Versicherung für gegnerische Prozesskosten aufgestellt hat. Das Ausfallrisiko wird in der Regel als schwer prognostizierbar und das Bestehen der Versicherung daher als nicht berücksichtigungsfähig angesehen, es sei denn der Versicherungsvertrag enthält eine *anti-avoidance*-Klausel, die einen Haftungsausschluss bzw. ein Kündigungsrecht des Versicherers lediglich bei arglistiger Täuschung durch den Versicherungsnehmer zulässt. Allerdings betont der *Court of Appeal* in *Premier Motorauctions Ltd* gleichzeitig, dass für die Beurteilung des Ausfallrisikos der ATE-Versicherung letztendlich die Regelungen des konkreten Versicherungsvertrages entscheidend seien. Die Entscheidung des *Court of Appeal* verschließt die Möglichkeit der Einzelfallbetrachtung daher nicht,

---

1013 *Premier Motorauctions Ltd (In Liquidation) v. PricewaterhouseCoopers LLP* [2017] EWCA Civ 1872, [2018] 1 WLR 2955, Rn. 35–39.

1014 *Premier Motorauctions Ltd (In Liquidation) v. PricewaterhouseCoopers LLP* [2017] EWCA Civ 1872, [2018] 1 WLR 2955, Rn. 35.

1015 *Bailey v. GlaxoSmithKline UK Ltd* [2017] EWHC 3195 (QB), [2018] 4 WLR 7, Rn. 68–70, 79.

und der *High Court* machte in der Sache *Bailey v. GlaxoSmithKline UK Ltd* von diesem Beurteilungsspielraum Gebrauch.

(3) Freiwillige Offenlegung der ATE-Versicherung bzw. der Prozessfinanzierung

Verfügt der Kläger über eine ATE-Versicherung oder eine Prozessfinanzierung, die die Haftung für gegnerische Prozesskosten abdeckt, wird er in der Regel ein Interesse daran haben, die Existenz der Versicherung bzw. Prozessfinanzierung offenzulegen, wenn das Gericht davon überzeugt ist, dass der Kläger ein Kostenurteil nicht erfüllen wird. Der Kläger kann damit seine Zahlungsunfähigkeit widerlegen. Allerdings muss er für diesen Beweis mehr als die bloße Existenz und Identität des Prozessfinanzierers offenlegen. Das Gericht muss in die Lage versetzt werden, die Wahrscheinlichkeit des Wegfalls des Versicherungsschutzes zu prognostizieren. Hierzu bedarf es in der Regel der Kenntnis der Regelungen zur Haftung für gegnerische Prozesskosten, der Bedingungen des Haftungsausschlusses und der Kündigungsrechte des Versicherers bzw. Prozessfinanzierers.[1016] Dabei können alle anderen Informationen, die für die Prognose des Gerichts nicht benötigt werden, geschwärzt werden.[1017] Der Kläger wird ein besonderes Interesse daran haben, Angaben zu schwärzen, die einen Hinweis auf die Erfolgsaussichten der Klage geben, wie etwa die Höhe der Prämie.

(4) Bedeutung der Offenlegung der Prozessfinanzierung für die Anordnung der Sicherheitsleistung gegen den Kläger

Zur Anordnung der Sicherheitsleistung gegen den Kläger im englischen Zivilprozess wird – soweit ersichtlich – nicht vertreten, dass die bloße Einschaltung eines Prozessfinanzierers bereits die Vermögenslosigkeit des Klägers indiziert. Im Schiedsverfahrensrecht wird diese Auffassung dagegen vereinzelt vertreten.[1018] Wenn die bloße Nutzung der Prozessfinanzierung kein Indiz für die Vermögenslosigkeit des Klägers darstellt, ist es auch nicht geboten, im Zusammenhang mit der Anordnung der Prozesskostensicherheit gegen

---

1016 Vgl. *Perrin*, in: Perrin (Hrsg.), Third Party Litigation Funding Law Review (2019), 53 (60).

1017 Vgl. *Perrin*, in: Perrin (Hrsg.), Third Party Litigation Funding Law Review (2019), 53 (60).

1018 Siehe oben § 3 C I 5 a).

den Kläger *de lege ferenda* die Offenlegung der Existenz und Identität des Prozessfinanzierers zu verlangen. Der Kläger kann jedoch ein eigenes Interesse an der Offenlegung der Prozessfinanzierung und einzelner Bestimmungen des Prozessfinanzierungsvertrages haben, wenn der Prozessfinanzierer die Haftung für gegnerische Prozesskosten übernimmt. So kann der Kläger trotz eigener Zahlungsunfähigkeit ggf. die Anordnung der Prozesskostensicherheit verhindern.

bb) CPR 25.13(2)(f): Der Kläger ist ein vermögensloser nominal claimant

Im Folgenden soll untersucht werden, ob ein vermögensloser Kläger, der durch einen Prozessfinanzierer unterstützt wird, ein *nominal claimant* im Sinne von CPR 25.13(2)(f) sein kann. Gem. CPR 25.13(2)(f) kann das Gericht eine Prozesskostensicherheit vom Kläger verlangen, wenn der Kläger ein *nominal claimant* ist und Gründe für die Annahme bestehen, dass der Kläger die Prozesskosten des Beklagten nicht zahlen kann, falls ihm die Kosten auferlegt werden. Ein *nominal claimant* ist, wer einen Anspruch im eigenen Namen einklagt, die Früchte des Prozesses jedoch einem Dritten zugutekommen lässt.[1019] Ein *nominal claimant* kann demnach beispielsweise ein Kläger sein, der eine Forderung als Inkassozessionar geltend macht.[1020] Die Rechtsprechung beschreibt den Kläger in dieser Situation als „Strohmann“[1021] oder „fiktiven Kläger“[1022]. Entscheidend ist nach der Rechtsprechung, dass die Früchte des Prozesses ausschließlich dem Dritten zugutekommen und der Kläger selbst keinerlei Vorteile aus dem Verfahren zieht.[1023] Die typische Konstellation für CPR 25.13(2)(f) ist folgende: Ein Anspruch wird an einen vermögenslosen Dritten abgetreten, der den Anspruch einklagen soll, damit der Zedent, der in dieser Konstellation der „eigentliche Kläger“ ist, nicht für die Prozesskosten haften muss.[1024] Der Fall, dass ein vermögensloser Kläger

---

1019 *Allen v. Bloomsbury Publishing Plc* [2011] EWHC 770 (Ch), Rn. 37; *Altenkirch*, Die Sicherheitsleistung für die Prozesskosten, S. 73.

1020 *Altenkirch*, Die Sicherheitsleistung für die Prozesskosten, S. 73.

1021 *Semler v. Murphy* [1968] 1 Ch 183 (189).

1022 *White v. Butt* [1909] 1 KB 50 (55).

1023 *Semler v. Murphy* [1968] 1 Ch 183 (188); *Cook v. Whellock* [1980] 24 QBD 658 (662); *Ramsey v. Hartley* [1977] 1 WLR 686 (696); *Compagnie Noga d'Importation et d'Exportation SA v. Abacha (No. 5)* [2004] EWHC 2601, Rn. 115; *Altenkirch*, Die Sicherheitsleistung für die Prozesskosten, S. 74.

1024 *Altenkirch*, Die Sicherheitsleistung für die Prozesskosten, S. 74.

von einem Prozessfinanzierer unterstützt wird, ist folglich nicht von der Fallgruppe des CPR 25.13(2)(f) erfasst, weil dem Prozessfinanzierer lediglich ein Teil der Früchte des Verfahrens zukommt.[1025]

c) Anordnung der Prozesskostensicherheit gegen Dritte

Gem. CPR 25.14 kann das Gericht einen Dritten dazu verpflichten, Prozesskostensicherheit zu leisten. Diese Befugnis ist in rechtsvergleichender Hinsicht bemerkenswert. Im deutschen Zivilprozess kann von einem Dritten keine Sicherheitsleistung verlangt werden.[1026] CPR 25.14 flankiert dabei die Befugnis, den Dritten gem. CPR 46.2 i.V.m. *section* 51 *Senior Courts Act* zur Kostenerstattung zu verpflichten und sorgt dafür, dass die Vollstreckung des Kostenerstattungsanspruchs gegen den Dritten nicht ins Leere läuft. Denkbar ist, dass die verdeckte Prozessfinanzierung die Anordnung der Prozesskostensicherheit gegen den Prozessfinanzierer vereitelt. CPR 25.14(2) erlaubt die Anordnung der Prozesskostensicherheit gegen Dritte in zwei Fällen: In der ersten Fallkonstellation tritt der Dritte seinen Anspruch an den Kläger ab, um der Kostentragung zu entgehen. In der zweiten Fallkonstellation übernimmt der Dritte einen Teil der Kosten des Klägers oder verpflichtet sich zu ihrer Übernahme und partizipiert im Gegenzug am Erfolg der Klage.

> Security for costs other than from the claimant
> 25.14
>
> (1) The defendant may seek an order against someone other than the claimant, and the court may make an order for security for costs against that person if –
> (a) it is satisfied, having regard to all the circumstances of the case, that it is just to make such an order; and
> (b) one or more of the conditions in paragraph (2) applies.
> (2) The conditions are that the person –

1025 Kritisch zu dem Kriterium der Rechtsprechung, dass die Früchte des Prozesses ausschließlich dem Dritten zukommen müssen, damit es sich bei dem Kläger um einen *nominal claimant* handeln kann, *Altenkirch*, Die Sicherheitsleistung für die Prozesskosten, S. 75 f.

1026 In Deutschland haften Dritte grundsätzlich nicht für die Prozesskosten, weil der prozessuale Kostenerstattungsanspruch in aller Regel die Eigenschaft als Prozesspartei voraussetzt. Dritte sind nur in unwesentlichen Sonderfällen kostenerstattungspflichtig (vgl. §§ 89, 380, 390, 409 ZPO), *Herget*, in: Zöller, ZPO, Vorbem. §§ 91–107, Rn. 15.

(a) has assigned the right to the claim to the claimant with a view to avoiding the possibility of a costs order being made against him; or
(b) has contributed or agreed to contribute to the claimant's costs in return for a share of any money or property which the claimant may recover in the proceedings; and is a person against whom a costs order may be made.

aa) CPR 25.14(2)(a): Der Dritte tritt den Anspruch ab, um der Kostentragung zu entgehen

Gem. CPR 25.14(2)(a) kann das Gericht einen Dritten dazu verpflichten, Prozesskostensicherheit zu leisten, wenn der Dritte seinen Anspruch an den Kläger in der Absicht abgetreten hat, ein Kostenurteil zu seinen eigenen Lasten zu verhindern.[1027] Diese Situation besteht nicht im Zusammenhang mit der Prozessfinanzierung, sodass auf diese Fallgruppe nicht weiter eingegangen werden soll.

bb) CPR 25.14(2)(b): Der Dritte finanziert das Verfahren gegen Erfolgsbeteiligung

Gem. CPR 25.14(2)(b) kann das Gericht einen Dritten zur Leistung der Prozesskostensicherheit verpflichten, wenn der Dritte das Verfahren finanziert und im Gegenzug einen Anteil am Erlös des Prozesses im Erfolgsfall erhält („has contributed or agreed to contribute to the claimant's costs in return for a share of any money or property which the claimant may recover in the proceedings"). Diese Fallgruppe ist für die Zwecke der vorliegenden Untersuchung besonders interessant, weil sie die Befugnis des Gerichts betrifft, die Prozesskostensicherheit vom Prozessfinanzierer selbst zu verlangen. Bemerkenswert ist, dass diese Befugnis unabhängig davon besteht, ob der Kläger selbst vermögenslos ist.[1028] Weitere Voraussetzung ist, dass gegenüber dem Dritten ein Kostenurteil ergehen kann („a person against whom a costs order may be made"). Der Erlass eines Kostenurteils gegen einen Dritten richtet sich nach CPR 46.2 i.V.m. *section* 51(3) *Senior Courts Act*. Diese Tatbestandsvoraussetzung ist sinnvoll, weil die Prozesskostensicherheit der Sicherung eines potentiellen Kostenerstattungsanspruchs dient. Kann gegen den Dritten

---

[1027] *Altenkirch*, Die Sicherheitsleistung für die Prozesskosten, S. 124 f.

[1028] Kritisch hierzu *Altenkirch*, Die Sicherheitsleistung für die Prozesskosten, S. 126, der die Möglichkeit des Rückgriffs auf den Dritten wegen mangelnder Schutzbedürftigkeit des Beklagten ablehnt, wenn der Kläger nicht vermögenslos ist.

überhaupt kein Kostenurteil ergehen, ist auch die Verpflichtung zur Leistung einer Sicherheit für die Prozesskosten nicht sinnvoll.

(1) CPR 25.14(1)(a): „that it is just to make such an order“

Weitere Voraussetzung für die Anordnung der Prozesskostensicherheit gegen den Dritten ist, dass das Gericht unter Abwägung aller Umstände des Einzelfalles davon überzeugt ist, dass die Anordnung der Prozesskostensicherheit gegen den Dritten gerecht ist („[the court] is satisfied, having regard to all the circumstances of the case, that it is just to make such an order“). In *Re RBS (Rights Issue Litigation)*[1029] ging der High Court auf dieses Tatbestandsmerkmal näher ein. Der *High Court* betonte dabei, dass es nicht ausreiche, dass grundsätzlich ein Kostenurteil gegen den Dritten gem. CPR 46.2 i.V.m. *section* 51(3) *Senior Courts Act* ergehen könne. Die Anordnung der Sicherheitsleistung sei nur gerechtfertigt, wenn darüber hinaus ein reales Risiko bestehe, dass der Dritte ein späteres Kostenurteil nicht erfüllen werde.[1030] Nicht erforderlich sei dagegen ein real bestehendes Risiko, dass der Kläger selbst ein späteres Kostenurteil nicht erfüllen werde.[1031] Dem Wortlaut von CPR 25.14 sei nicht zu entnehmen, dass die Anordnung der Prozesskostensicherheit gegen den Dritten subsidiär zur Anordnung der Prozesskostensicherheit gegen den Kläger sei.[1032] Wenn eine solche Subsidiarität von CPR 25.14 intendiert wäre, könne man davon ausgehen, dass die Subsidiarität ihren Niederschlag als Tatbestandsmerkmal gefunden hätte.[1033] Darüber hinaus sei das Gericht der Überzeugung, dass auch das Kostenurteil gegen den Dritten gem. CPR 46.2 i.V.m. *section* 51 *Senior Courts Act* nicht subsidiär zum Kostenurteil gegen den Kläger sei und daher unabhängig davon ergehen könne, ob der Kläger selbst

---

1029 *Re RBS (Rights Issue Litigation)* [2017] EWHC 1217 (Ch), [2017] 1 WLR 4635.

1030 *Re RBS (Rights Issue Litigation)* [2017] EWHC 1217 (Ch), [2017] 1 WLR 4635, Rn. 19, 29–35. In Rn. 19 werden weitere Erwägungen zur Auslegung des Tatbestandsmerkmals „that it is just to make such an order“ genannt; diese überschneiden sich jedoch mit den Erwägungen, die bei Erlass eines Kostenurteils gegen den Dritten vorausgesetzt werden und sind daher schon durch den Verweis in CPR 25.14(2)(b) abgedeckt, dass gegenüber dem Dritten ein Kostenurteil ergehen kann („a person against whom a costs order may be made“).

1031 *Re RBS (Rights Issue Litigation)* [2017] EWHC 1217 (Ch), [2017] 1 WLR 4635, Rn. 32.

1032 *Re RBS (Rights Issue Litigation)* [2017] EWHC 1217 (Ch), [2017] 1 WLR 4635, Rn. 33.

1033 *Re RBS (Rights Issue Litigation)* [2017] EWHC 1217 (Ch), [2017] 1 WLR 4635, Rn. 33.

ein Kostenurteil erfüllen könne.[1034] Die Befugnis des Gerichts zur Anordnung der Prozesskostensicherheit gegen den Dritten leite sich letztendlich von der Befugnis zum Erlass des Kostenurteils gegen den Dritten ab, sodass in dieser Hinsicht von einem prinzipiellen Gleichlauf zwischen diesen beiden Befugnissen ausgegangen werden müsse.[1035]

(2) Höhe der Prozesskostensicherheit

Bei der Bestimmung des Haftungsrisikos des Dritten für gegnerische Prozesskosten gilt grundsätzlich die Begrenzung durch das „Arkin cap". Nach der *Arkin*-Rechtsprechung ist die Haftung des Dritten für die Prozesskosten grundsätzlich durch die Finanzierungssumme begrenzt, sofern die Finanzierung nicht gegen das Verbot der champerty verstößt.[1036] Fraglich ist, ob die Begrenzung der Haftungshöhe durch das „Arkin cap" sich auch auf die Höhe der zu leistenden Prozesskostensicherheit auswirkt. Der *High Court* verneinte diese Frage in *Bailey v. GlaxoSmithKline UK Ltd*[1037] und begründete die Entscheidung wie folgt: Die Anwendung des „Arkin cap" bei der Bestimmung der Höhe der Sicherheitsleistung für die Prozesskosten würde das Ermessen des Gerichts bei der abschließenden Kostenentscheidung begrenzen. Es könne zu diesem frühen Zeitpunkt nicht mit Sicherheit davon ausgegangen werden, dass das „Arkin cap" bei der abschließenden Kostenfestsetzung Anwendung finde.[1038] Es bestehe das Risiko, dass die Sicherheitsleistung nicht ausreiche, wenn das „Arkin cap" bereits in diesem frühen Stadium berücksichtigt werde, jedoch bei der abschließenden Kostenfestsetzung nicht zur Anwendung komme, weil sich die Prozessfinanzierung etwa als *champertous* erweise.[1039] Sollte das „Arkin cap" bei Erlass des Kostenurteils gegen den Dritten jedoch zum Tragen kommen, würden die überschüssigen Sicherheiten zurückgezahlt.[1040] In *Bailey v. GlaxoSmithKline UK Ltd* verpflichtete der *High Court* deshalb einen der Prozessfinanzierer zur Leistung einer Sicherheit

---

[1034] *Re RBS (Rights Issue Litigation)* [2017] EWHC 1217 (Ch), [2017] 1 WLR 4635, Rn. 34.
[1035] *Re RBS (Rights Issue Litigation)* [2017] EWHC 1217 (Ch), [2017] 1 WLR 4635, Rn. 34.
[1036] *Arkin v. Borchard Lines Ltd* (Costs Order) [2005] EWCA Civ 655, [2005] 1 WLR 3055, Rn. 38–41; siehe dazu näher oben § 4 D I 2 a) cc) (1).
[1037] *Bailey v. GlaxoSmithKline UK Ltd* [2017] EWHC 3195 (QB), [2018] 4 WLR 7.
[1038] *Bailey v. GlaxoSmithKline UK Ltd* [2017] EWHC 3195 (QB), [2018] 4 WLR 7, Rn. 59.
[1039] *Bailey v. GlaxoSmithKline UK Ltd* [2017] EWHC 3195 (QB), [2018] 4 WLR 7, Rn. 59 f.
[1040] *Bailey v. GlaxoSmithKline UK Ltd* [2017] EWHC 3195 (QB), [2018] 4 WLR 7, Rn. 60.

in Höhe von GBP 1,75 Millionen, obwohl seine Finanzierungssumme nur GBP 1,2 Millionen betrug.

Ergänzend soll an dieser Stelle darauf hingewiesen werden, dass die *Excalibur*-Rechtsprechung[1041] nicht den vorliegenden Fall der Verpflichtung des Prozessfinanzierers zur Leistung einer Prozesskostensicherheit erfasst. Die *Excalibur*-Rechtsprechung konkretisiert die *Arkin*-Rechtsprechung dahingehend, dass der Beitrag des Prozessfinanzierers zur Stellung einer Prozesskostensicherheit des Klägers die Haftung im Sinne des „Arkin cap" erhöht. Dagegen ist die *Excalibur*-Rechtsprechung nicht anwendbar, wenn der Prozessfinanzierer selbst zur Leistung der Prozesskostensicherheit gem. CPR 25.14(2)(b) verpflichtet wird. In diesem Fall erhöht der Betrag der Prozesskostensicherheit nicht die Haftung für gegnerische Kosten im Sinne des „Arkin cap", weil es sich dabei nicht um einen Beitrag zu den Kosten des Klägers handelt.

(3) Anordnung der Offenlegung der Prozessfinanzierung

(i) Implizite Befugnis zur Anordnung der Offenlegung der Identität des Prozessfinanzierers in CPR 25.14

Voraussetzung der Anordnung der Sicherheitsleistung gegen den Prozessfinanzierer ist, dass der Beklagte zumindest ahnt, dass der Kläger durch einen Prozessfinanzierer unterstützt wird. Anderenfalls wird er den Antrag nach CPR 25.14 nicht stellen. Daran schließt sich die Frage an, gegen wen der Antrag gerichtet werden soll, wenn die Identität des Prozessfinanzierers nicht bekannt ist. CPR 25.14 enthält keine ausdrückliche Ermächtigung des Gerichts, die Offenlegung der Identität des Prozessfinanzierers anzuordnen. In *Reeves v. Sprecher*[1042] stellte sich die Frage, ob in der Befugnis des Gerichts zur Anordnung der Prozesskostensicherheit gegen den Prozessfinanzierer gem. CPR 25.14(2)(b) implizit die Befugnis zur Anordnung der Offenlegung der Identität des Prozessfinanzierers enthalten ist. In *Reeves v. Sprecher* hatte einer der Beklagten den Verdacht, dass der Kläger durch einen Prozessfinanzierer unterstützt wurde, und legte dem Gericht Beweise vor, die seinen Verdacht stützten.[1043] Der Beklagte beantragte die Anordnung der Offenlegung der

---

[1041] *Excalibur Ventures LLC v. Texas Keystone Inc (No. 2)* [2016] EWCA Civ 1144, [2017] 1 WLR 2221; siehe dazu näher oben § 4 D I 2 a) cc) (2).

[1042] *Reeves v. Sprecher* [2007] EWHC 3226 (Ch), [2009] 1 Costs LR 1.

[1043] *Reeves v. Sprecher* [2007] EWHC 3226 (Ch), [2009] 1 Costs LR 1, Rn. 6.

Identität und Adresse des Prozessfinanzierers sowie der Offenlegung des Umstands, ob der Prozessfinanzierer eine Erfolgsbeteiligung erhält. Dieser Antrag war auf die Abgabe eines *witness statements* durch den Kläger gerichtet. Darüber hinaus beantragte der Beklagte, dem Kläger die Herausgabe einer Kopie des Prozessfinanzierungsvertrages aufzugeben.[1044] Der Beklagte könne ohne Kenntnis dieser Umstände den Antrag auf Anordnung der Sicherheitsleistung gegen den Prozessfinanzierer gem. CPR 25.14(2)(b) vernünftigerweise nicht stellen.[1045] Er trug vor, CPR 25.14 enthalte eine implizite Befugnis zur Anordnung der Offenlegung der Identität und Adresse des Prozessfinanzierers sowie der Frage der Erfolgsbeteiligung.[1046] In seiner Argumentation zog er einen Vergleich zu den Befugnissen des Gerichts im Rahmen des Erlasses eines Kostenurteils gegen einen Dritten.[1047] Er stützte sich dabei auf die Rechtsprechung zu *section* 51(3) *Senior Courts Act*, nach der die ausdrückliche Befugnis zum Erlass eines Kostenurteils gegen den Dritten stillschweigend die Befugnis zur Anordnung der Offenlegung der Identität des Dritten enthält. Die Befugnis zur Anordnung der Offenlegung der Identität des Dritten sei eine Hilfsbefugnis, die zur Effektivität der Hauptbefugnis erforderlich sei.[1048] Dieser Logik folgend müsse CPR 25.14(2)(b) ebenfalls die implizite Befugnis zur Offenlegung der Identität und Adresse des Prozessfinanzierers sowie der Frage der Erfolgsbeteiligung enthalten, um die Effektivität der ausdrücklichen Befugnis zur Anordnung der Sicherheitsleistung gegen den Prozessfinanzierer zu gewährleisten.[1049] Während des Verfahrens legte der Kläger freiwillig den Umstand offen, dass der Prozessfinanzierer gegen Erfolgsbeteiligung tätig wurde, sodass das Gericht lediglich noch über die verbliebenen Anträge

---

1044 *Reeves v. Sprecher* [2007] EWHC 3226 (Ch), [2009] 1 Costs LR 1, Rn. 9.

1045 *Reeves v. Sprecher* [2007] EWHC 3226 (Ch), [2009] 1 Costs LR 1, Rn. 13.

1046 *Reeves v. Sprecher* [2007] EWHC 3226 (Ch), [2009] 1 Costs LR 1, Rn. 13.

1047 *Reeves v. Sprecher* [2007] EWHC 3226 (Ch), [2009] 1 Costs LR 1, Rn. 14–16.

1048 *Reeves v. Sprecher* [2007] EWHC 3226 (Ch), [2009] 1 Costs LR 1, Rn. 15, *per J Rattee*: „[W]here the power exists to grant the remedy, there must also be inherent in that power the power to make ancillary orders to make that remedy effective", *J Rattee* zitiert *Raiffeisen Zentralbank Osterreich AG v. Crossseas Shipping Ltd* [2003] EWHC 1381 (Comm), Rn. 7, *per Morison J*; *Morison J* zitiert *Potter LJ* in *Abraham v. Thompson* [1997] 4 All ER 362 (368), der wiederum *Ackner LJ* in *AJ Bekhor v. Bilton* [1981] QB 923 (942) zitiert.

1049 *Reeves v. Sprecher* [2007] EWHC 3226 (Ch), [2009] 1 Costs LR 1, Rn. 16.

entscheiden musste.[1050] Das Gericht folgte der Argumentation des Beklagten im Wesentlichen und entschied, dass CPR 25.14 eine implizite Befugnis zur Anordnung der Offenlegung der Identität und Adresse des Prozessfinanzierers gegenüber dem Beklagten enthalte.[1051] Der Kläger hatte während des Verfahrens die Offenlegung der Identität und Adresse des Prozessfinanzierers gegenüber den Anwälten des Beklagten unter der Bedingung angeboten, dass diese Information nicht mit den Beklagten selbst geteilt werde.[1052] Das Gericht konnte keinen vernünftigen Grund erkennen, warum die Offenlegung der Identität und Adresse des Prozessfinanzierers nur gegenüber den Anwälten des Beklagten erfolgen sollte und befand, dass eine solche beschränkte Offenlegung zu beachtlichen Problemen im Verhältnis zwischen dem Beklagten und seinen Anwälten führen könne.[1053] In einem *obiter dictum* nahm der *High Court* Stellung zur Frage der Offenlegung des Umstands der Erfolgsbeteiligung und befand, dass CPR 25.14 auch eine implizite Befugnis zur Anordnung der Offenlegung dieses Umstands im Allgemeinen enthalte, weil die Kenntnis der Erfolgsbeteiligung Voraussetzung für die Stellung des Antrags gem. CPR 25.14(2)(b) sei.[1054] Der Antrag zur Herausgabe einer Kopie des Prozessfinanzierungsvertrages wurde jedoch mit der Begründung abgelehnt, dass Kenntnisse der spezifischen Regelungen des Prozessfinanzierungsvertrages nicht für die Stellung des Antrags gem. CPR 25.14 nötig seien. Folglich sei auch in CPR 25.14 keine implizite Befugnis zur Anordnung der Herausgabe der Kopie des Prozessfinanzierungsvertrages enthalten.[1055] Die Frage der Anordnung der Herausgabe der Kopie des Prozessfinanzierungsvertrages stelle sich erst, nachdem ein Antrag auf Anordnung der Sicherheitsleistung für die Prozesskosten gegen den Dritten gem. CPR 25.14 gestellt werde.[1056] In diesem Stadium müsse der Prozessfinanzierer dem Verfahren als Partei hinzugefügt werden.[1057] Ob und welche Bestimmungen des Prozessfinanzierungsvertrages im Rahmen der Entscheidung der Anordnung

---

1050 *Reeves v. Sprecher* [2007] EWHC 3226 (Ch), [2009] 1 Costs LR 1, Rn. 21.
1051 *Reeves v. Sprecher* [2007] EWHC 3226 (Ch), [2009] 1 Costs LR 1, Rn. 23.
1052 *Reeves v. Sprecher* [2007] EWHC 3226 (Ch), [2009] 1 Costs LR 1, Rn. 20.
1053 *Reeves v. Sprecher* [2007] EWHC 3226 (Ch), [2009] 1 Costs LR 1, Rn. 30.
1054 *Reeves v. Sprecher* [2007] EWHC 3226 (Ch), [2009] 1 Costs LR 1, Rn. 28.
1055 *Reeves v. Sprecher* [2007] EWHC 3226 (Ch), [2009] 1 Costs LR 1, Rn. 23 f.
1056 *Reeves v. Sprecher* [2007] EWHC 3226 (Ch), [2009] 1 Costs LR 1, Rn. 25 f.
1057 *Reeves v. Sprecher* [2007] EWHC 3226 (Ch), [2009] 1 Costs LR 1, Rn. 25–27.

der Sicherheitsleistung gegen den Prozessfinanzierer offengelegt werden sollten, sei eine Frage für die nachfolgende Verhandlung unter Beteiligung des Prozessfinanzierers.[1058]

In *Re Hellas Telecommunications (Luxembourg)*[1059] wurde der Ermessensspielraum des Gerichts in Bezug auf die Art und Weise der Anordnung der Offenlegung der Prozessfinanzierung gem. CPR 25.14 illustriert. Das Gericht stellte klar, dass es gegebenenfalls geboten sei, die Informationen zur Identität des Prozessfinanzierers und seiner Erfolgsbeteiligung zunächst nur gegenüber benannten Personen offenzulegen (*confidentiality club*), die dann das Gericht bei der Anordnung der Prozesskostensicherheit gegen den Dritten beraten könnten.[1060] Wenn die Prozessfinanzierer nicht gegen Erfolgsbeteiligung tätig würden, sei bereits das Tatbestandsmerkmal in CPR 25.14(2)(b) nicht erfüllt. Dann komme es auch nicht mehr auf die Kenntnis der Identität der Prozessfinanzierer an. Zudem könnten Informationen geschwärzt werden, die nicht zur Beurteilung des grundsätzlichen Vorliegens der Tatbestandsvoraussetzungen zur Anordnung einer Prozesskostensicherheit gegen den Prozessfinanzierer benötigt würden.[1061]

(ii) Anordnung der Offenlegung der Identität und Adresse des Prozessfinanzierers kein Verstoß gegen Art. 8 Abs. 1 EMRK

In *Wall v. Royal Bank of Scotland Plc*[1062] stellte sich die Frage, ob die Rechtsprechung zu CPR 25.14, die eine implizite Befugnis des Gerichts zur Offenlegung der Identität und Adresse des Prozessfinanzierers bejaht, gegen Art. 8 Abs. 1 EMRK verstößt. Der Kläger, Mr. Wall, machte aus abgetretenem Recht einen Schadensersatzanspruch in Höhe von GBP 700 Millionen gegen die *Royal Bank of Scotland* wegen Manipulation des Libor-Zinssatzes geltend. Die Beklagte vermutete, dass der Kläger durch einen oder mehrere Prozessfinanzierer unterstützt werde. Sie schätzte ihre Prozesskosten bis zum Abschluss des Verfahrens auf insgesamt über GBP 9 Millionen und befürchtete, dass der Kläger nicht über die nötigen Mittel verfüge, um im Fall des Unterliegens

---

[1058] *Reeves v. Sprecher* [2007] EWHC 3226 (Ch), [2009] 1 Costs LR 1, Rn. 25–27.
[1059] *Re Hellas Telecommunications (Luxembourg)* [2017] EWHC 3465 (Ch).
[1060] *Re Hellas Telecommunications (Luxembourg)* [2017] EWHC 3465 (Ch), Rn. 17.
[1061] *Re Hellas Telecommunications (Luxembourg)* [2017] EWHC 3465 (Ch), Rn. 9, 17.
[1062] *Wall v. Royal Bank of Scotland Plc* [2016] EWHC 2460 (Comm), [2017] 4 WLR 2.

für die gegnerischen Kosten aufzukommen.[1063] Die Beklagte beantragte zur Vorbereitung eines Antrags auf Anordnung einer Sicherheitsleistung gegen Dritte gem. CPR 25.14(2)(b) die Anordnung der Offenlegung der Identität und Adresse aller Prozessfinanzierer auf Seiten des Klägers sowie die Offenlegung des Umstands ihrer Erfolgsbeteiligung. Die Beklagte stützte ihren Antrag auf die Rechtsprechung in *Reeves v. Sprecher*. Der Kläger trug vor, dass eine solche Anordnung sein Recht auf Achtung der Privatsphäre gem. Art. 8 Abs. 1 EMRK verletze.

Der *High Court* ordnete die Offenlegung der Identität und Adresse aller Prozessfinanzierer auf Seiten des Klägers sowie des Umstands an, ob diese Prozessfinanzierer gegen Erfolgsbeteiligung handelten.[1064] Der *High Court* bejahte zunächst seine grundsätzliche Befugnis zur Anordnung der Offenlegung und stützte sich dabei auf die Rechtsprechung in *Reeves v. Sprecher*, nach der die Befugnis zur Anordnung der Identität des Dritten als implizite Hilfsbefugnis in CPR 25.14(2)(b) enthalten sei, um die Effektivität der Hauptbefugnis – der Anordnung der Sicherheitsleistung gegen den Prozessfinanzierer – zu gewährleisten.[1065] Auch die Anordnung der Offenlegung des Umstands, ob der Prozessfinanzierer gegen Erfolgsbeteiligung tätig werde oder das Verfahren ohne Gegenleistung finanziere, sei von dieser impliziten Hilfsbefugnis erfasst, weil es sich dabei um eine Voraussetzung der Anordnung der Sicherheitsleistung gem. CPR 25.14(2)(b) handele. Diese Frage war in *Reeves v. Sprecher* lediglich in einem *obiter dictum* angesprochen worden, weil der Umstand der Erfolgsbeteiligung des Prozessfinanzierers bereits während des Prozesses offengelegt worden war.[1066]

Der *High Court* stellte jedoch auch klar, dass ein Antrag auf Anordnung der Offenlegung der Identität des Prozessfinanzierers nicht als „fishing expedition" ausgenutzt werden dürfe.[1067] Es sei erforderlich, dass der Beklagte einen

---

1063 *Wall v. Royal Bank of Scotland Plc* [2016] EWHC 2460 (Comm), [2017] 4 WLR 2, Rn. 38.

1064 *Wall v. Royal Bank of Scotland Plc* [2016] EWHC 2460 (Comm), [2017] 4 WLR 2, Rn. 26, 45.

1065 *Wall v. Royal Bank of Scotland Plc* [2016] EWHC 2460 (Comm), [2017] 4 WLR 2, Rn. 11–14, 17–19, 26; *Reeves v. Sprecher* [2007] EWHC 3226 (Ch), [2009] 1 Costs LR 1, Rn. 23.

1066 *Wall v. Royal Bank of Scotland Plc* [2016] EWHC 2460 (Comm), [2017] 4 WLR 2, Rn. 12 f.

1067 *Wall v. Royal Bank of Scotland Plc* [2016] EWHC 2460 (Comm), [2017] 4 WLR 2, Rn. 22. f.

begründeten Verdacht nachweisen könne, dass der Kläger durch einen oder mehrere Prozessfinanzierer unterstützt werde. Vorliegend wurde ein solcher begründeter Verdacht der Fremdfinanzierung angenommen, weil es sich um ein besonders komplexes und teures Verfahren handele und der Kläger nicht über ein entsprechend hohes Vermögen zu verfügen scheine, das Verfahren selbst finanzieren zu können.[1068] Der *High Court* sah in der Anordnung der Offenlegung der Identität der Prozessfinanzierer auch keine Verletzung des Rechts auf Privatsphäre gem. Art. 8 Abs. 1 EMRK. CPR 25.14 müsse zwar in Einklang mit der EMRK ausgelegt werden.[1069] Es sei aber schon fraglich, ob überhaupt der Schutzbereich von Art. 8 Abs. 1 EMRK betroffen sei. Die Klage auf Schadenersatz wegen der Manipulation des Libor-Zinssatzes stelle einen Prozess von großem öffentlichem Interesse dar.[1070] Die Offenlegung der Prozessfinanzierung in einem solchen öffentlichkeitswirksamen Verfahren sei wohl nicht vom Schutzbereich des Rechts auf Privatsphäre im Sinne von Art. 8 Abs. 1 EMRK erfasst.[1071] Wo es keine vernünftige oder legitime Erwartung auf Privatsphäre gebe, sei der Schutzbereich nicht eröffnet.[1072] Allerdings müsse die Frage der Eröffnung des Schutzbereiches vorliegend auch nicht abschließend entschieden werden.[1073] Ein Eingriff in den Schutzbereich des Rechts auf Privatsphäre durch die Anordnung der Offenlegung der Identität des Prozessfinanzierers sei jedenfalls gem. Art. 8 Abs. 2 EMRK gerechtfertigt. Nach dieser Vorschrift darf eine Behörde in die Ausübung dieses Rechts eingreifen, soweit der Eingriff gesetzlich vorgesehen und in einer demokratischen Gesellschaft zum Schutz der Rechte und Freiheiten anderer notwendig ist. Die implizite Befugnis in CPR 25.14 zur Anordnung der Offenlegung der Identität des Prozessfinanzierers sei ein gesetzlich vorgesehener Eingriff, der zum Schutz des Rechts des Beklagten notwendig sei, um den Antrag auf Anordnung der Sicherheitsleistung gem. CPR 25.14 stellen zu können.[1074] Der Grundsatz der Verhältnismäßigkeit sei auch gewahrt, weil

---

[1068] *Wall v. Royal Bank of Scotland Plc* [2016] EWHC 2460 (Comm), [2017] 4 WLR 2, Rn. 38.
[1069] *Wall v. Royal Bank of Scotland Plc* [2016] EWHC 2460 (Comm), [2017] 4 WLR 2, Rn. 11.
[1070] *Wall v. Royal Bank of Scotland Plc* [2016] EWHC 2460 (Comm), [2017] 4 WLR 2, Rn. 34.
[1071] *Wall v. Royal Bank of Scotland Plc* [2016] EWHC 2460 (Comm), [2017] 4 WLR 2, Rn. 32.
[1072] *Wall v. Royal Bank of Scotland Plc* [2016] EWHC 2460 (Comm), [2017] 4 WLR 2, Rn. 35.
[1073] *Wall v. Royal Bank of Scotland Plc* [2016] EWHC 2460 (Comm), [2017] 4 WLR 2, Rn. 32.
[1074] *Wall v. Royal Bank of Scotland Plc* [2016] EWHC 2460 (Comm), [2017] 4 WLR 2, Rn. 30.

mit der Offenlegung der Identität und Adresse des Prozessfinanzierers sowie des Umstands der Erfolgsbeteiligung nur die absolut notwendigen Elemente betroffen seien, um einen Antrag auf Anordnung der Sicherheitsleistung gegen den Prozessfinanzierer stellen zu können.[1075]

cc) Faktische Vereitelung der Anordnung einer Sicherheitsleistung gegen den Prozessfinanzierer bei verdeckter Prozessfinanzierung

Für die Stellung des Antrags auf Offenlegung der Identität des Prozessfinanzierers gem. CPR 25.14(2)(b) ist ein begründeter Verdacht erforderlich, dass der Kläger durch einen Prozessfinanzierer unterstützt wird. Problematisch ist dabei, dass es letztendlich von Zufällen abhängt, ob der Beklagte von der Prozessfinanzierung des Klägers Kenntnis erlangt. Wenn der Beklagte überhaupt keinen Verdacht schöpft, wird er den Antrag auf Offenlegung der Identität des Prozessfinanzierers nicht stellen und kann keinen Gebrauch von dem Recht zur Beantragung der Anordnung einer Sicherheitsleistung gegen den Prozessfinanzierer gem. CPR 25.14(2)(b) machen. Bei verdeckter Prozessfinanzierung wird die Beantragung *de facto* vereitelt.

4. Offenlegung der Prozessfinanzierung: Überlegungen *de lege ferenda*

Im Folgenden soll erörtert werden, ob im Rahmen des englischen Zivilprozessrechts *de lege ferenda* eine Pflicht zur Offenlegung der Existenz und Identität eines Prozessfinanzierers zu Beginn des Verfahrens erstrebenswert ist.

a) Abgrenzung der Debatte zur verdeckten Prozessfinanzierung im Schiedsverfahren

Im Gegensatz zu der lebhaften Debatte um die Offenlegung der Prozessfinanzierung im Rahmen des internationalen Schiedsverfahrens gibt es nur vereinzelte Stimmen, die sich *de lege ferenda* für eine Offenlegung der Existenz und Identität eines Prozessfinanzierers zu Beginn eines Zivilverfahrens in England aussprechen.[1076] Im internationalen Schiedsverfahren wird die Problematik der verdeckten Prozessfinanzierung vorwiegend im

---

1075 *Wall v. Royal Bank of Scotland Plc* [2016] EWHC 2460 (Comm), [2017] 4 WLR 2, Rn. 30.

1076 Vgl. *Capper*, CJQ 37 (2018), 193 (208 f.), der auf die Problematik der verdeckten Prozessfinanzierung im Zusammenhang mit der Anordnung der Prozesskostensicherheit gem. CPR 25.14(2)(b) aufmerksam macht: „But how is a defendant going to be able

Zusammenhang mit schiedsrichterlichen Interessenkonflikten sowie der Anordnung der Sicherheitsleistung gegen den Schiedskläger diskutiert, wobei der Schwerpunkt der Debatte auf der Vermeidung von schiedsrichterlichen Interessenkonflikten liegt. Die Gefahr der schiedsrichterlichen Interessenkonflikte bei der verdeckten Prozessfinanzierung findet keine Parallele im Rahmen des Zivilprozessrechts, weil die Problematik auf der dem Schiedsverfahren eigenen Doppelrolle der Anwälte als Schiedsrichter und Prozessvertreter in verschiedenen Verfahren beruht.

Die Konzentration der Debatte auf die Problematik der schiedsrichterlichen Interessenkonflikte verdeckt, dass es im englischen Zivilprozessrecht anders gelagerte prozessuale Besonderheiten gibt, die für eine Offenlegungspflicht der Prozessfinanzierung zu Beginn des Verfahrens sprechen könnten. So äußerte sich etwa *Leslie Perrin* (*Chairman of Calunius Capital LLP*) zu der Relevanz der Debatte um die Offenlegung der Prozessfinanzierung im englischen Zivilprozess wie folgt:

> The principal (perhaps only) reason for the vigour of the debate in the arbitration community about disclosure of the existence of funding is the potential in arbitration for conflicts of interest between third party funders and arbitrators, particularly if an arbitrator has sat in a number of cases where the claimant has been funded by the same funder or if the funder is funding another case in which the funded claimant is represented by that arbitrator's law firm. [...] Issues of this kind could never arise in litigation in the civil justice system in England and Wales, so the controversy is confined to arbitration [...].[1077]

Zwar kann der Auffassung zugestimmt werden, dass die Gefahr der schiedsrichterlichen Interessenkonflikte bei der verdeckten Prozessfinanzierung keine Parallele im englischen Zivilprozess findet. Dabei wird jedoch außer Acht gelassen, dass die Debatte um die Offenlegung der Prozessfinanzierung im englischen Zivilprozessrecht aus einem anderen Blickwinkel geführt werden muss.

---

to seek security for costs against the funder unless it knows that a litigation funder stands behind the claimant?"; *Leinen*, OUCLJ 20 (2020), 115 (129–131).

1077 *Perrin*, in: Perrin (Hrsg.), Third Party Litigation Funding Law Review (2019), 53 (58).

b) Generelle Pflicht zur Offenlegung der Prozessfinanzierung im englischen Zivilprozess

Die Befugnisse des Gerichts zur Anordnung der Prozesskostensicherheit gegen den Prozessfinanzierer und zum Erlass eines Kostenurteils gegen den Prozessfinanzierer geben Anlass, *de lege ferenda* über eine generelle statuarische Pflicht zur Offenlegung der Identität des Prozessfinanzierers im englischen Zivilprozess nachzudenken. Diese Befugnisse sind in rechtsvergleichender Hinsicht bemerkenswert. Im deutschen Zivilprozess gibt es keine entsprechenden Befugnisse des Gerichts, Dritten die Kosten des Verfahrens aufzuerlegen. Auch im Schiedsverfahren fehlt es in der typischen Konstellation der gewerblichen Prozessfinanzierung an der Zuständigkeit des Schiedsgerichts zum Erlass eines Schiedsspruchs gegen einen Dritten.[1078]

aa) Faktische Vereitelung der Anordnung der Prozesskostensicherheit und des Erlasses eines Kostenurteils gegen den Prozessfinanzierer bei verdeckter Prozessfinanzierung

Die ausdrücklichen Befugnisse des Gerichts zur Anordnung der Sicherheitsleistung für die Prozesskosten gegen den Prozessfinanzierer gem. CPR 25.14(2)(b) und zum Erlass eines Kostenurteils gegen den Prozessfinanzierer gem. *section* 51(3) *Senior Courts Act* werden durch implizite Befugnisse zur Anordnung der Offenlegung der Identität des Prozessfinanzierers flankiert. Die Geltendmachung dieser prozessualen Rechte durch den Prozessgegner der finanzierten Partei wird jedoch durch die verdeckte Prozessfinanzierung *de facto* vereitelt. Wenn der Prozessgegner der finanzierten Partei keinen Verdacht schöpft, kann er die entsprechenden Anträge nicht stellen.[1079] Die Anträge können auch nicht „ins Blaue“ gestellt werden, weil ein zumindest begründeter Verdacht bei Stellung des jeweiligen Antrags nachgewiesen werden muss. Es hängt daher letztendlich von Zufällen ab, ob der Prozessgegner Kenntnis von der verdeckten Prozessfinanzierung erlangt und von seinen Rechten zur Beantragung der Anordnung der Sicherheitsleistung gegen den Prozessfinanzierer bzw. zur Beantragung des Erlasses eines Kostenurteils gegen den Prozessfinanzierer Gebrauch machen kann. Dieses Ergebnis spricht für die Einführung einer Pflicht zur Offenlegung der Existenz und

---

1078 Siehe oben § 3 B III.

1079 Vgl. oben Fn. 1076.

Identität eines Prozessfinanzierers zu Beginn des Verfahrens. Wenn schon das englische Zivilprozessrecht dem Gericht in rechtsvergleichender Hinsicht bemerkenswerte Befugnisse gegenüber dem Prozessfinanzierer einräumt, sollte die Ausübung nicht von Zufällen abhängen.

bb) Kosten und Zeitersparnis durch frühzeitige Offenlegung der Prozessfinanzierung

Eine Ursache für die hohen Kosten des englischen Zivilprozesses liegt in der „satellite litigation" um die Kosten des Verfahrens.[1080] Die Problematik der kostspieligen und langwierigen „satellite litigation" im Rahmen des Streits um den Erlass eines Kostenurteils gegen den Dritten gem. *section* 51(3) *Senior Courts Act* soll anhand eines Zitats von *Judge Mackie QC* verdeutlicht werden:

> This is an application by the Claimants for costs orders against non-parties under Section 51 of the Senior Courts Act 1981. It is a further example of how these applications which were once intended to be short, prompt and summary exercises have become very expensive and time consuming satellite litigation. It is ten years since the events which have given rise to this claim arose; it is almost five years since I gave judgement at the trial. [...] In recent times this dispute has been only about who should bear the high costs fruitlessly incurred. At the trial of the action itself two Counsel appeared. At the hearing of this satellite application four Counsel have appeared, two of them leading Counsel. This has been a depressing saga.[1081]

Die Problematik der „satellite litigation" um die Kosten des Verfahrens kann für die Debatte um die Offenlegung der Prozessfinanzierung fruchtbar gemacht werden. Selbst wenn der Prozessgegner der finanzierten Partei einen begründeten Verdacht im Hinblick auf die Prozessfinanzierung hat, muss er in einem ersten Schritt die Anordnung der Offenlegung der Identität des Prozessfinanzierers beantragen, bevor er den Antrag auf Anordnung der Prozesskostensicherheit gegen den Prozessfinanzierer gem. CPR 25.14(2)(b) bzw. den Antrag auf Erlass eines Kostenurteils gegen den Prozessfinanzierer gem. *section* 51(3) *Senior Courts Act* stellen kann. Durch die Einführung einer Pflicht zur Offenlegung der Existenz und Identität eines Prozessfinanzierers zu Beginn des Verfahrens entfällt die Notwendigkeit für den ersten Antrag im Rahmen der Prozesskostensicherheit und der Kostenfestsetzung gegen

---

1080 Siehe oben § 4 D I 1 b).

1081 *Merchantbridge & Co Ltd v. Safron General Partner 1 Ltd* [2011] EWHC 1524 (Comm), Rn. 1.

den Dritten. Die frühzeitige Offenlegung der Prozessfinanzierung würde das Verfahren verschlanken und somit zu Kosten – und Zeitersparnissen führen. Auch wenn das Verfahren um den Antrag auf Offenlegung der Identität des Prozessfinanziers sicherlich nicht die Hauptlast in Bezug auf Zeit und Kosten des Verfahrens darstellt, ist eine Verschlankung des Streits um die Kosten angesichts der ausgeprägten „satellite litigation" im englischen Zivilprozessrecht zu begrüßen.

c) Pflicht zur Offenlegung der Prozessfinanzierung de lege ferenda

Im Folgenden wird der Inhalt und die Natur einer generellen Pflicht zur Offenlegung der Prozessfinanzierung *de lege ferenda* erörtert. Dabei soll auch eine realistische Einschätzung zur Umsetzung von Regulierungsbestrebungen mit Bezug zur Prozessfinanzierung vorgenommen werden.

aa) Umfang der Offenlegungspflicht

Die vorangehende Untersuchung zeigt, dass die Offenlegung der Existenz und Identität des Prozessfinanzierers sowie der Umstand, ob der Prozessfinanzierer gegen Erfolgsbeteiligung oder *pro bono* tätig wird, der effektiven Wahrnehmung der prozessualen Rechte gem. *section* 51 *Senior Courts Act* und CPR 25.14(2)(b) dienen. Eine weitergehende Offenlegung von spezifischen Regelungen des Prozessfinanzierungsvertrages zu Beginn des Verfahrens ist hierzu nicht erforderlich. *De lege ferenda* sollte sich eine generelle Pflicht zur Offenlegung der Prozessfinanzierung daher auf die Identität des Prozessfinanzierers und den Umstand der Erfolgsbeteiligung im Allgemeinen beschränken.

bb) Natur der Offenlegungspflicht – Selbstverpflichtung oder zwingende Regulierung?

Die Implementierung der Pflicht zur Offenlegung der Prozessfinanzierung könnte durch zwingende Regulierung oder im Rahmen der bestehenden freiwilligen Selbstregulierung erfolgen. Die Umsetzung der zwingenden Regulierung könnte etwa durch eine Ergänzung der *Civil Procedure Rules* erfolgen. Alternativ könnte eine Offenlegungspflicht im Rahmen der bestehenden freiwilligen Selbstregulierung durch eine Ergänzung des ALF-Code eingeführt werden. Die Implementierung im Rahmen des ALF-Code ist in einem ersten Schritt sicherlich die realistischere Option und würde keine Systemveränderung der in England bestehenden Selbstregulierung der

Prozessfinanzierung bedeuten. Allerdings ist mit der Freiwilligkeit der Mitgliedschaft in der ALF verbunden, dass nicht alle Prozessfinanzierer bei der Finanzierung von Prozessen in England an den ALF-Code gebunden sind. Darüber hinaus verfügt der ALF-Code lediglich über einen sehr schwachen Sanktionsmechanismus, denn bei einer Pflichtverletzung kann maximal eine Geldstrafe von GBP 500 verhängt werden und ein Ausschluss als Mitglied aus der ALF beschlossen werden.[1082] Nach der Beendigung der Mitgliedschaft in der ALF könnte der entsprechende Prozessfinanzierer dann auch weiterhin in England Verfahren finanzieren, ohne weitere rechtliche Konsequenzen fürchten zu müssen – es sei denn er verstieße dabei gegen die Verbote der *maintenance* und *champerty*. Dennoch wäre die Einführung einer Pflicht zur Offenlegung der Prozessfinanzierung im Rahmen des ALF-Code als erster Schritt zu mehr Transparenz bei der Prozessfinanzierung zu begrüßen.

cc) Reformbestrebungen zur Regulierung der Prozessfinanzierung

Lord Justice Jackson erwog in seiner *Review of Civil Litigation Costs* die Notwendigkeit der Regulierung der Prozessfinanzierung.[1083] Insbesondere die *Law Society* sprach sich für eine Regulierung der Prozessfinanzierung aus.[1084] Die Haltung der *Law Society* als berufsständische Organisation der *solicitors* beruht sicherlich auch auf der Konkurrenzsituation von Prozessfinanzierern und Rechtsanwälten, die auf Basis eines Erfolgshonorars tätig werden. Im Folgenden soll auf die Aspekte, die für eine zwingende Regulierung erwogen wurden, eingegangen werden. Zum Teil sind diese Aspekte in Form der freiwilligen Selbstregulierung durch den ALF-Code umgesetzt worden.

(1) Adäquate Kapitalausstattung

Lord Justice Jackson war zunächst geneigt, sich für eine Regulierung der adäquaten Kapitalausstattung von Prozessfinanzierern durch die *Financial Services Authority* (FSA) auszusprechen.[1085] Die FSA ist mittlerweile durch die *Financial Conduct Authority* (FCA) ersetzt worden. *Lord Justice Jackson* entschied sich jedoch letztendlich gegen die Empfehlung einer Regulierung durch die FSA,

---

1082 Siehe oben § 4 C III.

1083 *Jackson*, Review of Civil Litigation Costs: Preliminary Report, Kap. 15, Rn. 4.2; *Jackson*, Review of Civil Litigation Costs: Final Report, Kap. 11, Rn. 2.1–2.4.

1084 *Jackson*, Review of Civil Litigation Costs: Final Report, Kap. 11, Rn. 2.2, 2.4.

1085 *Jackson*, Review of Civil Litigation Costs: Final Report, Kap. 11, Rn. 3.1.

weil er der Meinung war, dass die FSA sich in diesem Fall nicht nur auf die Regulierung der Kapitalausstattung beschränken dürfe, sondern vernünftigerweise auch weitere Aspekte der Prozessfinanzierung regeln solle.[1086] Eine umfassende Regulierung durch die FSA sei jedoch zum damaligen Zeitpunkt wohl nicht erforderlich, weil die Prozessfinanzierungsbranche noch ein geringes Marktvolumen habe und die meisten Nutzer der Prozessfinanzierung Unternehmer mit Zugang zu rechtlicher und finanzieller Beratung seien.[1087] Daher hielt er die Sicherung der adäquaten Kapitalausstattung der Prozessfinanzierer durch den ALF-Code zunächst für ausreichend. Auf lange Sicht müsse die Frage der Regulierung jedoch wieder aufgegriffen werden. Dabei sei die Entwicklung der Prozessfinanzierungsbranche entscheidend. Insbesondere sei die Regulierung der Prozessfinanzierung durch die FSA zu erwägen, wenn Prozessfinanzierer Gruppenklagen von Verbrauchern unterstützen sollten.[1088]

(2) Haftung des Prozessfinanzierers für gegnerische Prozesskosten

Lord Justice Jackson sprach sich in seiner *Review of Civil Litigation Costs* gegen eine grundsätzliche Haftungsbegrenzung für Prozessfinanzierer aus und kritisierte dabei die *Arkin*-Rechtsprechung.[1089] Gem. *section* 51(3) *Senior Courts Act* verfügt das Gericht über die Befugnis ein Kostenurteil gegen einen Prozessfinanzierer zu erlassen. Nach der *Arkin*-Rechtsprechung ist die Haftung des Prozessfinanzierers für gegnerische Prozesskosten grundsätzlich durch die Finanzierungssumme begrenzt („Arkin cap").[1090] *Lord Justice Jackson* machte deutlich, dass er diese generelle Haftungsbegrenzung grundsätzlich für falsch halte. Es sei nicht gerecht, dass sich ein Prozessfinanzierer mit finanziellem Interesse am Erfolg des Verfahrens im Unterliegensfall teilweise der Haftung für die Prozesskosten entziehen könne.[1091] Er sprach sich für eine Rechtsprechungsänderung oder gesetzliche Regelung hin zur vollen potentiellen

---

1086 *Jackson*, Review of Civil Litigation Costs: Final Report, Kap. 11, Rn. 3.2.
1087 *Jackson*, Review of Civil Litigation Costs: Final Report, Kap. 11, Rn. 3.3.
1088 *Jackson*, Review of Civil Litigation Costs: Final Report, Kap. 11, Rn. 3.4.
1089 *Jackson*, Review of Civil Litigation Costs: Final Report, Kap. 11, Rn. 4.5–4.7.
1090 *Arkin v. Borchard Lines Ltd (Costs Order)* [2005] EWCA Civ 655, [2005] 1 WLR 3055, Rn. 38–41; siehe oben § 4 D I 2 a) cc) (1).
1091 *Jackson*, Review of Civil Litigation Costs: Final Report, Kap. 11, Rn. 4.6.

Haftung des Prozessfinanzierers aus.[1092] Die Höhe der Haftung des Prozessfinanzierers solle nach Ermessen des Gerichts aufgrund der Umstände des Einzelfalles bestimmt werden, ohne dass das ermessensleitende „Arkin cap" die Haftungshöhe von vornherein auf die Finanzierungssumme begrenze.[1093] *Jacksons* Empfehlung wurde nicht umgesetzt.

Auch der ALF-Code regelt die Haftung des Prozessfinanzierers für gegnerische Prozesskosten nicht im Rahmen der freiwilligen Selbstregulierung. Art. 10 des ALF-Code verlangt lediglich, dass der Prozessfinanzierer im Prozessfinanzierungsvertrag ausdrücklich regelt, welche Kostenposten von ihm getragen werden. Der Prozessfinanzierer muss darlegen, ob und inwieweit er die Kosten für gegnerische Prozesskosten übernimmt (Art. 10.1). Der Prozessfinanzierungsvertrag muss darüber hinaus regeln, ob und in welchem Umfang der Prozessfinanzierer Prämien für eine ATE-Versicherung übernimmt (Art. 10.2), ob der Prozessfinanzierer für eine Sicherheitsleistung für die Prozesskosten aufkommt (Art. 10.3) und ob der Prozessfinanzierer andere finanzielle Kostenposten der finanzierten Partei übernimmt (Art. 10.4). Der ALF-Code adressiert also lediglich das Innenverhältnis zwischen Prozessfinanzierer und finanzierter Partei und fordert klare Regelungen zwischen den Parteien im Interesse der Rechtssicherheit. Über die Haftung im Außenverhältnis zwischen Prozessfinanzierer und Prozessgegner der finanzierten Partei wird keine Regelung getroffen. Allerdings besteht die Haftung des Prozessfinanzierers gem. *section* 51 *Senior Courts Act* für gegnerische Prozesskosten unabhängig von einer Regelung des Prozessfinanzierers und der finanzierten Partei im Innenverhältnis. Auch wenn der Prozessfinanzierungsvertrag keine Verpflichtung zur Übernahme gegnerischer Prozesskosten enthält, haftet der Prozessfinanzierer für die Prozesskosten der Gegenseite, wobei die Haftungshöhe in der Regel durch das *„Arkin cap"* begrenzt ist.

(3) Verpflichtung des Prozessfinanzierers zur Leistung einer Sicherheit

Der *Civil Justice Council* widmete sich von 2005 bis 2008 der Frage der Regulierung der Prozessfinanzierung. Die Ergebnisse wurden im Rahmen der *Review of Civil Litigation Costs* berücksichtigt. In einer informellen Runde, die durch den *Civil Justice Council* im Jahr 2008 organisiert wurde, machte

---

1092 *Jackson*, Review of Civil Litigation Costs: Final Report, Kap. 11, Rn. 4.7.

1093 *Jackson*, Review of Civil Litigation Costs: Final Report, Kap. 11, Rn. 4.7.

ein Teilnehmer den durchaus interessanten Vorschlag, Prozessfinanzierer stets zur Leistung einer Sicherheit zu Beginn des Verfahrens zu verpflichten.[1094] Dieser Vorschlag wurde jedoch nicht von *Lord Justice Jackson* in seiner *Review of Civil Litigation Costs* aufgenommen. Die Verpflichtung des Prozessfinanzierers zur Leistung einer Sicherheit richtet sich nach CPR 25.14(2)(b) und liegt im Ermessen des Gerichts.

(4) Vorläufige Empfehlung zur Selbstregulierung statt zwingender Regulierung

Lord Justice Jackson sprach sich in seiner *Review of Civil Litigation Costs* vorerst für eine Selbstregulierung der Prozessfinanzierung aus. Allerdings knüpfte er diese Empfehlung an die Bedingung, dass alle Prozessfinanzierer der Selbstregulierung unterliegen.[1095] Er ließ die Notwendigkeit einer zwingenden Regulierung in Zukunft offen für den Fall, dass die Prozessfinanzierung wachsen werde.[1096] *Jackson* stellte 2011 fest, dass der ALF-Code die zentralen Anliegen der *Review of Civil Litigation Costs* umgesetzt habe. Dazu gehörten die Regelungen zur adäquaten Kapitalausstattung der Prozessfinanzierer, die Begrenzung des Rechts des Finanzierers zur Kündigung des Prozessfinanzierungsvertrages sowie die Bestimmungen zur Beschränkung der Einflussnahme des Prozessfinanzierers auf den Prozess oder den Abschluss eines Vergleichs.[1097] Interessanterweise rügte *Jackson* die Freiwilligkeit der Mitgliedschaft in der ALF nicht, obwohl er im Jahr 2009 die Empfehlung der Selbstregulierung der Prozessfinanzierung noch an die Bedingung knüpfte, dass alle Prozessfinanzierer dem ALF-Code unterliegen. Seitdem ist die Prozessfinanzierungsbranche in England stetig gewachsen.[1098] Angesichts des

---

1094 *Mulheron/Cashman*, CJQ 27 (2008), 312 (321).

1095 *Jackson*, Review of Civil Litigation Costs: Final Report, Kap. 11, Rn. 2.12: „Provided that a satisfactory code is established and that all funders subscribe to that code, then at this stage, […] I see no need for statutory regulation“.

1096 *Jackson*, Review of Civil Litigation Costs: Final Report, Kap. 11, Rn. 2.12: „However, if the use of third party funding expands, there may well be a need for full statutory regulation.“

1097 *Jackson*, Third Party Funding or Litigation Funding – Sixth Lecture in the Civil Litigation Costs Review Implementation Programme, Rn. 3.2 f., https://www.judiciary.uk/wp-content/uploads/JCO/Documents/Speeches/lj-jackson-speech-third-party-funding-or-litigation-funding-23112011.pdf (Stand: 16.12.2022).

1098 Siehe oben § 1 B.

starken Wachstums der Prozessfinanzierung ist ein Wiederaufgreifen der Frage der Notwendigkeit einer zwingenden Regulierung der Prozessfinanzierung durchaus angebracht.

dd) Stellungnahme des *Ministry of Justice* zur Regulierung der Prozessfinanzierung

Die britische Regierung hat zuletzt jeglichen Regulierungsbestrebungen den Wind aus den Segeln genommen. In einer parlamentarischen Anfrage im *House of Lords* vom 19. Dezember 2016 fragte *Lord Hodgson of Astley Abbots*, ob eine zwingende Regulierung geplant sei, die sicherstelle, dass Prozessfinanzierer den gleichen Pflichten wie Anwälte bei der Finanzierung von Prozessen unterliegen. Diese Anfrage wurde von *Lord Keen of Elie* für das *Ministry of Justice* am 24. Januar 2017 abschlägig beantwortet:

> The Government does not believe that the case has been made out for moving away from voluntary regulation, as agreed by Parliament during the passage of the Legal Aid, Sentencing and Punishment of Offenders Act 2012. The market for third party litigation funding, remains at a relatively early stage in its development in this jurisdiction and we are not aware of specific concerns about the activities of litigation funders. The Government has not therefore undertaken a formal assessment of the effectiveness of the voluntary code of conduct or the membership of the Association of Litigation Funders. The last Government gave Parliament an assurance that it will keep third party litigation funding under review and this Government is ready to investigate matters further should the need arise.[1099]

Das *Ministry of Justice* sah demnach keinen Anlass, von der freiwilligen Selbstregulierung der Prozessfinanzierung durch den ALF-Code abzuweichen. Es fehle die Notwendigkeit der zwingenden Regulierung der Prozessfinanzierung, weil die Prozessfinanzierungsbranche sich noch in einem relativ frühen Entwicklungsstadium befinde und es auch keine spezifischen Bedenken gebe, die Anlass zur Regulierung böten. Daher habe die Regierung noch keine Untersuchung zur Effektivität der Mitgliedschaft in der ALF und der Funktionsweise des ALF-Code durchgeführt. Die Prozessfinanzierung solle aber weiterhin unter Beobachtung stehen, und bei Bedarf könnten spezifische Aspekte einer näheren Untersuchung zugeführt werden.

1099 *Ministry of Justice*, Civil Proceedings: Third Party Funding: Written Question: HL-4215, https://www.parliament.uk/business/publications/written-questions-answers-statements/written-question/Lords/2016-12-19/HL4216/ (Stand: 03.04.2022).

In absehbarer Zeit ist daher nicht mit einer umfassenden zwingenden Regulierung der Prozessfinanzierung zu rechnen. Es erscheint zudem als unwahrscheinlich, dass einzelne Aspekte der Prozessfinanzierung reguliert werden oder dass elementare Änderungen des ALF-Code vorgenommen werden. Daher ist auch die Einführung einer Pflicht zur Offenlegung der Identität des Prozessfinanzierers zu Beginn des Verfahrens – sei es durch eine Ergänzung des ALF-Code im Rahmen der Selbstregulierung oder durch eine Ergänzung der *Civil Procedure Rules* in Form einer zwingenden Regulierung – in nächster Zeit wenig wahrscheinlich. Das *Ministry of Justice* lehnte eine erneute Begutachtung der Notwendigkeit der zwingenden Regulierung der Prozessfinanzierung insbesondere mit der Begründung ab, dass die Prozessfinanzierungsbranche sich noch in einem relativ frühen Entwicklungsstadium befinde, und greift damit die Empfehlung von *Lord Justice Jackson* aus dem Jahr 2009 auf. Die Einschätzung, dass die Prozessfinanzierungsbranche sich im Jahr 2017 in England immer noch im Entwicklungsstadium befinde, überzeugt nicht – unabhängig davon, ob eine zwingende Regulierung einzelner Aspekte der Prozessfinanzierung empfehlenswert ist. Vielleicht ist die Entscheidung des *Ministry of Justice* auch in dem Umstand begründet, dass aus einer Befassung mit der Regulierung der Prozessfinanzierung kaum politisches Kapital zu schlagen ist.[1100]

d) Fazit

Bei verdeckter Prozessfinanzierung wird nach geltendem Recht der Erlass eines Kostenurteils gegen den Prozessfinanzierer gem. *section* 51(3) *Senior Courts Act* sowie die Anordnung einer Sicherheitsleistung gegen den Prozessfinanzierer gem. CPR 25.14(2)(b) *de facto* vereitelt. Diese ausdrücklichen Befugnisse des Gerichts werden zwar von impliziten Befugnissen zur Anordnung der Offenlegung der Identität des Prozessfinanzierers flankiert. Der Antrag zur Offenlegung der Identität des Prozessfinanzierers kann jedoch nicht „ins Blaue" gestellt werden. Es muss zumindest ein begründeter Verdacht nachgewiesen werden, dass die Gegenseite durch einen Prozessfinanzierer unterstützt wird. Wenn der Prozessgegner der finanzierten Partei jedoch keinen Verdacht schöpft, wird er den Antrag nicht stellen. Dieses Ergebnis spricht für die Einführung einer Pflicht zur Offenlegung der Existenz und

---

1100 *Baldock*, CJQ 38 (2019), 180 (187).

Identität eines Prozessfinanzierers zu Beginn des Verfahrens. Diese Pflicht könnte zunächst im Rahmen der bestehenden freiwilligen Selbstregulierung durch eine Ergänzung des ALF-Code eingeführt werden. Langfristig kommt auch eine zwingende Regulierung durch die Implementierung der Pflicht in die *Civil Procedure Rules* in Betracht.

II. Prozessfinanzierung von Schiedsverfahren

Dieses Unterkapitel analysiert die verdeckte Prozessfinanzierung im englischen Schiedsverfahrensrecht. Es werden drei prozessuale Situationen untersucht, bei denen die Kenntnis von der Prozessfinanzierung für das Schiedsgericht bzw. den Prozessgegner relevant sein könnte: bei der Anordnung der Prozesskostensicherheit, im Rahmen der Kostenentscheidung und zur frühzeitigen Aufdeckung von schiedsrichterlichen Interessenkonflikten. Dabei sollen die Fragestellungen, die bei der Analyse des Handelsschiedsverfahrensrechts im Allgemeinen herausgearbeitet wurden, vor dem Hintergrund des englischen Schiedsverfahrensrecht beleuchtet werden. Von besonderem Interesse ist die Entscheidung *Essar Oilfield v. Norscot* aus dem Jahr 2016, in der der *High Court* erstmals die Erstattungsfähigkeit der Erfolgsprämie als „other costs" gem. *section* 59(1)(c) *Arbitration Act* bejaht hat.

1. Anordnung der Prozesskostensicherheit

Art. 38(3) des *Arbitration Act* 1996[1101] und Art. 25(2) der LCIA-Schiedsordnung 2020 regeln die Befugnis des Schiedsgerichts, vom Schiedskläger eine Prozesskostensicherheit zu verlangen. Tatbestandliche Voraussetzungen der Anordnung der Prozesskostensicherheit werden im Gegensatz zu der detaillierten Fallgruppenbildung der *Civil Procedure Rules* aber nicht genannt.

a) Unterliegensprinzip

Die Befugnis des Schiedsgerichts, den Schiedskläger zu einer Kostensicherheit zu verpflichten, soll den potentiellen Kostenerstattungsanspruch des

---

[1101] Der *Arbitration Act* 1996 gilt, wenn der Sitz des Schiedsgerichts sich in England, Wales oder Nordirland befindet und gilt grundsätzlich nicht in Schottland, vgl. sec. 2(1) *Arbitration Act* (sec. 108 *Arbitration Act* regelt jedoch einzelne Ausnahmen der Anwendbarkeit bzgl. Nordirland und Schottland).

Beklagten gegen den Kläger sichern. Die Existenz des Kostenerstattungsanspruchs beruht auf dem Unterliegensprinzip, das in England grundsätzlich auch im Schiedsverfahren gilt. *Section* 61(2) *Arbitration Act* legt fest, dass das Unterliegensprinzip für Schiedsverfahren mit Sitz in England gilt, wenn die Parteien keine anderslautende Vereinbarung zur Kostentragung getroffen haben: „Unless the parties otherwise agree, the tribunal shall award costs on the general principle that costs should follow the event except where it appears to the tribunal that in the circumstances this is not appropriate in relation to the whole or part of the costs." Auch Art. 28(4) LCIA-Schiedsordnung 2020 sieht eine Kostenentscheidung nach Maßgabe des Unterliegensprinzips vor. Ein Schiedsgericht darf nur vom Unterliegensprinzip abweichen, wenn die Gründe für diese Entscheidung hinreichend dargelegt werden. Insbesondere muss vor einer gegenseitigen Kostenaufhebung erwogen werden, ob eine vernünftige und angemessene Lösung nicht vielmehr in der teilweisen Kostentragung durch die unterlegene Partei besteht.[1102] Die Ablehnung des Kostenerstattungsanspruchs in voller Höhe muss sorgsam abgewogen werden.

b) *Anordnung der Prozesskostensicherheit gegen den Schiedskläger*

Im Folgenden sollen die Voraussetzungen für die Anordnung der Prozesskostensicherheit dargestellt und auf die Bedeutung der Kenntnis von der Prozessfinanzierung für die Anordnung der Prozesskostensicherheit eingegangen werden.

aa) Ausschließliche Zuständigkeit des Schiedsgerichts

Section 38(3) *Arbitration Act* 1996 verleiht dem Schiedsgericht die Befugnis, vom Schiedskläger eine Prozesskostensicherheit zu verlangen.

> 38 General powers exercisable by the tribunal.
> (1) The parties are free to agree on the powers exercisable by the arbitral tribunal for the purposes of and in relation to the proceedings.
> (2) Unless otherwise agreed by the parties the tribunal has the following powers.
> (3) The tribunal may order a claimant to provide security for the costs of the arbitration.
> This power shall not be exercised on the ground that the claimant is –

1102 *Fence Gate Ltd v. NEL Construction Ltd* 82 Con LR 41, Rn. 83: „it was necessary for the arbitrator first to consider whether it would be appropriate and reasonable to make a costs order proportioning FGL's costs before making one depriving it of all its costs".

(a) an individual ordinarily resident outside the United Kingdom, or
(b) a corporation or association incorporated or formed under the law of a country outside the United Kingdom, or whose central management and control is exercised outside the United Kingdom.

Es handelt sich bei dieser Befugnis um eine ausschließliche Zuständigkeit des Schiedsgerichts.[1103] Dagegen sehen viele andere Rechtsordnungen und Schiedsordnungen grundsätzlich eine parallele Zuständigkeit von Schiedsgericht und staatlichem Gericht zur Anordnung einer einstweiligen Verfügung vor, wobei die staatlichen Gerichte von dieser Ermächtigung – soweit ersichtlich – in aller Regel keinen Gebrauch machen.[1104] Die LCIA-Schiedsordnung 2020 verleiht dem Schiedsgericht in Art. 25(2) die ausschließliche Befugnis, vom Schiedskläger eine Sicherheitsleistung zu verlangen, und entscheidet sich somit für einen Gleichlauf mit der Zuständigkeitsverteilung des *Arbitration Act.*

bb) Voraussetzungen der Anordnung der Prozesskostensicherheit

Section 38(3) *Arbitration Act* trifft keine Aussage zu den Voraussetzungen der Anordnung der Prozesskostensicherheit. Daher steht dem Schiedsgericht hinsichtlich der Verpflichtung des Schiedsklägers zur Leistung einer Kostensicherheit ein Ermessen zu. Die Anordnung der Prozesskostensicherheit soll nach Ansicht der Praxis und Literatur grundsätzlich möglich sein, wenn die Vollstreckung des Kostenerstattungsanspruchs gefährdet ist.[1105] Im Ergebnis orientiert sich die Anordnung der Kostensicherheit im englischen Schiedsrecht am englischen Zivilprozessrecht. Im Gegensatz zu anderen

---

1103 *Saville*, Arb Intl 13 (1997), 275 (306).

1104 Siehe hierzu näher *Altenkirch*, Die Sicherheitsleistung für die Prozesskosten, S. 226–228. Beispiele für die Regelung einer parallelen Zuständigkeit der staatlichen Gerichte zum Erlass einer einstweiligen Verfügung finden sich in Art. 17J UNCITRAL-Modellgesetz 2006, Art. 26(9) UNCITRAL-Schiedsordnung 2010 und Art. 25(3) DIS-Schiedsordnung 2018. Dagegen besteht nach italienischem und griechischem Schiedsverfahrensrecht eine ausschließliche Zuständigkeit der staatlichen Gerichte zum Erlass von einstweiligen Verfügungen, *Altenkirch*, Die Sicherheitsleistung für die Prozesskosten, S. 226.

1105 *Altenkirch*, Die Sicherheitsleistung für die Prozesskosten, S. 234; *Brawn/Fenn*, Intl Arb L Rev 6 (2003), 191 (194); *Shakleton*, Intl Arb L Rev 5 (2002), 206 (214).

Rechtsordnungen wird die Anordnung der Prozesskostensicherheit nicht nur in außergewöhnlichen Fällen als einstweilige Verfügung zugelassen.[1106]

Wie im Zivilprozess besteht bei der Anordnung der Prozesskostensicherheit im Schiedsverfahren der grundsätzliche Interessenkonflikt zwischen dem Recht des Klägers auf Zugang zu Gericht und dem Recht des Beklagten auf prozessuale Waffengleichheit und ein faires Verfahren.[1107] Im Schiedsverfahren findet Art. 6 Abs. 1 EMRK zwar nicht unmittelbar und in all seinen Ausprägungen Anwendung.[1108] Durch Abschluss einer Schiedsvereinbarung wird auf einzelne Garantien des Art. 6 Abs. 1 EMRK verzichtet, nämlich auf das Recht auf Zugang zu den staatlichen Gerichten und das Recht auf ein öffentliches Verfahren.[1109] Die fundamentalen Verfahrensgrundsätze des Art. 6 Abs. 1 EMRK müssen jedoch auch bei Erlass eines Schiedsspruchs berücksichtigt werden, weil die Schiedsgerichte verpflichtet sind, einen vollstreckbaren Schiedsspruch zu erlassen.[1110] Bei einem Verstoß gegen fundamentale Verfahrensgrundsätze des Art. 6 Abs. 1 EMRK droht die Aufhebung des Schiedsspruchs durch staatliche Gerichte oder die Versagung der Vollstreckbarerklärung.[1111] Einem Schiedsspruch, der unter Verletzung des *fair-trial*-Grundsatzes zustande kommt, könnte die Vollstreckbarkeit insbesondere wegen eines Verstoßes gegen den verfahrensrechtlichen *ordre public* (Art. V Abs. 2 lit. b NYÜ) versagt werden.[1112]

Das englische Schiedsrecht räumt der Durchsetzung des Unterliegensprinzips – ebenso wie das englische Zivilprozessrecht – eine große Bedeutung ein. Die Durchsetzung des Unterliegensprinzips zum Schutz des Beklagten ist Ausprägung seines Rechts auf prozessuale Waffengleichheit gem. Art. 6 Abs. 1 EMRK. Die Anordnung der Prozesskostensicherheit erschwert den Zugang des Schiedsklägers zu Gericht gem. Art. 6 Abs. 1 EMRK. Bei Gefährdung der Vollstreckung des Kostenerstattungsanspruchs des Beklagten wird der

---

1106 Vgl. hierzu näher *Altenkirch*, Die Sicherheitsleistung für die Prozesskosten, S. 232–234.

1107 Das Gebot der fairen Behandlung der Parteien findet sich auch in Art. 14(1)(i) LCIA-Schiedsordnung 2020.

1108 *Steinbrück*, Die Unterstützung ausländischer Schiedsverfahren durch staatliche Gerichte, S. 56.

1109 *Altenkirch*, Die Sicherheitsleistung für die Prozesskosten, S. 208.

1110 *Altenkirch*, Die Sicherheitsleistung für die Prozesskosten, S. 209.

1111 *Altenkirch*, Die Sicherheitsleistung für die Prozesskosten, S. 209.

1112 *Altenkirch*, Die Sicherheitsleistung für die Prozesskosten, S. 209.

Konflikt im englischen Schiedsrecht nur dann zu Gunsten des Schiedsklägers aufgelöst, wenn der Kläger die Prozesskostensicherheit nicht bezahlen kann.[1113] Denn in diesem Fall wird der Zugang zu Gericht praktisch verwehrt. Der Kläger ist dann schutzbedürftiger als der Beklagte.

Der Gesetzgeber hat bewusst darauf verzichtet, die Voraussetzungen für die Anordnung der Prozesskostensicherheit im Schiedsverfahren festzulegen.[1114] Ursprünglich war ein Gleichlauf mit der Prozesskostensicherheit im Zivilprozess geplant.[1115] Letztendlich wurde von der Anordnung eines Gleichlaufs der Voraussetzungen jedoch abgesehen, weil eine solche Regelung den (ausländischen) Rechtsanwender vor die Schwierigkeit gestellt hätte, zunächst die Rechtslage im englischen Zivilprozessrecht anhand der Rechtsprechung und Kommentarliteratur ermitteln zu müssen.[1116] Daher trifft weder *section* 38(3) *Arbitration Act* noch Art. 25(2) LCIA-Schiedsordnung 2020 eine Aussage zu den Voraussetzungen der Anordnung der Prozesskostensicherheit. Bei der Ermessensausübung können die Regelungen der *Civil Procedure Rules* und die hierzu erlassene Rechtsprechung als Leitlinie des Schiedsgerichts dienen. Das Schiedsgericht ist wegen des bewussten Verzichts auf die Anordnung eines Gleichlaufs des *Arbitration Act* und der *Civil Procedure Rules* jedoch nicht hieran gebunden.[1117]

cc) Beweislast

Die Beweislast hinsichtlich der Vermögenslosigkeit des Schiedsklägers bzw. des Bestehens des Ausnahmetatbestands der Unbezahlbarkeit entspricht der Beweislastverteilung im englischen Zivilprozess.[1118] Der Beklagte muss beweisen, dass eine überwiegende Wahrscheinlichkeit für die Vermögenslosigkeit des Klägers spricht.[1119] Der Kläger kann dann den Beweis führen, dass der Ausnahmetatbestand der Unbezahlbarkeit der Sicherheitsleistung

---

1113 *Altenkirch*, Die Sicherheitsleistung für die Prozesskosten, S. 234 f., 244 f.

1114 *Altenkirch*, Die Sicherheitsleistung für die Prozesskosten, S. 245.

1115 *Altenkirch*, Die Sicherheitsleistung für die Prozesskosten, S. 245.

1116 *Altenkirch*, Die Sicherheitsleistung für die Prozesskosten, S. 245; *Saville*, Arb Intl 15 (1999), 413 (427 f.).

1117 *Altenkirch*, Die Sicherheitsleistung für die Prozesskosten, S. 245; *Shakleton*, Intl Arb L Rev 5 (2002), 206 (214).

1118 *Altenkirch*, Die Sicherheitsleistung für die Prozesskosten, S. 252 f.

1119 *Altenkirch*, Die Sicherheitsleistung für die Prozesskosten, S. 252 f.

vorliegt.[1120] Im Fall der Unbezahlbarkeit der Sicherheitsleistung überwiegt das Interesse des Klägers am Zugang zu Gericht in der Abwägung mit dem Recht des Beklagten auf prozessuale Waffengleichheit und ein faires Verfahren. Denn wenn der Kläger die Sicherheitsleistung nicht zahlen kann, stellt die Verpflichtung zur Kostensicherheit eine „hundertprozentige Rechtswegsperre" dar.[1121] Dagegen ist das Interesse des Beklagten an der Sicherung seines potentiellen Kostenerstattungsanspruchs bei der Vermögenslosigkeit des Klägers nicht mit „hundertprozentiger Wahrscheinlichkeit" betroffen.[1122] Das Vorliegen der Unbezahlbarkeit wird jedoch an strenge Voraussetzungen geknüpft. Es ist nicht ausreichend, dass der Kläger nachweist, dass er selbst vermögenslos ist. Er muss auch den Beweis führen, dass es den am Prozess wirtschaftlich Beteiligten nicht zugemutet werden kann, für die Leistung der Kostensicherheit aufzukommen.[1123] Zu den am Prozess wirtschaftlich Beteiligten gehören insbesondere auch die Prozessfinanzierer, weil sie unmittelbar am Prozesserfolg partizipieren.[1124]

dd) Bedeutung der Prozessfinanzierung für die Anordnung der Prozesskostensicherheit

Zur Bedeutung der Prozessfinanzierung für die Anordnung der Prozesskostensicherheit wird auf die entsprechenden Ausführungen im Kapitel zur Prozessfinanzierung von Handelsschiedsverfahren im Allgemeinen verwiesen.[1125] Das englische Schiedsverfahrensrecht gibt keinen Anlass zu einer anderen Beurteilung der Frage.

c) Anordnung der Prozesskostensicherheit gegen den Prozessfinanzierer

Das Schiedsgericht hat nach dem *Arbitration Act* keine Befugnis, die Sicherheitsleistung vom Prozessfinanzierer selbst zu verlangen. Die Anordnung einer Sicherheitsleistung gegen den Prozessfinanzierer würde die Zuständigkeit des

---

[1120] *Altenkirch*, Die Sicherheitsleistung für die Prozesskosten, S. 253.
[1121] *Altenkirch*, Die Sicherheitsleistung für die Prozesskosten, S. 265.
[1122] *Altenkirch*, Die Sicherheitsleistung für die Prozesskosten, S. 265.
[1123] *Altenkirch*, Die Sicherheitsleistung für die Prozesskosten, S. 264; *Brawn/Fenn*, Intl Arb L Rev 6 (2003), 191 (195).
[1124] *Altenkirch*, Die Sicherheitsleistung für die Prozesskosten, S. 265.
[1125] Siehe oben § 3 C I.

Schiedsgerichts übersteigen. Dies steht im Gegensatz zu der Befugnis des Gerichts im englischen Zivilprozess, von einem Prozessfinanzierer gem. CPR 25.14(2)(b) die Sicherheit für die Prozesskosten zu verlangen.

2. Kostenerstattungsanspruch der finanzierten Partei: Erstattungsfähigkeit der Erfolgsprämie?

Der folgende Abschnitt widmet sich der Frage, ob sich die Einschaltung eines Prozessfinanzierers auf die Höhe des Kostenerstattungsanspruchs auswirken kann. Fraglich ist, ob die Erfolgsprämie des Prozessfinanzierers erstattungsfähig ist. In diesem Fall bestünde ein besonderes Interesse des Prozessgegners, frühzeitig von der Existenz des Finanzierers und des erhöhten Kostenrisikos zu erfahren.

a) *Essar Oilfield v. Norscot*

In *Essar Oilfield Services Ltd v. Norscot Rig Management Pvt Ltd*[1126] hat der *High Court* im Jahr 2016 erstmals die Erstattungsfähigkeit der Erfolgsprämie als „other costs" gem. *section* 59(1)(c) *Arbitration Act* bejaht. Der *High Court* war mit dieser Frage im Rahmen einer Anfechtungsklage[1127] gem. *section* 68 *Arbitration Act* befasst. Der Sache *Essar* lag ein Schiedsverfahren nach der ICC-Schiedsordnung mit Sitz in London zugrunde. Der Schiedskläger *Norscot* wurde durch einen Prozessfinanzierer mit einer Summe von GBP 647.000 unterstützt. Im Gegenzug schuldete *Norscot* dem Prozessfinanzierer im Erfolgsfall entweder 300 Prozent der Finanzierungssumme oder 35 Prozent der erstrittenen Summe, je nachdem welcher Betrag höher ausfiele. *Norscot* obsiegte und beantragte daraufhin, dem Beklagen die Kosten für das Schiedsverfahren aufzuerlegen. *Norscot* beantragte dabei insbesondere auch die Erstattung der Erfolgsprämie in Höhe von GBP 1,94 Millionen.[1128]

Der Einzelschiedsrichter bejahte die Erstattungsfähigkeit der Erfolgsprämie in voller Höhe. Dabei setzte er sich zunächst mit der Frage auseinander,

---

[1126] *Essar Oilfield Services Ltd v. Norscot Rig Management Pvt Ltd* [2016] EWHC 2361 (Comm), [2016] 2 Lloyd's Rep 481.

[1127] Vgl. *Andrews/Landbrecht*, Schiedsverfahren und Mediation in England, Rn. 507, die die Rechtsbehelfe nach sec. 67 und sec. 68 *Arbitration Act* (im Englischen als *challenge* bezeichnet) mit Anfechtung bzw. Anfechtungsklage übersetzen.

[1128] *Essar Oilfield Services Ltd v. Norscot Rig Management Pvt Ltd* [2016] EWHC 2361 (Comm), [2016] 2 Lloyd's Rep 481, Rn. 5.

ob das Schiedsgericht über die grundsätzliche Befugnis verfüge, der unterlegenen Partei die Kosten der Erfolgsprämie für den Prozessfinanzierer der obsiegenden Partei aufzuerlegen. Er stützte sich dabei auf den Wortlaut von *section* 59(1)(c) *Arbitration Act*, der dem Schiedsrichter i.V.m. *section* 61(2) *Arbitration Act* die Befugnis verleiht, der unterlegenen Partei „the legal or other costs to the parties“ aufzuerlegen. Auch der vorliegend anwendbare Art. 31(1) ICC-Schiedsordnung ermögliche die Auferlegung der „reasonable legal and other costs incurred by the parties“.[1129] Der Schiedsrichter kam zu dem Schluss, dass der Wortlaut „other costs“ die Kosten für die Erfolgsprämie grundsätzlich umfasse.[1130] Nach der Bejahung der grundsätzlichen Befugnis zur Auferlegung der Erfolgsprämie widmete sich der Schiedsrichter der Frage, ob es im vorliegenden Fall angemessen sei, das Ermessen in diesem Sinne auszuüben. Der Schiedsrichter bejahte die Angemessenheit der Erstattungsfähigkeit der Erfolgsprämie aufgrund der spezifischen Umstände des Falles. Der Schiedsrichter charakterisierte den Fall als einen „Kampf zwischen David und Goliath“, wobei dem Kläger *Norscot* faktisch keine Alternative zur Erhebung der Schiedsklage blieb.[1131] Im Vorfeld und auch während des Schiedsverfahrens habe der Beklagte *Essar* versucht, den Schiedskläger finanziell zu ruinieren, indem er zum einen geschuldete Zahlungen in Höhe von GBP 12 Millionen zurückhielt und zum anderen schwere und ungerechtfertigte Betrugsvorwürfe in die Welt setzte. *Norscot* sah sich daraufhin gezwungen ein Schiedsverfahren einzuleiten und benötigte hierzu die Unterstützung durch einen Prozessfinanzierer. Die vereinbarte Erfolgsprämie entsprach einer marktgerechten Quote.[1132] Der Schiedsrichter stellte darüber hinaus fest, dass es für den Beklagten *Essar* offensichtlich („blindingly obvious“) gewesen sein müsse, dass der Schiedskläger die Kosten des Schiedsverfahrens nur mit Unterstützung durch einen Prozessfinanzierer stemmen konnte, weil er sich in einer finanziell schlechten Lage befand, die in erheblichem Maße auf das Verhalten

---

1129 In der ICC-Schiedsordnung von 2021 findet sich die entsprechende Regelung ohne Änderung des relevanten Wortlautes in Art. 38(1).

1130 *Essar Oilfield Services Ltd v. Norscot Rig Management Pvt Ltd* [2016] EWHC 2361 (Comm), [2016] 2 Lloyd's Rep 481, Rn. 20, 31.

1131 *Essar Oilfield Services Ltd v. Norscot Rig Management Pvt Ltd* [2016] EWHC 2361 (Comm), [2016] 2 Lloyd's Rep 481, Rn. 21, 34.

1132 *Essar Oilfield Services Ltd v. Norscot Rig Management Pvt Ltd* [2016] EWHC 2361 (Comm), [2016] 2 Lloyd's Rep 481, Rn. 22.

des Beklagten zurückzuführen sei. Der Beklagte habe wahrscheinlich gehofft, dass gerade dieses finanzielle Ungleichgewicht dazu führen würde, dass der Kläger seine Ansprüche nicht geltend mache.[1133]

Nach Erlass des Schiedsspruchs beantragte der Schiedsbeklagte *Essar* vor dem *High Court* die Teilaufhebung des Schiedsspruchs bezüglich der Auferlegung der Erstattung der Erfolgsprämie gem. *section* 68 *Arbitration Act*. Nach dieser Vorschrift kann ein Schiedsspruch angefochten werden, wenn ein Fall erheblicher Unregelmäßigkeit vorliegt, welcher das Schiedsgericht, das Verfahren oder den Schiedsspruch betrifft („on the ground of serious irregularity affecting the tribunal, the proceedings or the award") und das Gericht annimmt, dass dieser Fehler zu einer erheblichen Ungerechtigkeit für den Anfechtungskläger geführt hat oder noch führen wird („which the court considers has caused or will cause substantial injustice to the applicant"). *Section* 68(2) *Arbitration Act* definiert neun Anwendungsfälle der erheblichen Unregelmäßigkeit. *Essar* stützte sich dabei auf den Anfechtungsgrund des *section* 68(2)(b) *Arbitration Act* – „the tribunal exceeding its powers". *Essar* machte geltend, dass der Schiedsrichter nicht über die Befugnis verfügt habe, die Kosten der Erfolgsprämie einer Partei aufzuerlegen. Die Kosten für die Erfolgsprämie seien nicht von dem Begriff „other costs" im Rahmen von *section* 59(1)(c) *Arbitration Act* bzw. Art. 31(1) ICC-Schiedsordnung erfasst.[1134]

Der *High Court* wies die Anfechtungsklage ab. Das Gericht legte zunächst dar, dass der Anfechtungsgrund des *section* 68(2)(b) *Arbitration Act* eng auszulegen sei, und stützte sich dabei maßgeblich auf die Rechtsprechung in *Lesotho v. Impregilo*. In *Lesotho v. Impregilo* führte *Lord Steyn* unter Bezugnahme auf den Report des *Departmental Advisory Committee* aus, dass *section* 68 *Arbitration Act* nur für Extremfälle geschaffen worden sei, in denen das Schiedsgericht einen so schweren Fehler gemacht habe, dass die Gerechtigkeit eine Korrektur verlange.[1135] Speziell zu *section* 68(2)(b) *Arbitration Act* führte *Lord Steyn* aus, dass die Überschreitung der schiedsrichterlichen Befugnisse

---

[1133] *Essar Oilfield Services Ltd v. Norscot Rig Management Pvt Ltd* [2016] EWHC 2361 (Comm), [2016] 2 Lloyd's Rep 481, Rn. 23.

[1134] *Essar Oilfield Services Ltd v. Norscot Rig Management Pvt Ltd* [2016] EWHC 2361 (Comm), [2016] 2 Lloyd's Rep 481, Rn. 6.

[1135] *Essar Oilfield Services Ltd v. Norscot Rig Management Pvt Ltd* [2016] EWHC 2361 (Comm), [2016] 2 Lloyd's Rep 481, Rn. 8; *Lesotho Highlands Development Authority v. Impregilo SpA* [2005] UKHL 43, [2006] 1 AC 221, Rn. 24–32.

erst anzunehmen sei, wenn das Schiedsgericht grundsätzlich nicht über die betreffende Befugnis verfüge. Es reiche nicht, wenn es sich lediglich um einen Rechtsfehler bei der Ausübung der grundsätzlich bestehenden Befugnis handele.[1136] Ein Fehler des Schiedsgerichts bei der Anwendung englischen Rechts könne theoretisch durch den Rechtsbehelf gem. *section 69* (*appeal on point of law*) überprüft werden, der in *Essar* aber wie in *Lesotho* durch Parteivereinbarung ausgeschlossen war.[1137]

In Anwendung der Rechtsprechungsgrundsätze in *Lesotho* entschied der *High Court* in *Essar Oilfield v. Norscot*, dass es für einen *excess of power* nicht – wie von *Essar* vorgetragen – ausreiche, dass die Verpflichtung zur Erstattung der Erfolgsprämie auf einer fehlerhaften Auslegung des Begriffs „other costs" beruhe. Vielmehr müsse das Schiedsgericht eine Befugnis ausgeübt haben, über die es grundsätzlich nicht verfüge. Das Schiedsgericht habe aber eindeutig die Befugnis, eine Entscheidung über die Kosten des Verfahrens zu treffen.[1138] Würde eine fehlerhafte Auslegung des Begriffs „other costs" zur Bejahung eines *excess of power* genügen, könnten fast alle Rechtsfehler zu einer Anfechtung des Schiedsspruches gem. *section* 68(2)(b) *Arbitration Act* führen.[1139] Dies würde aber der Intention des Gesetzgebers widersprechen, der *section* 68 Arbitration Act nur für extreme Fälle schaffen wollte.[1140] Der *High Court* kam daher zu dem Ergebnis, dass selbst im Fall einer fehlerhaften

---

1136 *Essar Oilfield Services Ltd v. Norscot Rig Management Pvt Ltd* [2016] EWHC 2361 (Comm), [2016] 2 Lloyd's Rep 481, Rn. 9; *Lesotho Highlands Development Authority v. Impregilo SpA* [2005] UKHL 43, [2006] 1 AC 221, Rn. 31 f. In einem Sondervotum ordnete *Lord Phillips* den Fehler des Schiedsgerichts (Erlass des Schiedsspruchs in der falschen Währung) jedoch als eine Überschreitung der schiedsrichterlichen Befugnisse (*excess of power*) gem. sec. 68(2)(b) *Arbitration Act* ein, vgl. *Lesotho Highlands Development Authority v. Impregilo SpA* [2005] UKHL 43, [2006] 1 AC 221, Rn. 50–54.

1137 *Lesotho Highlands Development Authority v. Impregilo SpA* [2005] UKHL 43, [2006] 1 AC 221, Rn. 5; *Essar Oilfield Services Ltd v. Norscot Rig Management Pvt Ltd* [2016] EWHC 2361 (Comm), [2016] 2 Lloyd's Rep 481, Rn. 4.

1138 *Essar Oilfield Services Ltd v. Norscot Rig Management Pvt Ltd* [2016] EWHC 2361 (Comm), [2016] 2 Lloyd's Rep 481, Rn. 41.

1139 *Essar Oilfield Services Ltd v. Norscot Rig Management Pvt Ltd* [2016] EWHC 2361 (Comm), [2016] 2 Lloyd's Rep 481, Rn. 42.

1140 *Essar Oilfield Services Ltd v. Norscot Rig Management Pvt Ltd* [2016] EWHC 2361 (Comm), [2016] 2 Lloyd's Rep 481, Rn. 42.

Auslegung des Begriffs „other costs" durch das Schiedsgericht kein Anfechtungsgrund gegeben sei.[1141]

Im Anschluss nahm der *High Court* dennoch Stellung zu der Frage, ob die Auslegung des Schiedsgerichts, die Erfolgsprämie des Prozessfinanzierers als „other costs" im Sinne von *section* 59(1)(c) *Arbitration Act* zu verstehen, korrekt war. Der *High Court* bestätigte die Auslegung des Schiedsgerichts. Der *High Court* setzte sich dabei insbesondere mit dem Argument des Anfechtungsklägers *Essar* auseinander, der vorbrachte, dass die Kosten für die Erfolgsprämie des Prozessfinanzierers keine Kosten des Schiedsverfahrens gem. *section* 59(1) *Arbitration Act*, sondern vielmehr die Kosten für die Prozessfinanzierung seien.[1142] Der *High Court* widersprach dieser Ansicht und führte aus, dass die Kosten des Schiedsverfahrens gerade erst durch *section 59 Arbitration Act* definiert würden, und dazu gehörten gem. *section* 59(1)(c) *Arbitration Act* „the legal or other costs of the parties". Der Wortlaut „the legal and other costs of the parties" ermögliche gerade eine Erstattung von Kosten, die über die „legal costs" im herkömmlichen Sinne hinausgingen.[1143] Der Begriff „other costs" müsse funktional ausgelegt werden.[1144] Die entscheidende Frage sei, ob die Kosten gerade zum Zwecke der Klageerhebung bzw. zur Verteidigung entstanden seien. Die Kosten stünden dann in unmittelbaren Zusammenhang mit dem Schiedsverfahren und könnten daher als „other costs of the arbitration" qualifiziert werden.[1145] Wegen der im Wesentlichen gleichen Formulierung von Art. 31(1) ICC-Schiedsordnung und section 59(1)(c) *Arbitration Act* zog der *High Court* auch die Erläuterungen des ICC Commission Report 2015 „Decisions on Costs in International Arbitration" im Rahmen der funktionalen Auslegung heran. Der Report richtet sich an die Nutzer der ICC-Schiedsordnung, um ihnen einen Eindruck von den Kostenentscheidungen durch Schiedsgerichte zu vermitteln; dabei soll der informierende

---

1141 *Essar Oilfield Services Ltd v. Norscot Rig Management Pvt Ltd* [2016] EWHC 2361 (Comm), [2016] 2 Lloyd's Rep 481, Rn. 47.

1142 *Essar Oilfield Services Ltd v. Norscot Rig Management Pvt Ltd* [2016] EWHC 2361 (Comm), [2016] 2 Lloyd's Rep 481, Rn. 53.

1143 *Essar Oilfield Services Ltd v. Norscot Rig Management Pvt Ltd* [2016] EWHC 2361 (Comm), [2016] 2 Lloyd's Rep 481, Rn. 52–58.

1144 *Essar Oilfield Services Ltd v. Norscot Rig Management Pvt Ltd* [2016] EWHC 2361 (Comm), [2016] 2 Lloyd's Rep 481, Rn. 55.

1145 *Essar Oilfield Services Ltd v. Norscot Rig Management Pvt Ltd* [2016] EWHC 2361 (Comm), [2016] 2 Lloyd's Rep 481, Rn. 58.

Report jedoch nicht das Ermessen des Schiedsgerichts bei der Kostenentscheidung beschränken.[1146] Zu dem Thema „Third-party-funded costs“[1147] führt der Report aus, dass das Schiedsgericht die Kosten für die Erfolgsprämie des Prozessfinanzierers oder einen anwaltlichen Erfolgsbonus der unterlegenen Partei auferlegen könne, wenn diese Kosten angemessen seien.[1148] Der *High Court* kam zu dem Ergebnis, dass die Erläuterungen des Report der ICC Commission die Schlussfolgerung unterstützten, dass Wortlaut, Kontext und Logik für die Erstattungsfähigkeit der Erfolgsprämie des Prozessfinanzierers als „other costs“ gem. *section* 59(1)(c) *Arbitration Act* sprächen.[1149]

b) Einordnung der Rechtsprechung in Essar Oilfield v. Norscot

Im Folgenden soll zunächst die Bedeutung der *Essar*-Rechtsprechung für die Erstattungsfähigkeit der Erfolgsprämie bei der Finanzierung von Schiedsverfahren mit Sitz in England beleuchtet werden. Erörtert wird, ob es sich bei der *Essar*-Rechtsprechung um einen Einzelfall oder eine Entwicklung hin zur generellen Erstattungsfähigkeit der Erfolgsprämie handelt. Es folgt eine Gegenüberstellung der Rechtslage zur Erstattungsfähigkeit von Erfolgsprämien im englischen Zivilprozess, wobei insbesondere auf die Erstattungsfähigkeit von ATE-Prämie und anwaltlichem Erfolgsbonus zwischen 2000 und 2013 eingegangen wird. Schließlich wird die Erstattungsfähigkeit der Prozessfinanzierung vor dem Hintergrund der verdeckten Prozessfinanzierung untersucht und die Notwendigkeit einer Offenlegungspflicht *de lege ferenda* im englischen Schiedsverfahrensrecht diskutiert. Von zentraler Bedeutung ist ein Rückgriff auf die rechtlichen Rahmenbedingungen der Erstattungsfähigkeit

---

1146 *Essar Oilfield Services Ltd v. Norscot Rig Management Pvt Ltd* [2016] EWHC 2361 (Comm), [2016] 2 Lloyd's Rep 481, Rn. 61.

1147 Der Begriff wird hier im Sinne der Verfahrensdrittfinanzierung benutzt.

1148 *Waksman J* zitiert aus dem *ICC Commission* 2015 in *Essar Oilfield Services Ltd v. Norscot Rig Management Pvt Ltd* [2016] EWHC 2361 (Comm), [2016] 2 Lloyd's Rep 481, Rn. 63, 66: „The successful party will itself ultimately be out of pocket upon reimbursing such costs to the third-party funder and may therefore be entitled to recover its reasonable costs, including what it needs to pay to the third-party funder, from the unsuccessful party […] The requirement that the cost be reasonable serves as an important check and balance in protecting against unfair or unequal treatment of the parties in respect of costs, or improper windfalls to third-party funders.“

1149 *Essar Oilfield Services Ltd v. Norscot Rig Management Pvt Ltd* [2016] EWHC 2361 (Comm), [2016] 2 Lloyd's Rep 481, Rn. 67 f.

von anwaltlichem Erfolgsbonus und ATE-Prämie im englischen Zivilprozess, die zur Offenlegung des Bestehens eines *conditional fee agreement* bzw. der ATE-Versicherung zu Beginn des Verfahrens verpflichteten.

aa) Bedeutung der *Essar*-Rechtsprechung für die Erstattungsfähigkeit der Erfolgsprämie bei der Finanzierung von Schiedsverfahren mit Sitz in England

Der *High Court* hat im Jahr 2016 in *Essar Oilfield v. Norscot* erstmals die Erstattungsfähigkeit der Erfolgsprämie als „other costs" gem. *section* 59(1)(c) *Arbitration Act* bejaht. Allerdings ist damit noch keine Aussage darüber getroffen, ob das Schiedsgericht sein Ermessen bei der Kostenentscheidung gem. *section* 63(3) *Arbitration Act* dahingehend ausüben wird. Das hängt entscheidend davon ab, ob die Auferlegung der Kosten der Erfolgsprämie vor dem Hintergrund der spezifischen Umstände des Einzelfalles sachgerecht und angemessen erscheint. *Essar Oilfield v. Norscot* war sicherlich ein außergewöhnlicher Fall, weil der Schiedsrichter es als erwiesen ansah, dass *Norscot* aufgrund von *Essars* Verhalten (Zurückhaltung der geschuldeten Zahlungen in Höhe von GBP 12 Millionen und das Verbreiten von schweren und ungerechtfertigten Betrugsvorwürfen) faktisch keine Alternative zur Erhebung der Schiedsklage blieb. Der Schiedsrichter stellte darüber hinaus fest, dass es für den Beklagten *Essar* offensichtlich („blindingly obvious") gewesen sein müsse, dass der Schiedskläger die Kosten des Schiedsverfahrens nur mit Unterstützung durch einen Prozessfinanzierer aufbringen konnte, weil er sich in einer finanziell schlechten Lage befand, die in erheblichem Maße auf das Verhalten des Beklagten zurückzuführen sei.[1150] Auch der *High Court* teilte die Einschätzung des Schiedsgerichts, dass es vorliegend sehr ungerecht wäre, wenn *Norscot* die Kosten für die Erfolgsprämie nicht erstattet bekäme, obwohl *Essar* diese Kosten in einer direkten und unmittelbaren Weise verursachte, indem er *Norscot* gerade in das Schiedsverfahren inklusive Prozessfinanzierung getrieben habe.[1151]

Es ist noch nicht absehbar, ob es sich bei der *Essar*-Rechtsprechung um einen Einzelfall oder den Beginn einer Entwicklung hin zur generellen

---

1150 *Essar Oilfield Services Ltd v. Norscot Rig Management Pvt Ltd* [2016] EWHC 2361 (Comm), [2016] 2 Lloyd's Rep 481, Rn. 23.

1151 *Essar Oilfield Services Ltd v. Norscot Rig Management Pvt Ltd* [2016] EWHC 2361 (Comm), [2016] 2 Lloyd's Rep 481, Rn. 69.

Erstattungsfähigkeit der Erfolgsprämie handelt.[1152] Denkbar wäre jedenfalls, den *Essar*-Fall aufgrund der außergewöhnlichen Umstände als einen Einzelfall zu behandeln (*distinguishing*). Prozessfinanzierer begrüßten das Urteil und sahen darin die Eröffnung der generellen Erstattungsfähigkeit der Erfolgsprämie als „other costs" sowohl nach der ICC-Schiedsordnung als auch im Rahmen von *section* 59(1)(c) *Arbitration Act*.[1153] Es ist jedenfalls zu erwarten, dass finanzierte Parteien die Erstattung der Erfolgsprämie des Prozessfinanzierers beantragen und die Grenzen der *Essar*-Rechtsprechung testen werden.[1154] Der *High Court* könnte sich jedoch einer Stellungnahme im Rahmen der Anfechtungsklage gem. *section* 68(2)(b) *Arbitration Act* mit der Begründung entziehen, dass auch eine falsche Auslegung des Begriffs „other costs" keinen Anfechtungsgrund darstelle, weil es sich allenfalls um einen Rechtsfehler und nicht um eine Überschreitung der schiedsrichterlichen Befugnisse (*excess of power*) handele.

Aufgrund des außergewöhnlichen Sachverhalts in *Essar* ist es schwierig, eine Einschätzung zur Bedeutung der *Essar*-Rechtsprechung für die generelle Erstattungsfähigkeit von Erfolgsprämien vorzunehmen. Festzuhalten bleibt jedoch, dass der *High Court* die grundsätzliche Befugnis des Schiedsgerichts bejaht hat, der unterlegenen Partei im Rahmen des Ermessens bei der Kostenentscheidung, die Kosten für die Erfolgsprämie aufzuerlegen. Diese Befugnis wird auf den weiten Ermessensspielraums des Schiedsgerichts bei der Bestimmung der erstattungsfähigen Kosten gem. *section* 63(3) *Arbitration Act* gestützt, nachdem „[t]he tribunal may determine by award the recoverable costs of the arbitration on such basis as it thinks fit". Gem. *section* 59(1)(c) *Arbitration Act* umfassen die Kosten des Schiedsverfahrens auch „the legal or other costs of the parties", wobei Wortlaut, Kontext und Logik für die

---

1152 *Fellas*, Liber Amicorum Shaughnessy (2019), 107 (109).

1153 *Perrin* (*Chairman* des Prozessfinanzierers *Calunius Capital LLP*), in: Perrin (Hrsg.), Third Party Litigation Funding Law Review (2017), 41 (49); *Amey* (*Director* des Prozessfinanzierers *The Judge*), Intl Arb L Rev 19 (2016), N62 (N63).

1154 Vgl. *Perrin* (*Chairman* des Prozessfinanzierers *Calunius Capital LLP*), in: Perrin (Hrsg.), Third Party Litigation Funding Law Review (2017), 41 (49); *Amey* (*Director* des Prozessfinanzierers *The Judge*), Intl Arb L Rev 19 (2016), N62 (N63): „The circumstances complained of by Norscot are presented to funders and funding brokers on a regular basis suggesting that even if the behaviour of the opponent proves to be a limiting factor in applying arbitrator discretion under s. 63(3) [Arbitration Act], the number of cases this could affect could be significant."

Erstattungsfähigkeit der Erfolgsprämie des Prozessfinanzierers als „other costs" sprächen. Auch wenn die Angemessenheit der Erstattung der Kosten der Erfolgsprämie letztendlich von den Umständen des Einzelfalles abhängt, wurde die grundsätzliche Befugnis des Schiedsgerichts zur Auferlegung der Erfolgsprämie bejaht.

bb) Erstattungsfähigkeit des anwaltlichen Erfolgsbonus und der ATE-Prämie im englischen Zivilprozess zwischen 2000 und 2013

Im englischen Zivilprozessrecht sind die Kosten für die Erfolgsprämie des Prozessfinanzierers dagegen nicht erstattungsfähig. Die Rechtsprechung hat sich zwar nicht explizit zur Erstattungsfähigkeit der Erfolgsprämie des Prozessfinanzierers geäußert. Der *Court of Appeal* machte jedoch in *Callery v. Gray* zur Erstattungsfähigkeit der ATE-Prämie deutlich, dass die Prämie nur aufgrund einer ausdrücklichen gesetzlichen Regelung erstattungsfähig sei, die es damals jedoch mit *section 29 Access to Justice Act* 1999 gerade gab.[1155] Im englischen Zivilprozessrecht gibt es keine Norm, die die Erstattungsfähigkeit der Erfolgsprämie des Prozessfinanzierers ausdrücklich vorsieht.[1156] Der Logik der Rechtsprechung in *Callery v. Gray* folgend ist die Erfolgsprämie des Prozessfinanzierers nicht erstattungsfähig.

Vom 1. April 2000 bis zum 1. April 2013 waren der anwaltliche Erfolgsbonus („uplift") und die ATE-Prämie erstattungsfähig. Im Zuge der *Jackson*-Reformen wurden die Erstattungsfähigkeit des anwaltlichen Erfolgsbonus und die Erstattungsfähigkeit von ATE-Prämien im Rahmen von Verträgen,

---

1155 *Callery v. Gray* (No. 1) [2001] EWCA Civ 1117, [2001] 1 WLR 2112, Rn. 45, 54, 55 und *Callery v. Gray* (No. 2) [2001] EWCA Civ 1246, [2001] 1 WLR 2142, Rn. 6: Die Erstattungsfähigkeit der ATE-Prämie wurde in beiden Fällen wegen der ausdrücklichen gesetzlichen Regelung in sec. 29 *Access to Justice Act* 1999 bejaht; siehe hierzu auch die jüngere Entscheidung des *Supreme Court* in *McGraddie v. McGraddie* [2015] UKSC 1, [2015] 1 WLR 560, Rn. 18, die die Auffassung in *Callery v. Gray* bekräftigte, wobei das Gericht in der Sache mit der Erstattungsfähigkeit der ATE-Prämie im Rahmen der *Supreme Court Rules* befasst war: Die Erstattungsfähigkeit wurde hier mit dem Hinweis auf eine fehlende ausdrückliche Regelung abgelehnt.

1156 Die Erstattungsfähigkeit der Erfolgsprämie des Prozessfinanzierers ist in sec. 58B(8) *Courts and Legal Services Act* 1990 vorgesehen; sec. 58B *Courts and Legal Services Act* 1990 wurde durch sec. 28 *Access to Justice Act* 1999 vorsorglich eingefügt und sollte – in Verbindung mit den noch zu erlassenden *regulations* durch den *Lord Chancellor* – die Voraussetzungen der Zulässigkeit der Prozessfinanzierung regeln; die entsprechenden Vorschriften sind aber nie in Kraft getreten.

die ab dem 1. April 2013 geschlossen wurden, abgeschafft.[1157] In eng eingegrenzten Fällen wurde die Erstattungsfähigkeit vorläufig beibehalten.[1158] Hinter der Erstattungsfähigkeit des anwaltlichen Erfolgsbonus steckte die Absicht, den Zugang zu Gericht zu verbessern. Die Einführung von *conditional fee agreements* inklusive der Erstattungsfähigkeit von Grundhonorar und Erfolgsbonus sollte die Beschränkung des Zugangs zur Prozesskostenhilfe abfedern.[1159] Theoretisch steht der Abschluss eines *conditional fee agreement* Klägern und Beklagten gleichermaßen offen. In der Praxis werden jedoch ganz überwiegend Kläger auf der Grundlage eines *conditional fee agreement* anwaltlich vertreten.[1160] Kläger und Anwalt konnten vereinbaren, dass der Kläger im Fall des Unterliegens kein anwaltliches Honorar zahlen muss, jedoch der Anwalt bei Obsiegen einen Erfolgsbonus von bis zu 100 Prozent des Grundhonorars erhält.[1161] Auch die Auslagenerstattung kann dabei durch den Erfolg bedingt werden. Der vermögenslose Kläger sollte möglichst risikofrei und ohne Schmälerung des erstrittenen Erlöses Zugang zu Gericht erhalten. Bei Obsiegen trug der unterlegene Beklagte die Anwaltskosten des Klägers inklusive des Erfolgsbonus. Der erstrittene Erlös des Klägers wurde daher im Erfolgsfall nicht durch den anwaltlichen Erfolgsbonus geschmälert. Das Risiko der Haftung für gegnerische Prozesskosten wurde in der Regel durch den Abschluss einer ATE-Versicherung abgedeckt.[1162] Auch die gezahlten Prämien für die ATE-Versicherung waren im Erfolgsfall erstattungsfähig. Bei Erstattungsfähigkeit von anwaltlichem Grundhonorar und Erfolgsbonus sowie der ATE-Prämie im Erfolgsfall und der Abdeckung des Haftungsrisikos für gegnerische Prozesskosten im Unterliegensfall durch die ATE-Versicherung konnten Kläger praktisch risikofrei und ohne Schmälerung des erstrittenen Erlöses prozessieren. Das verbleibende Kostenrisiko bestand lediglich in

---

[1157] Die Erstattungsfähigkeit des Erfolgsbonus bei *conditional fee agreements* wurde durch sec. 58A(6) *Courts and Legal Services Act* 1990 in der Fassung des sec. 44(4) *Legal Aid, Sentencing and Punishment of Offenders Act* 2012 abgeschafft. Die Erstattungsfähigkeit von ATE-Prämien wurde durch sec. 58C(1) *Courts and Legal Services Act* in der Fassung des sec. 46(1) *Legal Aid, Sentencing and Punishment of Offenders Act* 2012 abgeschafft.

[1158] Siehe hierzu White Book 2022, Bd. 2, Rn. 7A–1; *Zuckerman* u.a., Civil Procedure (2021), Rn. 28.216–28.217.

[1159] *Zuckerman* u.a., Civil Procedure (2021), Rn. 28.208. Siehe oben § 4 B III 1.

[1160] *Zuckerman* u.a., Civil Procedure (2021), Rn. 28.209.

[1161] Sec. 4 *Conditional Fee Agreements Order* 2000.

[1162] *Zuckerman* u.a., Civil Procedure (2021), Rn. 28.209.

Höhe der gezahlten Prämien für die ATE-Versicherung bei Unterliegen. Selbst dieses Risiko wurde dem Kläger häufig durch Anwälte abgenommen, die sich im Rahmen des *conditional fee agreement* dazu verpflichteten, die Prämie für die ATE-Versicherung zu zahlen.[1163] Diese Kombination ermöglichte dem Kläger ein vollkommen risikofreies Prozessieren zu Lasten des Beklagten, dem im Unterliegensfall die Haftung für die gegnerischen Prozesskosten bestehend aus Gerichtskosten, anwaltlichem Grundhonorar, Erfolgsbonus und ATE-Prämie drohte.[1164]

Das risikofreie Prozessieren der Kläger führte insgesamt zu höheren anwaltlichen Honoraren.[1165] Da die Kläger in keinem Fall für die anwaltlichen Honorare aufkommen mussten, hatten sie auch kein Interesse daran, möglichst geringe Honorare zu vereinbaren.[1166] Zwar war die Erstattungsfähigkeit sowohl des Grundhonorars als auch des Erfolgsbonus von der Vernünftigkeit (*reasonableness*) der Kostenhöhe abhängig.[1167] Die Vernünftigkeit der Kosten wurde jedoch an den marktüblichen Honoraren gemessen.[1168] Dieser Maßstab erwies sich in dem damaligen System als problematisch, weil die Höhe der anwaltlichen Honorare nicht mehr durch das Zusammenspiel der normalen Marktkräfte geregelt wurde.[1169] Die Vernünftigkeit der erstattungsfähigen Honorare wurde anhand eines Vergleichs mit den generell üblichen hohen Anwaltskosten bestimmt, was letztendlich zu einem Zirkelschluss führte.[1170]

1163 *Zuckerman* u.a., Civil Procedure (2021), Rn. 28.209; *Jackson*, Review of Civil Litigation Costs: Preliminary Report, Kap. 47, Rn. 3.3: Die Kombination von *conditional fee agreement* und ATE-Versicherung, bei der der Anwalt auch die Prämie für die ATE-Versicherung zahlt, wurde auch als „magic bullet“ bezeichnet.

1164 *Zuckerman* u.a., Civil Procedure (2021), Rn. 28.209.

1165 *Zuckerman* u.a., Civil Procedure (2021), Rn. 28.210.

1166 *Zuckerman* u.a., Civil Procedure (2021), Rn. 28.210; *Jackson*, Review of Civil Litigation Costs: Preliminary Report, Kap. 47, Rn. 3.1 f.

1167 *Zuckerman* u.a., Civil Procedure (2021), Rn. 28.210.

1168 *Zuckerman* u.a., Civil Procedure (2021), Rn. 28.210.

1169 *Zuckerman* u.a., Civil Procedure (2021), Rn. 28.210; vgl. *Jackson*, Review of Civil Litigation Costs: Preliminary Report, Kap. 47, Rn. 3.6–3.7; Siehe hierzu auch *Peysner*, Nott LJ 10 (2001), 22.

1170 Siehe *Callery v. Gray (Nos. 1 and 2)* [2002] UKHL 28, [2002] 1 WLR 2000, Rn. 32, *per Lord Hoffmann*: „The traditional function of the costs judge, or taxing master, as he used to be called, was to decide what fees were reasonable by reference to his experience of the general level of fees being charged for comparable work. But this approach only makes sense if the general level of fees is itself directly or indirectly

Die Einführung der *conditional fee agreements* bei gleichzeitiger Erstattungsfähigkeit von Erfolgsbonus und ATE-Prämie trieb die Prozesskosten in die Höhe.[1171] Die Versicherung der erhöhten Prozesskosten führte wiederum zu einem generellen Anstieg der ATE-Prämien.[1172] Im konkreten Fall kam noch hinzu, dass die ATE-Prämie des Klägers umso höher ausfiel, desto besser die Erfolgsaussichten des Beklagten vor Prozessbeginn erschienen.[1173]

Die Erstattungsfähigkeit von Erfolgsbonus und ATE-Prämie schaffte ungerechte Anreize, die zu exorbitant hohen Erfolgsboni und ATE-Prämien führten.[1174] *Lord Justice Jackson* kam daher in seiner *Review of Civil Litigation Costs* zu dem Schluss, dass das bestehende System weder logisch sei noch in irgendeiner Weise eine rational nachvollziehbare gesellschaftliche Strategie verfolge.[1175] Er sprach sich daher für die Abschaffung der Erstattungsfähigkeit der ATE-Prämie[1176] und des Erfolgsbonus[1177] aus. *Jackson* erkannte zwar die grundsätzliche Bedeutung der *conditional fee agreements* für die Verbesserung des Zugangs zu Gericht an, jedoch sollten die Nutzer der *conditional fee agreements* und der ATE-Versicherungen die damit verbundenen Kosten tragen, anstatt sie ihren Prozessgegnern aufzubürden.[1178] Für besonders schutzbedürftige Kläger wurde auf Empfehlung *Jacksons* ein „qualified one way costs shifting" zulasten des Beklagten eingeführt.[1179] Der Kläger ist dadurch in aller Regel vor der Haftung für gegnerische Prozesskosten geschützt.[1180] Der Abschluss einer ATE-Versicherung ist dann ebenfalls entbehrlich. Die Ein-

---

determined by market forces. Otherwise the exercise becomes circular and costs judges will be deciding what is reasonable according to general levels which costs judges themselves have determined. In such circumstances there is no restraint upon a ratchet effect whereby the highest success fees obtainable from a costs judge are relied upon in subsequent assessments."

1171 *Zuckerman* u.a., Civil Procedure (2021), Rn. 28.211.

1172 *Zuckerman* u.a., Civil Procedure (2021), Rn. 28.211.

1173 *Zuckerman* u.a., Civil Procedure (2021), Rn. 28.214.

1174 *Zuckerman* u.a., Civil Procedure (2021), Rn. 28.215.

1175 *Jackson*, Review of Civil Litigation Costs: Final Report, Kap. 9, Rn. 5.6.

1176 *Jackson*, Review of Civil Litigation Costs: Final Report, Kap. 9, Rn. 7.1(i).

1177 *Jackson*, Review of Civil Litigation Costs: Final Report, Kap. 10, Rn. 6.1.

1178 *Jackson*, Review of Civil Litigation Costs: Final Report, Kap. 9, Rn. 5.6 f.; Kap. 10, Rn. 4.20.

1179 Vgl. CPR 44.14–44.17; *Jackson*, Review of Civil Litigation Costs: Final Report, Kap. 19.

1180 Vgl. Ausnahmen in CPR 44.15, insbesondere bei missbräuchlichem Verhalten des Klägers.

führung des „qualified one way costs shifting“ soll die Folgen der Abschaffung der Erstattungsfähigkeit von anwaltlichem Erfolgsbonus und ATE-Prämie abmildern. So kann gezielt eine eingegrenzte Gruppe wirtschaftlich bedürftiger Kläger geschützt werden. Dagegen wurde bei Erstattungsfähigkeit von anwaltlichem Erfolgsbonus und ATE-Prämie die Gruppe der Kläger in ihrer Gesamtheit auf Kosten der Beklagten subventioniert.[1181]

c) *Erstattungsfähigkeit der Erfolgsprämie und verdeckte Prozessfinanzierung*

In der Sache *Essar Oilfield* hat der *High Court* im Jahr 2016 erstmals die grundsätzliche Erstattungsfähigkeit der Erfolgsprämie als „other costs“ gem. *section* 59(1)(c) *Arbitration Act* bejaht. Daher besteht ein besonderes Interesse des Prozessgegners, frühzeitig von der Existenz der Prozessfinanzierung und des erhöhten Kostenrisikos zu erfahren. In diesem Zusammenhang stellt sich die Frage, ob die Offenlegung der Prozessfinanzierung zu Beginn des Schiedsverfahrens erstrebenswert ist, und bejahendenfalls, welchen Umfang eine solche Offenlegungspflicht de *lege ferenda* haben sollte.

Für die Offenlegung der Prozessfinanzierung zu Beginn des Verfahrens spricht, dass der Gegner der finanzierten Partei ein berechtigtes Interesse hat, von dem gesteigerten Kostenrisiko so früh wie möglich zu erfahren. Diese Überlegung wird auf einen Vergleich mit den rechtlichen Rahmenbedingungen der Erstattungsfähigkeit von anwaltlichem Erfolgsbonus und ATE-Prämie im englischen Zivilprozess zwischen dem 1. April 2000 und dem 1. April 2013 gestützt. Die Erstattungsfähigkeit wurde durch die Pflicht flankiert, dem Gericht und dem Prozessgegner das Bestehen einer anwaltlichen Vertretung auf Basis eines *conditional fee agreement* sowie das Bestehen einer ATE-Versicherung bei Klageerhebung anzuzeigen, vgl. CPR 44.15

1181 Siehe hierzu *Jackson*, Review of Civil Litigation Costs: Final Report, Kap. 9, Rn. 5.1 f.: „If the recoverability regime is abolished, the question arises as to how the law should protect those claimants who, as a matter of social policy should be protected, against the risk of adverse costs [...] In my view there is only one sensible way to give effect to that social policy, namely by introducing one way costs shifting. The advantage of this solution is that costs protection can be targeted upon those who need it, rather than offered as a gift to the world at large.“

i.V.m. 44 PD 19 [Before 1 April 2013][1182]. Bei einem Abschluss der jeweiligen Finanzierungsvereinbarung während des laufenden Prozesses musste die Mitteilung innerhalb von sieben Tagen nach Vertragsabschluss erfolgen, vgl. 44 PD 19.2(4) [Before 1 April 2013]. Der Inhalt der Mitteilungspflicht bestand bei einem *conditional fee agreement* in der Nennung des Datums des Vertragsabschlusses sowie der Angabe der Klageansprüche, auf die sich das *conditional fee agreement* bezieht, vgl. 44 PD 19.4(2) [Before 1 April 2013]. Bei einer ATE-Versicherung bestand der Inhalt der Mitteilungspflicht in der Angabe des Namens und der Adresse des ATE-Versicherers, des Datums des Vertragsabschlusses sowie der Angabe der Klageansprüche, auf die sich die Versicherung bezieht, vgl. 44 PD 19.4(3)(a) [Before 1 April 2013]. Darüber hinaus mussten Angaben zur Versicherungsdeckung und zu einer etwaigen Staffelung der Versicherungsprämie anhand des Prozessverlaufs gemacht werden, vgl. 44 PD 19.4(3)(b) und (c) [Before 1 April 2013]. Diese Mitteilung setzte den Prozessgegner (in der Regel den Beklagten) über das generell erhöhte Kostenrisiko bei Unterliegen in Kenntnis: Es drohte die Haftung für gegnerische Anwaltskosten in bis zu doppelter Höhe und/oder die Haftung für eine gegnerische ATE-Prämie.[1183] Allerdings mussten keine Angaben zum Prozentsatz des anwaltlichen Erfolgsbonus gemacht werden oder die Höhe der ATE-Prämie während des laufenden Verfahrens offengelegt werden, vgl. 44 PD 19.1(1) [Before 1 April 2013]. Diese Angaben mussten erst im Verfahrensstadium der Kostenentscheidung gemacht werden. Dahinter stand die Überlegung, dass sowohl der Prozentsatz des anwaltlichen Erfolgsbonus als auch die Höhe der ATE-Prämie Aufschluss über die geschätzten Erfolgsaussichten der Klage geben, was dem Beklagten einen nicht unbedeutenden taktischen Vorteil verschaffen könnte.[1184] Der Inhalt der Mitteilung ermöglichte dem Prozessgegner zwar keine genaue Einschätzung der konkreten Steigerung des Haftungsrisikos, jedoch wurde der Prozessgegner zumindest in genereller Weise über das gesteigerte Haftungsrisiko in Kenntnis gesetzt. Auch heute besteht die Mitteilungspflicht im englischen Zivilprozess noch

---

1182 CPR 44.15 wurde hinzugefügt durch die *Civil Procedure (Amendment No. 3) Rules* 2000 (SI 2000/1317).

1183 *Hodges/Peysner/Nurse*, Litigation Funding, S. 95.

1184 *Hodges/Peysner/Nurse*, Litigation Funding, S. 95 f.

für die sehr begrenzten Fallgruppen, in denen der anwaltliche Erfolgsbonus bzw. die ATE-Prämie weiterhin erstattungsfähig ist.[1185]

Der Grundsatz der prozessualen Fairness spricht dafür, dass die Erstattungsfähigkeit der Erfolgsprämie im englischen Schiedsverfahren *de lege ferenda* von einer Pflicht zur Mitteilung des Bestehens der Prozessfinanzierung gegenüber Schiedsgericht und Prozessgegner flankiert werden sollte.[1186] Zum Teil wird sogar vertreten, dass die frühzeitige Offenlegung der Prozessfinanzierung bereits *de lege lata* Voraussetzung für die Erstattungsfähigkeit der Erfolgsprämie nach Maßgabe des *Arbitration Act* ist. Nach dieser Ansicht könne das Schiedsgericht im Rahmen seines Ermessens bei der Kostenentscheidung die Erstattungsfähigkeit der Erfolgsprämie ablehnen, wenn der Umstand der Prozessfinanzierung dem Prozessgegner nicht frühzeitig mitgeteilt wurde.[1187]

1185 Gem. CPR 48.2(1)(b) i.V.m. CPR 48.1(1) ist die alte Fassung von CPR 43–48 in diesen eng definierten Ausnahmefällen („insolvency-related proceedings, publication and privacy proceedings or a mesothelioma claim") auch nach dem 1. April 2013 vorübergehend anwendbar; siehe auch 48 PD. Siehe zum Ganzen *Zuckerman* u.a., Civil Procedure (2021), Rn. 28.216–28.217. In Bezug auf „publication and privacy proceedings" ist sec. 44 *Legal Aid, Sentencing and Punishment of Offenders Act* 2012 (Abschaffung der Erstattungsfähigkeit des „uplift") am 6. April 2019 in Kraft getreten, *Legal Aid, Sentencing and Punishment of Offenders Act* 2012 *(Commencement No. 13) Order* 2018 (SI 2018/1287). In Bezug auf „insolvency-related proceedings" sind sec. 44 und 46 *Legal Aid, Sentencing and Punishment of Offenders Act* 2012 (Abschaffung der Erstattungsfähigkeit des „uplift" und der ATE-Prämie) am 6. April 2016 in Kraft getreten, *Legal Aid, Sentencing and Punishment of Offenders Act* 2012 *(Commencement No. 12) Order* 2016 (SI 2016/345).

1186 Vgl. auch *Henriques*: „Further, the perspective of being ordered to pay costs and the funders' uplift will certainly give rise to earlier requests to the parties to disclose if they are resorting to TPF, the identity of the funder and, more acutely, the details of the funding arrangement. Otherwise, the losing party. may face a ‚surprise request' (if not a ‚surprise decision') at the very end of the proceedings. […] I can't possibly think of a reasonable argument to refuse such disclosure. This is indeed the final argument for the ‚full-disclosure-wingers' in international commercial arbitration.", *Henriques*, The Essar v. Norscot Case: A Final Argument for the „Full-Disclosure-Wingers" of TPF in International Arbitration, Kluwer Arbitration Blog (15. Oktober 2016), Rn. 8, http://arbitrationblog.kluwerarbitration.com/2016/10/15/the-essar-v-norscot-case-a-final-argument-for-the-full-disclosure-wingers-of-tpf-in-international-arbitration/?doing_wp_cron=1596490914.676911156463623046875 (Stand: 16.12.2022).

1187 *Mallalieu*, in: Hurst (Hrsg.), Costs & Funding following the Civil Justice Reforms, Chapter 2 – Funding Litigation, Q46, Rn. 2–77: „[…] it is certainly arguable that a

Die inhaltlichen Anforderungen an eine Pflicht zur Offenlegung der Prozessfinanzierung *de lege ferenda* könnten sich an den früher bestehenden Mitteilungspflichten im Zusammenhang mit der Erstattungsfähigkeit von anwaltlichem Erfolgshonorar und ATE-Prämie im englischen Zivilprozess orientieren. Die finanzierte Partei sollte die Existenz und Identität (Name und Adresse) des Prozessfinanzierers zu Beginn des Verfahrens bzw. unverzüglich nach Abschluss des Prozessfinanzierungsvertrages gegenüber dem Schiedsgericht und dem Prozessgegner offenlegen. Dabei sollte auch eine etwaige Staffelung der Versicherungsprämie anhand des Prozessverlaufs offengelegt werden und – soweit die Prozessfinanzierung nicht den gesamten Klagegenstand umfasst – der Klageanspruch angegeben werden, auf den sich die Prozessfinanzierung bezieht. Angaben zur Höhe der Prämie könnten dagegen Aufschluss über die Einschätzung der Erfolgsaussichten der Klage durch den Prozessfinanzierer geben, was dem Prozessgegner der finanzierten Partei einen taktischen Vorteil verschaffen könnte. Eine frühzeitige Mitteilung des Umstands der Prozessfinanzierung setzt den Prozessgegner der finanzierten Partei zumindest in Kenntnis von dem generell gesteigerten Kostenrisiko und dient somit dem Grundsatz der prozessualen Fairness, ohne wiederum die finanzierte Partei selbst über Gebühr zu beeinträchtigen. Darüber hinaus würde eine Pflicht zur Offenlegung der Existenz und Identität des Prozessfinanzierers im englischen Schiedsverfahren zur Förderung von Rechtssicherheit beitragen. Wie in der Literatur vorgetragen,[1188] ist es nämlich durchaus vertretbar, dass ein Schiedsgericht die Erstattungsfähigkeit der Erfolgsprämie im Rahmen der Ermessensausübung bei der Kostenentscheidung ablehnt, wenn der Umstand der Prozessfinanzierung dem Prozessgegner nicht frühzeitig mitgeteilt wurde. Im Sinne der Förderung von Rechtssicherheit wäre es jedenfalls zu begrüßen, wenn die Frage, ob

general obligation to disclose the presence of such funding may be established in the context of proceedings under the Arbitration Act 1996. [...] if the decision in *Essar Oilfield* [...] is correct, and the costs of obtaining third party funding are recoverable as ‚non-legal' cost in the arbitration, then it seems highly likely that the tribunal will expect the fact of such funding – and therefore the risk of liability for such additional adverse costs – to have been notified in advance and may consider a failure to provide such advance notification as a reason to refuse to award such costs under its broad discretion."

1188 *Mallalieu*, in: Hurst (Hrsg.), Costs & Funding following the Civil Justice Reforms, Chapter 2 – Funding Litigation, Q46, Rn. 2–77.

die frühzeitige Offenlegung der Prozessfinanzierung Voraussetzung für die Erstattungsfähigkeit der Erfolgsprämie nach Maßgabe des *Arbitration Act* ist, eindeutig beantwortet werden könnte.

3. Schiedsrichterliche Interessenkonflikte

Zur Problematik der verdeckten Prozessfinanzierung bei der Aufdeckung und Vermeidung schiedsrichterlicher Interessenkonflikte wird auf die entsprechenden Ausführungen im Kapitel zur Prozessfinanzierung von Handelsschiedsverfahren im Allgemeinen verwiesen.[1189] Das englische Schiedsverfahrensrecht gibt keinen Anlass zu einer anderen Beurteilung der Frage.

4. Fazit

Das englische Schiedsverfahrensrecht bietet keinen Anlass zu einer anderen Beurteilung der verdeckten Prozessfinanzierung bei der Anordnung der Prozesskostensicherheit und der Aufdeckung und Vermeidung von schiedsrichterlichen Interessenkonflikten im Vergleich zum Handelsschiedsverfahrensrecht im Allgemeinen. Eine Besonderheit besteht jedoch bei der Kostenentscheidung im englischen Schiedsverfahrensrecht. Nach der *Essar*-Rechtsprechung ist die Erfolgsprämie des Prozessfinanzierers grundsätzlich als „other costs“ gem. *section* 59(1)(c) *Arbitration Act* erstattungsfähig. Wenn die Erfolgsprämie des Prozessfinanzierers erstattungsfähig ist, besteht ein besonderes Interesse des Prozessgegners, frühzeitig von dem Umstand der Prozessfinanzierung und dem damit verbundenen erhöhten Kostenrisiko zu erfahren. Der Grundsatz der prozessualen Fairness spricht dafür, dass die Erstattungsfähigkeit der Erfolgsprämie im englischen Schiedsverfahrensrecht *de lege ferenda* von einer Pflicht zur Mitteilung des Bestehens der Prozessfinanzierung gegenüber Schiedsgericht und Prozessgegner flankiert werden sollte. Diese Überlegung wird durch die Rechtslage gestützt, die im englischen Zivilprozess während der Erstattungsfähigkeit von anwaltlichem Erfolgsbonus und ATE-Prämie zwischen dem 1. April 2000 und dem 1. April 2013 galt. Die Erstattungsfähigkeit wurde durch die Pflicht flankiert, dem Gericht und dem Prozessgegner das Bestehen einer anwaltlichen Vertretung auf Basis eines *conditional fee agreement* sowie das Bestehen einer ATE-Versicherung bei

---

1189 Siehe oben § 3 D.

Klageerhebung anzuzeigen. Allerdings ist es nach wie vor nicht absehbar, ob es sich bei der *Essar*-Rechtsprechung um einen Einzelfall oder den Beginn einer Entwicklung hin zur generellen Erstattungsfähigkeit der Erfolgsprämie des Prozessfinanzierers handelt. Daher ist es verfrüht, die Einführung einer Pflicht zur Offenlegung der Prozessfinanzierung im englischen Schiedsverfahrensrecht auf die Erstattungsfähigkeit der Erfolgsprämie des Prozessfinanzierers stützen zu wollen. Die Offenlegung der Existenz und Identität eines Prozessfinanzierers gegenüber dem Schiedsgericht und dem Prozessgegner zu Beginn des Verfahrens ist jedoch zur Vermeidung von schiedsrichterlichen Interessenkonflikten *de lege ferenda* geboten.

5. Überlegungen *de lege ferenda*

Eine Pflicht zur Offenlegung der Existenz und Identität eines Prozessfinanzierers zu Beginn des Schiedsverfahrens könnte in England im Rahmen des ALF-Code implementiert werden. Dies würde jedoch zunächst eine Änderung des Anwendungsbereichs des ALF-Code voraussetzen, weil dieser seit 2018 nicht länger die Finanzierung von Schiedsverfahren erfasst.[1190] Ein Vorteil dieser Lösung wäre, dass sich die Offenlegungspflicht in die bereits bestehende Selbstregulierung der Prozessfinanzierung in England einfügen würde. Von Nachteil wäre dagegen, dass nur die Mitglieder der ALF und nicht alle Prozessfinanzierer durch den ALF-Code gebunden sind.

Eine andere Möglichkeit wäre die Einführung einer Pflicht zur Offenlegung der Prozessfinanzierung durch Regulierung im englischen Schiedsverfahrensrecht. Eine solche Pflicht könnte im Rahmen einer zukünftigen Reform des *Arbitration Act* eingeführt werden. Die Pflicht zur Offenlegung der Prozessfinanzierung in Hongkong könnte dabei als Vorbild dienen.[1191] Gem. *section* 98U *Arbitration Ordinance* ist die finanzierte Partei verpflichtet, die Existenz und Identität eines Prozessfinanzierers spätestens zu Beginn eines Schiedsverfahrens offenzulegen bzw. innerhalb von 15 Tagen nach Abschluss des Prozessfinanzierungsvertrages, wenn der Vertrag erst während des Verfahrens geschlossen wurde. Diese Anzeige muss gegenüber den anderen Parteien des Schiedsverfahrens und dem Schiedsgericht erfolgen. Im Gegensatz zu einer Offenlegungspflicht im ALF-Code würde eine Pflicht

---

1190 Siehe oben § 4 C IV.

1191 Siehe hierzu oben § 3 E I 1.

zur Offenlegung der Prozessfinanzierung im *Arbitration Act* alle Prozessfinanzierer gleichermaßen in Schiedsverfahren mit englischem Schiedssitz binden. Die *Law Commission of England and Wales* hat am 22. September 2022 ein Konsultationspapier veröffentlicht, das erste Vorschläge für eine Reform des *Arbitration Act* enthält.[1192] Diese konnten bis zum 15. Dezember 2022 kommentiert werden. Das Konsultationspapier nimmt die Regulierung der Prozessfinanzierung nicht in die zur Diskussion stehenden vorläufigen Reformthemen auf, obwohl insbesondere die Einführung einer Pflicht zur Offenlegung der Prozessfinanzierung an die *Law Commission* herangetragen wurde.[1193] Die *Law Commission* behält sich jedoch ausdrücklich vor, diesen Themenbereich in den finalen Empfehlungen doch noch zu berücksichtigen, falls die Konsultation der Stakeholder diesen Wunsch offenbaren sollte.[1194]

Schließlich könnte eine Offenlegungspflicht auch durch eine Reform der LCIA-Schiedsordnung eingeführt werden. Allerdings ist zu berücksichtigen, dass die Implementierung im Rahmen der LCIA-Schiedsordnung keine Lösung auf der Regelungsebene des englischen Schiedsverfahrensrechts darstellen würde. Eine Offenlegungspflicht in der LCIA-Schiedsordnung würde nur für LCIA-Schiedsverfahren gelten und nicht für alle Schiedsverfahren mit einem Schiedssitz in England. Die LCIA-Schiedsordnung mag zwar praktisch häufig in Verbindung mit einem englischen Schiedssitz gewählt werden, zwingend ist dies jedoch keinesfalls. Die LCIA könnte dennoch dem Vorbild anderer Schiedsinstitutionen wie der HKIAC und der ICC folgen, die eine Pflicht zur Offenlegung der Existenz und Identität eines Prozessfinanzierers in ihren Schiedsordnungen eingeführt haben.[1195] Die letzte Aktualisierung der LCIA-Schiedsordnung stammt aus dem Jahr 2020. Diese Reform der LCIA-Schiedsordnung fand bereits vor dem Hintergrund der jüngsten Reformen und Reformdiskussionen zur Offenlegung der Prozessfinanzierung statt. Dieser Umstand deutet darauf hin, dass die Abwesenheit

---

1192 *Law Commission*, Review of the Arbitration Act 1996 – A Consultation Paper, https://www.lawcom.gov.uk/project/review-of-the-arbitration-act-1996/ (Stand: 16.12.2022).

1193 *Law Commission*, Review of the Arbitration Act 1996 – A Consultation Paper, Rn. 11.3, 11.13–11.17.

1194 *Law Commission*, Review of the Arbitration Act 1996 – A Consultation Paper, Rn. 11.4 f.

1195 Vgl. Art. 44 HKIAC-Schiedsordnung 2018 und Art. 11.7 ICC-Schiedsordnung 2021.

einer Offenlegungspflicht das Ergebnis einer bewussten Entscheidung gegen die Einführung einer solchen Pflicht ist. Wenn sich der Trend zur Einführung einer Offenlegungspflicht in Schiedsordnungen fortsetzen sollte, könnte dies jedoch zu einer Neubewertung der Frage im Rahmen einer zukünftigen Reform der LCIA-Schiedsordnung führen.

Zusammenfassung der wesentlichen Ergebnisse

Die vorliegende Arbeit analysiert die Problematik der verdeckten Prozessfinanzierung im internationalen Handelsschiedsverfahrensrecht, im englischen Zivilprozessrecht und im englischen Schiedsverfahrensrecht. Es werden drei prozessuale Situationen untersucht, bei denen die Kenntnis von der Prozessfinanzierung relevant sein kann: die Aufdeckung von schiedsrichterlichen Interessenkonflikten, die Kostenentscheidung sowie die Anordnung der Prozesskostensicherheit. Die Darstellung des rechtlichen Rahmens *de lege lata* bildet jeweils den Ausgangspunkt der Untersuchung. Dabei werden Defizite im Zusammenhang mit der verdeckten Prozessfinanzierung aufgezeigt. Es folgt eine Auseinandersetzung mit jüngsten Reformen und Reformvorschlägen, die die Offenlegung der Prozessfinanzierung betreffen. Die Untersuchung zeigt, dass das Problembewusstsein in Bezug auf die verdeckte Prozessfinanzierung von Schiedsverfahren stark ausgeprägt ist. Dagegen wird die Problematik der verdeckten Prozessfinanzierung im englischen Zivilprozessrecht nur vereinzelt gesehen. Darüber hinaus ermöglicht diese Arbeit auch einen systematischen Zugriff auf die bislang wenig erforschte Thematik der verdeckten Prozessfinanzierung im englischen Zivilprozess und knüpft hieran Überlegungen zur Offenlegung der Prozessfinanzierung *de lege ferenda* an. Die zentralen Erkenntnisse der Arbeit werden im Folgenden zusammengefasst.

A. Internationales Handelsschiedsverfahrensrecht

I. Kostenentscheidung

1. Erstattungsfähigkeit der Erfolgsprämie des Prozessfinanzierers

Die Kosten für die Erfolgsprämie des Prozessfinanzierers sind nach ganz überwiegender Auffassung nicht erstattungsfähig. Es fehlt in aller Regel an einem hinreichend engen Zusammenhang zwischen der Führung des Schiedsverfahrens und den Kosten für die Erfolgsprämie, weil diese Kosten keine Gegenleistung für die konkrete Führung des Schiedsverfahrens darstellen, sondern für die Übernahme des Kosten – bzw. Investitionsrisikos gezahlt werden. Daher hat die Einschaltung eines Prozessfinanzierers in aller Regel keinen Einfluss auf die Kostenentscheidung im internationalen Handelsschiedsverfahren.[1196]

2. Kostenerstattungsanspruch gegen den Prozessfinanzierer

Bei der typischen Konstellation der gewerblichen Prozessfinanzierung fehlt es an der Zuständigkeit des Schiedsgerichts zum Erlass eines Schiedsspruchs gegen einen Dritten. Da der Prozessfinanzierer nicht der Zuständigkeit des Schiedsgerichts unterliegt, kann das Schiedsgericht dem Prozessfinanzierer auch keine Kosten auferlegen.[1197]

II. Anordnung der Prozesskostensicherheit

1. Anordnung der Prozesskostensicherheit gegen den Schiedskläger

Die Voraussetzungen für die Anordnung einer Prozesskostensicherheit hängen von dem anwendbaren Schiedsverfahrensrecht und der anwendbaren Schiedsordnung ab. Es wird jedoch zumindest vorausgesetzt, dass die Vollstreckung des Kostenerstattungsanspruchs gefährdet ist. Der Beklagte muss daher beweisen, dass eine überwiegende Wahrscheinlichkeit für die Vermögenslosigkeit des Schiedsklägers spricht. Die ganz überwiegende Auffassung sieht in der Nutzung der Prozessfinanzierung kein Indiz oder gar eine widerlegbare

---

1196 Siehe oben § 3 B II 3.
1197 Siehe oben § 3 B III.

Vermutung für die Mittellosigkeit des Klägers. Denn die Prozessfinanzierung wird nicht nur von mittellosen, sondern auch von finanzkräftigen Klägern genutzt, um Prozessrisiken auszulagern und eine Kapitalbindung zum Zwecke der Prozessfinanzierung zu vermeiden. Der bloße Umstand, dass der Kläger durch einen Prozessfinanzierer unterstützt wird, hat in aller Regel keinen Einfluss auf die Entscheidung über die Prozesskostensicherheit.[1198]

2. Anordnung der Prozesskostensicherheit gegen den Prozessfinanzierer

Bei der typischen Konstellation der gewerblichen Prozessfinanzierung besteht keine Zuständigkeit des Schiedsgerichts, den Prozessfinanzierer selbst zur Leistung einer Prozesskostensicherheit zu verpflichten.[1199]

III. Schiedsrichterliche Interessenkonflikte

Bei verdeckter Prozessfinanzierung besteht ein Informationsdefizit, das die Bewertung einer etwaigen Verbindung zwischen Prozessfinanzierer und Schiedsrichter im Hinblick auf schiedsrichterliche Interessenkonflikte verhindert. Nur die systematische Offenlegung der Prozessfinanzierung stellt sicher, dass die Überprüfung der Unabhängigkeit und Unparteilichkeit eines Schiedsrichters auch dem Schiedsgericht und der gegnerischen Partei offensteht.[1200]

IV. Ergebnis

Die Einführung einer Pflicht zur Offenlegung der Existenz und Identität eines Prozessfinanzierers ist *de lege ferenda* zur effektiven Vermeidung schiedsrichterlicher Interessenkonflikte zu empfehlen.[1201]

V. Reformen

In Hongkong und Singapur wurde die Pflicht zur Offenlegung der Existenz und Identität eines Prozessfinanzierers im Rahmen der Legalisierung der

---

[1198] Siehe oben § 3 C I.
[1199] Siehe oben § 3 C II.
[1200] Siehe oben § 3 D.
[1201] Siehe oben § 3 D VI, VII.

Prozessfinanzierung von Schiedsverfahren im Jahr 2017 eingeführt. Auf der Regelungsebene der Schiedsordnungen ist ein Trend hin zur Einführung einer Pflicht zur Offenlegung der Existenz und Identität eines Prozessfinanzierers zu beobachten. So sehen etwa die HKIAC-Schiedsordnung 2018 und die ICC-Schiedsordnung 2021 eine solche Offenlegungspflicht vor. Diese Entwicklung ist zu begrüßen.[1202]

B. Englisches Zivilprozessrecht

I. Kostenentscheidung

1. Erstattungsfähigkeit der Erfolgsprämie des Prozessfinanzierers

Im englischen Zivilprozessrecht sind die Kosten für die Erfolgsprämie des Prozessfinanzierers nicht erstattungsfähig. Die Rechtsprechung hat sich zwar nicht explizit zur Erstattungsfähigkeit der Erfolgsprämie geäußert. Der *Court of Appeal* machte jedoch in *Callery v. Gray* zur Erstattungsfähigkeit der ATE-Prämie deutlich, dass die Prämie nur aufgrund einer ausdrücklichen gesetzlichen Regelung erstattungsfähig sei. Es gibt jedoch keine Norm, die die Erstattungsfähigkeit der Erfolgsprämie des Prozessfinanzierers vorsieht.[1203]

2. Kostenerstattungsanspruch gegen den Prozessfinanzierer

Das Gericht kann gem. *section* 51(3) *Senior Courts Act* ein Kostenurteil gegen einen Dritten insbesondere dann erlassen, wenn der Dritte am Erfolg des Verfahrens beteiligt wird oder wenn der Dritte das Verfahren kontrolliert. Bei verdeckter Prozessfinanzierung wird jedoch der Erlass eines Kostenurteils gegen den Prozessfinanzierer *de facto* vereitelt.[1204]

II. Anordnung der Prozesskostensicherheit

1. Anordnung der Prozesskostensicherheit gegen den Kläger

Das Gericht kann gem. CPR 25.13(2)(c) eine Sicherheitsleistung vom Kläger verlangen, wenn der Kläger eine juristische Person oder Personengesellschaft

---

1202 Siehe oben § 3 E.

1203 Siehe oben § 4 D II 2 a) bb).

1204 Siehe oben § 4 D I 2.

ist und zu befürchten ist, dass der Kläger die Prozesskosten des Beklagten nicht bezahlen kann, falls er dazu verpflichtet wird. Die Nutzung der Prozessfinanzierung indiziert nicht die Vermögenslosigkeit des Klägers.[1205]

2. Anordnung der Prozesskostensicherheit gegen den Prozessfinanzierer

Das Gericht kann gem. CPR 25.14 eine Prozesskostensicherheit gegenüber einem Dritten u.a. dann anordnen, wenn der Dritte das Verfahren gegen Erfolgsbeteiligung finanziert. Bei verdeckter Prozessfinanzierung wird jedoch die Anordnung der Prozesskostensicherheit gegen den Prozessfinanzierer *de facto* vereitelt.[1206]

III. Ergebnis

Bei verdeckter Prozessfinanzierung werden der Erlass eines Kostenurteils und die Anordnung der Prozesskostensicherheit gegen den Prozessfinanzierer faktisch vereitelt. Dieses Ergebnis spricht für die Einführung einer Pflicht zur Offenlegung der Existenz und Identität eines Prozessfinanzierers zu Beginn des Verfahrens.[1207]

IV. Überlegungen *de lege ferenda*

Eine Pflicht zur Offenlegung der Prozessfinanzierung könnte zunächst im Rahmen der bestehenden freiwilligen Selbstregulierung durch eine Ergänzung des ALF-Code eingeführt werden. Langfristig kommt auch eine zwingende Regulierung durch die Implementierung der Pflicht in die *Civil Procedure Rules* in Betracht.[1208]

C. Englisches Schiedsverfahrensrecht

I. Kostenentscheidung

In *Essar Oilfield v. Norscot* hat der *High Court* erstmals die Erstattungsfähigkeit der Erfolgsprämie des Prozessfinanzierers als „other costs" gem. *section*

1205 Siehe oben § 4 D I 3 b) aa).
1206 Siehe oben § 4 D I 3 c) bb), cc).
1207 Siehe oben § 4 D I 2 b) bb), § 4 D I 3 c) cc).
1208 Siehe oben § 4 D I 4.

59(1)(c) *Arbitration Act* bejaht. Allerdings waren die Umstände des Falles außergewöhnlich. Wenn die Erfolgsprämie des Prozessfinanzierers erstattungsfähig ist, besteht ein besonderes Interesse des Prozessgegners, frühzeitig von dem Umstand der Prozessfinanzierung und dem damit verbundenen erhöhten Kostenrisiko zu erfahren. Der Grundsatz der prozessualen Fairness spricht dafür, dass die Erstattungsfähigkeit der Erfolgsprämie im englischen Schiedsverfahrensrecht *de lege ferenda* von einer Pflicht zur Mitteilung des Bestehens der Prozessfinanzierung gegenüber Schiedsgericht und Prozessgegner flankiert werden sollte. Allerdings ist noch nicht absehbar, ob es sich bei der *Essar*-Rechtsprechung um einen Einzelfall oder den Beginn einer Entwicklung hin zu einer generellen Erstattungsfähigkeit der Erfolgsprämie des Prozessfinanzierers handelt. Daher ist es verfrüht, die Einführung einer Pflicht zur Offenlegung der Prozessfinanzierung im englischen Schiedsverfahrensrecht auf die Erstattungsfähigkeit der Erfolgsprämie des Prozessfinanzierers stützen zu wollen.[1209]

II. Anordnung der Prozesskostensicherheit

Das englische Schiedsverfahrensrecht bietet keinen Anlass zu einer anderen Beurteilung der verdeckten Prozessfinanzierung bei der Anordnung der Prozesskostensicherheit im Vergleich zum Handelsschiedsverfahrensrecht im Allgemeinen.[1210]

III. Schiedsrichterliche Interessenkonflikte

Das englische Schiedsverfahrensrecht bietet keinen Anlass zu einer anderen Beurteilung der verdeckten Prozessfinanzierung bei der Aufdeckung von schiedsrichterlichen Interessenkonflikten im Vergleich zum Handelsschiedsverfahrensrecht im Allgemeinen.[1211]

1209 Siehe oben § 4 D II 2.

1210 Siehe oben § 4 D II 1 b) dd), § 4 D II 1 c).

1211 Siehe oben § 4 D II 3.

IV. Ergebnis

Die Einführung einer Pflicht zur systematischen Offenlegung der Existenz und Identität eines Prozessfinanzierers ist *de lege ferenda* zur effektiven Vermeidung schiedsrichterlicher Interessenkonflikte zu empfehlen. Sollte die Erstattungsfähigkeit der Erfolgsprämie des Prozessfinanzierers auch über den besonderen Sachverhalt in der Sache *Essar* hinaus bejaht werden, wäre dies ein weiteres Argument für die Einführung einer Pflicht zur Offenlegung der Prozessfinanzierung im englischen Schiedsverfahrensrecht.[1212]

V. Überlegungen *de lege ferenda*

Eine Pflicht zur Offenlegung der Prozessfinanzierung könnte im Rahmen der bestehenden freiwilligen Selbstregulierung durch eine Änderung des ALF-Code eingeführt werden. Auf der Ebene des englischen Schiedsverfahrensrechts könnte die Pflicht zur Offenlegung der Prozessfinanzierung durch eine Ergänzung des *Arbitration Act* implementiert werden. Schließlich könnte eine Offenlegungspflicht auch durch eine Reform der LCIA-Schiedsordnung eingeführt werden. Allerdings würde diese Offenlegungspflicht nur für LCIA-Schiedsverfahren und nicht zwingend für Schiedsverfahren mit einem Schiedssitz in England gelten.[1213]

1212 Siehe oben § 4 D II 4.

1213 Siehe oben § 4 D II 5.

Literaturverzeichnis

Altenkirch, Markus, Die Sicherheitsleistung für die Prozesskosten. Ein Vergleich des deutschen und englischen Zivilprozessrechts und ein Vorschlag für das Schiedsverfahrensrecht, München 2013 (zugl. Diss. Mainz 2012/2013).

Amey, Matthew, Landmark Decision Allows Recoverability of Arbitration Funder's Success Fee, International Arbitration Law Review 19 (2016), N62–64.

Andrews, Neil/Landbrecht, Johannes, Schiedsverfahren und Mediation in England, Bern 2015.

Association of Litigation Funders of England & Wales, Code of Conduct for Litigation Funders 2018, https://associationoflitigationfunders.com/wp-content/uploads/2018/03/Code-Of-Conduct-for-Litigation-Funders-at-Jan-2018-FINAL.pdf (Stand: 16.12.2022) (zitiert: ALF-Code 2018).

Association of Litigation Funders of England & Wales, Code of Conduct for Litigation Funders 2016, abgedruckt in: *Bench Nieuwveld, Lisa/Shannon Sahani, Victoria*, Third-Party Funding in International Arbitration, 2. Aufl., Alphen aan den Rijn 2017, S. 273–276 (zitiert: ALF-Code 2016).

Association of Litigation Funders of England & Wales, Code of Conduct for Litigation Funders 2014, abgedruckt in: *Rowles-Davies, Nick*, Third Party Litigation Funding, Oxford 2014, S. 273–283 (zitiert: ALF-Code 2014).

Association of Litigation Funders of England & Wales, Code of Conduct for Litigation Funders 2011, abgedruckt in: *Jackson, Rupert*, Third Party Funding or Litigation Funding – Sixth Lecture in the Civil Litigation Costs Review Implementation Programme (23. November 2011), https://www.judiciary.uk/wp-content/uploads/JCO/Documents/Speeches/lj-jackson-speech-third-party-funding-or-litigation-funding-23112011.pdf (Stand: 16.12.2022) (zitiert: ALF-Code 2011).

Association of Litigation Funders of England & Wales, Complaints Procedure, https://associationoflitigationfunders.com/wp-content/uploads/2018/03/ALF-Complaints-Procedure-October-2017.pdf (Stand: 16.12.2022) (zitiert: ALF Complaints Procedure).

Baldock, Mark, The Current Scope of the Regulatory Regime of the Association of Litigation Funders – What is In and What is Out in Light of Recent Changes, Civil Justice Quarterly 38 (2019), 400–406.

Bao, Chiann, Third Party Funding in Singapore and Hong Kong: The Next Chapter, Journal of International Arbitration 34 (2017), 387–400.

Bartsch, Daniela, Third-Party Funding – A New Player in the Field of Cost Allocation, Zeitschrift für Schiedsverfahren 2021, 12–22.

Bench Nieuwveld, Lisa/Shannon Sahani, Victoria, Third-Party Funding in International Arbitration, 2. Aufl., Alphen aan den Rijn 2017.

Bentham, Jeremy, The Works of Jeremy Bentham, Bd. III (hrsg. von John Bowring), Edinburgh, London 1843.

Berger, Bernhard, Arbitration Practice: Security for Costs: Trends and Developments in Swiss Arbitral Case Law, ASA Bulletin 28 (2010), 7–15.

Bertrand, Edouard, The Brave New World of Arbitration: Third-Party Funding, ASA Bulletin 29 (2011), 607–615.

Blackaby, Nigel/Partasides, Constantine/Redfern, Alan/Hunter, Martin, Redfern and Hunter on International Arbitration, 6. Aufl., Oxford 2015.

Born, Gary B., International Commercial Arbitration, 3. Aufl., Alphen aan den Rijn 2020.

Brawn, Daniel/Fenn, Peter, Security for Costs in Arbitration in England and Wales, International Arbitration Law Review 6 (2003), 191–198.

Breyer, Michael, Kostenorientierte Steuerung des Zivilprozesses. Das deutsche, englische und amerikanische Prozesskostensystem im Vergleich, Tübingen 2006 (zugl. Diss. Freiburg 2005/2006).

Bühler, Micha, Awarding Costs in International Commercial Arbitration: An Overview, ASA Bulletin 22 (2004), 249–279.

Capper, David, Third Party Litigation Funding in Ireland: Time for Change? Civil Justice Quarterly 37 (2018), 193–215.

Chartered Institute of Arbitrators, Practice Guideline 5: Guideline on Security for Costs – 2016, London 2016.

Ching, Jane, The Statutory Ground to Award Security for Costs Against an Impecunious Company: Should We Mourn its Passing?, Civil Justice Quarterly 28 (2009), 470–497.

Coulson, Peter (Hrsg.), White Book 2022, Civil Procedure, Bd. 1, London 2022.

Coulson, Peter (Hrsg.), White Book 2022, Civil Procedure, Bd. 2, London 2022.

Fellas, John, Chapter 7. Third-Party Funding: The Award of Costs and Security for Costs, in: *Tung, Sherlin/Fortese, Fabricio/Baltag, Crina* (Hrsg.), Finances in International Arbitration: Liber Amicorum Patricia Shaughnessy, Alphen aan den Rijn 2019, S. 107–114.

Finizio, Steven P./Galvin, Ross, Chapter 8. Allocation of Costs in International Arbitration: A Comparative Analysis of Approaches in International Commercial Arbitration and Investment Treaty Arbitration, in: *Tung, Sherlin/Fortese, Fabricio/ Baltag, Crina* (Hrsg.), Finances in International Arbitration: Liber Amicorum Patricia Shaughnessy, Alphen aan den Rijn 2019, S. 115–188.

Frignati, Valentina, Ethical Implications of Third-Party Funding in International Arbitration, Arbitration International 32 (2016), 505–522.

Goldsmith, Aren/Melchionda, Lorenzo, Third Party Funding in International Arbitration: Everything You Ever Wanted to Know (But Were Afraid to Ask): Part 2, International Business Law Journal 2012, 221–243.

Goldstein, Marc J., Should the Real Parties in Interest Have to Stand up? – Thoughts About a Disclosure Regime for Third-Party Funding in International Arbitration, Transnational Dispute Management 8 (2011), 1–24.

Göler, Jonas von, Third-Party Funding in International Arbitration and Its Impact on Procedure, Alphen aan den Rijn 2016 (zugl. Diss. Mannheim 2015).

Hanotiau, Bernard, Chapter 10. The Parties' Costs of Arbitration, in: *Derains, Yves/ Kreindler, Richard* (Hrsg.), Evaluation of Damages in International Arbitration, Dossier IV of the ICC Institute of World Business Law, Paris 2006, S. 213–224.

Henriques, Duarte Gorjão, The Essar v. Norscot Case: A Final Argument for the „Full-Disclosure-Wingers" of TPF in International Arbitration, Kluwer Arbitration Blog (15. Oktober 2016), http://arbitrationblog.kluwerarbitration.com/2016/10/15/the-essar-v-norscot-case-a-final-argument-for-the-full-disclosure-wingers-of-tpf-in-international-arbitration/?doing_wp_cron=1596490914.6769111156463623046875 (Stand: 16.12.2022).

Hensler, Deborah R., Part II: National Reports: The United States of America, in: *Hodges, Christopher/Vogenauer, Stefan/Tulibacka, Magdalena* (Hrsg.), The Costs and Funding of Civil Litigation, Oxford, Portland (Oregon) 2010, S. 535–544.

Hess, Burkhard/Hübner, Rudolf, Part II: National Reports: Germany, in: *Hodges, Christopher/Vogenauer, Stefan/Tulibacka, Magdalena* (Hrsg.), The Costs and Funding of Civil Litigation, Oxford, Portland (Oregon) 2010, S. 349–371.

Hodges, Christopher/Peysner, John/Nurse, Angus, Litigation Funding: Status and Issues, Oxford Legal Studies Research Paper No. 55/2012, https://ssrn.com/abstract=2126506 (Stand: 16.12.2022).

Hodges, Christopher/Vogenauer, Stefan/Tulibacka, Magdalena, Part I: The Oxford Study on Costs and Funding of Civil Litigation, in: *Hodges, Christopher/Vogenauer, Stefan/ Tulibacka, Magdalena* (Hrsg.), The Costs and Funding of Civil Litigation, Oxford, Portland (Oregon) 2010, S. 3–184.

Hoffmann, Alexander, Gewerbliche Prozessfinanzierung in internationalen Investitionsschiedsverfahren. Erforderlichkeit einer Offenlegungspflicht?, Baden-Baden 2018 (zugl. Diss. Saarbrücken 2018).

Homberg, Matthias, Erfolgshonorierte Prozessfinanzierung, Saarbrücken 2006 (zugl. Diss. Saarbrücken 2005/2006).

ICC Commission on Arbitration and ADR, Decisions on Costs in International Arbitration, ICC Dispute Resolution Bulletin 2015/2, Paris 2015.

ICCA, Report of the ICCA-Queen Mary Task Force on Third-Party Funding in International Arbitration, The ICCA Reports No. 4, Alphen aan den Rijn 2018.

Jackson, Rupert, Third Party Funding or Litigation Funding – Sixth Lecture in the Civil Litigation Costs Review Implementation Programme (23. November 2011), https://www.judiciary.uk/wp-content/uploads/JCO/Documents/Speeches/lj-jackson-speech-third-party-funding-or-litigation-funding-23112011.pdf (Stand: 16.12.2022).

Jackson, Rupert, Review of Civil Litigation Costs: Final Report (Dezember 2009), Norwich 2010.

Jackson, Rupert, Review of Civil Litigation Costs: Preliminary Report (Mai 2009), Norwich 2010.

Kochheim, Martin Lorenz, Die gewerbliche Prozessfinanzierung. Rechtsfragen der Fremdfinanzierung von Prozessen gegen Erfolgsbeteiligung, Münster, Hamburg, London 2003 (zugl. Diss. Hamburg 2002).

Kreindler, Richard/Goldsmith, Aren, Chapter 14. Should Parties Disclose the Existence of a Third-Party Funder? (Disclosure and Conflicts of Interest), in: *Tung, Sherlin/ Fortese, Fabricio/Baltag, Crina* (Hrsg.), Finances in International Arbitration: Liber Amicorum Patricia Shaughnessy, Alphen aan den Rijn 2019, S. 255–272.

Kühn, Wolfgang/van Oeveren, Hanneke, The Full Recovery of Third-Party Funding Costs in Arbitration: To Be or Not to Be?, Journal of International Arbitration 35 (2018), 307–328.

Law Commission (England and Wales), Proposals for the Reform of the Law Relating to Maintenance and Champerty, London 1966.

Law Commission (England and Wales), Review of the Arbitration Act 1996 – A Consultation Paper, 2022, https://www.lawcom.gov.uk/project/review-of-the-arbitration-act-1996/ (Stand: 16.12.2022).

Law Reform Commission of Hong Kong, Report: Third Party Funding for Arbitration, Hongkong 2016.

Leinen, Rebecca, Striking the Right Balance: Disclosure of Third-Party Funding, Oxford University Commonwealth Law Journal 20 (2020), 115–138.

Lévy, Laurent/Bonnan, Régis, Chapter 7. Third-Party Funding – Disclosure, Joinder and Impact on Arbitral Proceedings, in: *Cremades, Bernardo M./Dimolitsa, Antonias* (Hrsg.), Third-Party Funding in International Arbitration, Dossier X of the ICC Institute of World Business Law, Paris 2013, S. 78–94.

Mallalieu, Roger, Chapter 2 – Funding Litigation, in: *Hurst, Peter* u.a. (Hrsg.), Costs & Funding following the Civil Justice Reforms: Questions & Answers, 8. Aufl., London 2022.

Markert, Lars. A., Security for Costs Applications in Investment Arbitrations Involving Insolvent Investors, Contemporary Asia Arbitration Journal 11 (2018), 217–249.

Ministry of Justice, Civil Proceedings: Third Party Funding: Written Question: HL-4215, https://www.parliament.uk/business/publications/written-questions-answers-statements/written-question/Lords/2016-12-19/HL4216/ (Stand: 03.04.2022).

Ministry of Justice, Post-Implementation Review of Part 2 of the Legal Aid, Sentencing and Punishment of Offenders Act 2012 (LASPO), Civil litigation funding and costs, London 2019.

Mulheron, Rachael, England's Unique Approach to The Self-Regulation of Third Party Funding: A Critical Analysis of Recent Developments, Cambridge Law Journal 73 (2014), 570–597.

Mulheron, Rachael, The Damages-Based Agreements Regulations 2013: Some Conundrums in the „Brave New World" of Funding, Civil Justice Quarterly 32 (2013), 241–255.

Mulheron, Rachael/Cashman, Peter, Third Party Funding: A Changing Landscape, Civil Justice Quarterly 27 (2008), 312–341.

Mustervertrag, LEGIAL AG, Prozessfinanzierung (2020) https://www.legial.de/sites/default/files/2020-07/legial-prozessfinanzierung-mustervertrag-2007.pdf (Stand: 16.12.2022) (zitiert: MV-LEGIAL).

Mustervertrag, OMNI BRIDGEWAY AG, Prozessfinanzierungsvertrag (2020) https://www.omnibridgeway.de/wp-content/uploads/2020/07/Omni-DE_MUSTER-LFA-Germany-Anlage.pdf (Stand: 09.04.2021) (zitiert: MV-OMNI BRIDGEWAY).

Mustervertrag, Therium (UK) Holdings Limited, Litigation Funding Agreement (2014), abgedruckt in: *Rowles-Davies, Nick*, Third Party Litigation Funding, Oxford 2014, S. 221–247 (zitiert: Musterbeispiel LFA Therium).

Osmanoglu, Burcu, Third-Party Funding in International Commercial Arbitration and Arbitrator Conflict of Interest, Journal of International Arbitration 32 (2015), 325–350.

Parties Not Indicated, Procedural Order, ICC Case No. 12542/EC, 19 December 2003, ASA Bulletin 23 (2005), 685–700.

Perrin, Leslie, England and Wales, in: *Perrin, Leslie* (Hrsg.), Third Party Litigation Funding Law Review, 3. Aufl., London 2019, S. 53–62.

Perrin, Leslie, England and Wales, in: *Perrin, Leslie* (Hrsg.), Third Party Litigation Funding Law Review, 1. Aufl., London 2017, S. 41–50.

Peysner, John, What's Wrong With Contingency Fees?, Nottingham Law Journal 10 (2001), 22–46.

Pigott, Ashley/Giaquinto, Martino, Conditional Fees and Their Effect on Arbitration, Arbitration: The International Journal of Arbitration, Mediation and Dispute Management, 66 (2000), 264–268 (zitiert: *Pigott/Giaquinto*, CIArb's J. 66 (2000)).

Pinsolle, Philippe, Third Party Funding and Security for Costs, Les cahiers de l'arbitrage/The Paris Journal of International Arbitration 2013, 399–416 (zitiert: *Pinsolle*, CAPJIA 2013).

Polasek, Martina/Salinas Quero, Celeste E., Chapter 21. Security for Costs: Overview of ICSID Case Law, in: *Tung, Sherlin/Fortese, Fabricio/Baltag, Crina* (Hrsg.), Finances in International Arbitration: Liber Amicorum Patricia Shaughnessy, Alphen aan den Rijn 2019, S. 387–417.

Rogers, Catherine A., Ethics in International Arbitration, Oxford 2014.

Rowles-Davies, Nick, Third Party Litigation Funding, Oxford 2014.

Saville, Mark, The 1996 DAC Report on the English Arbitration Bill: The Last Part, Arbitration International 15 (1999), 413–433.

Saville, Mark, The 1996 DAC Report on the Arbitration Bill, Arbitration International 13 (1997), 275–316.

Savola, Mika, Awarding Costs in International Commercial Arbitration, Scandinavian Studies in Law 63 (2017), 275–318.

SCC, Costs of Arbitration and Appointment of Costs under the SCC Rules, 2016, https://sccinstitute.com/media/93440/costs-of-arbitration_scc-report_2016.pdf (Stand: 16.12.2022).

Schepke, Jan, Das Erfolgshonorar des Rechtsanwalts. Gegenläufige Gesetzgebung in England und Deutschland, Tübingen 1998 (zugl. Diss. Hamburg 1997/1998).

Scherer, Maxi, Chapter 8. Third-Party Funding in International Arbitration – Towards Mandatory Disclosure of Funding Agreements?, in: *Cremades, Bernardo M./*

Dimolitsa, Antonias (Hrsg.), Third-Party Funding in International Arbitration, Dossier X of the ICC Institute of World Business Law, Paris 2013, S. 95–100.

Scherer, Maxi, Out in the Open? Third-Party Funding in Arbitration, Commercial Dispute Resolution (26. Juli 2012), https://iclg.com/cdr/arbitration-and-adr/out-in-the-open-third-party-funding-in-arbitration (Stand:06.04.2022).

Schumacher, Benjamin, Prozessfinanzierung. Erfolgshonorierte Fremdfinanzierung von Zivilverfahren, Zürich 2015 (zugl. Diss. Zürich 2015).

Shakleton, Stewart R., Annual Review of English Judicial Decisions on Arbitration – 2001, International Arbitration Law Review 5 (2002), 206–230.

Shannon Sahani, Victoria, Judging Third-Party Funding, UCLA Law Review 63 (2016), 388–448.

Shaw, Gary J., Third-Party Funding in Investment Arbitration: How Non-Disclosure Can Cause Harm for the Sake of Profit, Arbitration International 33 (2017), 109–120.

Sidklev, Johan, Chapter 23. Security for Costs in the SCC Rules, in: *Tung, Sherlin/ Fortese, Fabricio/Baltag, Crina* (Hrsg.), Finances in International Arbitration: Liber Amicorum Patricia Shaughnessy, Alphen aan den Rijn 2019, S. 437–446.

Siebert-Reimer, Annekathrin, Der Anspruch auf Erstattung der Kosten der Prozessfinanzierung, Berlin 2017 (zugl. Diss. Berlin 2014).

Singh, Michael Manjeet, Die finanzielle Auslagerung und Absicherung von Risiken im Handelsschiedsverfahren, Jena 2020 (zugl. Diss. Hamburg 2019/2020).

Smith, Mick/Wesolowski, Antonio, Mechanics of Third-Party Funding Agreements: A Funder's Perspective, in: *Bench Nieuwveld, Lisa/Shannon Sahani, Victoria*, Third-Party Funding in International Arbitration, 2. Aufl., Alphen aan den Rijn 2017, S. 21–42.

Sorabji, John, The Crisis of Legal Aid and Alternative Solutions (International Association of Procedural Law Seoul Conference 2014), https://www.ufrgs.br/caar/wp-content/uploads/2014/10/Session-3.2.pdf (Stand: 16.12.2022).

Steinbrück, Ben, Die Unterstützung ausländischer Schiedsverfahren durch staatliche Gerichte. Eine rechtsvergleichende Untersuchung des deutschen, österreichischen, englischen, schweizerischen, französischen und US-amerikanischen Schiedsrechts, Tübingen 2009 (zugl. Diss. 2008/2009 Köln).

Trusz, Jennifer A., Full Disclosure: Conflicts of Interest Arising from Third-Party Funding in International Commercial Arbitration, Georgetown Law Journal 101 (2013), 1649–1682.

UNCITRAL, Report of the Working Group on International Contract Practices on the Work of its Third Session, UN Doc. A/CN.9/216.

Waincymer, Jeffrey, Procedure and Evidence in International Arbitration, Alphen aan den Rijn 2012.

Wehrli, Daniel, Contingency Fees/Pactum De Palmario „Civil Law Approach", ASA Bulletin 26 (2008), 241–258.

Woolf, Harry, Access to Justice, Final Report to the Lord Chancellor on the Civil Justice System in England and Wales, Norwich 1996.

Zander, Michael, Will the Revolution in the Funding of Civil Litigation in England Eventually Lead to Contingency Fees, DePaul Law Review 52 (2002), 259–298.

Zekoll, Joachim/Pfleiderer, Roman, Prozessfinanzierung im Vereinigten Königreich, Zeitschrift für Wirtschaftsrecht 2019, 1199–1205.

Zhang, Beibei, Third-Party Funding for Dispute Resolution. A Comparative Study of England, Hong Kong, Singapore, the Netherlands, and Mainland China, Singapur 2021.

Zöller, Richard, Zivilprozessordnung, Kommentar, 34. Aufl., Köln 2022.

Zuckerman, Adrian u.a., Zuckerman on Civil Procedure, 4. Aufl., London 2021.

Zuckerman, Adrian, Zuckerman on Civil Procedure, 3. Aufl., London 2013.

Zuckerman, Adrian, Zuckerman on Civil Procedure, 2. Aufl., London 2006.

www.ingramcontent.com/pod-product-compliance
Ingram Content Group UK Ltd.
Pitfield, Milton Keynes, MK11 3LW, UK
UKHW020714041026
15590UKWH00002B/655

9 783631 931141